企业安全规范与事故隐患排查治理指导丛书

煤矿企业

Mei Kuang Qi Ye

安全规范与事故隐患排查治理指导

An Quan Gui Fan Yu Shi Gu Yin Huan Pai Cha Zhi Li Zhi Dao

《企业安全规范与事故隐患排查治理指导丛书》编委会 编

中国劳动社会保障出版社

图书在版编目(CIP)数据

煤矿企业安全规范与事故隐患排查治理指导/《企业安全规范与事故隐患排查治理指导丛书》编委会编. —北京：中国劳动社会保障出版社，2015

(企业安全规范与事故隐患排查治理指导丛书)

ISBN 978-7-5167-1800-1

Ⅰ.①煤…　Ⅱ.①企…　Ⅲ.①煤矿企业-安全生产-生产管理-中国　Ⅳ.①F426.21

中国版本图书馆 CIP 数据核字(2015)第 088721 号

中国劳动社会保障出版社出版发行

(北京市惠新东街 1 号　邮政编码：100029)

*

三河市华骏印务包装有限公司印刷装订　新华书店经销

787 毫米×1092 毫米　16 开本　16.25 印张　350 千字

2015 年 5 月第 1 版　　2015 年 5 月第 1 次印刷

定价：40.00 元

读者服务部电话：(010) 64929211/64921644/84643933

发行部电话：(010) 64961894

出版社网址：http://www.class.com.cn

编 委 会

主　　编：张力娜

编写人员：于　静　马　林　方金良　方志强　王　颖　王昕景
王建民　王断兵　石忠明　刘佩清　刘军喜　刘立兴
刘红旗　杜文利　闫长洪　冯海英　张力娜　张伟东
张利琴　张万福　张　平　陈国恩　吴　诚　吴　淳
耿友兵　赵　卫　赵一宙　金永文　黄增汉　黄莉新
唐　玮　陈　建　杜晓琳　李　涛　吴克军　袁　晖
袁东旭　魏英萍

内容提要

煤炭工业是我国国民经济的基础产业，对于国民经济的发展具有重要的作用。煤矿大体分为两类，一类是露天煤矿，另一类是井工煤矿。我国煤矿大多属于地下开采的井工煤矿，井工煤矿的煤炭产量约占总产量的97％。在井工煤矿生产过程中，采掘工作面的事故比较集中，因此采掘工作面的危险性最大，最需要加强安全生产管理工作，预防事故的发生。

在本书中，根据煤矿企业的生产情况，对煤矿企业的生产与事故特点、煤矿安全生产相关法律法规、煤矿企业安全生产规范要求、煤矿企业事故隐患排查治理相关规章与制度、煤矿企业安全检查、煤矿生产重大危险源辨识与防范措施、煤矿企业应急救援相关规定与预案编制等内容进行了全面详细的介绍同时对一些典型的煤矿企业生产事故案例进行了分析。本书适用于煤矿企业开展各类人员的安全培训，也是煤矿企业进行安全管理的必备图书。

前　言

安全生产事关人民群众生命财产安全，事关改革发展稳定大局，事关党和政府形象和声誉。党中央、国务院高度重视安全生产，确立了安全发展理念和“安全第一、预防为主、综合治理”的方针，采取一系列重大举措加强安全生产工作，十八大以来，以《安全生产法》为基础的安全生产法律法规体系不断完善，以“关爱生命、关注安全”为主旨的安全文化建设不断深入，安全生产形势也在不断好转，连续几年呈现出事故起数、重特大事故起数持续下降的局面。

2014 年 8 月 31 日，十二届全国人大常委会第十次会议审议通过了《关于修改〈中华人民共和国安全生产法〉的决定》，修改后的《安全生产法》于 2014 年 12 月 1 日施行。在《安全生产法》修订中，特别加强了基础性工作，这个基础性工作既包括科技教育方面的内容，也包括经济投入和社会支持。第三十七条规定：生产经营单位对重大危险源应当登记建档，进行定期检测、评估、监控，并制定应急预案，告知从业人员和相关人员在紧急情况下应当采取的应急措施。第三十八条规定：生产经营单位应当建立健全生产安全事故隐患排查治理制度，采取技术、管理措施，及时发现并消除事故隐患。事故隐患排查治理情况应当如实记录，并向从业人员通报。对于企业来说，对重大危险源登记建档，对安全事故隐患排查治理，是全面改进安全生产工作的重要基础工作。

为了促进企业全面贯彻落实新的《安全生产法》，提高企业安全生产管理水平，提高企业排查治理安全事故隐患的能力，我们组织专业人员编写了这套“企业安全规范与事故隐患排查治理指导丛书”。这套丛书分为十本，根据不同企业的特点，对煤矿企业、非煤矿山企业、化工生产企业、危险化学品储存运输企业、冶金企业、机械制造企业、建筑施工企业、道路交通运输企业、商贸服务企业、特种设备使用单位的事故隐患排查治理，以及重大危险源登记建档、事故应急救援等知识，做了比较详细全面的介绍，同时还介绍了相关企业的经验与做法，比较细致地分析了相关典型事故案例。

在企业的安全生产工作中，人是起决定作用的关键因素，企业的各项安全管理工作都需要具体人员来贯彻落实，企业的生产、技术、经营等活动也需要人员来实现。因此，加强人员的安全培训与安全教育，实际上就是在保障企业的安全。这套“企业安全规范与事故隐患排查治理指导丛书”，适合企业各类人员的安全培训与安全教育，是比较好的企业各类人员安全培训教材。希望这套丛书能够切实有效地提高企业的安全管理水平，促进企业安全生产各项工作。

《企业安全规范与事故隐患排查治理指导丛书》编委会

2015 年 5 月

目 录

第一章　煤矿企业生产与事故特点

煤炭工业是我国国民经济的基础产业，对于国民经济的发展具有重要的作用。我国是世界上煤炭产量最多的国家，2013 年煤炭产量达到 37 亿吨。近年来在国家高度重视下，各煤矿企业提高对安全生产的认识，加大安全投入，强化安全管理，随着煤矿安全生产技术水平和管理水平的提高，大量国有煤矿企业及民营煤矿企业，在煤矿产量大幅增长的情况下，不断降低事故发生率，实现了安全生产状况的总体稳定。

第一节　煤矿企业生产特点

煤矿大体分为两类，一类是露天煤矿，另一类是井工煤矿。井工煤矿就是地下煤矿，下井作业就是地下作业。我国煤矿大多属于地下开采的井工煤矿，井工煤矿的煤炭产量约占总产量的 97%。在井工煤矿生产过程中，采掘工作面的事故比较集中，因此采掘工作面的危险性最大，最需要加强安全生产管理工作，预防事故的发生。

一、煤的形成与埋藏特点

1. 煤形成的两个阶段

煤是由古生植物遗体沉积在沼泽环境后，在高温、高压条件下再经过一系列物理变化和化学变化而形成的。

煤的形成可以分为以下两个阶段：

（1）泥炭化阶段。成煤的地质时代，陆地上生长着茂密的森林和植物，它们死亡后，遗体到达地表较低的湖泊、沼泽环境中沉积。在厌氧细菌的分解活动下逐渐形成泥炭。泥炭形成后，如果地壳上升，泥炭暴露在地表则会风化，不能形成煤。只有在泥炭形成后，地壳下沉，在泥炭上部又沉积其他物质，覆盖泥炭，再经高温、高压后才能形成煤炭。

（2）成煤阶段。如果地壳继续发生沉降，泥炭层很快被其他沉积物所掩盖。随着地壳的进一步沉降，泥炭层下降到地下较深的地方，它上面覆盖的沉积物越来越厚。压力和地温不断增加，原来疏松、多水的泥炭受到紧压，逐渐脱水、胶结、聚合，体积大大缩小，变成了最初的煤——褐煤。褐煤形成后，如果地壳继续沉降，则在温度更高、压力更大的条件下，褐煤内的成分将进一步变化，最终形成各种不同种类的煤，依次为褐煤→长焰煤→不黏煤→弱黏煤→气煤→肥煤→焦煤→瘦煤→贫煤→无烟煤。

在整个地质年代中，全球范围内有三个大的成煤时期：一是古生代的石炭纪和二叠纪，成煤植物主要是孢子植物，主要煤种为烟煤和无烟煤；二是中生代的侏罗纪和白垩纪，成煤植物主要是裸子植物，主要煤种为褐煤和烟煤；三是新生代的第三纪，成煤植物主要是被子植物，主要煤种为褐煤，其次为泥炭，也有部分年轻烟煤。

2. 我国煤炭埋藏特点

我国煤炭埋藏有着自身的特点，与世界其他主要产煤国家比较而言，我国煤层埋藏较深。同时，由于沉积环境和成煤条件等多种地质因素的影响，我国多以薄层至中厚煤层为主，巨厚煤层很少。因此可以作为露天开采的储量比较少。

根据第二次全国煤田预测结果，埋深比 600 m 浅的预测煤炭资源量占全国煤炭预测资源总量的 26.8%，埋深为 600～1 000 m 的占 20%，埋深为 1 000～1 500 m 的占 25.1%，埋深为 1 500～2 000 m 的占 28.1%。据对全国煤炭保有储量的粗略统计，煤层埋深小于 300 m 的约占 30%，埋深为 300～600 m 的约占 40%，埋深为 600～1 000 m 的约占 30%。一般来说，京广铁路以西的煤田煤层埋藏较浅，不少地方可以采用平硐或斜井开采，其中晋北、陕北、内蒙古、新疆和云南少数煤田的部分地段还可以进行露天开采；京广铁路以东的煤田煤层埋藏较深，特别是鲁西、苏北、皖北、豫东、冀南等地区，煤层多赋存在大平原之上，埋深多为 200～400 m，有的甚至达到 600 m 以上，建井困难，而且多需特殊凿井。

据统计，我国适宜露天开采的矿区（或煤田）主要有 13 个，已划归露天开采和可以划归露天开采的储量共计为 412.43 亿吨，仅占全国煤炭保有储量的 4.1%。而且北方晚石炭世的煤层中，煤类多为中等变质程度的炼焦用煤，但因煤层厚度小，基本上只适宜井工开采，仅个别煤田有少量储量可以划归露天开采。如山西平朔矿区、河保偏煤田和内蒙古准格尔矿区。早侏罗世、中侏罗世、早白垩世和第三纪的煤层，煤类多为低变质烟煤和褐煤，但厚度较大，在成煤条件适宜的地带，常形成厚层或巨厚煤层，可以划归露天开采。如陕北神府，内蒙古西部东胜，内蒙古中部胜利，内蒙古东部伊敏、霍林河、宝日希勒、元宝山和新疆，云南小龙潭、昭通等矿区（或煤田）。因此在我国可以划归露天开采的储量中，煤化程度普遍较低，最高为气煤，最多是褐煤。

二、煤层埋藏特征与开采

煤层埋藏特征包括煤层的结构、厚度、倾角及稳定性等，这些特征与采煤方法有直接的关系。

1. 煤层的结构

根据煤层中有无较稳定的矸石夹层，可将煤分为两类，即简单结构煤层和复杂结构煤层。简单结构煤层是指煤层在当初形成时，沼泽中植物遗体的沉积基本上是连续性的，没有呈层状出现的稳定的矸石层，但可能夹有较少的矿物质或结核。复杂结构煤层是指在成煤过程中，泥炭沉积曾为间歇性，在泥炭沉积后又沉积了泥沙，再后来又沉积了泥炭，而沉积的泥沙则形成夹矸。复杂结构煤层中常含有较稳定的夹石层（也称夹矸层），少则一层，多则几层。煤层中夹矸的厚度和数量不一，夹矸的层数越多，厚度越大，对采煤工作和煤的质量影响就越大。

2. 煤层的厚度

煤炭在生成时厚薄不一，直接影响到采煤方法的选择。因此，根据开采技术特点，煤层按厚度分为以下三类：

薄煤层：＜1.3 m；

中厚煤层：1.3～3.5 m；

厚煤层：＞3.5 m。

在生产工作中，习惯上将厚度在 6 m 以上的煤层称为特厚煤层。

3. 煤层的倾角

煤层的倾角是指煤层相对水平面的夹角。倾角对采煤方法和设备的选型有很大影响。根据倾角大小将煤层分为以下四类：

近水平煤层：＜8°；

缓倾斜煤层：8°～25°；

倾斜煤层：25°～45°；

急倾斜煤层：＞45°。

4. 煤层的稳定性

煤炭在形成过程中，受自然条件因素的影响，其煤层的厚度都是变化的，有时厚有时薄，甚至消失。根据厚度变化情况可将煤层分为下列四类：

（1）稳定煤层。这种煤层在整个矿井开采范围内厚度均大于最小可采厚度，而且厚度的变化有一定的规律性。

（2）较稳定煤层。在矿井开采范围内绝大多数煤层基本可采，而只有局部煤层不可采。

（3）不稳定煤层。这样的煤层厚度变化很大，有薄有厚，甚至消失。经常出现不可采区域。

（4）极不稳定煤层。煤层常呈鸡窝状，断断续续分布，在井田范围内仅局部可采。

三、煤矿开采生产的特点

我国煤炭开采历史悠久，距今有几千年的历史。由于我国煤矿主要以矿井方式进行开采，开采必须从地面向地下开掘一系列井巷，其生产过程是地下作业，自然条件比较复杂，开采的主要特点是需要进行矿井通风，主要存在瓦斯、煤尘、顶板、火、水五大灾害。

1. 生产和建设循环往复，需要协调发展

为了把深埋在地下的煤炭开采出来，并转移到地面为工农业生产所利用，首先必须建设相应的煤矿（矿井或露天矿）及必要的附属生产设施，经过验收，达到煤矿设计标准和要求后，才能移交转入生产。新移交的煤矿，由于设备运转、生产环节及开采地质条件等还不适应、不熟悉，一般情况下，原煤产量都达不到设计生产能力，都有一个达产期。这期间往往发生亏损。逐步熟悉后，生产走向正常，加上好的管理和机制，不少煤矿的原煤产量将陆续超过设计生产能力，这是煤矿的稳定高产期。但是，由于在井下作业，煤矿生产受到多种难以克服的开采技术条件的制约，即使煤层条件很好，一个煤矿的开采范围也是有一定限度的，何况还有许多煤矿的资源是有限的。因此，当该范围内的煤炭资源逐步接近开采完毕时，这个煤矿便进入衰老期，生产能力开始下降。这时，不仅需要及时建设新的煤矿来接替，才能保持原来的生产能力，而且由于原矿开采接近尾声，开采深度增加，开采条件恶化，产量下降，成本上升，往往又要发生亏损。

煤矿的建设和生产是前后有序、不断循环的，无论是维持简单再生产，还是扩大再生产，都要进行连续的建设工作，这是煤矿生产与其他工业生产不同的显著特点之一。因此，它要求煤矿的领导者必须按照煤炭生产的规律，正确部署生产和建设，才能保证煤炭产量和生产能力的协调发展。同时，还要依靠科技进步，强化生产管理，努力缩短达产期，保持较长的稳产高产期，顺利渡过衰老期，这是每个煤矿都要认真研究追求的目标。

2. 采掘并重，掘进先行

随着地下煤炭的采出，采煤生产工作面不断向前推进，煤矿生产的场地也在不断变换。为了持续生产，一边开采煤炭，一边必须同时开拓巷道，准备新的生产场所，为下一步开采做好采前准备工作。在一定时间内，必须开拓出相应数量的工作面和采区，以保证满足当时计划产量的需要。在一个生产水平采完之前，又要有计划地提前延深新的生产水平，以满足生产接替的需求，保证生产能力的持续稳定。这种为持续生产做准备的掘进工人人数较多，掘进工程量很大，而且还要移装数量很多的机器设备。

在煤矿生产过程中，这种采掘并重、掘进先行的工作方法也是煤矿生产的特点之一。如果采掘失调，衔接不好，就会减产甚至停产。因此，保持正常的采掘关系，保证工作面、采区、水平的正常接替，是煤矿生产的重要环节。

3. 劳动条件艰苦，事故多，伤亡大，职业病严重

煤矿工人在矿井下生产，终年不见阳光，连必需的新鲜空气都要靠地面输入。在煤炭生产过程中，还要随时随地与水、火、瓦斯、粉尘和顶板冒落、坠罐、跑车等多种灾害事故做斗争。因此，煤矿生产是劳动强度最大、劳动条件最艰苦的工作之一。近 10 年来，在党和国家的亲切关怀下，煤矿安全有了明显好转。但是，由于主客观方面存在的种种原因，煤矿事故多、伤亡大、职业病严重的状况尚未得到根本好转。

四、煤矿井下作业环境与矿工特点

1. 煤矿井下作业环境特点

我国煤矿大多属于地下开采的井工煤矿，其危险性较高，这主要与井下作业的特殊性有关。煤矿井下作业工作场所潮湿、阴暗、狭窄，地质条件、开采技术复杂，生产环节较多，受水、火、瓦斯、煤尘、顶板等多种自然灾害的威胁，不安全因素多。另外，由于煤层赋存不稳定，地质构造复杂多样，伴随产生各种各样的地质灾害，例如，具有煤尘爆炸危险的矿井、高瓦斯和煤与瓦斯突出矿井、自然发火危险矿井、具有水害危险的矿井，某些矿井还有冲击地压、岩爆、矿震和高温危害。

煤矿井下的作业环境十分艰苦，具体表现为劳动强度大，一般矿井采掘工纯工作 8 h，在井下就需 10 h 左右；没有阳光照射；上下、前后、左右无时无刻不受到安全威胁，还有矿尘、煤尘、炮烟等存在；呼吸新鲜空气需要靠通风解决；由于地热作用、人体和机电设备散热、水分蒸发等，使得矿井采掘面的温度、湿度、空气质量等环境条件远不如地面。

在煤矿生产中，井下作业危险系数也较高。首先是生产工艺复杂，采煤、掘进、机电、运输、通风、排水等，哪个工种、哪道工序、哪个系统和环节出了问题都可能酿成事故。其次是瓦斯、煤尘爆炸，水、火灾害和大冒顶事故破坏性很大，严重的可导致矿毁人亡。再次是机电操作、运输环节、施工材料等也时常发生事故，或产生职业危害，如机械设备运转产生的噪声，局部通风机和风动凿岩机等尤为突出，施工中所用材料，例如，水泥和锚固剂对人的腐蚀和毒害，以及井下的泥水环境等，每时每刻都对人产生着伤害。

此外，我国小煤矿占的比例很大，绝大多数小煤矿基础装备简陋，生产系统不完善，管理落后，采用原始落后的采煤方法，还存在不具备安全生产的基本条件的现象。目前，我国正在加大对不合格小煤矿的关闭工作。小煤矿数量虽然在逐年减少，安全生产也趋于好转，但在安全生产基础管理方面仍存在诸多问题，生产安全事故多发的状况依然未得到有效遏制。小煤矿的产量近几年仅占全国总产量的三分之一左右，但是事故起数和死亡人数却占总量的三分之二以上。

我国国有重点煤矿机械化程度虽然已达到72%，但国有地方煤矿和乡镇煤矿机械化程度很低，造成我国煤矿整体装备水平与国外煤矿有很大差距。煤矿防灾系统的性能、状况也远不能满足安全生产的需要。

2. 煤矿农民工的特点

最近几年，农村劳动力大量转移，进入矿山、建筑等高风险、重体力劳动行业和领域。全国550万名煤矿职工中，农民工约占半数，主要在井下一线工作。小煤矿从业人员几乎全部为农民工。

据统计，在农民工中，文盲与半文盲占7%，小学文化为29%，高中以上仅占13%。因此，农民工的安全理念、操作技能、抵御各种灾害的能力直接影响着煤矿企业的安全、效益和发展。而且由于许多农民工是农闲进城打工，处于刚放下锄头即下井作业的粗放劳动型，从事煤矿工作具有很大的随机性和流动性，不能全面掌握煤矿工作的专业知识，即使参加企业业余时间为农民工办的安全、技术培训，也大多是似懂非懂，技术水平一般不高，为其作业安全和人身安全埋下了隐患。正是因为技术水平不高，对技术操作掌握不够，许多事故的发生往往是由于农民工自身的“三违”（即违章指挥、违章操作、违反劳动纪律）原因造成的。所以，一旦发生事故，农民工常常既是事故的受害者，又是事故的肇事者。

由于煤矿井下作业环境的复杂性和特殊性，为了防止职业危害，保护职工的身体健康，需要采取有效的措施进行劳动保护，最大限度地消除劳动过程中危及人身安全和健康的不良条件，防止伤亡事故和职业病，保障煤矿职工身体的安全和健康。

第二节　煤矿常见多发事故特点

我国煤矿绝大多数是井工矿井，在世界各主要产煤国家中开采条件最差、灾害最严重。在这种情况下，煤矿生产具有很大的危险性，属于典型的危险性作业。煤矿井下职工在进行生产作业活动过程中，容易遭受顶板、瓦斯、机电、运输、爆破、火灾、水害及其他事故造成的人身伤害，还容易发生职业病，导致身体残疾或死亡的意外事故。因此，煤矿企业需要坚持安全第一、预防为主、综合治理方针，加强对员工的安全教育和技术培训，加强安全文化建设，强化安全基础管理，建立长效机制，进而实现安全生产。

一、煤矿瓦斯灾害事故特点

1. 瓦斯的性质及特点

瓦斯是矿井中主要由煤层气构成的以甲烷为主的有害气体，是在煤的生成和煤的变质过程中伴生的气体。瓦斯是古代植物在堆积成煤的初期，纤维素和有机质经厌氧菌的作用分解而成。另外，在高温、高压的环境中，在成煤的同时，由于物理和化学作用，继续生成瓦斯。

矿井瓦斯具有如下特点：

(1) 瓦斯是一种无色、无味、无臭的气体，但有时可以闻到类似苹果的香味，这是由于芳香族的碳氢气体与瓦斯同时涌出的缘故。由于瓦斯无色、无味，因而人体感官很难鉴别空气中是否有瓦斯存在，所以检测瓦斯时必须要使用专门的检测仪器。

(2) 瓦斯对空气的相对密度是 0.554，在标准状态下瓦斯的密度为 0.716 kg/m^3，所以，瓦斯常积聚在巷道的上部及高顶处。

(3) 瓦斯难溶于水，如果煤层中有较大的含水裂隙或流通的地下水通过时，经过漫长的地质年代，就能从煤层中带走大量瓦斯，降低煤层中的瓦斯含量。

(4) 瓦斯的扩散能力很强。生产中若有瓦斯从某一地点向外涌出，就能很快在巷道中扩散。又由于瓦斯分子直径很小，所以，瓦斯的渗透能力很强，因此，已封闭的采空区内的瓦斯仍能不断地渗透到矿内空气中。

(5) 瓦斯虽然无毒，但不能供人呼吸，当空气中的瓦斯浓度较高时会相对降低空气中的氧含量，从而造成人的窒息。同时，矿井瓦斯中含有的乙烷和丙烷还有轻微的麻醉性，在矿井通风不良或不通风的煤巷中，往往积存大量的瓦斯，人如果进入这些地点，会很快昏迷、窒息，甚至死亡。

(6) 瓦斯具有燃烧性和爆炸性，当瓦斯与空气混合达到一定浓度后遇火能燃烧或爆炸。

(7) 瓦斯引燃有延迟性。因瓦斯的热容量较大，当瓦斯与高温火源接触时并不会立刻发生燃烧，而是要经过一定的时间才能发生燃烧，这种现象称为瓦斯点燃的延迟性，间隔的这段时间称为瓦斯爆炸感应期。感应期的长短与瓦斯浓度、火源温度和火源性质等有关。

2. 瓦斯在煤层中的赋存状态

煤层中之所以能保存有瓦斯，与煤的结构、煤层的深度有密切关系。煤是一种复杂的孔隙性介质，有着十分发达的、各种不同直径的孔隙和裂隙，形成了庞大的自由空间和孔隙表面。因此，煤炭在成煤过程中生成的瓦斯，就能以游离状态和吸附状态存在于这些孔隙和裂隙中。

（1）游离状态的瓦斯。游离状态也称自由状态，这种状态的瓦斯以自由流动的形式存在于煤体或围岩的裂隙和孔隙中。

（2）吸附状态的瓦斯。吸附状态又称结合状态。吸附状态按其结合形式的不同，又可分为吸着和吸收两种状态。吸着状态是在孔隙表面的固体分子引力作用下，气体分子被紧密地吸附于孔隙表面上，形成很薄的吸附层。吸收状态则是气体分子已进入煤分子团的内部，它和气体溶解于液体中的现象十分相似。

需要注意的是，这两种状态的瓦斯是处在不断变化的动平衡之中，在一定的客观条件下又具有相对稳定性。当温度、压力等外界条件发生变化时，其相对稳定性就会遭到破坏。如当压力升高、温度降低时，部分游离状态的瓦斯将会转化为吸附状态，这种现象称为吸附。反之，如果压力降低、温度升高时，又有部分吸附状态的瓦斯转化为游离状态，这种现象称为解吸。

在煤层内，吸附的瓦斯量占煤层瓦斯含量的80％～90％。但是在断层、孔洞和砂岩内，主要为游离瓦斯。如果瓦斯的压力较高，采掘工作接近这些地点时，瓦斯在压力的作用下就能突然大量涌出，造成事故。

3. 矿井瓦斯涌出的两种形式

瓦斯从煤层或围岩中涌出的形式有普通涌出和特殊涌出两种。

（1）普通涌出。普通涌出是瓦斯通过煤体和岩体的微细裂隙从其表面上均匀而缓慢地涌出来，一般观察不到。但在湿润的煤壁上，有时可以听到微弱的嘶嘶声，尤其有水的时候，会冒出气泡。普通涌出是矿井瓦斯涌出的一种主要涌出形式，其特点是范围大、时间长、涌出量均匀、涌出速度缓慢。

（2）特殊涌出。特殊涌出包括瓦斯喷出和瓦斯突出。瓦斯喷出是指大量瓦斯在压力状态下，从煤岩裂缝中突然喷出。瓦斯突出是在极短的时间内（几秒到几分钟），采掘工作面的煤、岩壁突然遭到破坏，并且从煤、岩层内以极快的速度向采掘空间喷出煤（岩）和瓦斯，使煤（岩）体内形成某种特殊形状的孔洞。

4. 矿井瓦斯涌出量

矿井瓦斯涌出量是指矿井在正常生产过程中涌入巷道的瓦斯量。这种瓦斯涌出量不包括特殊涌出的瓦斯量。矿井瓦斯涌出量和矿井瓦斯涌出形式是确定矿井瓦斯等级，决定瓦斯管理制度，计算矿井风量和矿井设计等方面的依据。

矿井瓦斯涌出量的大小受各种因素影响，特别是和生产过程有密切关系。在煤层赋存条件相同情况下，生产规模大和产量高的矿井，瓦斯涌出量就大。

瓦斯涌出量的大小，取决于自然因素和开采技术因素的综合影响。如煤、岩的瓦斯含量，煤的物理化学特性，开采规模，开采顺序，落煤方式，通风系统，地面大气压的变化，汛压和风量的变化等。

为加强矿井瓦斯管理，我国煤矿按照矿井相对瓦斯涌出量和绝对瓦斯涌出量的大小，以及瓦斯的涌出形式将矿井瓦斯等级划分为低瓦斯矿井、高瓦斯矿井和煤（岩）与瓦斯（二氧化碳）突出矿井。

5. 瓦斯燃烧与爆炸

瓦斯燃烧有两种情况，一是瓦斯与空气混合后，瓦斯浓度在5％以下时遇火即能燃烧。这种燃烧现象，是瓦斯围绕火源周围进行，发出淡蓝色的火焰，但没有足够的热量向外传播火焰，使全部混合气体中的瓦斯燃烧。二是瓦斯浓度在16%以上时，遇火也能燃烧，但此时由于氧含量不足，形成一种不完全燃烧。当有新鲜空气供给时，瓦斯和空气的混合气体与新鲜空气在接触面上遇火燃烧。

瓦斯爆炸是瓦斯燃烧的特殊反应形式，即在极短的时间内，使参与反应的大量瓦斯全部或大部分被氧化，造成热量积聚，在爆源附近形成高温、高压，然后急剧向外扩散，产生巨大的冲击波和声响。

(1) 瓦斯爆炸的必要条件。瓦斯爆炸必须同时具备三个条件，一是空气中的瓦斯浓度达到5%～16%；二是引爆火源在650～750℃及以上；三是空气中的氧含量大于12%。这三个条件必须同时具备、同时存在，瓦斯才能发生爆炸。但是，由于煤矿井下其他可燃性、可爆性气体的存在，以及爆炸性煤尘的混入等都会影响瓦斯爆炸的浓度范围，一般情况下会使瓦斯爆炸的下限浓度降低，上限浓度上升。有的矿井在瓦斯浓度低于5%时仍然会发生瓦斯爆炸。

(2) 瓦斯爆炸的危害性。瓦斯爆炸的危害性主要表现在以下几个方面：一是瓦斯爆炸会产生高温。因井下巷道呈半封闭状态，因此，瓦斯爆炸产生的高温可达1850℃以上。瓦斯爆炸产生的高温虽然持续时间很短，但这足以使井下人员发生严重烧伤，甚至造成死亡，同时高温还会引起矿井火灾。二是瓦斯爆炸会形成很高的大气压力。由于爆炸使气体的温度骤然升高，从而使气体膨胀引起气体压力的突然增大而产生高压，远远超过人体所能承受压力的极限，造成人员伤亡。三是瓦斯爆炸会产生很强的冲击波。爆炸时产生的高温高压，促使爆源附近的气体和爆炸火焰以极高的速度（每秒几百米至数千米）向外冲击，而形成冲击波。冲击波的破坏性很大，有时会造成矿毁人亡。四是瓦斯爆炸会产生大量的有毒有害气体。瓦斯爆炸后产生的大量有毒有害气体中，对人体危害最大的是一氧化碳。空气中一氧化碳浓度达到0.4%时，人将会很快中毒死亡。

(3) 煤矿瓦斯爆炸事故的一般规律。根据国内外煤矿发生的瓦斯爆炸统计资料，煤矿瓦斯爆炸事故具有以下一些规律：一是井下的一切高温热源都可以引起瓦斯燃烧或爆炸，但主要火源是井下放炮火焰和机电火花。二是煤矿任何地点都有发生瓦斯爆炸的可能性，但绝大部分瓦斯爆炸事故发生在采掘工作面。三是采煤工作面容易发生瓦斯爆炸的地点主要是工作面的上隅角。四是采煤工作面另一容易发生爆炸事故的地点是采煤机工作时切割机构附近。五是掘进工作面较易发生瓦斯爆炸的原因大多是由于通风不良而造成了瓦斯积聚。当瓦斯浓度达到爆炸浓度时，遇火即会发生爆炸。六是大多数瓦斯爆炸是人为因素造成的，与生产工艺水平关系不大。

二、煤与瓦斯突出事故特点

1. 煤（或岩）与瓦斯（或二氧化碳）突出的危险性

在我国还有许多煤矿存在煤（或岩）与瓦斯（或二氧化碳）突出的危险。目前，人们还无法完全弄清发生煤（或岩）与瓦斯（或二氧化碳）突出的原因。但通过长期的生产实践，人们基本掌握了一些突出的机理，特别是对发生煤与瓦斯突出的规律和预兆有了较充分的认识，这对预防煤与瓦斯突出事故的发生，防止和减少事故造成的损失，都起到了重大作用。

煤（或岩）与瓦斯（或二氧化碳）突出是指在地应力和瓦斯的共同作用下，在极短的时间内破碎的煤（或岩）和瓦斯（或二氧化碳）由煤体内突然喷出到采掘空间的现象。它是一种复杂的动力现象，是严重威胁煤矿安全生产的主要灾害之一，不仅会破坏井巷和通风系统，同时还会造成井下人员的窒息和瓦斯爆炸事故。因此，对这种灾害必须予以高度重视。

2. 煤与瓦斯突出的一般规律

煤与瓦斯突出存在以下一些规律：一是突出一般多发生在一定的采掘深度以后。二是突出多发生在地质构造附近。三是突出多发生在集中压力区。四是突出的次数和强度随煤层厚度，特别是软分层厚度的增加而增加。同时煤层倾角越大，突出的危险性也越大。五是突出与煤层中的瓦斯含量和压力没有固定的关系。六是大多数突出发生在落煤工序时，放炮震动更容易引起突出。

3. 突出前的一般预兆

煤（或岩）与瓦斯（或二氧化碳）突出前一般会发生以下预兆。有声预兆：煤体和支架的压力增大、煤壁移动加剧、煤壁向外鼓出、掉渣、煤块迸出、破裂声、煤炮声、闷雷声。无声预兆：煤质变得干燥、光泽暗淡、层理紊乱，瓦斯涌出量增大或忽大忽小，煤尘增多，气温降低，打钻时出现顶钻或夹钻等。上述预兆在突出事故发生前并不是都会显现，有时可能出现其中一种、两种或多种。生产中如遇到这些现象时，要立即停止工作，切不可冒险作业，以防事故的发生。

4. 预防煤与瓦斯突出事故的措施

我国煤矿在长期的生产实践中，特别是在防治煤与瓦斯突出事故方面，取得了很多好的经验，如“四位一体防突措施”就是其中一项。“四位一体防突措施”就是指：突出危险性预测、防治突出措施、防治突出措施的效果检验和安全防护措施。具体含义是，对有突出危险性的矿井，采前进行突出危险性预测；当预测有突出危险时，制定并采取防突措施；对措施的效果进行检验；检验确定措施有效后，可采取安全防范措施进行采掘作业。若预测无突出危险时，可直接采取安全防护措施进行采掘作业。

三、矿井火灾的类型与事故特点

1. 矿井火灾的类型

矿井火灾按照发火原因的不同，可以分为内因火灾与外因火灾两种。不同发火原因的火灾各有其不同的特点。

（1）内因火灾。由于煤炭自燃引起的火灾称为内因火灾。煤炭之所以能发生自燃，是因为煤炭具有吸收氧气的能力。当煤炭被破碎后或煤层本身裂隙发育时，煤体表面积大大增加。在此情况下，空气中的氧会与之发生氧化反应并产生一定的热量。如果氧化产生的热量不能及时被冷却，又会加速煤炭的氧化，氧化又将有大量的热量产生。这样循环下去，一旦煤体温度达到其燃烧点，煤炭就会发生自燃。内因火灾一般发火地点比较隐蔽，不易发现，灭火困难。

煤炭自燃一般经常发生在有大量遗煤而未及时封闭或封闭不严的采空区内，以及废弃的联络巷和停采线处；巷道两侧和遗留在采空区内受压破坏的煤柱；巷道内堆积的浮煤或煤巷的冒顶、垮帮等处。煤炭在自然发火前往往会出现一些发火征兆，如巷道中出现雾气或巷道壁及支架上出现水珠；巷道中闻到煤油味、汽油味、松节油味或焦油味；发火地点流出的水及周围空气的温度比平常高；人接近发火地点时有头痛、闷热、精神疲乏、裸露皮肤微痛等感觉，这些都是煤炭发火前的预兆。在生产中如果遇到这些现象，要及时向有关部门报告。

为防止煤矿发生自燃火灾，对自然发火严重的矿井，一般要求矿井主要运输大巷和总回风巷应尽量布置在岩层中，如果一定要布置在有发火危险的煤层内时，那么就必须采取砌碹或锚喷，其后用不燃性材料充填密实等措施。同时，开采有自然发火的煤层时，采煤工作面必须采用后退式开采顺序，并对采空区、突出和冒落孔洞等空隙处采取预防性灌浆或全部充填，也可采用喷洒阻燃剂、注阻化泥浆、注凝胶剂、注惰性气体及均压防火等措施。

（2）外因火灾。由外来火源引起的火灾称为外因火灾。造成外因火灾的主要原因，一是由明火引起的矿井火灾，如井下吸烟、井下使用电（气）焊、井下使用电炉和大灯泡取暖等引起易燃物着火。二是由电气故障引起矿井火灾，如电流短路产生的弧光、电火花、电缆放炮、设备过载运行导致设备发热等引起的火灾。三是井下违章爆破引起矿井火灾，如使用变质炸药，井下放糊炮、放明炮和明火放炮，以及井下爆破不使用水炮泥、炮眼封泥量不足等都会引起火灾。四是瓦斯煤尘爆炸产生的高温也会引起矿井火灾。五是撞击火花、摩擦生热等也会引起矿井火灾。

外因火灾的特点是发生突然，来势凶猛，且发生的时间与地点往往难以预料。由于缺乏思想准备，因而会造成人员因惊慌失措而酿成恶性事故。

外因火灾事故人为因素较多，例如井下违章吸烟，使用电炉和大灯泡取暖，井下进行电气焊和喷灯焊接麻痹大意，引燃燃烧物；采用明火或动力电源爆破，机电设备管理不善，电火花和电流短路现象发生等。

2. 矿井火灾的危害

矿井火灾除了与一般地面火灾危害相同外，还具有以下特点：

（1）火灾能产生大量的有毒有害气体，造成人员中毒。据国内外资料统计，在矿井火灾事故中95%以上的遇难人员是死于有毒气体中毒。那么，矿井火灾中都会产生哪些有毒有害气体呢？一般来说，煤炭燃烧会产生一氧化碳、二氧化碳、二氧化硫、烟尘等。另外，井下坑木、橡胶类物品、聚氯乙烯制品等燃烧时，不仅会产生一氧化碳气体，同时还会产生醇类、醛类及其他一些复杂的有机化合物等有毒有害气体，这些气体会随风流在井下扩散，有时会波及很大的范围甚至全矿井，从而造成大量人员中毒伤亡。

（2）火灾会形成火风压，使灾害范围扩大。火风压是指发生在矿井垂直巷道或倾斜巷道内的火灾或高温火烟流经这些巷道时，由于巷道中的空气温度升高，密度减小，从而形成的一种附加的自然风压。火风压的产生，不仅会使矿井通风发生紊乱，严重时会导致风流发生逆转，使井下本未发生火灾的区域也受到火烟的侵袭，造成大量人员有毒有害气体中毒，扩大灾情。因此，当井下人员接到火灾警报通知时，应果断采取行动，立即沿避灾路线撤退。

（3）火灾易引起瓦斯、煤尘的爆炸。火灾引起瓦斯、煤尘爆炸的原因，一是火灾为瓦斯、煤尘爆炸提供了引爆火源。二是由于火灾的作用，一些燃烧物在干馏的作用下，会释放出一些可燃性和可爆性气体，增加了爆炸的危险性。所以，矿井火灾与瓦斯、煤尘爆炸，互为作用，互为转化。

3. 矿井发生火灾时的事故特点

井下发生火灾时，因为矿井空间的限制，井下人员难以躲避，设备难以搬移，因而造成的人员伤亡和财产、资源损失比一般地面火灾更为严重。而且矿井火灾发生时，会在井下巷道中生成大量的一氧化碳等有毒有害气体，而且难以冲淡和排除，容易导致大量井下人员中毒、窒息甚至死亡。

面对突然发生的火灾事故，很重要的一点是不要惊慌失措，保持冷静。应视火灾的性质、地点及灾区通风和瓦斯情况，在确保人身安全的情况下，立即采取一切可能的方法进行灭火，控制火势。否则，有可能因现场人员的行动迟缓或惊慌失措而酿成大祸。

四、矿井水灾发生原因与事故特点

1. 矿井水灾是煤矿常见灾害

在矿井建设和生产过程中，地面水和地下水通过各种通道涌入矿井，当矿井涌水超过正常排水能力时，就造成矿井水灾。矿井水灾（通常称为透水）是煤矿常见的主要灾害之一。一旦发生透水，轻则影响矿井正常生产，重则会造成人员伤亡，淹没矿井和采区，危害十分严重。所以，做好矿井防水工作是保证矿井安全生产的重要内容之一。

近年来，我国煤矿突水事故有增无减，严重威胁着广大矿工的生命安全。如 2005 年 8 月 7 日广东省梅州兴宁市大兴煤矿发生重大突水事故，造成 123 人遇难。这一事故无情地说明，矿井防治水灾同防治瓦斯爆炸一样重要，必须引起人们的高度重视。

2. 造成矿井水灾的主要水源

造成矿井水灾的主要水源分为地表水和地下水。矿井附近有江河、湖泊、池塘、水库、沟渠等积水，以及季节性雨水时，当水位暴涨，超过矿井井口标高而涌入井下，或由裂隙、断层或塌陷区渗入井下造成水灾。

（1）地表水。位于井田之上，对煤炭开采构成影响和威胁的地表水体称为地表水。造成地表水突水事故的主要原因，一是地表裂隙发育，地表水沿裂隙进入井下；二是井筒位置选择不当，距地表水体较近或将井筒建在地势较低处，当洪水泛滥时，超过井筒标高，地表水沿井筒往井下溃入；三是明知井田之上有地表水，但在井下开采煤炭时，不留设防水煤柱或防水煤柱厚度不够或防水煤柱被破坏，而导致地表水直接向井下溃入造成重大事故。

（2）地下含水层。煤系地层中有很多含水的岩层，有的水是在岩层的孔隙中赋存，有的水是在岩层裂隙中赋存，更为严重的是，有的矿井还受岩溶溶洞水的威胁。因这些水不但水量丰富，往往还具有很大的压力，生产中一旦接露到或通过其他构造接露到岩溶水，就会造成重大突水事故。

（3）老空水。老空即采空区。煤炭采过后形成采空区被封闭后，如果上覆岩层有含水区域，水流入采空区，采空区就像地下水库一样赋存着水。当开采到附近的煤层，特别是开采下一区段的煤层时，如果不采取探放水等防范措施，一旦接露到它，采空区内的水就会迅猛地突入开采区域，造成事故。另外，废旧巷道有时也会有积水存在，接露时同样会发生突水事故。

(4) 断层导水。断层是煤矿生产中常见的一种地质构造。它不仅对煤矿生产产生影响，同时，还是一个良好的导水通道，特别是落差较大的断层，其导水的可能性更大，甚至会把岩溶水引入矿井，造成矿井重大突水事故。

(5) 岩溶陷落柱水。有的矿井煤系地层中还有岩溶陷落柱存在。陷落柱是岩溶溶洞冒落后形成的一种类似柱状体的地质构造。陷落柱内不仅由破碎煤矸组成，往往积存有大量的水且具有较高的压力，生产中遇到陷落柱时若不采取防范措施，就会酿成严重后果。

3. 造成矿井水害的原因

矿井发生水灾事故的原因归纳起来主要有三个方面：一是自然因素，二是技术原因，三是人的行为。

(1) 自然因素。我国大多数煤矿水文地质条件极为复杂，可预见的与不可预见的水文地质构造较多。特别是我国石炭纪地质年代生成的煤田，其煤系地层的底部是奥陶纪充水石灰岩，它厚度大（800 m左右）、含水丰富、压力高，一旦发生突水，必定造成恶性事故。另外，我国煤炭开采历史悠久，煤田中古窑、小井星罗棋布，且又无史料记载，现代勘察难以掌握其准确位置，煤矿生产中一旦接露它们，很可能会造成事故。

(2) 技术原因。我国煤矿开采的历史虽然较早，但真正的发展还是在新中国成立以后，特别是改革开放以后，我国煤矿才得到了迅速发展。时至今日，无论是煤炭产量还是煤炭数量均居世界第一。经过多年的发展，我国煤矿生产技术有了很大进步，国有煤矿近80%实现了机械化，同时煤矿防灾抗灾能力也逐渐增强。但是，我国煤矿整体技术水平还很低，特别是一些乡镇煤矿仍在使用原始落后的开采方法生产，不仅生产落后，安全也无保证。在矿井防治水灾上无技术可言，甚至连基本的防治手段都不具备，缺乏提前预防措施，只会“兵来将挡，水来土掩”，遇到复杂情况则更难以应对。

(3) 人的行为。人的行为是导致矿井发生水灾的重要原因之一。其原因是：人们对水灾的认识程度不够；业务人员技术水平不高；经营者只顾眼前利益，乱采乱掘，忽视安全，防治水灾投资不足；从业人员、管理人员不懂水灾规律，不知透水预兆，有的即便发现了透水预兆，但存有侥幸心理，冒险作业等。这些都是造成矿井水灾事故的原因。

4. 矿井透水预兆

透水预兆就是矿井在发生透水前常常出现的一些特征，是我国广大矿工实践经验的总结，对预防矿井透水事故的发生，减少人员伤亡具有重大作用。常见的透水预兆有挂红，挂汗，煤壁发潮变暗，空气变冷、发生雾气，水叫声，顶板来压、淋水加大，底板鼓起或产生裂隙，水色发浑有臭味等。

(1) 挂红。含铁物质丰富的地下水，尤其是老空水，因其里面常常有丢弃的铁梁、铁柱等，经水浸泡使水中产生暗红色的水锈，透水前这种水往往通过煤岩裂隙流出，水锈沉积在缝壁上呈现红色。

（2）挂汗。水在压力的作用下，沿煤岩裂隙和孔隙渗透到煤岩壁表面形成水珠，俗称挂汗。

（3）煤壁发潮变暗。采掘工作面接近积水区域时，煤壁发潮，光泽暗淡。

（4）空气变冷，发生雾气。工作面接近积水区域时，由于地下水的作用，煤体会发凉，工作面空气温度降低，而且越接近工作面越觉得寒冷。

（5）水叫声。当地下水有压力时，水沿煤岩缝隙喷出时，发出的空气震动声。

（6）顶板来压，淋水加大。煤层上覆岩层如有含水层且距煤层较近时，透水前煤层顶板压力明显增加，并伴有淋水加大等现象。

（7）底板鼓起或产生裂隙。当煤层底板较薄或松软且距含水层较近时，发生透水前，在水压力的作用下，煤层底板有时会出现底鼓或产生裂隙甚至出现喷水等现象。

（8）水色发浑有臭味。矿井透溶洞水和冲积层水时，因溶洞水无补充水源而呈现灰色；矿井透冲积层水时往往掺杂黄泥而呈现黄色。又因为溶洞水、老空水属死水，里面会含有许多浮游物，在地下水的长期浸泡下会产生硫化氢气体，透水时，硫化氢气体随之流动而发出类似臭鸡蛋的气味。

五、煤矿顶板事故原因与事故特点

顶板事故是煤矿生产中最常见的一种事故，不仅发生率高，而且危害性也大。按照顶板冒落范围的大小，一般分为局部冒顶和大面积冒顶。

1. 局部冒顶事故的特点

局部冒顶是指当煤层顶板破碎、节理发育时，工作面未进行及时支护或支护质量不合格而引起小范围的顶板冒落。有时在采掘工作遇到地质变化时，该区域由于受地质构造的影响也会发生局部冒顶，因此，当采掘工作遇到地质构造变化时要制定并落实好防范措施。

（1）容易发生局部冒顶的地点及原因。煤矿开采过程中容易发生局部冒顶的地点及原因如下：

1）煤壁附近易发生局部冒顶。其原因一是当煤层顶板裂隙发育，落煤后又不及时进行支护，顶板就有可能在无任何预兆的情况下突然冒落，造成局部冒顶事故的发生；二是如果靠近煤壁处的支护支撑力不够，就会导致机道上方顶板过分变形和破裂，从而引起局部冒顶；三是爆破时，如果炮眼布置不当或装药量过大崩倒支架，使顶板失去支护造成局部冒顶；四是老顶来压时使煤壁附近的直接顶板破碎，而导致煤壁发生片帮，从而扩大了无支护空间引起局部冒顶。

2）工作面两端易发生局部冒顶。采用刮板运输机运输的工作面，在工作面两端因经常需要移动机头机尾，这时就要摘除此处的支柱，摘除支柱时易造成直接顶下沉，从而导致破碎顶板或孤立岩块冒落。还有，工作面上下出口因巷道支护一般支撑力很小，这样就易使顶板下沉、松动甚至破碎，特别是当直接顶由薄弱软岩层组成时，更容易发生冒顶。此外，工作面上下出口因受支撑压力的影响，很容易造成顶板破碎，甚至由于支撑压力的影响还会造成巷道支架的损坏，使支架失效而引起冒顶。

3）工作面放顶线处易发生局部冒顶。因工作面放顶线处的支柱受力不均，当人工回撤受力较大的支柱时，有时就会造成顶板垮落。

4）地质破坏带处易发生局部冒顶。地质破坏带处的顶板，由于受地质构造影响往往比较破碎，开采时遇到这些地方，破碎顶板就较易发生冒顶。

（2）发生局部冒顶前的预兆。局部冒顶虽然范围较小，但它占冒顶死亡事故的比例却很大，人们常称其是“零打碎敲”，容易被忽视。因此，必须注意局部冒顶前的预兆，及时采取措施，预防局部冒顶事故的发生，或控制在最小范围。局部冒顶前的预兆如下：

1）顶板岩石有裂口或产生新的裂口，同时裂隙增多，顶板矸石稍有震动就会掉落下来，敲帮问顶时发出不正常的声音。

2）顶板裂隙内卡有活矸石，并有掉碴、掉矸现象，掉大块岩石前往往先掉小石块。

3）煤层与顶板接触面上的矸石不断脱离，这表明顶板节理张开有冒顶的可能。

4）顶梁在支柱上滚偏，顶梁有响声，煤壁的伞檐突然脱落。

5）采空区支架回收不净，有临时支柱支撑顶板，不垮落，当垮落时有推倒支柱发生冒顶的危险。

6）顶板有淋水且淋水不断加大。

2. 局部冒顶事故的预防措施

预防局部冒顶的措施如下：

（1）正确选择支架。选择支架形式时，应考虑顶板岩性，要使支架形式与顶板岩性相适应，这是避免局部冒顶事故发生的重要措施之一。如坚硬的顶板可采用点柱或带帽点柱，而破碎顶板就要用连锁棚、套棚，并在梁上插入背板甚至笆片。同时，无论选择何种支架，支架的支撑力要满足顶板压力的需要。

（2）破煤后要及时支护。破煤后煤壁处悬露面积增大，为防止冒顶，一定要采取超前挂顶梁或打临时支柱等措施进行及时支护，严禁空顶作业。

（3）加强支护。在工作面上下出口、机头机尾等易冒顶处，要采取特种支架进行支护，如架设抬棚、打密集支柱和打木垛等。

（4）防止放炮崩倒支架。采掘工作面爆破时，要正确布置炮眼深度和角度，装药量要合理，爆破前要检查支架支护质量，发现问题及时处理。严禁将支柱架设在浮煤或浮矸上。

（5）工作面要及时回柱放顶，当控顶距离超过作业规程规定时禁止采煤。回柱放顶必须严格按照操作规程和作业规程规定进行。回柱时要认真观察周围顶板变化，发现异常情况及时处理。放顶区域内的支架要回清撤净，严禁采空区内遗留没有回撤的支架。回柱后若采空区顶板坚硬不冒落，当超过规定悬顶距离时，必须采取人工强制放顶措施。

（6）及时修复或更换折梁断柱。当煤层上覆顶板压力较大时，一旦超过支架的抗压强度，支架就会发生变形、失效甚至折损等现象。此时，如果不及时修复或更换，就极有可能发生局部冒顶。因此，生产中若出现此种情况，必须引起高度重视，切不可麻痹大意，更不可有“凑合”心理，必须采取措施进行处理。

3. 大面积冒顶事故的特点

随着矿井回采工作面的不断推进，采场控顶面积逐步加大，当厚度不大的直接顶逐渐塌落，而坚硬的老顶大面积悬露时，就在工作面顶板岩层形成一个自然压力拱，煤壁受压发生变化，造成工作面压力集中，此时，如果支架总支撑力敌不住顶板的压力，就会出现大面积冒顶。

（1）大面积冒顶的主要形式。根据冒顶形式的不同，大面积冒顶通常分为压垮型冒顶、推垮型冒顶和漏垮型冒顶。

1）压垮型冒顶。压垮型冒顶一般是由于坚硬直接顶或老顶来压时，压断、压弯工作阻力小、可缩量不足的支架，使其失去支撑能力；或在顶板压力的作用下，将支柱压入煤层底板中，使支架失去支撑力而造成的大面积冒顶。实践表明，压垮型冒顶一般多在老顶来压时发生。

2）推垮型冒顶。推垮型冒顶一般是由于直接顶或老顶大面积运动造成的。这是因为，开采时如果由于某种原因已造成直接顶在煤壁附近发生断裂，使顶板失去稳定性，则顶板在下滑力的作用下就有可能沿某一方向滑动，从而将工作面支架推倒，造成大面积冒顶。

3）漏垮型冒顶。漏垮型冒顶多是因为破碎顶板，沿支护薄弱地点发生漏冒而导致顶板漏空发生离层，当顶板来压时，由于压力大、冲击力强，而将支架压垮或推倒，造成大面积冒顶。

（2）工作面易发生大面积冒顶的地点。工作面易发生大面积冒顶的地点如下：

1）开切眼附近。因该区域上部硬岩层老顶两边受煤柱支撑不易下沉，而老顶下部的软岩层直接顶较易下沉，这就使得直接顶与老顶容易发生离层，当老顶来压时就会发生大面积冒顶。

2）地质破坏带处。在地质破坏带处，煤层直接顶易发生折断，折断的顶板形成大块岩体并下滑，导致大面积冒顶。

3）旧巷附近。旧巷顶板因受采动影响已然破坏，采掘工作接近此处时，破断的顶板就会冒落下沉，造成冒顶。

4）煤层倾角大的地段。煤层倾角大，其顶板在下滑力的作用下倾斜滑落造成冒顶。

5）工作面遇有复合顶板时也易发生大面积冒顶。复合顶板即由软硬岩层组成的顶板，通常是一软一硬。因复合顶板容易造成软硬岩层离层，所以易发生大面积冒顶。

（3）发生大面积冒顶事故的预兆。发生大面积冒顶事故是有预兆的，对此需要格外加以注意。

1）大冒顶出现之前，顶板连续发生断裂声响。这是由于直接顶和老顶发生离层，或顶板切断时发出的声响，大则像闷雷声，即所谓的“板炮”，这是老顶和上方岩层产生离层或断裂的声响。顶板岩层破碎掉碴并由少到多、由稀变密，顶板裂缝增加或裂缝加大，产生下沉现象。

2）冒顶前压力的增大，煤壁受压后煤质变软、片帮增多，电钻打眼和采煤机割煤时均能感觉到省力。

3）使用木支架时，支架大量折断。使用金属支柱时，活柱快速下沉，连续发出咯咯的声响，支柱发颤，把耳朵贴在柱体上，可微微听到支柱受压的响声，容易出现“飞楔”现象，即顶梁柱被弹出或挤压。

4）含有沼气的煤层，工作面沼气含量增大；有淋水的顶板，淋水增加。

4. 大面积冒顶事故的预防措施

大面积冒顶事故发生之前，往往会出现顶板离层现象，因此，坚持敲帮问顶制度，掌握敲帮问顶技巧和方法，是预防此类事故的关键。

（1）回采工作面要适当加大支护密度。回采工作面适当加大支护密度以加强工作面的总支撑力，其目的是减少顶板下沉量和顶板的台阶下沉，下沉量小，顶板就比较完整，可减少或消除冒顶事故。但支架过多，其架设和回收工作量大，工作面空间狭小，工作也不便。总支撑力多大合理，要根据实际情况而定，计算出来后，值要略高一些。

（2）掌握顶板周期来压规律。在工作中要探索顶板初次来压和周期来压规律，如果支架总支撑力只能适应当时顶板压力，当有周期来压时就会出现危险，在来压前要加强支护，增加支架。

（3）加快工作面推进速度。工作面推进速度越慢，顶板下沉量就越大。顶板不完整，木支架折损就多。使用金属支架时压力也大，工作面的总支撑力就相对减少，这就容易推进工作面，而加快工作面推进速度时，可相对增大总支撑力。

（4）保证支架的规格和质量。冒顶与支架规格质量有直接关系，在具体工作中要解决支架“顶不紧”“抗不住”，起不到支撑作用的问题，使用的支架必须符合安全生产的工艺条件质量要求。摩擦式金属支柱也要合乎质量要求，其支撑力一般为 30 t 左右，使用过程中应由专人负责检查金属支柱的质量，不合格的要及时更换。

在生产作业现场，一旦发生冒顶事故，现场人员要沉着冷静，不要过度惊慌，并及时采取以下应急措施：一是当工作面发现冒顶预兆，现场人员又不能采取有效措施避免顶板冒落时，应迅速离开危险区域，撤退到安全地点。二是如果冒顶发生比较突然，现场人员来不及撤离现场时，现场人员要尽最大可能地靠煤帮贴身站立，或到木垛处躲避，此处比其他地点安全。三是若冒顶被埋压后，遇险矿工也不要过于紧张，可采用喊叫、敲打物体等方法发出呼救；但如果有可能发生连续冒顶情况时，此时只能呼叫不能敲打物体，防止由于震动而引发新的冒顶。四是遇险矿工要积极配合抢救人员的抢救工作，不要采取剧烈挣扎的方法挣脱。因为剧烈挣扎会使周围的煤矸、物料失去暂时的平衡，导致更加压实或新的冒落，增加抢救的难度和危险。五是抢救遇险矿工时，禁止用锹、镐等工具攉煤，特别是当遇险矿工被大块岩石压住时，注意不要采取掀滚、用锤敲打大块岩石等方法。正确的方法是采用液压起重器或千斤顶等工具，把大块岩石顶起，将人救出，以免造成遇险人员的更大伤害。六是抢救被埋压人员时，要认真观察周围顶板情况，以保证安全，避免二次事故的发生。抢救时要加固冒落地点和矿工躲避地点的支架，防止冒顶事故扩大。

六、煤矿爆破事故原因与事故特点

井下爆破是我国煤矿特别是中小煤矿目前普遍采用的一种生产工艺，不仅广泛用于采煤工作面，同时，也是巷道掘进的主要手段。为此，爆破作业的质量不仅关乎煤矿生产能否顺利进行，也关系到煤矿的安全。煤矿因爆破引发的生产安全事故主要有爆破崩人，跑烟熏人，爆破引起瓦斯、煤尘爆炸事故，爆破引起矿井火灾等。

1. 井下爆破工艺及要求

井下爆破工艺主要包括打眼、装药、封孔、连线、爆破等工序。井下爆破是一个较为复杂的过程，工序多、时间长、要求高，也易发生事故。所以，井下爆破的每一道工序都必须严格按照规定和要求进行操作，来不得半点马虎。

（1）打眼。打眼是利用煤电钻或风锤在煤、岩层中进行钻眼，以装入炸药和起爆药。打眼对爆破工作影响很大，不仅会影响爆破效果，对安全生产也至关重要，因此，必须予以高度重视。打眼时必须按照爆破说明书的要求逐个将炮眼打准、打好，无论是炮眼深度还是炮眼角度都要符合要求。

（2）装药。炮眼打好后，第二步就是装药。装药前必须用掏勺等工具先将炮眼内的煤、岩粉清除干净，以免影响爆破效果，甚至引发事故。装药时，聚能穴方向要一致，用木或竹质炮棍轻轻将药卷推入炮眼中，药卷间要密接，但严禁用炮棍直接捣固药卷。

（3）封孔。炸药爆炸之所以有很强的爆炸力，主要是炸药爆炸时会产生大量的气体，从而形成很高的压力而起到破坏性作用。同时，由于炸药爆炸还会产生高温火焰和有毒有害气体，所以，封孔时要使用水炮泥。水炮泥外剩余部分用黏土炮泥填满封实，炮眼封孔一定要严密。严禁使用煤粉等易燃材料代替炮泥使用，严禁使用垫药和盖药。

（4）连线。连线是一项技术要求高的工作，连线必须由专职爆破工进行操作。既要连实，更要连对，防止出现漏连、错连和虚连等现象。连线完毕后还要进行导通试验，导通试验必须使用导通表或爆破电桥，不准使用兆欧表和万能表，更不准用发炮机打火的方式进行导通试验。

（5）爆破。爆破是这些工序中最后也是最关键的一项工作。因此，无论是现场负责人、放炮工还是现场工人都必须认真对待，严格遵守有关安全爆破的各项规定。

2. 煤矿爆破事故的伤害

井下爆破是煤矿普遍采用的一种生产工艺，是巷道掘进的主要手段。

爆破后，现场人员不要顶烟进入工作面，否则很容易造成炮烟中毒。这是因为炮烟中含有大量的有毒有害气体，其主要成分是二氧化氮，人吸入后很容易造成中毒。如1972年，某省一煤矿在煤层掘进巷道时，爆破后工人们立即迎着炮烟进入工作面，致使3天内2名在该工作面工作的青年工人连续死亡，且都是下班回宿舍休息，次日早上发现的。事后经诊断，这2名青年工人都是因为吸入了大量炮烟造成中毒，引起肺水肿致死的。由此可见，顶烟进入工作面非常危险。所以，爆破后一定要等炮烟吹净后再进入工作面工作，以确保人身安全。

七、煤尘灾害事故原因与事故特点

煤尘是指在采煤过程中巷道中飞扬的煤粉。细微颗粒的煤炭粉尘是矿山五大自然灾害之一（瓦斯、煤尘、水、火、顶板）。煤尘不仅污染空气，影响矿工身体健康，可引发矿工的煤肺病，而且在空气中达到一定浓度时，遇火会引起爆炸造成灾害。因此，煤尘危害性十分巨大，不可轻视。

1. 煤尘的产生及危害

煤尘是在煤矿生产过程中所产生的各种细散状的固体颗粒。这些煤尘悬浮于空气中的称为浮尘，沉落下来的称为落尘。

煤矿生产的多数作业都会不同程度地产生煤尘。如井下爆破、采掘机械截割煤、煤炭提升运输、装载、回柱放顶等生产的各个环节，都会产生大量的煤尘。这其中采掘工作面产尘量最高，可占井下产尘量的70%～80%；其次是运输系统的各转载点。所以，在煤矿生产过程中，要注意做好这些重点部位的防尘工作。

2. 煤尘的主要危害

煤尘对生产作业和人员的危害，主要体现在以下几个方面：

（1）煤尘易使矿工患尘肺病。尘肺病是主要以肺部纤维化组织增生为主要特征的肺部病变，一般分为矽肺病、煤矽肺病和煤肺病。矽肺病主要是因吸入过多岩尘导致的，而煤肺病则是因吸入过量煤尘而患的一种疾病。尘肺病也是煤矿职业病中最严重、患病人数最多的一种疾病，一旦患病很难治愈。由于尘肺病发病比较缓慢，病程又长，所以在煤矿生产建设中往往容易被忽视。由此可见，做好防尘工作是预防尘肺病的关键所在。

（2）煤尘爆炸。块状的煤炭只能燃烧是不会发生爆炸的，为什么当煤炭被粉碎形成煤尘后就会爆炸呢？这是因为当煤炭被粉碎形成煤尘后其表面积得到了大大增加，其氧化能力也显著增强。煤尘在氧气的氧化作用下，就会迅速释放出大量的可燃可爆性气体，当这些气体达到一定浓度时，遇到火源就会发生燃烧或爆炸。特别是当空气中有瓦斯存在时更容易引起煤尘的爆炸。

3. 煤尘爆炸的必要条件与特点

（1）煤尘爆炸的必要条件

1）煤尘本身具有爆炸倾向性。

2）悬浮在空气中的煤尘浓度一般为45～2 000 g/m^3。

3）有引起煤尘爆炸的火源，通常为610～1 050℃以上。

此外，空气中的氧浓度对煤尘爆炸有很大影响。当空气中的氧浓度较高时，点燃煤尘所需的温度降低；反之，温度则较高。当空气中的氧气浓度低于18%时单独的煤尘将不会发生爆炸。

这里需要指出的是，上述煤尘爆炸条件是通过试验获得的，而煤矿井下与试验条件不同，煤矿井下属爆炸性环境，井下空气中含有许多爆炸性气体，如瓦斯等。这些气体的存在会降低煤尘爆炸的下限浓度，而且瓦斯浓度越高，煤尘爆炸的下限浓度越低。由此可见，在做好煤尘防治的同时，瓦斯防治更为重要。

（2）煤尘爆炸的特点

1）煤尘能在没有瓦斯存在的情况下发生爆炸。

2）煤尘能使小规模的瓦斯爆炸变成大爆炸。

3）煤尘和瓦斯同时存在时，会相互增加爆炸的危险性，降低各自的爆炸下限浓度。

4）煤尘爆炸会产生大量有毒气体一氧化碳，从而造成大量人员伤亡。

（3）煤尘爆炸的危害性。煤尘爆炸同瓦斯爆炸一样会产生高温气体和火焰，产生大量的有毒有害气体，产生高压、冲击波等。

为了防止煤尘爆炸，除了做好防尘、降尘工作外，还要杜绝引起煤尘爆炸的火源。如严禁入井人员携带烟草及点火用具下井，严禁穿化纤衣服；加强机电设备管理，防止漏电及电火花的产生；加强明火管理；搞好井下爆破安全等。

除此之外，煤矿在生产过程中，还会发生人员触电伤害事故、人员窒息伤害事故等，都需要积极加以防范。

第二章　煤矿安全生产相关法律法规

煤矿生产具有劳动强度大、危险性大的特点，而且由于生产作业环境复杂，容易导致各种事故的发生，尤其是重大、特大事故的发生。为了保证煤矿企业的安全生产，近年来，党和政府在煤矿安全生产领域采取了一系列重大举措，加快了煤矿安全法制建设，颁布实施了一系列煤矿安全生产法规标准，进一步完善了煤矿安全监管监察体制，加大了监管监察执法力度；开展了煤矿安全专项治理整顿，关闭了大量不具备安全生产条件和非法的煤矿，加大了煤矿安全投入，制定和实施了一些有利于煤矿安全生产的经济政策，从而加强了煤矿安全生产工作，对防范和降低人员伤亡事故的发生起到了积极的作用。

第一节　煤矿安全生产相关法律法规要点

近年来，我国的安全生产工作逐步走向法制化的轨道，各种安全生产与职业卫生规定以正式法律法规条文的形式确定下来，加强了安全生产工作的监察力度，安全生产法律法规体系也逐步完善。在国家层面，先后制定和修订了《中华人民共和国安全生产法》《中华人民共和国职业病防治法》，国务院制定了《关于预防煤矿生产安全事故的特别规定》。下面对这几部法律法规进行简要介绍。

一、《中华人民共和国安全生产法》（修订版）相关要点

1. 制定《中华人民共和国安全生产法》 的目的

《中华人民共和国安全生产法》（以下简称《安全生产法》）于 2002 年 6 月 29 日由第九届全国人大常委会第二十八次会议通过，自 2002 年 11 月 1 日起施行。2014 年 8 月 31 日，第十二届全国人大常委会第十次会议审议通过《关于修改〈中华人民共和国安全生产法〉的决定》，自 2014 年 12 月 1 日起施行。

新修订的《安全生产法》分为七章一百一十四条，各章内容为：第一章总则，第二章生产经营单位的安全生产保障，第三章从业人员的安全生产权利义务，第四章安全生产的监督管理，第五章生产安全事故的应急救援与调查处理，第六章法律责任，第七章附则。制定《安全生产法》的目的，是为了加强安全生产工作，防止和减少生产安全事故，保障人民群众生命和财产安全，促进经济社会持续健康发展。

修改后的《安全生产法》，从加强预防、强化安全生产主体责任、加强隐患排查、完善监管、加大违法惩处力度等方面做了修改，涉及修改的条款达 70 多条，旨在为我

国经济社会健康发展营造安全生产环境提供有力的法制保障。

2. 总则中的有关规定

在《安全生产法》第一章总则中，对一些重大事项和原则问题做出了明确的规定。有关规定如下：

（1）在中华人民共和国领域内从事生产经营活动的单位（以下统称生产经营单位）的安全生产，适用《安全生产法》；有关法律、行政法规对消防安全和道路交通安全、铁路交通安全、水上交通安全、民用航空安全以及核与辐射安全、特种设备安全另有规定的，适用其规定。

（2）安全生产工作应当以人为本，坚持安全发展，坚持安全第一、预防为主、综合治理的方针，强化和落实生产经营单位的主体责任，建立生产经营单位负责、职工参与、政府监督、行业自律和社会监督的机制。

（3）生产经营单位必须遵守《安全生产法》和其他有关安全生产的法律、法规，加强安全生产管理，建立、健全安全生产责任制和安全生产规章制度，改善安全生产条件，推进安全生产标准化建设，提高安全生产水平，确保安全生产。

（4）生产经营单位的主要负责人对本单位的安全生产工作全面负责。

（5）生产经营单位的从业人员有依法获得安全生产保障的权利，并应当依法履行安全生产方面的义务。

（6）工会依法对安全生产工作进行监督。生产经营单位的工会依法组织职工参加本单位安全生产工作的民主管理和民主监督，维护职工在安全生产方面的合法权益。生产经营单位制定或者修改有关安全生产的规章制度，应当听取工会的意见。

（7）国务院安全生产监督管理部门依照本法，对全国安全生产工作实施综合监督管理；县级以上地方各级人民政府安全生产监督管理部门依照本法，对本行政区域内安全生产工作实施综合监督管理。

（8）国家实行生产安全事故责任追究制度，依照本法和有关法律、法规的规定，追究生产安全事故责任人员的法律责任。

（9）国家对在改善安全生产条件、防止生产安全事故、参加抢险救护等方面取得显著成绩的单位和个人，给予奖励。

3. 生产经营单位安全生产保障的有关规定

在第二章生产经营单位的安全生产保障中，对相关事项作了规定。

（1）生产经营单位应当具备本法和有关法律、行政法规和国家标准或者行业标准规定的安全生产条件；不具备安全生产条件的，不得从事生产经营活动。

（2）生产经营单位的主要负责人对本单位安全生产工作负有下列职责：

1）建立、健全本单位安全生产责任制。

2）组织制定本单位安全生产规章制度和操作规程。

3）组织制定并实施本单位安全生产教育和培训计划。

4）保证本单位安全生产投入的有效实施。

5）督促、检查本单位的安全生产工作，及时消除生产安全事故隐患。

6）组织制定并实施本单位的生产安全事故应急救援预案。

7）及时、如实报告生产安全事故。

（3）生产经营单位的安全生产责任制应当明确各岗位的责任人员、责任范围和考核标准等内容。

生产经营单位应当建立相应的机制，加强对安全生产责任制落实情况的监督考核，保证安全生产责任制的落实。

（4）生产经营单位应当具备的安全生产条件所必需的资金投入，由生产经营单位的决策机构、主要负责人或者个人经营的投资人予以保证，并对由于安全生产所必需的资金投入不足导致的后果承担责任。

（5）矿山、金属冶炼、建筑施工、道路运输单位和危险物品的生产、经营、储存单位，应当设置安全生产管理机构或者配备专职安全生产管理人员。

前款规定以外的其他生产经营单位，从业人员超过一百人的，应当设置安全生产管理机构或者配备专职安全生产管理人员；从业人员在一百人以下的，应当配备专职或者兼职的安全生产管理人员。

（6）生产经营单位的安全生产管理机构以及安全生产管理人员履行下列职责：

1）组织或者参与拟订本单位安全生产规章制度、操作规程和生产安全事故应急救援预案。

2）组织或者参与本单位安全生产教育和培训，如实记录安全生产教育和培训情况。

3）督促落实本单位重大危险源的安全管理措施。

4）组织或者参与本单位应急救援演练。

5）检查本单位的安全生产状况，及时排查生产安全事故隐患，提出改进安全生产管理的建议。

6）制止和纠正违章指挥、强令冒险作业、违反操作规程的行为。

7）督促落实本单位安全生产整改措施。

（7）生产经营单位的安全生产管理机构以及安全生产管理人员应当恪尽职守，依法履行职责。

生产经营单位作出涉及安全生产的经营决策，应当听取安全生产管理机构以及安全生产管理人员的意见。

生产经营单位不得因安全生产管理人员依法履行职责而降低其工资、福利等待遇，或者解除与其订立的劳动合同。

（8）生产经营单位的主要负责人和安全生产管理人员必须具备与本单位所从事的生产经营活动相应的安全生产知识和管理能力。

（9）生产经营单位应当对从业人员进行安全生产教育和培训，保证从业人员具备必要的安全生产知识，熟悉有关的安全生产规章制度和安全操作规程，掌握本岗位的安全操作技能，了解事故应急处理措施，知悉自身在安全生产方面的权利和义务。未经安全生产教育和培训合格的从业人员，不得上岗作业。

（10）生产经营单位使用被派遣劳动者的，应当将被派遣劳动者纳入本单位从业人员统一管理，对被派遣劳动者进行岗位安全操作规程和安全操作技能的教育和培训。劳务派遣单位应当对被派遣劳动者进行必要的安全生产教育和培训。

（11）生产经营单位接收中等职业学校、高等学校学生实习的，应当对实习学生进行相应的安全生产教育和培训，提供必要的劳动防护用品。学校应当协助生产经营单位对实习学生进行安全生产教育和培训。

（12）生产经营单位应当建立安全生产教育和培训档案，如实记录安全生产教育和培训的时间、内容、参加人员以及考核结果等情况。

（13）生产经营单位采用新工艺、新技术、新材料或者使用新设备，必须了解、掌握其安全技术特性，采取有效的安全防护措施，并对从业人员进行专门的安全生产教育和培训。

（14）生产经营单位的特种作业人员必须按照国家有关规定经专门的安全作业培训，取得相应资格，方可上岗作业。

（15）生产经营单位新建、改建、扩建工程项目（以下统称建设项目）的安全设施，必须与主体工程同时设计、同时施工、同时投入生产和使用。安全设施投资应当纳入建设项目概算。

（16）生产经营单位应当在有较大危险因素的生产经营场所和有关设施、设备上，设置明显的安全警示标志。

（17）生产经营单位必须对安全设备进行经常性维护、保养，并定期检测，保证正常运转。维护、保养、检测应当做好记录，并由有关人员签字。

（18）生产经营单位对重大危险源应当登记建档，进行定期检测、评估、监控，并制定应急预案，告知从业人员和相关人员在紧急情况下应当采取的应急措施。

（19）生产经营单位应当建立健全生产安全事故隐患排查治理制度，采取技术、管理措施，及时发现并消除事故隐患。事故隐患排查治理情况应当如实记录，并向从业人员通报。

（20）生产、经营、储存、使用危险物品的车间、商店、仓库不得与员工宿舍在同一座建筑物内，并应当与员工宿舍保持安全距离。

生产经营场所和员工宿舍应当设有符合紧急疏散要求、标志明显、保持畅通的出口。禁止锁闭、封堵生产经营场所或者员工宿舍的出口。

（21）生产经营单位应当教育和督促从业人员严格执行本单位的安全生产规章制度和安全操作规程；并向从业人员如实告知作业场所和工作岗位存在的危险因素、防范措施以及事故应急措施。

（22）生产经营单位必须为从业人员提供符合国家标准或者行业标准的劳动防护用品，并监督、教育从业人员按照使用规则佩戴、使用。

（23）生产经营单位的安全生产管理人员应当根据本单位的生产经营特点，对安全生产状况进行经常性检查；对检查中发现的安全问题，应当立即处理；不能处理的，应当及时报告本单位有关负责人，有关负责人应当及时处理。检查及处理情况应当如实记录在案。

（24）生产经营单位应当安排用于配备劳动防护用品、进行安全生产培训的经费。

（25）两个以上生产经营单位在同一作业区域内进行生产经营活动，可能危及对方生产安全的，应当签订安全生产管理协议，明确各自的安全生产管理职责和应当采取的安全措施，并指定专职安全生产管理人员进行安全检查与协调。

(26) 生产经营单位不得将生产经营项目、场所、设备发包或者出租给不具备安全生产条件或者相应资质的单位或者个人。

(27) 生产经营单位发生生产安全事故时，单位的主要负责人应当立即组织抢救，并不得在事故调查处理期间擅离职守。

(28) 生产经营单位必须依法参加工伤社会保险，为从业人员缴纳保险费。国家鼓励生产经营单位投保安全生产责任保险。

4. 从业人员安全生产权利义务的有关规定

在第三章从业人员的安全生产权利义务中，对相关事项作了规定。

(1) 生产经营单位与从业人员订立的劳动合同，应当载明有关保障从业人员劳动安全、防止职业危害的事项，以及依法为从业人员办理工伤社会保险的事项。生产经营单位不得以任何形式与从业人员订立协议，免除或者减轻其对从业人员因生产安全事故伤亡依法应承担的责任。

(2) 生产经营单位的从业人员有权了解其作业场所和工作岗位存在的危险因素、防范措施及事故应急措施，有权对本单位的安全生产工作提出建议。

(3) 从业人员有权对本单位安全生产工作中存在的问题提出批评、检举、控告；有权拒绝违章指挥和强令冒险作业。生产经营单位不得因从业人员对本单位安全生产工作提出批评、检举、控告或者拒绝违章指挥、强令冒险作业而降低其工资、福利等待遇或者解除与其订立的劳动合同。

(4) 从业人员发现直接危及人身安全的紧急情况时，有权停止作业或者在采取可能的应急措施后撤离作业场所。生产经营单位不得因从业人员在前款紧急情况下停止作业或者采取紧急撤离措施而降低其工资、福利等待遇或者解除与其订立的劳动合同。

(5) 因生产安全事故受到损害的从业人员，除依法享有工伤社会保险外，依照有关民事法律尚有获得赔偿的权利的，有权向本单位提出赔偿要求。

(6) 从业人员在作业过程中，应当严格遵守本单位的安全生产规章制度和操作规程，服从管理，正确佩戴和使用劳动防护用品。

(7) 从业人员应当接受安全生产教育和培训，掌握本职工作所需的安全生产知识，提高安全生产技能，增强事故预防和应急处理能力。

(8) 从业人员发现事故隐患或者其他不安全因素，应当立即向现场安全生产管理人员或者本单位负责人报告；接到报告的人员应当及时予以处理。

(9) 工会有权对建设项目的安全设施与主体工程同时设计、同时施工、同时投入生产和使用进行监督，提出意见。工会对生产经营单位违反安全生产法律、法规，侵犯从业人员合法权益的行为，有权要求纠正；发现生产经营单位违章指挥、强令冒险作业或者发现事故隐患时，有权提出解决的建议，生产经营单位应当及时研究答复；发现危及从业人员生命安全的情况时，有权向生产经营单位建议组织从业人员撤离危险场所，生产经营单位必须立即作出处理。工会有权依法参加事故调查，向有关部门提出处理意见，并要求追究有关人员的责任。

(10) 生产经营单位使用被派遣劳动者的，被派遣劳动者享有本法规定的从业人员的权利，并应当履行本法规定的从业人员的义务。

5. 生产安全事故应急救援与调查处理的有关规定

在第五章生产安全事故的应急救援与调查处理中，对相关事项作了明确规定。

(1) 生产经营单位应当制定本单位生产安全事故应急救援预案，与所在地县级以上地方人民政府组织制定的生产安全事故应急救援预案相衔接，并定期组织演练。

(2) 危险物品的生产、经营、储存单位以及矿山、金属冶炼、城市轨道交通运营、建筑施工单位应当建立应急救援组织；生产经营规模较小的，可以不建立应急救援组织，但应当指定兼职的应急救援人员。

危险物品的生产、经营、储存、运输单位以及矿山、金属冶炼、城市轨道交通运营、建筑施工单位应当配备必要的应急救援器材、设备和物资，并进行经常性维护、保养，保证正常运转。

(3) 生产经营单位发生生产安全事故后，事故现场有关人员应当立即报告本单位负责人。单位负责人接到事故报告后，应当迅速采取有效措施，组织抢救，防止事故扩大，减少人员伤亡和财产损失，并按照国家有关规定立即如实报告当地负有安全生产监督管理职责的部门，不得隐瞒不报、谎报或者迟报，不得故意破坏事故现场、毁灭有关证据。

(4) 任何单位和个人都应当支持、配合事故抢救，并提供一切便利条件。

(5) 任何单位和个人不得阻挠和干涉对事故的依法调查处理。

6. 有关法律责任的规定

在第六章法律责任中，对法律责任相关事项作了明确规定。

(1) 生产经营单位有下列行为之一的，责令限期改正，可以处五万元以下的罚款；逾期未改正的，责令停产停业整顿，并处五万元以上十万元以下的罚款，对其直接负责的主管人员和其他直接责任人员处一万元以上二万元以下的罚款：

1) 未按照规定设置安全生产管理机构或者配备安全生产管理人员的。

2) 危险物品的生产、经营、储存单位以及矿山、金属冶炼、建筑施工、道路运输单位的主要负责人和安全生产管理人员未按照规定经考核合格的。

3) 未按照规定对从业人员、被派遣劳动者、实习学生进行安全生产教育和培训，或者未按照规定如实告知有关的安全生产事项的。

4) 未如实记录安全生产教育和培训情况的。

5) 未将事故隐患排查治理情况如实记录或者未向从业人员通报的。

6) 未按照规定制定生产安全事故应急救援预案或者未定期组织演练的。

7) 特种作业人员未按照规定经专门的安全作业培训并取得相应资格，上岗作业的。

(2) 生产经营单位有下列行为之一的，责令限期改正，可以处五万元以下的罚款；逾期未改正的，处五万元以上二十万元以下的罚款，对其直接负责的主管人员和其他直接责任人员处一万元以上二万元以下的罚款；情节严重的，责令停产停业整顿；构成犯罪的，依照刑法有关规定追究刑事责任：

1) 未在有较大危险因素的生产经营场所和有关设施、设备上设置明显的安全警示标志的。

2）安全设备的安装、使用、检测、改造和报废不符合国家标准或者行业标准的。

3）未对安全设备进行经常性维护、保养和定期检测的。

4）未为从业人员提供符合国家标准或者行业标准的劳动防护用品的。

5）危险物品的容器、运输工具，以及涉及人身安全、危险性较大的海洋石油开采特种设备和矿山井下特种设备未经具有专业资质的机构检测、检验合格，取得安全使用证或者安全标志，投入使用的。

6）使用应当淘汰的危及生产安全的工艺、设备的。

（3）生产经营单位的从业人员不服从管理，违反安全生产规章制度或者操作规程的，由生产经营单位给予批评教育，依照有关规章制度给予处分；构成犯罪的，依照刑法有关规定追究刑事责任。

二、《中华人民共和国职业病防治法》（修订版）相关要点

1. 制定《中华人民共和国职业病防治法》的目的

《中华人民共和国职业病防治法》（以下简称《职业病防治法》），于2001年10月27日第九届全国人大常委会第二十四次会议通过，自2002年5月1日起施行。2011年12月31日第十一届全国人大常委会第二十四次会议通过《关于修改〈中华人民共和国职业病防治法〉的决定》，自公布之日起施行。

《职业病防治法》分为七章九十条，各章内容为：第一章总则，第二章前期预防，第三章劳动过程中的防护与管理，第四章职业病诊断与职业病病人保障，第五章监督检查，第六章法律责任，第七章附则。

制定《职业病防治法》的目的，是根据宪法，为了预防、控制和消除职业病危害，防治职业病，保护劳动者健康及其相关权益，促进经济社会发展。

2. 总则中的有关规定

在第一章总则中，对一些重要的原则性问题做了明确规定。

（1）《职业病防治法》适用于中华人民共和国领域内的职业病防治活动。

《职业病防治法》所称职业病，是指企业、事业单位和个体经济组织等用人单位的劳动者在职业活动中，因接触粉尘、放射性物质和其他有毒、有害因素而引起的疾病。

（2）职业病防治工作坚持预防为主、防治结合的方针，建立用人单位负责、行政机关监管、行业自律、职工参与和社会监督的机制，实行分类管理、综合治理。

（3）劳动者依法享有职业卫生保护的权利。用人单位应当为劳动者创造符合国家职业卫生标准和卫生要求的工作环境和条件，并采取措施保障劳动者获得职业卫生保护。工会组织依法对职业病防治工作进行监督，维护劳动者的合法权益。用人单位制定或者修改有关职业病防治的规章制度，应当听取工会组织的意见。

（4）用人单位应当建立、健全职业病防治责任制，加强对职业病防治的管理，提高职业病防治水平，对本单位产生的职业病危害承担责任。用人单位的主要负责人对本单位的职业病防治工作全面负责。

（5）用人单位必须依法参加工伤保险。

（6）任何单位和个人有权对违反《职业病防治法》的行为进行检举和控告。有关部

门收到相关的检举和控告后，应当及时处理。对防治职业病成绩显著的单位和个人，给予奖励。

3. 前期预防的有关规定

在第二章前期预防中，对相关事项作了规定。

（1）用人单位应当依照法律、法规要求，严格遵守国家职业卫生标准，落实职业病预防措施，从源头上控制和消除职业病危害。

（2）产生职业病危害的用人单位的设立除应当符合法律、行政法规规定的设立条件外，其工作场所还应当符合下列职业卫生要求：

1）职业病危害因素的强度或者浓度符合国家职业卫生标准。

2）有与职业病危害防护相适应的设施。

3）生产布局合理，符合有害与无害作业分开的原则。

4）有配套的更衣间、洗浴间、孕妇休息间等卫生设施。

5）设备、工具、用具等设施符合保护劳动者生理、心理健康的要求。

6）法律、行政法规和国务院卫生行政部门、安全生产监督管理部门关于保护劳动者健康的其他要求。

（3）国家建立职业病危害项目申报制度。用人单位工作场所存在职业病目录所列职业病的危害因素的，应当及时、如实向所在地安全生产监督管理部门申报危害项目，接受监督。

（4）国家对从事放射性、高毒、高危粉尘等作业实行特殊管理。具体管理办法由国务院制定。

4. 劳动过程中防护与管理的有关规定

在第三章劳动过程中的防护与管理中，对相关事项作了规定。

（1）用人单位应当采取下列职业病防治管理措施：

1）设置或者指定职业卫生管理机构或者组织，配备专职或者兼职的职业卫生管理人员，负责本单位的职业病防治工作。

2）制定职业病防治计划和实施方案。

3）建立、健全职业卫生管理制度和操作规程。

4）建立、健全职业卫生档案和劳动者健康监护档案。

5）建立、健全工作场所职业病危害因素监测及评价制度。

6）建立、健全职业病危害事故应急救援预案。

（2）用人单位应当保障职业病防治所需的资金投入，不得挤占、挪用，并对因资金投入不足导致的后果承担责任。

（3）用人单位必须采用有效的职业病防护设施，并为劳动者提供个人使用的职业病防护用品。用人单位为劳动者个人提供的职业病防护用品必须符合防治职业病的要求；不符合要求的，不得使用。

（4）用人单位应当优先采用有利于防治职业病和保护劳动者健康的新技术、新工艺、新设备、新材料，逐步替代职业病危害严重的技术、工艺、设备、材料。

（5）产生职业病危害的用人单位，应当在醒目位置设置公告栏，公布有关职业病防治的规章制度、操作规程、职业病危害事故应急救援措施和工作场所职业病危害因素检测结果。

对产生严重职业病危害的作业岗位，应当在其醒目位置，设置警示标识和中文警示说明。警示说明应当载明产生职业病危害的种类、后果、预防以及应急救治措施等内容。

（6）对可能发生急性职业损伤的有毒、有害工作场所，用人单位应当设置报警装置，配置现场急救用品、冲洗设备、应急撤离通道和必要的泄险区。

对放射工作场所和放射性同位素的运输、贮存，用人单位必须配置防护设备和报警装置，保证接触放射线的工作人员佩戴个人剂量计。

对职业病防护设备、应急救援设施和个人使用的职业病防护用品，用人单位应当进行经常性的维护、检修，定期检测其性能和效果，确保其处于正常状态，不得擅自拆除或者停止使用。

（7）用人单位应当实施由专人负责的职业病危害因素日常监测，并确保监测系统处于正常运行状态。

用人单位应当按照国务院安全生产监督管理部门的规定，定期对工作场所进行职业病危害因素检测、评价。检测、评价结果存入用人单位职业卫生档案，定期向所在地安全生产监督管理部门报告并向劳动者公布。

发现工作场所职业病危害因素不符合国家职业卫生标准和卫生要求时，用人单位应当立即采取相应治理措施，仍然达不到国家职业卫生标准和卫生要求的，必须停止存在职业病危害因素的作业；职业病危害因素经治理后，符合国家职业卫生标准和卫生要求的，方可重新作业。

（8）向用人单位提供可能产生职业病危害的设备的，应当提供中文说明书，并在设备的醒目位置设置警示标识和中文警示说明。警示说明应当载明设备性能、可能产生的职业病危害、安全操作和维护注意事项、职业病防护以及应急救治措施等内容。

（9）向用人单位提供可能产生职业病危害的化学品、放射性同位素和含有放射性物质的材料的，应当提供中文说明书。说明书应当载明产品特性、主要成分、存在的有害因素、可能产生的危害后果、安全使用注意事项、职业病防护以及应急救治措施等内容。产品包装应当有醒目的警示标识和中文警示说明。贮存上述材料的场所应当在规定的部位设置危险物品标识或者放射性警示标识。

（10）任何单位和个人不得生产、经营、进口和使用国家明令禁止使用的可能产生职业病危害的设备或者材料。

（11）任何单位和个人不得将产生职业病危害的作业转移给不具备职业病防护条件的单位和个人。不具备职业病防护条件的单位和个人不得接受产生职业病危害的作业。

（12）用人单位对采用的技术、工艺、设备、材料，应当知悉其产生的职业病危害，对有职业病危害的技术、工艺、设备、材料隐瞒其危害而采用的，对所造成的职业病危害后果承担责任。

（13）用人单位与劳动者订立劳动合同（含聘用合同，下同）时，应当将工作过程中可能产生的职业病危害及其后果、职业病防护措施和待遇等如实告知劳动者，并在劳动合同中写明，不得隐瞒或者欺骗。

劳动者在已订立劳动合同期间因工作岗位或者工作内容变更，从事与所订立劳动合同中未告知的存在职业病危害的作业时，用人单位应当依照前款规定，向劳动者履行如实告知的义务，并协商变更原劳动合同相关条款。

用人单位违反前两款规定的，劳动者有权拒绝从事存在职业病危害的作业，用人单位不得因此解除与劳动者所订立的劳动合同。

（14）用人单位的主要负责人和职业卫生管理人员应当接受职业卫生培训，遵守职业病防治法律、法规，依法组织本单位的职业病防治工作。

用人单位应当对劳动者进行上岗前的职业卫生培训和在岗期间的定期职业卫生培训，普及职业卫生知识，督促劳动者遵守职业病防治法律、法规、规章和操作规程，指导劳动者正确使用职业病防护设备和个人使用的职业病防护用品。

劳动者应当学习和掌握相关的职业卫生知识，增强职业病防范意识，遵守职业病防治法律、法规、规章和操作规程，正确使用、维护职业病防护设备和个人使用的职业病防护用品，发现职业病危害事故隐患应当及时报告。

劳动者不履行前款规定义务的，用人单位应当对其进行教育。

（15）对从事接触职业病危害的作业的劳动者，用人单位应当按照国务院安全生产监督管理部门、卫生行政部门的规定组织上岗前、在岗期间和离岗时的职业健康检查，并将检查结果书面告知劳动者。职业健康检查费用由用人单位承担。

用人单位不得安排未经上岗前职业健康检查的劳动者从事接触职业病危害的作业；不得安排有职业禁忌的劳动者从事其所禁忌的作业；对在职业健康检查中发现有与所从事的职业相关的健康损害的劳动者，应当调离原工作岗位，并妥善安置；对未进行离岗前职业健康检查的劳动者不得解除或者终止与其订立的劳动合同。

职业健康检查应当由省级以上人民政府卫生行政部门批准的医疗卫生机构承担。

（16）用人单位应当为劳动者建立职业健康监护档案，并按照规定的期限妥善保存。

职业健康监护档案应当包括劳动者的职业史、职业病危害接触史、职业健康检查结果和职业病诊疗等有关个人健康资料。

劳动者离开用人单位时，有权索取本人职业健康监护档案复印件，用人单位应当如实、无偿提供，并在所提供的复印件上签章。

（17）发生或者可能发生急性职业病危害事故时，用人单位应当立即采取应急救援和控制措施，并及时报告所在地安全生产监督管理部门和有关部门。安全生产监督管理部门接到报告后，应当及时会同有关部门组织调查处理；必要时，可以采取临时控制措施。卫生行政部门应当组织做好医疗救治工作。

对遭受或者可能遭受急性职业病危害的劳动者，用人单位应当及时组织救治、进行健康检查和医学观察，所需费用由用人单位承担。

（18）用人单位不得安排未成年工从事接触职业病危害的作业；不得安排孕期、哺乳期的女职工从事对本人和胎儿、婴儿有危害的作业。

（19）劳动者享有下列职业卫生保护权利：

1）获得职业卫生教育、培训。

2）获得职业健康检查、职业病诊疗、康复等职业病防治服务。

3）了解工作场所产生或者可能产生的职业病危害因素、危害后果和应当采取的职业病防护措施。

4）要求用人单位提供符合防治职业病要求的职业病防护设施和个人使用的职业病防护用品，改善工作条件。

5）对违反职业病防治法律、法规以及危及生命健康的行为提出批评、检举和控告。

6）拒绝违章指挥和强令进行没有职业病防护措施的作业。

7）参与用人单位职业卫生工作的民主管理，对职业病防治工作提出意见和建议。

用人单位应当保障劳动者行使前款所列权利。因劳动者依法行使正当权利而降低其工资、福利等待遇或者解除、终止与其订立的劳动合同的，其行为无效。

（20）工会组织应当督促并协助用人单位开展职业卫生宣传教育和培训，有权对用人单位的职业病防治工作提出意见和建议，依法代表劳动者与用人单位签订劳动安全卫生专项集体合同，与用人单位就劳动者反映的有关职业病防治的问题进行协调并督促解决。

工会组织对用人单位违反职业病防治法律、法规，侵犯劳动者合法权益的行为，有权要求纠正；产生严重职业病危害时，有权要求采取防护措施，或者向政府有关部门建议采取强制性措施；发生职业病危害事故时，有权参与事故调查处理；发现危及劳动者生命健康的情形时，有权向用人单位建议组织劳动者撤离危险现场，用人单位应当立即作出处理。

（21）用人单位按照职业病防治要求，用于预防和治理职业病危害、工作场所卫生检测、健康监护和职业卫生培训等费用，按照国家有关规定，在生产成本中据实列支。

（22）职业卫生监督管理部门应当按照职责分工，加强对用人单位落实职业病防护管理措施情况的监督检查，依法行使职权，承担责任。

5. 职业病诊断与职业病病人保障的有关规定

在第四章职业病诊断与职业病病人保障中，对相关事项作了规定。

（1）劳动者可以在用人单位所在地、本人户籍所在地或者经常居住地依法承担职业病诊断的医疗卫生机构进行职业病诊断。

（2）职业病诊断，应当综合分析下列因素：

1）病人的职业史。

2）职业病危害接触史和工作场所职业病危害因素情况。

3）临床表现以及辅助检查结果等。

没有证据否定职业病危害因素与病人临床表现之间的必然联系的，应当诊断为职业病。

承担职业病诊断的医疗卫生机构在进行职业病诊断时，应当组织三名以上取得职业病诊断资格的执业医师集体诊断。职业病诊断证明书应当由参与诊断的医师共同签署，并经承担职业病诊断的医疗卫生机构审核盖章。

（3）用人单位应当如实提供职业病诊断、鉴定所需的劳动者职业史和职业病危害接触史、工作场所职业病危害因素检测结果等资料；安全生产监督管理部门应当监督检查和督促用人单位提供上述资料；劳动者和有关机构也应当提供与职业病诊断、鉴定有关的资料。

职业病诊断、鉴定机构需要了解工作场所职业病危害因素情况时，可以对工作场所进行现场调查，也可以向安全生产监督管理部门提出，安全生产监督管理部门应当在十日内组织现场调查。用人单位不得拒绝、阻挠。

（4）职业病诊断、鉴定过程中，用人单位不提供工作场所职业病危害因素检测结果等资料的，诊断、鉴定机构应当结合劳动者的临床表现、辅助检查结果和劳动者的职业史、职业病危害接触史，并参考劳动者的自述、安全生产监督管理部门提供的日常监督检查信息等，作出职业病诊断、鉴定结论。

劳动者对用人单位提供的工作场所职业病危害因素检测结果等资料有异议，或者因劳动者的用人单位解散、破产，无用人单位提供上述资料的，诊断、鉴定机构应当提请安全生产监督管理部门进行调查，安全生产监督管理部门应当自接到申请之日起三十日内对存在异议的资料或者工作场所职业病危害因素情况作出判定；有关部门应当配合。

（5）职业病诊断、鉴定过程中，在确认劳动者职业史、职业病危害接触史时，当事人对劳动关系、工种、工作岗位或者在岗时间有争议的，可以向当地的劳动人事争议仲裁委员会申请仲裁；接到申请的劳动人事争议仲裁委员会应当受理，并在三十日内作出裁决。

劳动者对仲裁裁决不服的，可以依法向人民法院提起诉讼。

用人单位对仲裁裁决不服的，可以在职业病诊断、鉴定程序结束之日起十五日内依法向人民法院提起诉讼；诉讼期间，劳动者的治疗费用按照职业病待遇规定的途径支付。

（6）当事人对职业病诊断有异议的，可以向作出诊断的医疗卫生机构所在地地方人民政府卫生行政部门申请鉴定。

职业病诊断争议由设区的市级以上地方人民政府卫生行政部门根据当事人的申请，组织职业病诊断鉴定委员会进行鉴定。

当事人对设区的市级职业病诊断鉴定委员会的鉴定结论不服的，可以向省、自治区、直辖市人民政府卫生行政部门申请再鉴定。

（7）职业病诊断鉴定委员会由相关专业的专家组成。

（8）职业病诊断鉴定委员会组成人员应当遵守职业道德，客观、公正地进行诊断鉴定，并承担相应的责任。职业病诊断鉴定委员会组成人员不得私下接触当事人，不得收受当事人的财物或者其他好处，与当事人有利害关系的，应当回避。

人民法院受理有关案件需要进行职业病鉴定时，应当从省、自治区、直辖市人民政府卫生行政部门依法设立的相关的专家库中选取参加鉴定的专家。

（9）医疗卫生机构发现疑似职业病病人时，应当告知劳动者本人并及时通知用人单位。用人单位应当及时安排对疑似职业病病人进行诊断；在疑似职业病病人诊断或者医学观察期间，不得解除或者终止与其订立的劳动合同。

疑似职业病病人在诊断、医学观察期间的费用，由用人单位承担。

（10）用人单位应当保障职业病病人依法享受国家规定的职业病待遇。用人单位应当按照国家有关规定，安排职业病病人进行治疗、康复和定期检查。用人单位对不适宜继续从事原工作的职业病病人，应当调离原岗位，并妥善安置。用人单位对从事接触职业病危害的作业的劳动者，应当给予适当岗位津贴。

（11）职业病病人的诊疗、康复费用，伤残以及丧失劳动能力的职业病病人的社会保障，按照国家有关工伤保险的规定执行。

（12）职业病病人除依法享有工伤保险外，依照有关民事法律，尚有获得赔偿的权利的，有权向用人单位提出赔偿要求。

（13）劳动者被诊断患有职业病，但用人单位没有依法参加工伤保险的，其医疗和生活保障由该用人单位承担。

（14）职业病病人变动工作单位，其依法享有的待遇不变。用人单位在发生分立、合并、解散、破产等情形时，应当对从事接触职业病危害的作业的劳动者进行健康检查，并按照国家有关规定妥善安置职业病病人。

（15）用人单位已经不存在或者无法确认劳动关系的职业病病人，可以向地方人民政府民政部门申请医疗救助和生活等方面的救助。

6. 法律责任的有关规定

在第六章法律责任中，对相关事项作了规定。

（1）违反《职业病防治法》规定，有下列行为之一的，由安全生产监督管理部门给予警告，责令限期改正；逾期不改正的，处十万元以下的罚款：

1）工作场所职业病危害因素检测、评价结果没有存档、上报、公布的。

2）未采取本法规定的职业病防治管理措施的。

3）未按照规定公布有关职业病防治的规章制度、操作规程、职业病危害事故应急救援措施的。

4）未按照规定组织劳动者进行职业卫生培训，或者未对劳动者个人职业病防护采取指导、督促措施的。

5）国内首次使用或者首次进口与职业病危害有关的化学材料，未按照规定报送毒性鉴定资料以及经有关部门登记注册或者批准进口的文件的。

（2）用人单位违反《职业病防治法》规定，有下列行为之一的，由安全生产监督管理部门责令限期改正，给予警告，可以并处五万元以上十万元以下的罚款：

1）未按照规定及时、如实向安全生产监督管理部门申报产生职业病危害的项目的。

2）未实施由专人负责的职业病危害因素日常监测，或者监测系统不能正常监测的。

3）订立或者变更劳动合同时，未告知劳动者职业病危害真实情况的。

4）未按照规定组织职业健康检查、建立职业健康监护档案或者未将检查结果书面告知劳动者的。

5）未依照本法规定在劳动者离开用人单位时提供职业健康监护档案复印件的。

（3）用人单位违反《职业病防治法》规定，有下列行为之一的，由安全生产监督管理部门给予警告，责令限期改正，逾期不改正的，处五万元以上二十万元以下的罚款；情节严重的，责令停止产生职业病危害的作业，或者提请有关人民政府按照国务院规定的权限责令关闭：

1）工作场所职业病危害因素的强度或者浓度超过国家职业卫生标准的。

2）未提供职业病防护设施和个人使用的职业病防护用品，或者提供的职业病防护设施和个人使用的职业病防护用品不符合国家职业卫生标准和卫生要求的。

3）对职业病防护设备、应急救援设施和个人使用的职业病防护用品未按照规定进行维护、检修、检测，或者不能保持正常运行、使用状态的。

4）未按照规定对工作场所职业病危害因素进行检测、评价的。

5）工作场所职业病危害因素经治理仍然达不到国家职业卫生标准和卫生要求时，未停止存在职业病危害因素的作业的。

6）未按照规定安排职业病病人、疑似职业病病人进行诊治的。

7）发生或者可能发生急性职业病危害事故时，未立即采取应急救援和控制措施或者未按照规定及时报告的。

8）未按照规定在产生严重职业病危害的作业岗位醒目位置设置警示标识和中文警示说明的。

9）拒绝职业卫生监督管理部门监督检查的。

10）隐瞒、伪造、篡改、毁损职业健康监护档案、工作场所职业病危害因素检测评价结果等相关资料，或者拒不提供职业病诊断、鉴定所需资料的。

11）未按照规定承担职业病诊断、鉴定费用和职业病病人的医疗、生活保障费用的。

（4）违反《职业病防治法》规定，构成犯罪的，依法追究刑事责任。

三、国务院《关于预防煤矿生产安全事故的特别规定》相关要点

1. 制定《关于预防煤矿生产安全事故的特别规定》的目的

2005年9月3日，国务院公布《关于预防煤矿生产安全事故的特别规定》（国务院令第446号），自公布之日起施行。

制定并公布《国务院关于预防煤矿生产安全事故的特别规定》（以下简称《特别规定》），是为了及时发现并排除煤矿安全生产隐患，落实煤矿安全生产责任，预防煤矿生产安全事故发生，保障职工的生命安全和煤矿安全生产。

安全生产是一切生产经营活动的基本前提，安全才能生产，生产必须安全。抓好安全生产关系人民群众的生命财产安全，关系改革开放、经济发展和社会稳定的大局。近几年来，各方面认真贯彻实施有关安全生产的法律、法规，做了大量工作，取得了一定成效。从2003年开始，一些煤矿企业“安全第一，预防为主”的观念淡薄，没有把维护职工生命安全放在第一位，对抓事故隐患认识不足，措施不力，甚至受利益驱动强迫职工突击蛮干；一些地方政府和监管部门对预防生产安全事故发生重视不够，执法不严，监督不力等。因此，针对当前煤矿安全生产中存在的这些突出问题，为了把预防煤矿生产安全事故进一步纳入法制化轨道，及时发现并排除煤矿安全生产隐患，落实煤矿安全生产责任，保障职工的生命安全和煤矿的安全生产，国务院制定和实施《特别规定》，对预防煤矿生产安全事故的发生实行更加严格的制度和更加严厉的措施。

2.《特别规定》的主要内容

在《特别规定》中，对涉及煤矿安全生产的一些重要事项做了规定：

第二条　煤矿企业是预防煤矿生产安全事故的责任主体。煤矿企业负责人（包括一些煤矿企业的实际控制人，下同）对预防煤矿生产安全事故负主要责任。

第三条　国务院有关部门和地方各级人民政府应当建立并落实预防煤矿生产安全事故的责任制，监督检查煤矿企业预防煤矿生产安全事故的情况，及时解决煤矿生产安全事故预防工作中的重大问题。

第四条　县级以上地方人民政府负责煤矿安全生产监督管理的部门、国家煤矿安全监察机构设在省、自治区、直辖市的煤矿安全监察机构（以下简称煤矿安全监察机构），对所辖区域的煤矿重大安全生产隐患和违法行为负有检查和依法查处的职责。

县级以上地方人民政府负责煤矿安全生产监督管理的部门、煤矿安全监察机构不依法履行职责，不及时查处所辖区域的煤矿重大安全生产隐患和违法行为的，对直接责任人和主要负责人，根据情节轻重，给予记过、记大过、降级、撤职或者开除的行政处分；构成犯罪的，依法追究刑事责任。

第五条　煤矿未依法取得采矿许可证、安全生产许可证、煤炭生产许可证、营业执照和矿长未依法取得矿长资格证、矿长安全资格证的，煤矿不得从事生产。擅自从事生产的，属非法煤矿。

负责颁发前款规定证照的部门，一经发现煤矿无证照或者证照不全从事生产的，应当责令该煤矿立即停止生产，没收违法所得和开采出的煤炭以及采掘设备，并处违法所得1倍以上5倍以下的罚款；构成犯罪的，依法追究刑事责任；同时于2日内提请当地县级以上地方人民政府予以关闭，并可以向上一级地方人民政府报告。

第六条　负责颁发采矿许可证、安全生产许可证、煤炭生产许可证、营业执照和矿长资格证、矿长安全资格证的部门，向不符合法定条件的煤矿或者矿长颁发有关证照的，对直接责任人，根据情节轻重，给予降级、撤职或者开除的行政处分；对主要负责人，根据情节轻重，给予记大过、降级、撤职或者开除的行政处分；构成犯罪的，依法追究刑事责任。

前款规定颁发证照的部门，应当加强对取得证照煤矿的日常监督管理，促使煤矿持续符合取得证照应当具备的条件。不依法履行日常监督管理职责的，对主要负责人，根据情节轻重，给予记过、记大过、降级、撤职或者开除的行政处分；构成犯罪的，依法追究刑事责任。

第七条　在乡、镇人民政府所辖区域内发现有非法煤矿并且没有采取有效制止措施的，对乡、镇人民政府的主要负责人以及负有责任的相关负责人，根据情节轻重，给予降级、撤职或者开除的行政处分；在县级人民政府所辖区域内1个月内发现有2处或者2处以上非法煤矿并且没有采取有效制止措施的，对县级人民政府的主要负责人以及负有责任的相关负责人，根据情节轻重，给予降级、撤职或者开除的行政处分；构成犯罪的，依法追究刑事责任。

其他有关机关和部门对存在非法煤矿负有责任的，对主要负责人，属于行政机关工作人员的，根据情节轻重，给予记过、记大过、降级或者撤职的行政处分；不属于行政机关工作人员的，建议有关机关和部门给予相应的处分。

第八条　煤矿的通风、防瓦斯、防水、防火、防煤尘、防冒顶等安全设备、设施和条件应当符合国家标准、行业标准，并有防范生产安全事故发生的措施和完善的应急处理预案。

煤矿有下列重大安全生产隐患和行为的，应当立即停止生产，排除隐患：

（1）超能力、超强度或者超定员组织生产的。

（2）瓦斯超限作业的。

（3）煤与瓦斯突出矿井，未依照规定实施防突出措施的。

（4）高瓦斯矿井未建立瓦斯抽放系统和监控系统，或者瓦斯监控系统不能正常运行的。

（5）通风系统不完善、不可靠的。

（6）有严重水患，未采取有效措施的。

（7）超层越界开采的。

（8）有冲击地压危险，未采取有效措施的。

（9）自然发火严重，未采取有效措施的。

（10）使用明令禁止使用或者淘汰的设备、工艺的。

（11）年产 6 万吨以上的煤矿没有双回路供电系统的。

（12）新建煤矿边建设边生产，煤矿改扩建期间，在改扩建的区域生产，或者在其他区域的生产超出安全设计规定的范围和规模的。

（13）煤矿实行整体承包生产经营后，未重新取得安全生产许可证和煤炭生产许可证，从事生产的，或者承包方再次转包的，以及煤矿将井下采掘工作面和井巷维修作业进行劳务承包的。

（14）煤矿改制期间，未明确安全生产责任人和安全管理机构的，或者在完成改制后，未重新取得或者变更采矿许可证、安全生产许可证、煤炭生产许可证和营业执照的。

（15）有其他重大安全生产隐患的。

第九条　煤矿企业应当建立健全安全生产隐患排查、治理和报告制度。煤矿企业应当对《特别规定》第八条第二款所列情形定期组织排查，并将排查情况每季度向县级以上地方人民政府负责煤矿安全生产监督管理的部门、煤矿安全监察机构写出书面报告。报告应当经煤矿企业负责人签字。

煤矿企业未依照前款规定排查和报告的，由县级以上地方人民政府负责煤矿安全生产监督管理的部门或者煤矿安全监察机构责令限期改正；逾期未改正的，责令停产整顿，并对煤矿企业负责人处 3 万元以上 15 万元以下的罚款。

第十条　煤矿有《特别规定》第八条第二款所列情形之一，仍然进行生产的，由县级以上地方人民政府负责煤矿安全生产监督管理的部门或者煤矿安全监察机构责令停产整顿，提出整顿的内容、时间等具体要求，处 50 万元以上 200 万元以下的罚款；对煤矿企业负责人处 3 万元以上 15 万元以下的罚款。

对 3 个月内 2 次或者 2 次以上发现有重大安全生产隐患，仍然进行生产的煤矿，县级以上地方人民政府负责煤矿安全生产监督管理的部门、煤矿安全监察机构应当提请有关地方人民政府关闭该煤矿，并由颁发证照的部门立即吊销矿长资格证和矿长安全资格证，该煤矿的法定代表人和矿长 5 年内不得再担任任何煤矿的法定代表人或者矿长。

第十一条　对被责令停产整顿的煤矿，颁发证照的部门应当暂扣采矿许可证、安全生产许可证、煤炭生产许可证、营业执照和矿长资格证、矿长安全资格证。

被责令停产整顿的煤矿应当制定整改方案，落实整改措施和安全技术规定；整改结束后要求恢复生产的，应当由县级以上地方人民政府负责煤矿安全生产监督管理的部门自收到恢复生产申请之日起 60 日内组织验收完毕；验收合格的，经组织验收的地方人民政府负责煤矿安全生产监督管理的部门的主要负责人签字，并经有关煤矿安全监察机构审核同意，报请有关地方人民政府主要负责人签字批准，颁发证照的部门发还证照，煤矿方可恢复生产；验收不合格的，由有关地方人民政府予以关闭。

被责令停产整顿的煤矿擅自从事生产的，县级以上地方人民政府负责煤矿安全生产监督管理的部门、煤矿安全监察机构应当提请有关地方人民政府予以关闭，没收违法所得，并处违法所得 1 倍以上 5 倍以下的罚款；构成犯罪的，依法追究刑事责任。

第十二条　对被责令停产整顿的煤矿，在停产整顿期间，由有关地方人民政府采取有效措施进行监督检查。因监督检查不力，煤矿在停产整顿期间继续生产的，对直接责任人，根据情节轻重，给予降级、撤职或者开除的行政处分；对有关负责人，根据情节轻重，给予记大过、降级、撤职或者开除的行政处分；构成犯罪的，依法追究刑事责任。

第十三条　对提请关闭的煤矿，县级以上地方人民政府负责煤矿安全生产监督管理的部门或者煤矿安全监察机构应当责令立即停止生产；有关地方人民政府应当在 7 日内作出关闭或者不予关闭的决定，并由其主要负责人签字存档。对决定关闭的，有关地方人民政府应当立即组织实施。

关闭煤矿应当达到下列要求：

（1）吊销相关证照。

（2）停止供应并处理火工用品。

（3）停止供电，拆除矿井生产设备、供电、通信线路。

（4）封闭、填实矿井井筒，平整井口场地，恢复地貌。

（5）妥善遣散从业人员。

关闭煤矿未达到前款规定要求的，对组织实施关闭的地方人民政府及其有关部门的负责人和直接责任人给予记过、记大过、降级、撤职或者开除的行政处分；构成犯罪的，依法追究刑事责任。

依照本条第一款规定决定关闭的煤矿，仍有开采价值的，经依法批准可以进行拍卖。

关闭的煤矿擅自恢复生产的，依照本规定第五条第二款规定予以处罚；构成犯罪的，依法追究刑事责任。

第十四条　县级以上地方人民政府负责煤矿安全生产监督管理的部门或者煤矿安全监察机构，发现煤矿有本规定第八条第二款所列情形之一的，应当将情况报送有关地方人民政府。

第十五条　煤矿存在瓦斯突出、自然发火、冲击地压、水害威胁等重大安全生产隐患，该煤矿在现有技术条件下难以有效防治的，县级以上地方人民政府负责煤矿安全生产监督管理的部门、煤矿安全监察机构应当责令其立即停止生产，并提请有关地方人民政府组织专家进行论证。专家论证应当客观、公正、科学。有关地方人民政府应当根据论证结论，作出是否关闭煤矿的决定，并组织实施。

第十六条 煤矿企业应当依照国家有关规定对井下作业人员进行安全生产教育和培训，保证井下作业人员具有必要的安全生产知识，熟悉有关安全生产规章制度和安全操作规程，掌握本岗位的安全操作技能，并建立培训档案。未进行安全生产教育和培训或者经教育和培训不合格的人员不得下井作业。

第十七条 县级以上地方人民政府负责煤矿安全生产监督管理的部门、煤矿安全监察机构在监督检查中，1 个月内 3 次或者 3 次以上发现煤矿企业未依照国家有关规定对井下作业人员进行安全生产教育和培训或者特种作业人员无证上岗的，应当提请有关地方人民政府对该煤矿予以关闭。

第十八条 煤矿拒不执行县级以上地方人民政府负责煤矿安全生产监督管理的部门或者煤矿安全监察机构依法下达的执法指令的，由颁发证照的部门吊销矿长资格证和矿长安全资格证；构成违反治安管理行为的，由公安机关依照治安管理的法律、行政法规的规定处罚；构成犯罪的，依法追究刑事责任。

第二十一条 煤矿企业负责人和生产经营管理人员应当按照国家规定轮流带班下井，并建立下井登记档案。

县级以上地方人民政府负责煤矿安全生产监督管理的部门或者煤矿安全监察机构发现煤矿企业在生产过程中，1 周内其负责人或者生产经营管理人员没有按照国家规定带班下井，或者下井登记档案虚假的，责令改正，并对该煤矿企业处 3 万元以上 15 万元以下的罚款。

第二十二条 煤矿企业应当免费为每位职工发放煤矿职工安全手册。

煤矿职工安全手册应当载明职工的权利、义务，煤矿重大安全生产隐患的情形和应急保护措施、方法以及安全生产隐患和违法行为的举报电话、受理部门。

煤矿企业没有为每位职工发放符合要求的职工安全手册的，由县级以上地方人民政府负责煤矿安全生产监督管理的部门或者煤矿安全监察机构责令限期改正；逾期未改正的，处 5 万元以下的罚款。

第二十三条 任何单位和个人发现煤矿有《特别规定》第五条第一款和第八条第二款所列情形之一的，都有权向县级以上地方人民政府负责煤矿安全生产监督管理的部门或者煤矿安全监察机构举报。

受理的举报经调查属实的，受理举报的部门或者机构应当给予最先举报人 1 000 元至 1 万元的奖励，所需费用由同级财政列支。

县级以上地方人民政府负责煤矿安全生产监督管理的部门或者煤矿安全监察机构接到举报后，应当及时调查处理；不及时调查处理的，对有关责任人，根据情节轻重，给予警告、记过、记大过或者降级的行政处分。

第二十四条 煤矿有违反本规定的违法行为，法律规定由有关部门查处的，有关部门应当依法进行查处。但是，对同一违法行为不得给予两次以上罚款的行政处罚。

第二节 煤矿安全生产重要规定相关要点

近些年来，国家安全生产监督管理总局（国家煤矿安全监察局）为了保证煤矿企业的安全生产，先后制定并颁发实施了一系列安全生产规章制度，这为煤矿企业做好安全生产工作提供了法律法规方面的依据。煤矿安全生产事关人民群众的生命财产安全，煤矿领导和管理人员要充分认识当前煤矿安全生产工作的严峻性、艰巨性和复杂性，要把确保煤矿安全摆在突出位置，正确处理好安全与生产、安全与效益、安全与发展的关系，牢固树立“安全第一”的思想，坚持做到不符合安全规定不生产，从而保证生产安全，坚决遏制煤矿重特大事故的发生。

一、《煤矿矿长保护矿工生命安全七条规定》相关要点

2013 年 1 月 24 日，国家安全生产监督管理总局公布《煤矿矿长保护矿工生命安全七条规定》（以下简称《七条规定》），自公布之日起施行。

1.《七条规定》 主要内容

《七条规定》主要内容如下：

（1）必须证照齐全，严禁无证照或者证照失效非法生产。

（2）必须在批准区域正规开采，严禁超层越界或者巷道式采煤、空顶作业。

（3）必须确保通风系统可靠，严禁无风、微风、循环风冒险作业。

（4）必须做到瓦斯抽采达标，防突措施到位，监控系统有效，瓦斯超限立即撤人，严禁违规作业。

（5）必须落实井下探放水规定，严禁开采防隔水煤柱。

（6）必须保证井下机电和所有提升设备完好，严禁非阻燃、非防爆设备违规入井。

（7）必须坚持矿领导下井带班，确保员工培训合格、持证上岗，严禁违章指挥。

2. 对《七条规定》 解读

2013 年 2 月 5 日，国家安全生产监督管理总局总工程师黄毅做客强国论坛，就《七条规定》进行了解读。

（1）《七条规定》出台背景。煤炭是我们国家的主要能源，但是煤矿也是高危行业，因此，煤矿的安全生产始终是我们的重中之重。近些年来，在党和政府一系列政策措施的推动下，煤矿安全生产的形势明显好转，2012 年煤炭百万吨死亡率降到 0.4 以下，达到了世界中等发达国家的水平。但是，我们国家煤矿的条件比较复杂，自然灾害比较严重，事故的风险依然比较大，所以，煤矿安全生产的形势依然严峻。我们通过分析近些年来煤矿事故，特别是重特大事故发生的主要原因，梳理出 40 多个导致事故发生的主要问题，对这些问题进一步地归纳、提炼，最后确定了七个方面，依法做出硬性的规定，这就是《七条规定》出台的背景。通过《七条规定》的贯彻实施，进一步强化煤矿的安全管理，切实维护矿工的生命安全，这也是我们贯彻落实科学发展观的核心立场，也是 550 万名煤矿职工的期盼。

（2）《七条规定》对于保障矿工生命安全的现实意义。《七条规定》的确定就是为保护矿工生命安全，这也是制定《七条规定》的根本宗旨。因为矿工是煤炭生产的实践主体，他们常年工作在千米井下，牺牲了应该享受的阳光和新鲜空气，而把光和热奉献给社会、奉献给人民，所以，理应得到全社会的关爱和尊重。所以，作为一矿之长，应该把维护矿工的生命安全作为第一职责，把矿工当成亲人、当成兄弟，关心矿工的安全，认真落实煤矿安全生产的各项措施，为矿工撑起一片安全蓝天。所以，这七条规定对于维护矿工的生命健康权益具有着重大的意义。同时，对促进煤矿安全生产形势的根本好转，也有着重大的意义。

二、《煤矿安全规程》相关要点

1. 制定《煤矿安全规程》的目的

2004 年 10 月 18 日，原国家安全生产监督管理局（国家煤矿安全监察局）以第 16 号令颁布《煤矿安全规程》。颁布《煤矿安全规程》的目的，是为了保障煤矿安全生产和职工人身安全，防止煤矿事故。《煤矿安全规程》的颁布对于提高煤矿安全生产水平、改善煤矿安全生产条件、保障煤矿职工人身安全和健康具有重要的现实意义。

《煤矿安全规程》的颁布实施推动了我国煤矿安全生产法律建设的发展，是全面实施《中华人民共和国煤炭法》《中华人民共和国矿山安全法》和《煤矿安全监察条例》的有力保障，是查处煤矿安全违法行为的有力武器，对进一步完善我国煤矿安全监察制度具有重要作用。《煤矿安全规程》是我国煤矿安全工作最全面、最具体、最权威的一部基本规程，是国家有关法律、法规的具体化。《煤矿安全规程》自颁布之后进行了 4 次局部个别条款的修订。鉴于经济社会和煤炭生产形势发生的深刻变化，国家于 2013 年开始对《煤矿安全规程》进行全面修订，2015 年有望完成修订工作。

《煤矿安全规程》共分四编，751 条。第一编总则，共 14 条；第二编井工部分，共十章 519 条；第三编露天部分，共八章 204 条；第四编职业危害，共两章 13 条；附则 1 条。

2.《煤矿安全规程》的修改

需要注意的是，国家安全生产监督管理总局于 2006 年 10 月 25 日公布《关于修改（煤矿安全规程）第六十八条和第一百五十八条的决定》（国家安全生产监督管理总局令第 10 号），并自 2007 年 1 月 1 日起施行。

一是将《煤矿安全规程》第六十八条规定的：

“采用放顶煤采煤法开采时，必须遵守下列规定：

（1）必须根据煤层地质特征编制放顶煤开采设计。

（2）工作面必须符合以下条件：

1）无煤（岩）与瓦斯（二氧化碳）突出危险性。

2）顶煤和煤层顶板能随放煤即行垮落或在采取预裂爆破等措施后能及时垮落，且顶板垮落充填采空区的高度大于采放煤高度。

（3）必须针对煤层的开采技术条件和放顶煤开采工艺的特点，对防火、防尘、防瓦斯、放煤步距、放煤顺序、采放平行关系、顶板控制、支架选型、端头支护、切眼扩面、支架安装、初次放顶（煤）、工作面收尾及支架回撤等制定安全技术措施。

(4) 大块煤（矸）卡住放煤口时，严禁爆破处理；有瓦斯或煤尘爆炸危险时，严禁挑顶煤爆破作业。”

修改为：

“采用放顶煤开采时，必须遵守下列规定：

(1) 矿井第一次采用放顶煤开采，或在煤层（瓦斯）赋存条件变化较大的区域采用放顶煤开采时，必须根据顶板、煤层、瓦斯、自然发火、水文地质、煤尘爆炸性、冲击地压等地质特征和灾害危险性编制开采设计，开采设计应当经专家论证或委托具有相关资质单位评价后报请集团公司或者县级以上煤炭管理部门审批，并报煤矿安全监察机构备案。

(2) 针对煤层的开采技术条件和放顶煤开采工艺的特点，必须对防瓦斯、防火、防尘、防水、采放煤工艺、顶板支护、初采和工作面收尾等制定安全技术措施。

(3) 采用预裂爆破对坚硬顶板或者坚硬顶煤进行弱化处理时，应在工作面未采动区进行，并制定专门的安全技术措施。严禁在工作面内采用炸药爆破方法处理顶煤、顶板及卡在放煤口的大块煤（矸）。

(4) 高瓦斯矿井的易自燃煤层，应当采取以预抽方式为主的综合抽放瓦斯措施和综合防灭火措施，保证本煤层瓦斯含量不大于 6 m^3/t 或工作面最高风速不大于 4.0 m/s。

(5) 工作面严禁采用木支柱、金属摩擦支柱支护方式。

有下列情形之一的，严禁采用单体液压支柱放顶煤开采：

(1) 倾角大于 30°的煤层（急倾斜特厚煤层水平分层放顶煤除外）。

(2) 冲击地压煤层。

有下列情形之一的，严禁采用放顶煤开采：

(1) 煤层平均厚度小于 4 m 的。

(2) 采放比大于 1∶3 的。

(3) 采区或工作面回采率达不到矿井设计规范规定的。

(4) 煤层有煤（岩）和瓦斯（二氧化碳）突出危险的。

(5) 坚硬顶板、坚硬顶煤不易冒落，且采取措施后冒放性仍然较差，顶板垮落充填采空区的高度不大于采放煤高度的。

(6) 矿井水文地质条件复杂，采放后有可能与地表水、老窑积水和强含水层导通的。”

二是将《煤矿安全规程》第一百五十八条规定的：

“高瓦斯矿井、煤（岩）与瓦斯突出矿井，必须装备矿井安全监控系统。没有装备矿井安全监控系统的矿井的煤巷、半煤岩巷和有瓦斯涌出的岩巷的掘进工作面，必须装备甲烷风电闭锁装置或甲烷断电仪和风电闭锁装置。没有装备矿井安全监控系统的无瓦斯涌出的岩巷掘进工作面，必须装备风电闭锁装置。没有装备矿井安全监控系统的矿井的采煤工作面，必须装备甲烷断电仪。”

修改为：

“所有矿井必须装备矿井安全监控系统。矿井安全监控系统的安装、使用和维护必须符合本规程和相关规定的要求。”

三、《国有煤矿瓦斯治理规定》相关要点

1. 制定《国有煤矿瓦斯治理规定》的目的

2005年1月6日，原国家安全生产监督管理局（国家煤矿安全监察局）以第21号令公布《国有煤矿瓦斯治理规定》，并自公布之日起施行。

制定并实施《国有煤矿瓦斯治理规定》，是根据《安全生产法》《煤矿安全监察条例》等法律、行政法规的规定，为了贯彻落实先抽后采、监测监控、以风定产的瓦斯治理方针，控制国有煤矿特大瓦斯事故的发生。

有效治理煤矿瓦斯灾害，防范遏制重特大瓦斯事故，是煤矿职工和广大人民群众的殷切期望，也是一项艰巨的任务。煤矿企业，特别是国有煤矿企业，要坚持“安全第一、预防为主、综合治理”方针，紧紧抓住通风系统、抽采抽放、监测监控、现场管理四个关键环节，坚持标本兼治、重在治本，着力建立“通风可靠、抽采达标、监控有效、管理到位”的煤矿瓦斯综合治理工作体系，进一步加强领导，落实责任，严格管理，强化监察，把瓦斯治理攻坚战推向新的阶段。

2.《国有煤矿瓦斯治理规定》的主要内容

《国有煤矿瓦斯治理规定》主要内容如下：

第二条　国有煤矿（包括国有煤矿企业及其所属矿井，以下统称煤矿）必须设立瓦斯治理机构和配备专业技术人员，建立瓦斯治理责任制和管理制度，落实治理资金。

煤矿主要负责人是瓦斯治理的第一责任人；煤矿总工程师对瓦斯治理负技术责任，负责组织制定治理瓦斯方案和安全技术措施，负责资金的安排使用。

煤矿分管安全工作的行政副职对瓦斯治理工作负监督检查责任；其他行政副职负责分管领域内瓦斯治理方案、措施的落实。

煤矿值班负责人对当天的安全生产工作负全面责任，必须掌握当班下井人数，发现瓦斯隐患必须立即采取措施处理。

高瓦斯矿井和煤与瓦斯突出矿井的负责人应当每半年向当地煤矿安全监管机构和煤矿安全监察机构报告一次瓦斯治理情况。

第三条　煤矿必须建立矿井瓦斯等级鉴定制度。矿井每年必须按规定进行瓦斯等级鉴定。

煤矿井下出现瓦斯动力现象，必须在24 h内报告当地煤炭主管部门和煤矿安全监察机构，并及时申请具有国家规定资质的鉴定机构进行鉴定，不得隐瞒不报。

对已经发生瓦斯动力现象但未明确瓦斯等级的矿井，自《国有煤矿瓦斯治理规定》公布之日起60日内应完成瓦斯等级鉴定工作，申请鉴定期间按照突出矿井管理。

第四条　煤矿严禁瓦斯超限作业。发现瓦斯超限作业的，应当追查处理。

采掘工作面及其他作业地点风流中瓦斯浓度达到1.0%时，必须停止使用电钻；瓦斯浓度达到1.5%时，必须停止工作，切断电源，撤出人员，进行处理。

爆破地点附近20 m以内风流中瓦斯浓度达到1.0%时，严禁爆破；爆破作业必须执行“一炮三检”和“三人联锁”放炮制度。

第五条 煤矿必须落实瓦斯抽放的规定。

《煤矿安全规程》规定应当建立瓦斯抽放系统的矿井，必须进行瓦斯抽放，建立地面永久抽放瓦斯系统或者井下临时抽放瓦斯系统，并实行先抽后采。

突出矿井必须首先开采保护层，不具备开采保护层条件的，必须对突出煤层进行预抽，并确保预抽时间和效果。

第六条 煤矿必须建立运行可靠的监测监控系统。

高瓦斯和突出矿井以及有高瓦斯区域的低瓦斯矿井，必须装备运行可靠的矿井安全监控系统，系统和传感器的安装、使用、维修，必须符合《煤矿安全规程》规定的要求；监控系统中心站值班应当设在矿调度室内，必须配备经安全培训合格的专职人员24 h值班。值班人员发现井下瓦斯超限报警时，必须立即处理；发现井下大面积瓦斯超限时，必须立即停电撤人。

第七条 煤矿必须每年核定矿井通风能力，保证以风定产，严禁超通风能力组织生产。

经核定的矿井通风能力应当报省级煤炭主管部门审核后，报省级煤矿安全监察机构备案。

煤矿井下出现风速超限、瓦斯超限、不合理串联通风的，等同超通风能力生产；超通风能力生产的矿井、采区、工作面，必须立即减少产量，重新调整生产布局及通风系统，把产量降到核定通风能力范围内。

高瓦斯、突出矿井应当严格按照《煤矿安全规程》的规定布置采掘工作面，防止不合理集中生产和突击生产。

第八条 煤矿必须建立和落实瓦斯检查制度，采取防突措施。

煤矿井下所有作业地点和容易积聚瓦斯的地点，必须定人、定时进行瓦斯巡回检查，要制定瓦斯检查计划，并采取防止瓦斯检查员空班漏检的措施。

高瓦斯矿井、煤与瓦斯突出矿井、有高瓦斯区域的低瓦斯矿井的采掘工作面，必须有专职瓦斯检查员跟班检查瓦斯。瓦斯检查员发现瓦斯超限时，有权决定立即停止作业，撤出人员。

煤与瓦斯突出矿井必须采取突出危险性预测、防治突出措施、防治突出措施的效果检验和安全防护措施“四位一体”的综合防突措施，并加强瓦斯地质预测。

突出矿井的新水平、新采区、石门揭穿突出煤层必须编制防治突出的设计，并经技术负责人审批。

突出矿井严禁使用架线式电机车，已经使用的，必须限期1年内完成整改；整改期间，必须采取安全措施。

第九条 煤矿必须有完善的独立通风系统，生产水平和采区必须实行分区通风。

高瓦斯、突出矿井，每个采区必须设置至少1条专用回风巷；主要进、回风巷之间的联络巷必须砌筑永久性风墙，需要使用的，必须安设2道联锁的正向风门和2道反向风门。采区进、回风巷必须贯穿整个采区，严禁一段为进风巷、一段为回风巷。

局部通风机必须由指定人员管理，保证正常运转。严禁使用3台以上局部通风机同时向1个掘进工作面供风。使用2台局部通风机向同一地点供风的，必须同时实现风电闭锁。

第十条　煤矿必须加强对放顶煤工作面的管理。突出煤层的突出危险区、突出威胁区，严禁采用放顶煤开采法。

放顶煤开采必须制定防火、防尘、防瓦斯、顶板控制等安全技术措施，并根据煤层地质特征编制放顶煤开采设计；大块煤（矸）卡住放煤口时，严禁爆破处理。有瓦斯或者煤尘爆炸危险时，严禁挑顶煤爆破作业。

采用放顶煤采煤法开采容易自燃和自燃的煤层时，必须编制防止采空区自然发火的设计，建立火灾监测系统、配置一氧化碳浓度传感器，并采取有效的综合预防自然发火的措施。井下发现自然发火，必须将所有可能受火灾威胁区域中的人员撤离，采取措施进行处理。隐患未彻底消除，严禁恢复生产。

四、《煤矿瓦斯治理经验五十条》相关要点

《煤矿瓦斯治理经验五十条》（发改能源［2005］457号）是原国家安全生产监督管理局（国家煤矿安全监察局）在总结淮南、阳泉、平顶山、松藻等煤矿瓦斯治理经验的基础上组织编写的，供有关部门、单位和各类煤炭生产企业在瓦斯防治工作中参考。

瓦斯综合治理的基本思想是，贯彻“先抽后采、监测监控、以风定产”的瓦斯治理工作方针，树立“瓦斯事故是可以预防和避免的”意识，实施“可保尽保、应抽尽抽”的瓦斯综合治理战略，坚持“高投入、高素质、严管理、强技术、重责任”，变“抽放”为“抽采”，以完善通风系统为前提，以瓦斯抽采和防突为重点，以监测监控为保障，区域治理与局部治理并重，以抽定产，以风定产，地质保障，掘进先行，技术突破，装备升级，管理创新，落实责任，实现煤与瓦斯共采，建设安全、高效、环保矿区。

1. 高投入

（1）瓦斯治理专项资金按吨煤15元提取。

（2）资金投入的重点是，矿井通风系统、瓦斯抽采系统、矿井防灭火系统、综合防尘系统、安全监控系统等。

（3）坚持瓦斯抽采激励政策（每立方米奖励0.06元），开采保护层激励政策（吨煤补贴工资基金10元），瓦斯抽采巷道和主要风道维修补贴政策（每米补贴2 000元和3 000元），地测系统创优争先激励政策和防止煤炭自燃发火激励政策。

2. 高素质

（1）健全“一通三防”机构，有条件的成立瓦斯和地质相结合部门。

（2）配齐配强通风副总工程师、地测副总工程师和“一通三防”工程技术人员。“一通三防”人员最低达到技校毕业水平，数量要满足瓦斯治理需求。

（3）矿井建立防突、抽采、通风、监测监控专业队伍，石门揭煤工作由防突专业队伍或石门揭煤专业化队伍承担。

（4）瓦斯检测工与爆破工不得兼职。

（5）加强职业教育，办好职业技术学院。

（6）建立安全培训中心，安监局设置安全培训处，矿井建立三级、四级安教室，区队建立五级安教室，并配足师资力量。

(7) 全员培训教育实行“五个一”(一日一专题、一周一案例、一月一考核、一月一评比、一月一奖惩)和“三同时”(工人干部同时参加培训、同时考试、同时接受奖惩),做到班前培训全员学,夜校培训重点学,脱产培训系统学。

(8)“三大员”(安监员、瓦检员、防突员)安全管理准军事化,享受一线待遇,实行考核淘汰制。

(9) 生产及主要辅助单位职工未经“一通三防”专门培训考试合格不得担任班、队长;特殊工种必须有两年以上采掘工作经验,并经培训合格,持证上岗。

(10) 企业安全检查工作做到“四个一流”(一流队伍,一流作风,一流管理,一流素质)。

3. 严管理

(1) 每年制定关于瓦斯综合治理工作的决定。

(2) 坚持瓦斯治理“一矿一策”“一面一策”制度。

(3) 坚持瓦斯浓度按0.8%断电管理制度。

(4) 实行企业和矿井通风和瓦斯日报两级审阅制、公司调度每日瓦斯牌板制、现场瓦斯异常情况实时监控制。

(5) 每周剖析一个矿的“一通三防”和防突工作情况。

(6) 坚持月度“一通三防”例会、防突办公会和矿长月度“一通三防”述职制度。

(7) 实行“一通三防”重大隐患排查制度、“一通三防”督查和防突督导制度。

(8) 严格调度和监控中心值班制度,发现井下瓦斯超限必须在5 min内向值班领导汇报,值班领导必须及时做出处理意见。

(9) 树立瓦斯超限就是事故的理念,坚持瓦斯超限谈话制和分级追查处理制(瓦斯浓度低于3.0%由矿总工程师或安监处长负责追查处理,3.0%及其以上由矿长组织追查处理)。

(10) 瓦斯治理,地质、掘进工作先行。

(11) 瓦斯治理工程做到“两同时、一超前”(瓦斯治理工程与采煤工作面同时设计、超前施工、同时投入使用)。

(12) 严格干部跟班下井制度,保证各采掘面每班有区、队长以上干部跟班。

(13) 石门揭煤和所有采煤工作面投产前,须经现场验收,“一通三防”具有一票否决权。

(14) 实施过地质构造、瓦斯异常带“五位一体”现场管理措施(即地质人员加强地质预测预报,及时提供预测资料;打钻人员在钻进过程中发现异常时立即停机,并及时汇报;掘进施工人员发现地质、矿压、瓦斯异常时,立即停头;监控人员保证瓦斯超限时,立即切断掘进巷道及其回风系统内电源;瓦检员发现瓦斯异常时,立即撤出人员)。

4. 强技术

(1) 优化通风系统,确保通风系统稳定、可靠。

(2) 开采布局和巷道布置合理,有突出危险采掘面的回风严禁直接经过其他采掘面唯一的安全出口。

(3) 通风设施可靠，永久风门联锁，主要风门安装开关传感器。

(4) 采用大功率对旋局部通风机和大直径风筒。

(5) 优选瓦斯抽采装备，实现抽采系统能力最大化，做到“大流量、多抽泵，大管径、多回路”。地面泵实际抽采流量不小于 100 m^3/min，井下移动泵实际抽采流量达到 40～60 m^3/min，管路直径超过 200 mm。应选择钻进能力大、钻孔直径不小于 150 mm 的钻机。

(6) 强制性开采保护层，做到可保尽保，并抽采瓦斯，降低瓦斯压力。

(7) 在突出煤层顶底板掘进的巷道，特别是距突出煤层法距小于 20 m 的掘进巷道，必须采取措施严格控制突出煤层层位和地质构造，巷道掘进至少每隔 100 m 要施工地质探测钻孔控制层位，防止瓦斯异常涌出或误穿突出煤层。

(8) 顶、底板穿层钻孔掩护强突出煤层掘进。

(9) 以突出煤层瓦斯地质图为基图编制防突预测图，全面反映掘进工程范围内的煤层赋存、地质构造、瓦斯、巷道布置、防突措施、安全防护设施等有关信息。

(10) 防止突出煤层采掘面相互之间应力集中的针对性措施定量化。开采突出煤层采掘工作面设计应避免造成应力集中。一个或相邻的两个采区中，在同一区段的突出煤层中进行采掘作业时，相向（背向）回采和相向（背向）采掘的两个工作面的间距均不得小于 100 m。相向掘进的两个工作面间距不得小于 60 m，并且在小于 60 m 以前实施钻孔一次打透，只允许向一个方向掘进。突出煤层双巷同向掘进的两个工作面间的错槎距离必须保持 50 m 以上，一个工作面放炮时，另一工作面必须停电、撤人。突出煤层掘进工作面不得进入本煤层或邻近煤层回采工作面的采动应力集中区，不得在应力集中区和地质构造复杂区贯通。

(11) 提前预警非突出煤层转化为突出煤层。非突出煤层揭煤和煤巷掘进如出现吸钻、夹钻、喷孔、瓦斯涌出异常等情况时，必须按《防治煤与瓦斯突出细则》第 26 条规定收集“四项指标”资料，若全部指标达到或超过其临界值，应进行突出倾向性鉴定。

(12) 掘进面采用先抽后掘、边抽边掘技术。有突出危险掘进工作面和瓦斯绝对涌出量大于 3 m^3/min、炮后瓦斯经常超限、有瓦斯异常涌出现象或预测突出指标超限的掘进工作面，以及石门揭穿突出煤层工作面，必须实施巷帮钻场深孔连续抽采措施，并确保掘进迎头钻孔每平方米不得少于 2 个。

(13) 采煤工作面采用综合抽采技术。凡瓦斯绝对涌出量大于 5 m^3/min，或者用通风方法解决瓦斯问题不合理的采煤工作面，必须采用以高抽巷或顶板走向钻孔为主，以穿层和顺层孔、上隅角采空区抽采、地面钻井等为辅的综合治理瓦斯措施。

(14) 采煤工作面根据瓦斯涌出量分级选择瓦斯抽采方法。瓦斯涌出量在 10 m^3/min 以下的，采用上隅角埋管或局部顶板走向钻孔抽采方法；瓦斯涌出量在 20 m^3/min 以下的，采用以顶板走向钻孔为主，辅以埋管抽采技术；瓦斯涌出量在 20～50 m^3/min 的，应使用高抽巷，辅以埋管抽采技术；瓦斯涌出量在 50 m^3/min 以上的，应使用高抽巷、回风巷穿层孔、上隅角埋管（或外错、内错尾排）、尾抽、地面钻井、工作面浅孔抽采等综合抽采技术。

(15) 在以下场所增设传感器：

1) 采煤工作面上隅角瓦斯传感器，其位置距巷帮和老塘侧充填带均不大于 800 mm，距顶板不大于 300 mm。

2) 突出煤层掘进工作面、石门揭煤以及瓦斯绝对涌出量大于 3 m^3/min 的掘进面回风第一交汇点处。

3) 长距离巷道掘进，每 500～1 000 m 巷道增设一个传感器。

4) 采动卸压带、地质构造带、采掘面过老巷、老空区、钻场等处增设瓦斯传感器由矿总工程师根据实际情况确定。

(16) 采用高位钻孔注浆措施处理高温区域。

(17) 矿井供电设备实现无油化，并做到实时监测监控。

(18) 保证井下局部通风的连续供电。局扇高低压供电实现双电源；采区变电所电源从地面变电所或井下中央变电所直供，且做到至少两个电源；采区变电所分段运行；每一局扇都设有备用局扇，并做到主备局扇自动切换；主备局扇供电来自不同的电源。

(19) 井下局扇供电线路、设备实行强制性停电检修，局扇视同地面主扇进行管理。

5. 重责任

(1) 落实企业瓦斯治理的主体责任，建立健全各级干部“一通三防”责任制，制度牌板上墙上桌。

(2) 坚持定期对各矿党、政、技、安监、机电负责人和通风、地质副总工程师等安全责任考评制度。

(3) 凡瞒报“一通三防”非人身事故、虚报瓦斯抽采量、钻孔施工弄虚作假、瞒报瓦斯超限的，给予矿分管领导行政记大过直至撤职处分。

(4) 矿井发生“一通三防”死亡事故实行安全责任追究。发生一起死亡 1 人事故，给予分管矿领导、分管副总工程师行政记过处分；发生一起死亡 2 人事故，给予矿长行政记过处分，党委书记党纪处分，分管矿领导、分管副总工程师免职处理；发生一起死亡 3 人及以上事故，给予矿长、党委书记、安监处长免职处理，或降职、撤职处分，分管矿领导、分管副总工程师撤职处分。

五、《关于加强煤矿水害防治工作的指导意见》相关要点

2006 年 5 月 25 日，国家安全生产监督管理总局、国家煤矿安全监察局公布《关于加强煤矿水害防治工作的指导意见》(安监总煤矿［2006］98 号)。

制定并贯彻实施《关于加强煤矿水害防治工作的指导意见》，是由于近几年煤矿生产企业不断发生特大透水事故，造成重大人员伤亡。发生事故的原因主要有：在矿井水文地质条件不清的情况下盲目开采；在水体下开采的防护措施不落实；超层越界开采，破坏防、隔水煤柱；现场人员水害防治知识匮乏，已有水患预兆而未采取措施；雨季“三防”工作不落实，特别是下雨期间井上下水情无监测、无应急措施等。分析水害事故原因，反映出一些煤矿企业不重视矿井水文地质工作，水害防治工作管理滑坡；“三违”现象时有发生；一些地区煤矿水害防治监管监察制度不落实。

为了有效遏制煤矿水害事故的发生，国家安全生产监督管理总局（国家煤矿安全监

察局）根据《安全生产法》《国务院关于预防煤矿生产安全事故的特别规定》等法律、法规和《煤矿安全规程》等有关技术标准，就加强煤矿水害防治工作提出指导意见。

《关于加强煤矿水害防治工作的指导意见》的主要内容如下：

1. 提高对矿井水害防治工作重要性的认识

当前煤矿水害重特大事故多发，形势十分严峻。煤矿企业和各级煤矿安全生产监管部门、煤矿安全监察机构要充分认识做好煤矿水害防治工作的重要性和紧迫性，提高认识，加强领导，将水害防治监管监察工作摆上重要议事日程。认真分析研究本单位、本地区矿井水害防治的现状和加强此项工作的措施，有效遏制煤矿重特大水害事故的发生。

2. 认真落实矿井水害防治责任制

煤矿企业法定代表人是矿井水害防治工作的第一责任人，要切实加强对水害防治工作的领导；总工程师（技术负责人）对矿井水害防治负技术责任。水文地质条件复杂或水害隐患严重的煤矿企业应设立专门防治水机构，并根据煤矿企业实际情况，配备一定数量的专职水害防治技术人员。专职水害防治人员要具备地质类相关专业学历或经专业培训，熟悉地质与水文地质专业技术工作。

3. 加强矿井水文地质基础工作

煤矿企业要认真编制矿区水害防治规划、年度水害防治计划和水害应急预案，并负责组织实施。保证水害防治的资金、工程、设备仪器落实到位。要采用适合本地区的物探、钻探、化探等先进的综合探测技术，查明矿井或采区水文地质条件；定期收集、调查核对本矿及相邻煤矿的废弃老窑情况，编制“矿井综合水文地质图”“矿井充水性图”等基础图样，建立健全矿区地下水动态观测网，为水害防治工作提供翔实、可靠的技术依据。

4. 建立健全矿井水害预测预报制度

煤矿企业应建立水害预测预报制度，对矿井生产区域的地质构造情况、水害类型等进行预测预报，提出预防处理水害的措施。水文地质条件复杂的矿井每月应定期开展水害隐患排查，其他矿井每季度至少开展一次水害隐患的排查。查出的水害隐患，要落实责任，采取切实可行的防治措施。水害防治工程应编制设计、施工方案及安全措施，工程结束后及时进行验收总结。

5. 严格矿井防隔水煤柱的管理

井田内有与河流、湖泊、溶洞、强含水层等有水力联系的导水断层、裂隙（带）、导水陷落柱时，必须查清位置，并按规定留设防水煤（岩）柱。相邻矿井的分界处，必须留设防水煤柱。已破坏的防隔水煤柱必须重新建立，按照《煤矿安全规程》规定，严禁在防隔水煤柱中进行采掘活动。

6. 加强断层水、底板承压水、溶洞水的超前治理

巷道过导水断层、裂隙（带）、陷落柱等构造地带时，必须探水前进。如果含水丰富，应超前预注浆封堵加固。井筒工程穿过强含水层时，必须进行预注浆封堵加固。受底板承压水威胁的矿井，要进行疏水降压，保证安全开采；无法保证安全开采时，必须进行底板加固注浆。受溶洞水威胁的矿井，必须坚持“有疑必探，先探后掘”的原则，落实防范措施后方可进行采掘活动。

7. 严格控制水体下采煤

水体下采煤必须进行安全试采。试采前，要由具有资质的设计单位编制开采设计，报省级煤炭行业管理部门审批，并严格落实“三同时”的有关规定；试采时，要设立观测站，观测地表移动与变形，查明垮落带和导水裂隙带的高度以及水文地质条件的变化等情况；试采结束后，要提出试采报告，报原审批部门审查，进一步完善安全防范措施。未按有关规程进行安全试采的矿井一律不得进行生产。

8. 建立完善的井下排水系统

矿井排水系统应按照《煤矿安全规程》的要求，配备与矿井涌水量相匹配的水仓、水泵、输电线路等设施，确保矿井正常排水，并满足特殊情况下排水需要。涌水量大的矿井或水文地质条件复杂的矿井，井底车场或井下中央泵房应设置防水闸门等防水工程。

9. 做好老空（窑）水的探放工作

老空（窑）水是煤矿的主要水害之一，必须高度重视老空（窑）水的探放工作。在探水前，分析查明老窑水的空间位置、积水量和水压；探放水时，要撤出探放水点部位受水害威胁区域的所有人员；探放水孔必须打中老空水体，并要监视放水全过程，直到老空水放完为止；探放水时，要认真检查瓦斯或其他有害气体，确保探放水安全进行。搞好防治矿井水害的培训教育。矿井有突水预兆时，应立即撤出井下所有人员。煤矿企业应配备齐全的探放水设备和专业队伍。

10. 加强矿井的雨季“三防”工作

认真编制雨季“三防”工作计划和实施方案，成立雨季“三防”领导小组，组织抢险队伍，储备足够数量的抢险物资；雨季前，要对矿井排水设备和供电设施进行一次全面检修，清挖水仓、水沟和沉淀池，开展一次联合排水试验。煤矿位于地表河流、山洪部位、水库等附近，井口、工业广场要修筑堤坝、开挖沟渠等截流措施，防止地表水体倒灌矿井。地表水体、采煤塌陷区、煤系地层露头等部位有漏水现象时，要对漏水的水体基底进行防漏加固处理。

11. 严肃查处超层越界和非法开采行为

超层越界和非法开采是导致水害事故的重要原因之一。煤矿安全监管、监察部门要协同国土资源、行业管理部门定期组织开展联合执法活动，严肃查处煤矿超层越界和非法开采活动。督促煤矿企业绘制真实可靠的井上下采掘工程平面图，为煤矿水害防治和应急救援工作提供真实可靠的基础资料。煤矿企业每年应向有关部门提供真实的采掘工程平面图。对超层越界和非法开采的煤矿，地方各级政府应做出规定，依法实施关闭。

12. 加强煤矿水害防治监管工作

各级煤矿安全监管部门要认真履行对煤矿水害的日常监管工作，对辖区内重大水害隐患要登记建档，重点跟踪落实隐患整治情况，督促煤矿企业认真落实水害防治责任制。督促煤矿企业成立雨季“三防”领导机构，落实防汛物资，进行矿井联合排水试验。在雨季期间未落实水害防治措施的煤矿，要监督其停止生产，将井下人员全部撤到地面。凡煤矿企业没有配备地质或水文地质专业技术人员的，未按规定配备探放水设备和队伍的；水文地质条件复杂或水害隐患严重的企业，没有设立专门防治水机构的；防治水规划、年度计划资金和工程不落实的；没有建立水害隐患排查制度、制定水害防治应急预案的，要责令企业停产整改，限期整改不合格的，立即依法关闭。

13. 加强对煤矿水害的监察力度

各级煤矿安全监察机构对受老空水、底板奥灰水或溶洞水威胁的矿井和水体下采煤的矿井以及煤矿雨季“三防”工作等实施重点监察，对存在重大隐患的，责令停产整顿，凡整改不合格无法保障安全开采时，要移送地方政府依法予以关闭。对发生事故的矿井要认真查清水害发生的原因，严肃追究事故责任，公布处理结果，吸取教训，接受社会舆论监督。

14. 加强水害应急救援工作

各主要产煤地区县级以上地方人民政府要完善水害应急预案，配备能够满足抢险救灾的各种排水设备和专业抢险队伍；大型煤矿企业也要完善水害应急预案，储备足够数量的抢险物资和设备，确保抢险救灾时能够及时到位，并发挥作用。

六、《关于加强国有重点煤矿安全基础管理的指导意见》相关要点

2006 年 6 月 7 日，国家安全生产监督管理总局、国家煤矿安全监察局、国家发展和改革委员会、监察部、劳动和社会保障部、国务院国有资产监督管理委员会、中华全国总工会联合下发《关于加强国有重点煤矿安全基础管理的指导意见》（安监总煤矿[2006] 116 号）。

《关于加强国有重点煤矿安全基础管理的指导意见》是根据《安全生产法》《煤炭法》等有关法律法规的规定，为加强国有重点煤矿安全基础管理，落实企业安全生产主体责任，有效遏制重特大事故，实现安全形势稳定好转，促进煤炭工业健康发展，所提出的指导意见。

《关于加强国有重点煤矿安全基础管理的指导意见》中，有关事故隐患治理的主要内容如下：

1. 建立和完善各项安全管理制度

企业应当依照有关规定，建立以下安全管理制度：

（1）安全生产责任制度。

（2）安全会议制度。

（3）安全目标管理制度。

（4）安全投入保障制度。

（5）安全质量标准化管理制度。

（6）安全教育与培训制度。

（7）事故隐患排查与整改制度。

（8）安全监督检查制度。

（9）安全技术审批制度。

（10）矿用设备器材使用管理制度。

（11）矿井主要灾害预防制度。

(12) 事故应急救援制度。

(13) 安全与经济利益挂钩制度。

(14) 入井人员管理制度。

(15) 安全举报制度。

(16) 管理人员下井及带班制度。

(17) 安全操作管理制度。

(18) 企业认为需要制定的其他制度。

2. 依法依纪查处失职渎职和违法违纪行为

煤矿职工必须严格遵纪守法。煤矿企业负责人和各级管理人员必须严格履行法律赋予的安全管理职责。要建立并实施举报奖励制度。对群众举报的违法违纪现象和失职渎职行为，一经查实，依法依纪严肃处理。同时奖励举报人。

3. 强化企业安全生产第一责任人的责任

企业法定代表人是安全生产的第一责任人。其主要职责是：贯彻执行国家安全生产方针政策、法律法规和标准；制定安全规划、安全目标和安全技术措施计划，使企业安全与发展同步规划、同步部署、同步推进；建立企业内部安全指标考核体系，落实各级管理人员的安全生产责任；健全安全管理机构，建立安全管理制度，充实安全管理人员，加强企业内部安全管理；足额提取和有效使用安全费用，保障必需的安全投入，治理和消除事故隐患；组织制定安全技术培训、考核方案和事故应急救援预案；依法办理保险；建立以安全为重点的干部考核制度，把安全业绩作为管理人员晋升、奖励的重要因素；及时、如实报告安全生产事故。

4. 建立并严格落实各个岗位的安全责任制

必须建立各级管理人员、工程技术人员的安全生产责任制、职能部门的业务保安责任制和各工种的安全岗位责任制，明确企业各级管理人员和各个岗位的职工在安全生产中应负的职责，分级管理，层层落实。

5. 落实新建、改建、扩建矿井的安全管理责任

建设项目要严格按照有关规定办理项目核准手续。建设项目的安全设施，必须与主体工程同时设计、同时施工、同时投入生产和使用。严禁盲目追求规模和速度，严禁边建设边生产。实施煤矿井下施工企业安全生产许可。严把建井队伍的资质等级关，杜绝井下工程转包，严禁资质证书出租、外借。井下工程严禁使用与资质不相符的施工队伍。严禁将煤与瓦斯突出矿井建设工程承包给没有防突专业技术和装备的队伍施工。安全管理上，实行属地管理，事故统计在建设单位。一旦发生事故，要视情况严肃追究建设单位、施工单位的责任，同时还应查清设计、监理、评价等单位和机构的相关责任。异地办矿的，谁办矿谁负安全生产主体责任。

6. 明确改制、破产、重组矿井的安全管理责任

破产重组的国有重点煤矿，按照管人、管事必须管安全的原则，由主管单位负责安全；收购兼并地方中小煤矿的，由收购单位负责安全。股份制煤矿由法定代表人（或实际控制人）负责安全；不论何种形式在安全管理上必须统一标准，必须明确责任单位和责任人。

7. 加强对安全生产责任落实情况的跟踪考核

建立安全生产跟踪考核制度，把考核结果与经济利益挂钩。企业领导年薪中与安全挂钩的份额占结构工资总额的比例应不低于30%。对安全业绩较好的单位和个人给予奖励。实施井下岗位安全责任津贴和安全风险抵押制度。

8. 健全以总工程师为核心的技术管理体系

总工程师对技术工作全面负责，对“一通三防”工作负技术管理责任。必须设立由总工程师直接管理的科研、设计、地测、生产技术、“一通三防”等技术部门和机构，负责落实技术管理工作。集团公司对各矿总工程师、公司技术管理部门负责人的任命，要征得总工程师的同意；矿井开拓巷道布置，采掘部署，生产系统调整，技术规范、标准、措施的制定，新技术、新装备、新工艺推广应用等重大技术问题由总工程师负责决策。总工程师负责组织制定安全技术措施费用使用方案。采、掘、机、运、通、安监、地测等基层单位必须配备专职技术人员，负责现场安全技术措施的制定和实施。

9. 建立和完善安全科技开发机制

煤矿企业集团应逐步建立安全科研机构，配备足够的科研人员，高瓦斯和煤与瓦斯突出矿井要配备专门的瓦斯治理研究人员。确定安全科研项目，保证安全科研经费。制定奖励制度，激励企业职工和科技人员开展技术攻关、技术革新活动，推动科技创新和先进科技成果在安全生产中的广泛应用。

10. 研究解决安全生产技术难题

企业要根据安全生产实际，与科研、地质、高校、设计、协会等机构联合，对安全生产过程中遇到的技术难题开展科研攻关。对灾害严重、经专家论证现有技术条件难以保障安全的煤层，应停止开采。

11. 加强现场技术管理

矿总工程师要定期组织对技术措施、作业规程、操作规程进行审批，增强针对性和可操作性。定期组织在用安全设备、仪器、仪表的检测检验。坚持单项工程编制专门措施。技术人员必须动态掌握施工环境的变化，及时对措施进行修改、补充。对巷道贯通、系统调整、排放瓦斯、盲巷管理、火区启封等重要技术工作，必须成立由总工程师负责的技术协调管理小组，加强现场协调指挥。要严格技术资料档案管理，准确、及时标注图样资料，健全技术资料档案，对记载矿井开采情况和隐患的技术资料，以及周边小煤矿的开采技术资料要妥善保管。

12. 严格执行“一通三防”技术管理的有关规定

做好矿井瓦斯等级、煤尘爆炸性、自燃倾向性的鉴定报批工作。采煤工作面提高单产、采用放顶煤回采工艺、增加采掘工作面数量，必须由集团公司总工程师组织技术论证，在通风系统可靠，瓦斯、火灾、煤尘防治技术有保障的前提下实施，严禁超通风能力生产。高瓦斯和煤与瓦斯突出矿井采区必须设专用回风巷，采煤工作面设置排放瓦斯尾巷必须符合规程规定，掘进巷道必须按规定形成独立的通风系统。要保证通风设施的质量，从巷道设计入手优化矿井通风系统。高瓦斯矿井、突出矿井必须“先抽后采”，达到国家有关规定要求，保证正常配风条件下采掘工作面瓦斯不超限。在完善防尘系统的基础上，强化采煤机、掘进机内外喷雾和运输转载点等自动喷雾的使用，推广煤体注水工艺，从源头治理粉尘。必须按标准建立瓦斯监测监控系统，并要有专职管理队伍，专人维护，定时检验，确保真正发挥作用。

13. 加强矿井水患防治工作

要摸清矿区水文地质情况，定期组织对矿区及周边积水情况调查，加强预测预报。要完善有关水文图样资料，公示技术预测结果，让职工清楚水情、水患，掌握防范措施。坚持“有疑必探、先探后掘”的原则，制定和完善防治水措施，配备足够的防治水装备，制定防治水应急预案，确保水患的有效防治。

14. 加强煤矿管理人员的现场指挥

强化集团公司、矿两级调度指挥系统，确保指挥畅通、及时、有力。对各级管理人员下井作出规定，集团公司党委书记、董事长、总经理每月下井不少于3次，安全生产系统领导每月下井不少于6次，其他领导每月下井不少于3次。煤矿党委书记、矿长每月下井不少于10次，安全生产系统领导每月下井不少于15次，其他领导每月下井不少于6次。煤矿每班必须至少有一名矿副总工程师以上管理人员带班下井，深入重点区域和关键环节，及时发现和消除隐患；区队管理人员必须与工人同上同下；生产系统管理人员重点巡回检查，抓住重点、抓住关键、抓住细节，盯住薄弱环节，消灭死角。强化夜班现场指挥。定期公布煤矿负责人和管理人员下井情况，接受群众监督。

15. 加强基层班组建设

重点加强区队、班组建设，把安全生产法律法规、方针政策和各项措施细化落实到班组。要提高班组长的素质，根据企业实际制定班组长任职标准，将班组长岗位工作经历纳入煤矿各级管理人员选拔的基本前提。建立以安全为核心的班组考核标准，规范班前活动程序，每班进行考核。煤矿企业集团每年召开安全生产班组建设工作会议。

16. 严格按照规定的定编、定员、定额组织生产

严格正规循环作业，严禁违反定员标准组织生产。采掘一线逐步推行“四班六小时工作制”，严格控制加班加点。严禁同一区域多单位违反程序作业，多头指挥。执行特殊岗位现场交接班制度，严禁交接班时两班人员在现场交叉作业。

17. 加强设备管理

严把设备的安全准入关。定期对在用设备进行检修、维护、保养和检测，确保安全有效。加快设备更新，严禁超期服役。禁止使用国家明令淘汰的机电设备。杜绝电气失爆。

18. 有效制止煤矿“三违”行为

建立和完善井下人员岗位责任考核制度，所有作业人员必须严格执行作业规程、操作规程，履行岗位责任，遵守劳动纪律。要制定能够有效制止“三违”现象的处罚、教育规定，严肃查处“三违”行为。

19. 多渠道筹措安全生产费用

各煤矿企业在正常提取维简、折旧等费用的前提下，必须按规定足额提取安全费用。提取安全费用不足的要提高标准并按财建字［2005］168号文件的规定报有关部门和机构备案。各企业要用好上述资金及税后利润与自有资金，多渠道筹措资金增加安全投入，结合实际制定补还安全欠账的具体方案，并抓好落实，力争两年内（到2007年年底）补还安全欠账。要建立安全持续投入机制，切实做到不欠新账。

20. 加强对安全费用的管理

提取的安全费用必须用于安全生产，重点突出“一通三防”和重大水患的防治，保证通风系统稳定可靠，瓦斯抽放设备和工艺先进，防火、防尘、监测监控系统完善有效，防治水工程、设备到位，推广先进适用的技术、装备和工艺。安全费用必须专款专用。对提取不足、挪用安全费用、投入不到位的行为，要追究责任。

21. 认真排查治理整改安全隐患

对矿井隐患实行分级管理，定期排查、治理和报告。制定职工报告隐患的奖励办法。由矿长组织实施隐患排查活动，明确隐患整改的期限和质量要求。对发现的隐患要分类定级，制定措施，做到“项目、资金、设备材料、责任人、进度”五落实。对存在《特别规定》所列重大隐患的矿井必须停产整改，对3个月内2次或2次以上发现有重大隐患仍然进行生产的矿井，吊销该煤矿矿长的安全资格证，5年内不得重新核发。

七、《煤矿工人安全知识五十条》相关要点

2005年5月17日，国家煤矿安全监察局下发了旨在保护矿工生命安全的《煤矿工人安全知识五十条》，要求各地迅速组织矿工学习。《煤矿工人安全知识五十条》是根据《煤矿安全规程》及煤矿安全生产的实践编写的，共分为五大部分：入井须知；安全乘车与行走；灾害预防；紧急避灾；煤矿工人的权利、义务与权利维护。

在煤矿企业，许多事故的发生是由于工人缺乏安全知识，违章作业，麻痹大意，未能及时消除事故隐患造成的。因此，牢记安全知识和安全措施，作业前进行安全检查，及时排查和消除事故隐患，确保工作范围内不存在安全问题，对于保证自身安全和他人的安全具有重要的作用。可以说，《煤矿工人安全知识五十条》是煤矿工人安全生产的“护身符”，煤矿工人必须认真学习，切实掌握。

1. 入井须知

（1）煤矿是高危行业，入井前要吃好、睡好、休息好，千万不能喝酒，以保持充沛精力。

（2）明火和静电可导致瓦斯爆炸及火灾，不能穿化纤衣服和携带香烟及点火物品下井。

（3）入井前要随身佩带矿灯、佩戴安全帽、携带自救器，配备不齐或设备不完好不能入井工作。

（4）携带锋利工具时，要套好护套，防止伤人。

（5）通过班前会可了解工作地点的安全生产情况，明确安全注意事项，掌握防范措施，保证作业安全，因此要按时参加班前会。

（6）自觉遵守《入井检身制度》，听从指挥，排队入井，接受检身。

2. 安全乘车与行走

（1）上下井乘罐、乘车、乘皮带要听从指挥，不能嬉戏打闹、抢上抢下。

（2）要按照定员乘罐、乘车，并关好罐笼门、车门，挂好防护链。不能在机车上或两车厢之间搭乘。

(3) 人货混装十分危险，不要乘坐已装物料的罐笼、矿车和皮带。

(4) 开车信号已发出和罐笼、人车没有停稳时，严禁上下。

(5) 运送火工品时，要听从管理人员安排，千万不能与上下班人员同时乘罐、乘车。

(6) 乘罐、乘车、乘皮带行驶途中，不能在罐内、车内躺卧和打瞌睡，不能将头、手脚和携带的工具伸到罐笼和车辆外面；不能在皮带上仰卧、打瞌睡和站立、行走，不能用手扶皮带侧帮。

(7) 乘坐“猴车”（无级绳绞车）时，不触摸绳轮，做到稳上、稳下。

(8) 在巷道中行走时，要走人行道，不在轨道中间行走，不随意横穿电机车轨道、绞车道，携带长件工具时，要注意避免碰伤他人和触及架空线，当车辆接近时要立即进入躲避硐室暂避。

(9) 在横穿大巷，通过弯道、交叉口时，要做到“一停、二看、三通过”；任何人都不能从立井和斜井的井底穿过；在兼作行人的斜巷内行走时，按照“行人不行车，行车不行人”的规定，不要与车辆同行。

(10) 钉有栅栏和挂有危险警告牌的地点十分危险，不能擅自进入；爆破作业经常伤人，不可强行通过爆破警戒线，进入爆破警戒区。

(11) 严禁扒车、跳车和乘坐矿车，严禁在刮板输送机上行走；在带式输送机巷道中，不能钻过或跨越输送带。

3. 灾害预防

(1) 瓦斯是开采煤炭过程中释放出来的无色、无味、无臭气体，有四大危害：一是可以燃烧，引起矿井火灾；二是会爆炸，导致矿毁人亡；三是浓度过高时会导致人员缺氧窒息，甚至死亡；四是会发生煤（岩）与瓦斯突出，摧毁、堵塞巷道，甚至引起人员窒息死亡、瓦斯爆炸。

(2) 瓦斯事故是可以预防的，只要认真贯彻执行《煤矿安全规程》和有关规章制度，防止瓦斯积聚和出现火源就可以预防瓦斯事故的发生。

(3) 监测监控是有效预防瓦斯积聚的重要措施，要爱护监测监控设备；不能因为监测监控系统报警、断电影响生产而擅自调高监测探头的报警值，破坏瓦斯监测探头或用泥巴、煤粉及其他物品将瓦斯监测探头封堵上。

(4) 井下的风筒、风门、风桥、风障等通风设施是为矿工提供新鲜空气和防止瓦斯积聚、预防瓦斯事故的最重要的基础设施，这些通风设施一旦被破坏，风流就可能紊乱，导致瓦斯事故，造成重大人员伤亡。所以，一是要自觉爱护井下通风设施；二是通过风门时，要立即随手关好，不能将两道风门同时打开，以免造成风流短路。发现通风设施破损、工作不正常或风量不足时，要及时报告，修复处理。

(5) 掘进工作面是最易发生瓦斯积聚、发生瓦斯事故的地点之一，保证局部通风机的正常运转可有效防范瓦斯事故的发生。局部通风机通常由专人负责管理，其他人不可随意停开。

(6) 工作面在瓦斯超限的情况下仍然坚持生产作业，极易引起重特大人员伤亡事故。各种规章规定，严禁瓦斯超限作业：

当采区回风巷、采掘工作面回风巷风流中瓦斯浓度超过1%或二氧化碳超过1.5%时，必须停止作业，从超限区域撤出。

当采掘工作面及其他作业地点风流中、电动机或其开关安设地点附近20 m以内风流中的瓦斯浓度达到1.5%时，也必须停止工作，从超限区域撤出。

（7）由矿灯、机电设备产生的火花都能引起瓦斯爆炸和矿井火灾，导致人员重大伤亡，所以在井下不能随意拆开、敲打、撞击矿灯，不准带电检修、搬迁电气设备，更不能使用明刀闸开关。

（8）吸烟引发的瓦斯爆炸时有发生，为了确保井下全体矿工的人身安全，井下禁止吸烟和使用火柴、打火机等点火物品。

（9）出现以下一种或多种征兆时，就可能发生煤与瓦斯突出，因此在观察到以下征兆时要立即停止作业，从作业地点撤出，并报告有关部门。

无声征兆：工作面顶板压力增大，煤壁被挤出、片帮掉渣、顶板下沉或底板鼓起，煤层层理紊乱、煤暗淡无光泽、煤质变软、煤壁发亮，工作面风流中瓦斯忽大忽小，打钻时有顶钻、卡钻、喷瓦斯等现象。

有声征兆：煤层发出劈裂声、闷雷声、机枪声、响煤炮，声音由远到近、由小到大，有短暂的、有连续的，间隔时间长短不一，煤壁发生震动或冲击，顶板来压、支架发出折裂声。

（10）有些煤矿的煤尘具有爆炸性，一旦发生煤尘爆炸，会造成矿毁人亡，后果十分严重；但只要认真执行《煤矿安全规程》和有关规章制度，有效实施煤层注水、湿式打眼、使用水炮泥、喷雾洒水、冲洗巷帮等综合防尘措施，煤尘爆炸是完全可以预防的。在井下工作时要爱护防尘设施、设备，不可随意拆卸、损坏。

（11）顶板事故是最常见、最容易发生的事故，要注意防范。当出现以下一种或几种征兆时，要及时采取措施防范：顶板、支架发出响声；顶板掉渣；煤壁片帮；顶板出现裂缝；顶板脱层；直接顶漏顶等。

（12）顶板是否会发生冒落，可采用以下方法进行观察：

一是敲帮问顶。即用钢钎或手镐敲击顶板，声音清脆响亮的，表明顶板完好；发出“空空”或“嗡嗡”声的，表明顶板岩石已离层，有冒落的危险，应采取措施把脱离的岩块挑下来。

二是打木楔。即在顶板裂缝中打入一小木楔，过一段时间如果发现木楔松动或松脱，说明裂缝在扩大，顶板有冒落的危险，应采取措施进行处理。

三是震动观察。即一手扶顶板，一手持凿子或镐头等工具敲击顶板，若感到顶板震动，即使听不到破裂声也说明已有顶板岩石离层，有冒落的危险，应及时防范。

（13）井下火灾后果十分严重，会造成重大人员伤亡和财产损失，还会引发瓦斯、煤尘爆炸，导致灾害进一步扩大，应十分注意矿井火灾的防范：一是不能在井下用灯泡取暖和使用电炉、明火；二是在没有得到批准的情况下，不得从事电、气焊作业；三是不能将剩油、废油随意泼洒，也不能将用过的棉纱、布头和纸张等易燃物品随意丢弃。

（14）火灾发生初期是灭火的最好时机，因而应主动学会使用灭火器具，掌握灭火知识。在发生火灾时，若火势不大，可直接组织身边人员灭火；若火灾范围大或火势太猛，现场人员无力抢救，自身安全受到威胁时，应迅速戴好自救器撤离灾区或根据领导指示行事。

(15) 矿井水灾事故是煤矿五大自然灾害之一，也会造成人员的重大伤亡，当观察到以下一种或几种征兆时，必须停止作业，判明情况，立即向领导或调度室报告，并从受水害威胁的区域撤出：工作面变得潮湿，顶板滴水、淋水，岩石膨胀，底鼓，矿压增大，片帮冒顶，支架变形，有水叫声，煤层挂汗、挂红，工作面有害气体增加，有时带有臭鸡蛋味等。

(16) 探水作业经常会发生意外，进行探水作业时，要预先开好躲避硐，加强支护，规定好联络信号和避灾路线，并经常检查瓦斯。当钻进中遇到异常情况时，不要轻易移动或拔出钻杆、擅自放水，要及时向领导或调度室汇报，情况危急时，要立即撤出。

(17) 炸药在爆炸过程中会产生爆炸火焰，防范措施不当就会引起瓦斯爆炸，因爆破作业引发的瓦斯事故时有发生。为了防止因爆破作业引发的瓦斯事故，有关规章规定：爆破作业必须严格执行“一炮三检”制度（装药前、放炮前、放炮后检查瓦斯浓度），爆破地点附近 20 m 以内风流中瓦斯浓度达到 1%时，严禁装药、爆破；井下爆破作业必须使用专用发爆器，严禁使用明火、明刀闸（开关）、明插座爆破；炮眼必须按规定封足炮泥、使用水炮泥，严禁使用煤粉或其他易燃物品封堵炮眼，无封泥或封泥不足时严禁爆破。

4. 紧急避灾

(1) 有效的自救和互救可减少事故伤亡，挽救自己和他人的生命，因而要主动学习和掌握矿井灾害预防知识和自救、互救知识，熟悉井下避灾路线。

(2) 发生事故后，及时报警可增加获救的机会，赢得抢救的时间。在事故发生后要充分利用附近的电话或派出人员迅速将事故情况向领导或调度室汇报。

(3) 避灾过程中，要保持镇静、沉着应对，不要惊慌，不要乱喊乱跑；要遵守纪律，听从指挥，绝不可单独行动。

(4) 紧急避灾、撤离事故现场时，要迎着风流，向进风井口撤离，并在沿途留下标记。

(5) 无法安全撤离灾区时，要迅速进入预先构筑的躲避硐室或其他安全地点暂避，在硐室外留下明显标记，并不时敲打轨道或铁管发出求救信号。撤离路线被封堵时，不要冒险闯过火区或泅过被水封堵的通道。

(6) 抢救窒息或心跳、呼吸骤停的伤员时，要先复苏，后搬运；抢救出血的伤员时，要先止血，后搬运；抢救骨折的伤员时，要先固定，后搬运。

(7) 正确避灾，可避免或减少人员伤亡：遇到瓦斯、煤尘爆炸事故时，要迅速背向空气震动的方向、脸向下卧倒，并用湿毛巾捂住口鼻，以防止吸入大量有毒气体；与此同时要迅速戴好自救器，选择顶板坚固、有水或离水较近的地方躲避。

遇到火灾事故时，要首先判明灾情和自己的实际处境，能灭（火）则灭，不能灭（火）则迅速撤离或躲避、开展自救或等待救援。

遇到水灾事故时，要尽量避开突水水头，难以避开时，要紧抓身边的牢固物体并深吸一口气，待水头过去后开展自救和互救。

遇到煤与瓦斯突出事故时，要迅速戴好隔离式自救器或进入压风自救装置或进入避难硐室。

5. 煤矿工人的权利、义务与权利维护

（1）享有对企业安全生产情况的知情权、监督权和建议权，有权要求煤矿企业提供企业的安全生产情况和了解作业场所、工作岗位存在的事故隐患、防范措施及应急方法。

（2）享有煤矿企业依法提供岗前安全教育培训的权利，煤矿企业未能提供安全教育培训时，有权拒绝上岗作业。

（3）有权抵制违章指挥和拒绝冒险作业，有权制止违章作业行为。

（4）遇到直接危及人身安全的紧急情况时，有权停止作业，撤离作业场所，并采取紧急避险措施。

（5）有自觉遵守国家有关法律、法规和各项规章制度的义务。

（6）有爱护生产设备、设施和正确使用安全防护用品的义务。

（7）有及时报告险情、参加抢险救灾的义务。

（8）因工受到伤害时，有依法要求企业进行赔偿，并享受工伤和社会保险的权利。

（9）发现违反国家安全生产法律、法规和规章制度的生产行为时，以及因监督、制止违规生产行为受到打击报复和迫害时，可向地方煤矿安全监管部门、国家煤矿安全监察机构和工会组织投诉举报。

第三章　煤矿企业安全生产规范要求

安全质量标准化是煤矿安全生产的“生命工程”，是防治重大事故的根本途径。近年来，国家安全生产监督管理总局和国家煤矿安全监察局先后修订完善了开展安全质量标准化工作的标准、规范、评分办法等一系列指导性文件，指导煤矿企业开展安全质量标准化建设的考评工作，从而使安全质量标准化建设不断规范化。在煤矿企业广泛开展安全质量标准化企业创建活动，进而推动岗位达标、专业达标和企业达标，不断规范企业安全生产管理，能够尽快使煤矿企业形成比较健全的安全生产标准规范体系，形成比较稳定的安全生产管理长效机制，从而预防事故的发生，保障职工的安全和健康。

第一节　煤矿企业安全质量标准化建设相关规定

在煤矿企业开展安全质量标准化工作的目的，是为了在企业建立自我约束、持续改进的安全生产长效机制，提高企业本质安全水平，使企业的人、机、环境和谐统一。煤矿企业开展安全质量标准化建设工作，是在继承以往质量标准化工作的基础上，不断创新、逐步发展起来的一套行之有效的安全质量管理体系和方法，它贯穿于矿井“采、掘、机、运、通”等生产活动的全过程，突出地体现了安全生产基层、基础工作的重要地位，体现了全员、全过程、全方位的安全管理。

一、《国家级安全质量标准化煤矿考核办法》（试行）相关要点

2009 年 8 月 8 日，国家安全生产监督管理总局（以下简称国家安全监管总局）、国家煤矿安全监察局（以下简称国家煤矿安监局）印发了《国家级安全质量标准化煤矿考核办法（试行）》（安监总煤行［2009］150 号），自 2009 年 9 月 1 日起试行。制定《国家级安全质量标准化煤矿考核办法（试行）》（以下简称《考核办法》）的目的是加快推进煤矿安全质量标准化工作深入开展，强化煤矿安全基层基础管理，全面落实科学发展观，贯彻“安全第一、预防为主、综合治理”的安全生产方针，夯实煤矿安全生产基础，进一步推进煤矿安全质量标准化工作深入开展，提升安全保障水平，促进煤矿安全生产状况持续稳定好转。

1.《考核办法》 使用范围

《考核办法》适用于依法取得“六证”（采矿许可证、煤矿安全生产许可证、煤炭生产许可证、矿长资格证、矿长安全资格证、营业执照）且在有效期内的生产煤矿（井工煤矿和露天煤矿）。

2. 申报条件

申报国家级安全质量标准化煤矿必须具备以下条件：

（1）符合国家煤炭产业政策规定的区域煤矿生产规模。

（2）连续两年被评为一级安全质量标准化煤矿。

（3）连续两年未发生原煤生产死亡和重大涉险事故。

（4）采掘机械化程度分别达到：井工煤矿采煤机械化程度，薄煤层不低于45%，中厚煤层、厚煤层不低于95%；掘进装载机械化程度不低于90%。露天煤矿采剥机械化程度100%。

（5）生产布局合理，接续正常。开拓、准备、回采三个煤量可采期符合国家有关规定；采区和工作面开采顺序、采煤方法符合《煤矿安全规程》规定；井工煤矿采区和采煤工作面回采率、露天煤矿采出率符合国家规定。

（6）调度通信、生产管理实现计算机网络化管理；矿井装备安全监控系统符合《煤矿安全监控系统及检测仪器使用管理规范》（AQ1029—2007）规定。

（7）建立健全劳动定员管理制度，矿井作业人员管理系统符合《煤矿井下作业人员管理系统使用与管理规范》（AQ1048—2007）规定。

（8）安全培训机构、人员、经费满足安全教育培训和提升职工专业素质需要，做到培训制度化；全员教育培训率100%；主要负责人、安全生产管理人员、特种作业人员持证上岗率100%。

（9）井工煤矿按规定建立瓦斯抽采系统，抽采效果达到《煤矿瓦斯抽采基本指标》（AQ1026—2006）规定；计划回采煤量未超过瓦斯抽采达标煤量。

（10）未使用国家明令禁止的采煤工艺、支护方式和设备、材料；设备完好率达到95%及以上；无电气设备失爆。

（11）严格按照核定（或设计）生产能力均衡生产。全年产量未超过核定生产能力。

（12）安全费用提取、使用和管理符合《煤炭生产安全费用提取和使用管理办法》（财建［2004］119号）和《关于调整煤炭生产安全费用提取标准加强煤炭生产安全费用使用管理与监督的通知》（财建［2005］168号）规定。风险抵押金的存储和使用符合《煤矿企业安全生产风险抵押金管理暂行办法》（财建［2005］918号）规定。

（13）建立健全隐患排查和治理制度，能按照《安全生产事故隐患排查治理暂行规定》（国家安全生产监督管理总局令第16号）进行隐患排查和治理；治理重大隐患的资金和人力投入有保障，能按规定和时限要求完成治理。

3. 考核相关规定

（1）每年组织一次国家级安全质量标准化煤矿考核。

（2）符合国家级安全质量标准化条件的煤矿，按行政隶属关系，分别向市（地、州、盟）负有煤矿安全质量标准化工作职责的部门（以下简称市级标准化工作部门）或集团公司申报；有关部门和集团公司按照《考核办法》规定进行审核，审核合格后，报省（区、市）负有煤矿安全质量标准化工作职责的部门（以下简称省级标准化工作部门）。

（3）各省级标准化工作部门接到申报材料后，按《考核办法》规定采取书面和现场抽查的方式进行审核，审核合格的，征求相关省级煤矿安全监察机构意见后，于每年的2月15日前将上一年度初审结果以正式文件（附申报表和相关材料）报国家煤矿安监局。中央企业所属煤矿的申报，按照属地管理原则，一并纳入所在省（区、市）范围。省级标准化工作部门对中央企业所属煤矿组织国家级安全质量标准化现场抽查审核时，应会同该煤矿的上一级公司共同进行。

(4) 国家煤矿安监局组织专家，采取书面审查与现场抽查相结合的方式，对各省级标准化工作部门上报的国家级安全质量标准化煤矿进行审核。

(5) 通过审核的煤矿，在国家安全监管总局、国家煤矿安监局政府网站予以公示，广泛征求意见。公示时间15天，公示期满无异议的，国家安全监管总局、国家煤矿安监局予以命名表彰。

(6) 考核验收过程中发现存在重大安全生产隐患，以及审核、公示期间，申报煤矿发生死亡事故的，取消申报资格。

(7) 申报煤矿及其上级管理单位必须如实申报，如发现弄虚作假，除取消该矿当年申报资格外，3年内不得再次申报。

(8) 对国家级安全质量标准化煤矿，有关省级标准化工作部门、集团公司应给予适当奖励或相应的政策优惠。

(9) 各省级标准化工作部门可依据《考核办法》，结合辖区实际情况，制定实施细则。

二、《煤矿安全质量标准化考核评级办法（试行）》相关要点

1. 制定《煤矿安全质量标准化考核评级办法（试行）》的目的

2013年1月17日，国家煤矿安全监察局下发《关于印发〈煤矿安全质量标准化考核评级办法（试行）〉和〈煤矿安全质量标准化基本要求及评分方法（试行）〉的通知》（煤安监行管［2013］1号），并指出，为强化煤矿安全生产基础建设，进一步推进煤矿安全生产形势持续稳定好转，国家煤矿安全监察局会同中国煤炭工业协会，制订了《煤矿安全质量标准化考核评级办法（试行）》（以下简称《办法》）和《煤矿安全质量标准化基本要求及评分方法（试行）》（以下简称《评分方法》）。各地煤矿安全质量标准化主管部门要根据《办法》和《评分方法》的规定，制定具体实施细则和切实可行的工作方案，积极组织开展煤矿安全质量标准化工作。《办法》和《评分方法》自2013年5月1日起试行，各地煤矿安全质量标准化主管部门要积极宣传贯彻，认真组织学习、培训，指导和督促本地区煤矿企业及时按照新标准开展达标创建工作。

《办法》分为十四条，制定的目的是为了落实《中华人民共和国安全生产法》《国务院关于进一步加强企业安全生产工作的通知》（国发［2010］23号）和《国务院安委会关于深入开展企业安全生产标准化建设的指导意见》（安委［2011］4号）等法律法规、规定，深入开展全国煤矿安全质量标准化工作。

2.《煤矿安全质量标准化考核评级办法（试行）》的主要内容

《办法》的主要内容如下：

(1)《办法》适用于全国所有合法的生产煤矿，新建、技改（包括重组整合）煤矿

参照执行。

(2) 考核评级标准执行《煤矿安全质量标准化基本要求及评分方法(试行)》。

(3) 申报安全质量标准化煤矿的基本条件:

1) 证照齐全有效。

2) 实现安全生产目标:考核年度内达到安全生产目标要求。

3) 隐患排查治理:按照《安全生产事故隐患排查治理暂行规定》(国家安全生产监督管理总局令第16号)建立安全生产隐患排查治理体系。

4) 采掘关系正常:开拓煤量、准备煤量、回采煤量、抽采煤量符合有关规定,回采率达到要求。

5) 自查考核奖惩:煤矿企业制定并执行安全质量标准化考核评比及奖惩制度。

6) 按要求建立煤矿瓦斯综合治理工作体系。

(4) 安全质量标准化煤矿分为三个等级。

一级:煤矿安全质量标准化考核评分90分及以上,且年度内无死亡事故。井工煤矿通风、地测防治水、采煤、掘进、机电、运输的单项考核评分均不低于90分,其他专业均不低于80分;露天煤矿穿孔、爆破、采装、运输、排土、机电、边坡的考核评分均不低于90分,其他专业均不低于80分。

二级:煤矿安全质量标准化考核评分80分及以上,且百万吨死亡率低于全国及所在省(直辖市、自治区)上年度平均水平,露天煤矿年度内无死亡事故。井工煤矿通风、地测防治水、采煤、掘进、机电、运输的单项考核评分均不低于80分,其他专业均不低于70分;露天煤矿穿孔、爆破、采装、运输、排土、机电、边坡的考核评分均不低于80分,其他专业均不低于70分。

三级:煤矿安全质量标准化考核评分70分及以上,且百万吨死亡率低于所在省(直辖市、自治区)上年度平均水平。井工煤矿通风、地测防治水、采煤、掘进、机电、运输的单项考核评分均不低于70分,其他专业均不低于60分;露天煤矿穿孔、爆破、采装、运输、排土、机电、边坡的考核评分均不低于70分,其他专业均不低于60分。

(5) 考核检查过程中发现申报煤矿有《煤矿安全质量标准化基本要求及评分方法(试行)》总则所列的重大安全生产隐患和行为时,应当立即责令其停产整改,待隐患排除后,重新申报。

(6) 鼓励煤矿企业采用《煤矿安全风险预控管理体系规范》(AQ/T 1093—2011)开展安全质量标准化创建工作,其指标与《煤矿安全质量标准化基本要求及评分方法(试行)》对标确认,报国家煤矿安全监察局备案后可引用,但考核评级工作须按照《办法》执行。

(7) 煤矿安全质量标准化等级按年度分级考核。一级安全质量标准化煤矿的考核工作由国家煤矿安全监察局负责,具体的评审工作委托中国煤炭工业协会承担;二级、三级的考核工作由省级主管部门负责。

(8) 煤矿安全质量标准化考评,按照企业申报、现场考核、等级认定、公示发布、颁发证书的程序进行。

(9) 安全质量标准化煤矿的检查考核

1）安全质量标准化煤矿的检查考核采取动态检查。全国煤炭行业每年进行1次；省（直辖市、自治区）每半年抽查1次；矿每月进行1次全面自查。

2）对被取消和未取得安全质量标准化等级的煤矿，须责令其停产整改；对逾期未整改或整改未达标的，提请地方政府依法予以关闭。

（10）企业应加大安全质量标准化投入，制定安全质量标准化等级提升计划，不断改善煤矿安全生产条件。

（11）各级地方政府和煤矿企业应实行安全质量标准化激励政策，对被评为一级、二级安全质量标准化的煤矿给予鼓励。

（12）省级煤矿安全质量标准化主管部门可根据《办法》和工作实际，制定实施细则并上报备案。

（13）《办法》自2013年5月1日起实施，《煤矿安全质量标准化标准及考核评级办法（试行）》（2004年）同时废止。

第二节　煤矿安全质量标准化基本要求

《煤矿安全质量标准化基本要求及评分方法（试行）》（简称《评分方法》）分为13个部分，即第1部分总则、第2部分通风、第3部分地测防治水、第4部分采煤、第5部分掘进、第6部分机电、第7部分运输、第8部分安全管理、第9部分职业卫生、第10部分应急救援、第11部分调度、第12部分地面设施、第13部分露天煤矿。在各个部分中，分别详细规定了基本要求及评分方法。

一、总则中基本条件与基本要求

1. 安全质量标准化煤矿基本条件

（1）依法开采，证照齐全有效。

（2）参与安全质量标准化考核评分的煤矿不应存在以下情况：

1）生产矿井设有2个能行人的通达地面的安全出口，采煤工作面设有2个畅通的安全出口（一个通到回风巷道，另一个通到进风巷道）。

2）超能力、超强度或者超定员组织生产。

3）使用明令禁止使用或者淘汰的设备、工艺。

4）存在超层越界开采等现象。

5）煤矿井下安全避险“六大系统”（监测监控系统、人员定位系统、紧急避险系统、压风自救系统、供水施救系统和通信联络系统）未按规定建设，未达到“系统可靠、设施完善、管理到位、运转有效”要求。

6）开拓煤量、准备煤量、回采煤量未达到规定要求。

7）存在危及安全生产的重大安全隐患。

2. 安全质量标准化煤矿基本要求

（1）原则。贯彻“安全第一、预防为主、综合治理”的安全生产方针，运用先进的技术方法，完善标准化考核体系，推进安全质量标准化建设，强化安全基础管理，保障从业人员安全健康，实现煤矿安全高效生产。

（2）建立和保持。通过科学管理、健全制度、规范行为、优化设计、控制质量、提高技术装备水平、加强培训与监督等方面的持续改进与完善，达到安全质量标准化的基本要求，建立安全生产长效机制。

（3）目标与计划。制定安全质量标准化中长期规划和年度计划，分解到相关部门并严格执行和考核。

（4）组织机构与职责。设立安全质量标准化管理机构，配备相应的管理人员；主要负责人全面负责安全质量标准化工作，各级单位、部门和人员的安全质量标准化工作职责明确。

（5）安全质量标准化投入。建立安全质量标准化投入保障制度，完善和改进安全生产条件。

（6）法律法规执行及制度完善。及时识别和获取适用的法律法规、标准规范，并传达给相关部门和从业人员，结合法定要求及时修订和完善本单位的规章制度，定期进行执行情况检查，不断提高制度执行力。

（7）技术保障。健全技术管理体系，完善工作制度，开展技术创新；作业规程、操作规程及安全技术措施符合要求；各种规程审批手续完备，贯彻、考核和签字记录齐全。

（8）生产现场管理和过程控制。严格执行《煤矿安全规程》、作业规程和操作规程；加强各生产环节的过程控制，生产布局合理，接续正常；定期开展安全质量标准化达标自检工作，并记录齐全；对于高危作业实施作业许可、监护管理，并安排专人进行现场监督管理。

（9）设备设施。建立健全设备设施综合管理制度，运用信息化手段，加强设备设施管理；安全生产设施与建设项目主体工程同时设计、同时施工、同时投入生产和使用。

（10）工程质量。各项工程应制定质量标准和要求，按照设计、施工组织设计、作业规程及安全技术措施进行施工，有相应的质量保证措施，定期进行工程质量检查验收。

（11）作业环境。作业场所空气质量、温度、噪声、辐射及照明等符合相关规定；物料分类摆放整齐，环境整洁；各类图牌板齐全，安设合理；管线吊挂整齐；按照 GB 2894—2008 及企业规定设置标志。

（12）隐患排查和风险预控。建立隐患排查制度，制定隐患治理方案，开展风险预控工作，采取信息化手段对隐患分级、分类建立档案，限期整改，闭环管理。

（13）变化管理。针对煤矿生产过程中出现的变化，建立预防机制及应急反应机制。通过预防机制尽量减少突发性的变化；通过应急反应机制，按预案对突发性的变化采取相应的措施。

（14）教育培训。建立完善全员培训制度，明确教育培训机构，制定培训计划，保证资金投入，对培训效果进行评估；从业人员按要求进行教育培训后持证上岗。

3. 煤矿安全质量标准化体系

（1）井工煤矿。井工煤矿安全质量标准化体系包括以下 11 个部分：

1）通风。考核内容执行本方法第 2 部分“通风”的规定。

2）地测防治水。考核内容执行本方法第 3 部分“地测防治水”的规定。

3）采煤。考核内容执行本方法第 4 部分“采煤”的规定。

4）掘进。考核内容执行本方法第 5 部分“掘进”的规定。

5）机电。考核内容执行本方法第 6 部分“机电”的规定。

6）运输。考核内容执行本方法第 7 部分“运输”的规定。

7）安全管理。考核内容执行本方法第 8 部分“安全管理”的规定。

8）职业卫生。考核内容执行本方法第 9 部分“职业卫生”的规定。

9）应急救援。考核内容执行本方法第 10 部分“应急救援”的规定。

10）调度。考核内容执行本方法第 11 部分考核“调度”的规定。

11）地面设施。考核内容执行本方法第 12 部分“地面设施”的规定。

（2）露天煤矿。露天煤矿安全质量标准化体系包括以下 13 个部分：

1）穿孔、爆破、采装、运输、排土、机电、边坡、疏干排水。考核内容执行本方法第 13 部分“露天煤矿”的规定。

2）安全管理。考核内容执行《评分方法》第 8 部分“安全管理”的规定。

3）职业卫生。考核内容执行本方法第 9 部分“职业卫生”的规定。

4）应急救援。考核内容执行本方法第 10 部分“应急救援”的规定。

5）调度。考核内容执行本方法第 11 部分考核“调度”的规定。

6）地面设施。考核内容执行执行本方法第 12 部分“地面设施”的规定。

4. 煤矿安全质量标准化评分方法

（1）井工煤矿安全质量标准化评分方法

1）井工煤矿安全质量标准化考核满分为 100 分，采用各部分得分乘以权重计算，各部分的权重见表 3—1。

表 3—1　　井工煤矿安全质量标准化评分表

序号	名称	标准分值	权重 a_i	考核得分 M_i	加权得分
1	通风	100	0.18		
2	地测防治水	100	0.12		
3	采煤	100	0.10		
4	掘进	100	0.10		
5	机电	100	0.10		
6	运输	100	0.09		
7	安全管理	100	0.08		
8	职业卫生	100	0.08		
9	应急救援	100	0.06		
10	调度	100	0.05		
11	地面设施	100	0.04		
井工煤矿安全质量标准化考核得分 M					

2）按照井工煤矿安全质量标准化体系包含的各部分评分表进行打分。

3）各部分考核得分乘以该部分权重之和即为井工煤矿安全质量标准化考核得分，计算公式如下：

$$M=\sum_{i=1}^{11}(a_iM_i)$$

式中　M——井工煤矿安全质量标准化考核得分；

M_i——通风、地测防治水、采煤、掘进、机电、运输、安全管理、职业卫生、应急救援、调度、地面设施共11个部分的安全质量标准化考核得分；

a_i——通风、地测防治水、采煤、掘进、机电、运输、安全管理、职业卫生、应急救援、调度、地面设施共11个部分的权重。

（2）露天煤矿安全质量标准化评分方法

1）露天煤矿安全质量标准化考核满分为100分，采用各项得分乘以权重计算，各部分的权重见表3—2。

表3—2　露天煤矿安全质量标准化评分表

序号	名称	标准分值	权重 b_i	考核得分 N_i	加权得分
1	穿孔	100	0.06		
2	爆破	100	0.12		
3	采装	100	0.12		
4	运输	100	0.14		
5	排土	100	0.10		
6	机电	100	0.10		
7	边坡	100	0.06		
8	疏干排水	100	0.06		
9	安全管理	100	0.06		
10	职业卫生	100	0.06		
11	应急救援	100	0.04		
12	调度	100	0.05		
13	地面设施	100	0.03		
露天煤矿安全质量标准化考核得分 N					

2）按照露天煤矿安全质量标准化体系包含的各部分评分表进行打分。

3）各项考核得分乘以其权重之和即为露天煤矿安全质量标准化考核得分，计算公式如下：

$$N=\sum_{i=1}^{13}(b_iN_i)$$

式中　N——露天煤矿安全质量标准化考核得分；

N_i——穿孔、爆破、采装、运输、排土、机电、边坡、疏干排水、安全管理、职业卫生、应急救援、调度和地面设施共13个部分的安全质量标准化考核得分；

b_i——穿孔、爆破、采装、运输、排土、机电、边坡、疏干排水、安全管理、职业卫生、应急救援、调度和地面设施共13个部分的权重。

（3）在考核评分中，视生产工艺，如缺项，可将该部分的加权分值，平均折算到其他部分中去，折算方法如下：

$$A=\frac{100}{100-C}\times B$$

式中 A——实得分数；

B——加权得分数；

C——缺项加权分数。

二、通风基本条件与基本要求

1. 基本条件

生产矿井不应存在以下情况：

（1）瓦斯超限作业。

（2）煤（岩）与瓦斯（二氧化碳）突出（以下简称“突出”）矿井，未依照规定实施防突出措施。

（3）矿井未建立安全监控系统，或者安全监控系统不能正常运行。

（4）未按照规定建立瓦斯抽采系统，或瓦斯抽采不达标。

（5）通风系统不完善、不可靠。

（6）自然发火严重，未采取有效措施。

2. 基本要求

（1）通风系统。通风系统应符合以下要求：

1）采用机械通风，安装2套同等能力的主要通风机，实现双回路供电

2）按规定进行通风能力核定

3）矿井内各地点风速符合《煤矿安全规程》的规定。

（2）局部通风。局部通风应符合以下要求：

1）局部通风机的安装、使用符合《煤矿安全规程》的规定。

2）使用抗静电、抗阻燃标准风筒，风筒吊挂平、直、稳，风筒末端到工作面的距离和出风口的风量符合作业规程的规定。

（3）通风设施。通风设施应符合以下要求：

1）风门、密闭、风桥等通风设施位置合理。

2）帮、顶、底掏槽深度符合要求，墙面平整。

3）通风设施前后5 m范围内支护完好，无杂物、积水和淤泥等。

（4）瓦斯防治。瓦斯防治应符合以下要求：

1）设立防治瓦斯领导机构，配备满足工作需要的瓦斯防治专业队伍。

2）按规定进行矿井瓦斯等级和二氧化碳涌出量鉴定工作。

3）采掘工作面及其他地点的瓦斯浓度符合《煤矿安全规程》的规定。

4）按规定测定煤层的瓦斯赋存参数，并绘制瓦斯地质图。

5）瓦斯检查工持证上岗，井下瓦斯检查地点、瓦斯检查次数及瓦斯检查工交接班等符合相关规定。

（5）突出防治。突出防治应符合以下要求：

1）进行突出危险性鉴定，有规范的专项设计。

2）突出矿井应按照《防治煤与瓦斯突出规定》设立防突工作领导小组，配备满足防突工作需要的专业防突队伍和装备。

3）区域预测结果、区域防突措施应经企业技术负责人审批并严格执行，预抽煤层瓦斯区域防突措施效果检验结果经矿技术负责人和主要负责人审批。

4）采掘工作面落实区域及局部综合防突措施。

5）防突装备、仪器、仪表的管理、检定符合相关要求。

（6）瓦斯抽采。瓦斯抽采应符合以下要求：

1）按规定建立地面永久瓦斯抽采系统、井下临时抽采系统。

2）抽采瓦斯安全设施、参数监测符合相关规定。

3）瓦斯抽采矿井建立专门的瓦斯抽采队伍。

4）瓦斯抽采工作符合《煤矿瓦斯抽采达标暂行规定》的相关要求。

（7）安全监控。安全监控应符合以下要求：

1）建立安全监控管理机构，配足各类专业人员。

2）安全监控系统应满足《煤矿安全监控系统通用技术要求》《煤矿安全监控系统及检测仪器使用规范》和《煤矿安全规程》等的要求。

3）各类安全监控设备、仪器仪表应按规定进行调校、检定或试验。

（8）防灭火。防灭火应符合以下要求：

1）建立防灭火管理机构，配备专业人员，建立管理制度。

2）按规定建立防灭火系统，设置井上、井下消防材料库。

3）按规定建立监测系统，开展火灾的预测预报工作，制定防治自然发火的专门措施。

（9）防治粉尘。防治粉尘应符合以下要求：

1）建立综合防尘管理制度，配足防尘专业技术人员。

2）按规定制定综合防尘措施，建立防尘供水系统，完善综合防尘设施。

3）按《煤矿安全规程》和《煤矿井下粉尘综合防治技术规范》的规定测定粉尘浓度、游离二氧化硅含量及分散度等。

4）测尘仪器、仪表齐全，并定期进行校正、检定。

（10）井下爆破。井下爆破应符合以下要求：

1）爆炸材料的储存、运输和爆炸材料库应符合《煤矿安全规程》的规定。

2）建立和执行电雷管编号制度、爆炸材料防止丢失及销毁制度、爆炸材料领退制度、“一炮三检”和“三人连锁”爆破等制度。

3）矿井配有足够的爆破专业人员，且持证上岗。

4）按规定编制爆破说明书，并按其进行爆破作业。

5）特殊情况下的爆破作业执行相关规定。

(11) 管理制度。管理制度应符合以下要求：

1) 按规定建立通风管理机构，配足专职人员，建立相应的工作责任制。

2) 每月至少组织1次通风隐患排查，至少召开1次通风工作例会。

3) 各类人员按规定参加培训、持证上岗。

4) 通风措施按相关要求进行审批，并严格落实。

三、地测防治水基本条件与基本要求

1. 基本条件

生产矿井不应存在以下情况：

(1) 有冲击地压危险，未采取措施。

(2) 有严重水患，未采取措施。

2. 基本要求

(1) 机构设置。机构设置应符合以下要求：

1) 水文地质条件复杂或极复杂的矿井设立专门的防治水机构。

2) 冲击地压矿井设立专门的防治冲击地压（以下简称“防冲”）机构。

3) 水文地质条件复杂或极复杂、煤与瓦斯突出、冲击地压等矿井应设地测部门、地测副总工程师，有分管负责人。

4) 地测防治水部门配备矿井地质、水文地质、瓦斯地质（煤与瓦斯突出矿井）、矿井储量管理、矿井测量、井下钻探、物探、制图绘图等方面满足工作需要的专业技术人员。

(2) 煤矿地质。煤矿地质应符合以下要求：

1) 在不同生产阶段，按期完成报告修编、提交、审批及采后总结等基础工作。

2) 成果资料、原始记录、地质图样等基础资料齐全，内容规范。

3) 地质预报内容完整，档案管理规范。

(3) 煤矿测量。煤矿测量应符合以下要求：

1) 建立健全测量控制系统，测量工作执行通知单制度，贯通精度、中腰线标定符合要求，原始记录齐全规范。

2) 基本矿图种类、内容、填绘、存档符合《煤矿测量规程》规定。

3) 沉陷治理手段合理，台账资料齐全。

4) 储量计算图样、台账、统计管理符合《生产矿井储量管理规程（试行）》规定。

(4) 煤矿防治水。煤矿防治水应符合以下要求：

1) 井上、井下和不同观测内容的专用原始记录及防治水基础台账、数据管理规范，水文地质图样、水害预报内容齐全，符合要求。

2) 建立健全防排水系统，防治水工程设计方案、施工措施、工程质量符合规定。

3) 水文地质条件复杂或极复杂的矿井应建立水文动态观测系统和水害监测预警系统，对构成威胁的水害进行检测、诊断和预控，并制定相应的安全技术措施。

(5) 防治冲击地压。防治冲击地压应符合以下要求：

1) 进行冲击倾向性鉴定，冲击危险采区、工作面有规范的防冲专项设计，防冲措施科学有效。

2）建立健全合理有效的监测系统。

《评分方法》中的表3—1煤矿地测防治水（含防冲）技术管理安全质量标准化评分表、表3—2煤矿地质安全质量标准化评分表、表3—3煤矿测量安全质量标准化评分表、表3—4煤矿防治水安全质量标准化评分表、表3—5煤矿防治冲击地压安全质量标准化评分表，对基本要求进行了细化。

四、采煤基本要求

1. 基础管理

基础管理应符合以下要求：

(1) 有支护质量、顶板动态监测制度及地质和水文地质分析、预报制度，技术管理体系健全。

(2) 作业规程和措施针对性、操作性强，审批手续完备，贯彻、考核和签字记录齐全，作业规程每2个月至少组织1次复审并有复审意见。

(3) 有支护材料管理台账。

2. 岗位规范

岗位规范应符合以下要求：

(1) 应进行岗位人员培训，其能力符合相应岗位要求。

(2) 操作规范，无违章指挥、无违章作业、无违反劳动纪律的行为。

(3) 管理人员、技术人员应掌握专业技术，作业人员熟知本岗位作业规程和安全技术措施。

(4) 作业前进行隐患排查，并实行闭合管理。

3. 质量与安全

质量与安全应符合以下要求：

(1) 工作面的支护形式、支护参数符合要求。

(2) 工作面出口畅通，回风巷和运输巷断面满足通风、运输、行人、设备安装、检修的需要。

(3) 设备完好，保护齐全，使用规范。

(4) 乳化液泵站压力和乳化液浓度符合要求，并有现场检测手段。

(5) 工作面通信、监测监控设备运行正常。

(6) 有完善的安全防护设施和安全措施。

4. 机电设备

机电设备应符合以下要求：

(1) 采煤机、输送机、转载机、破碎机、支架（支柱）等选型有科学依据。

(2) 设备能力匹配，系统无制约因素。

(3) 无国家明令淘汰、禁止使用的危及生产安全的设备。

5. 文明生产

文明生产应符合以下要求：

(1) 作业场所卫生整洁，照明符合规定。

(2) 工具、材料等放置整齐，管线吊挂规范，图牌板内容准确、清晰。

(3) 作业范围内支护完好，无失修巷道。

《评分方法》中的表4—1煤矿采煤安全质量标准化评分表对基本要求进行了细化。

五、掘进基本条件与基本要求

1. 基本条件

生产矿井不应存在以下情况：

(1) 开拓煤量、准备煤量、回采煤量不满足规定要求。

(2) 使用明令禁止使用或者淘汰的设备、工艺。

2. 基本要求

(1) 生产组织。生产组织应符合以下要求：

1) 按采煤工作面相对集中、效能最大的生产布局进行组织，实行集约生产。

2) 科学进行劳动组织。

3) 采掘关系合理。

4) 掘进工作面的生产运输系统简单、合理。

(2) 设备配置。设备配置应符合以下要求：

1) 无国家明令淘汰、禁止使用的危及生产安全的设备。

2) 运输系统设备配置合理，不应有制约因素，材料应采用机械运输。

3) 具备条件的应使用综合机械化掘进。

(3) 技术保障。技术保障应符合以下要求：

1) 技术管理体系健全，有矿压观测、分析、预报制度。

2) 按规定设置机构和人员，配齐仪器仪表。

3) 作业规程和安全技术措施针对性、可操作性强，审批手续完备，贯彻、考核和签字记录齐全，作业规程每两个月至少组织一次复审并有复审意见。

4) 作业场所应有规范的施工图牌板。

5) 在支护、生产组织等方面应开展技术创新。

(4) 岗位规范。岗位规范应符合以下要求：

1) 应进行岗位人员培训，其能力符合相应岗位要求。

2) 操作规范，无违章指挥、无违章作业、无违反劳动纪律的行为。

3) 管理人员、技术人员应掌握专业技术，作业人员应熟知本岗位作业规程和安全技术措施。

4) 作业前进行隐患排查，并实行闭合管理。

(5) 工程质量。工程质量应符合以下要求：

1) 临时支护措施到位，安全设施齐全可靠。

2) 无不合格工程。

3) 规格质量、内在质量、附属工程质量、工程观感质量按GB 50213—2010中对应的支护方式或施工形式验收，未明确规定的支护方式或施工形式参照执行。

(6) 文明生产。作业场所卫生整洁，照明适度，工具、材料等放置整齐，设备设施保持良好状态。作业范围内支护完好，无失修巷道。

《评分方法》中的表 5—1 煤矿掘进安全质量标准化评分表对基本要求进行了细化。

六、机电基本条件与基本要求

1. 基本条件

生产矿井不应存在以下情况：

(1) 年产 6 万吨及以上的煤矿没有双回路供电系统。

(2) 年产 6 万吨以下煤矿采用单回路供电时，没有备用电源。

(3) 主要通风机高低压电源不是引自同一母线，主要通风机装置没有可靠的双电源供电。

(4) 使用明令禁止使用或者淘汰的设备、工艺。

2. 基本要求

(1) 设备与指标。设备与指标应符合以下要求：

1) 产品合格证、矿用产品安全标志、防爆合格证等证标齐全、合格。

2) 设备综合完好率、防爆率、电缆吊挂合格率、小型电器合格率、矿灯完好率、设备待修率和事故率等达到规定要求。

(2) 煤矿机械。煤矿机械应符合以下要求：

1) 机械设备完好，各类保护、保险装置齐全可靠。

2) 积极采用新技术、新装备。

(3) 煤矿电气。煤矿电气应符合以下要求：

1) 矿井有可靠的双回路电源线路。

2) 防爆电气设备防爆性能符合要求，电气无失爆。

3) 矿井主要通风机、提升人员的绞车、抽放瓦斯泵等主要设备房，以及井下变（配）电所、主排水泵房和下山开采的采区排水泵房的供电线路符合《煤矿安全规程》要求。

4) 电气设备完好，继电保护设置齐全可靠。

5) 电气工作票、操作票填写、使用规范。

(4) 机电基础管理。机电基础管理应符合以下要求：

1) 管理机构健全，制度完善。

2) 机电设备选型论证、购置、安装、使用、维护、检修、更新改造、报废等综合管理程序规范，设备台账、技术图样等资料齐全。

3) 按规定进行设备技术性能测试，在用设备性能可靠。

4) 各级专业技术人员、管理人员及岗位工人培训合格、持证上岗。

(5) 文明生产。文明生产应符合以下要求：

1) 现场设备摆放规范、标识齐全，机房、硐室卫生清洁。

2) 作业规范，无违章指挥、无违章作业、无违反劳动纪律的行为。

《评分方法》中的表 6—1 煤矿机电安全质量标准化评分表对基本要求进行了细化。

七、运输基本要求

1. 运输巷道与硐室

运输巷道断面、弯道半径、连接方式、运输方式，斜巷信号硐室、躲避硐、充电硐室、运输车辆检修硐室、加油硐室、车场、车房、候车室、调度站、人车库、矿车装卸载站等符合《煤矿安全规程》及有关规定要求。

2. 运输线路

运输线路应符合以下要求：

（1）线路轨型、回流线、轨道绝缘、分区开关符合《煤矿安全规程》要求，道岔轨型不低于线路轨型，无非标准道岔。

（2）轨道、单轨吊、齿轨等线路质量达到合格及以上要求，主要运输线路及人车的轨道线路质量达到优良。

（3）道路路面合格，无轨胶轮车等运输设备的道路路面采用混凝土等方式硬化。

3. 运输设备

运输设备应符合以下要求：

（1）运输设备符合通用技术条件及安全检验规范要求，安装符合设计要求，安全保护装置齐全、有效。

（2）无国家明令淘汰、禁止使用的危及生产安全的设备。

（3）在用运输设备完好率达标，防爆电气设备和防爆小型电器不失爆。

（4）井下按规定采用机械运送人员。

4. 运输安全设施

运输安全设施应符合以下要求：

（1）挡车装置和跑车防护装置齐全可靠。

（2）运输系统及装备的控制系统、专用通信信号齐全可靠。

（3）运输场所、设施的警示信号和安全标志使用规范。

（4）斜巷保险链及矿车的连接环、链和插销等连接装置合格。

5. 运输管理

运输管理应符合以下要求：

（1）运输管理机构健全，各项管理制度、岗位责任制、操作规程及运输技术资料齐全、完整，作业人员按规定持证上岗。

（2）定期对电机车、斜井人车、轨道机车、架空乘人装置、单轨吊车、无轨机车、齿轨机车、连接装置等进行检测、检验和试验，并有完整的测试记录和试验报告。

6. 文明生产

文明生产应符合以下要求：

（1）井下运输巷道及车场、运输调度室、井下运输机电硐室、机车维修点、车间等干净整洁。

（2）水沟畅通，盖板齐全、稳固。

（3）电缆、管路、照明符合规定要求，牌板齐全规范。

《评分方法》中的表 7—1 煤矿运输安全质量标准化评分表对基本要求进行了细化。

八、安全管理基本要求

1. 机构设置与人员配备

机构设置与人员配备应符合以下要求：

（1）按规定设置安全管理机构，配备专门人员负责煤炭生产过程各环节的安全管理工作，人员数量满足日常安全监管工作的需要。

（2）安全管理人员任职资格符合准入要求。

2. 安全规章制度

安全规章制度应符合以下要求：

（1）建立健全安全生产规章制度。

（2）安全生产规章制度以正式文件发布，并结合实际适时修订。

3. 安全费用提取及使用

安全费用提取和使用应符合以下要求：

（1）执行国家有关安全费用提取使用规定，落实安全投入保障及安全费用提取和使用制度。

（2）制定安全费用年度使用计划，按标准及时、足额提取，并按照规定使用范围支出，做到专户存储、专款专用。

（3）建立安全费用项目管理台账，做到账目、项目相符，项目完成进行验收，并有验收记录。

4. 隐患排查与治理

隐患排查与治理应符合以下要求：

（1）煤矿主要负责人每月至少组织开展 1 次全面安全隐患排查工作。

（2）建立隐患排查治理信息系统，按照等级和类别进行登记建档，实现安全隐患排查治理闭环管理。

5. 安全生产技术管理

安全生产技术管理应符合以下要求：

（1）建立健全以总工程师为首的安全技术管理体系，按规定配备相应的副总工程师和专业技术人员。

（2）建立健全安全生产技术管理制度。

（3）煤矿生产应有批准的设计，各类工程施工有批准的作业规程、安全技术措施，并建立作业规程信息化管理系统。

（4）规范技术资料档案管理，准确、及时填绘反映实际情况的图样资料。

6. 安全生产教育与培训

安全生产教育与培训应符合以下要求：

（1）设置教育培训机构，建立健全制度，具备满足教育培训要求的师资、场所、装备等；不具备培训条件的，应与具备资质的培训机构签订委托教育培训协议。

（2）煤矿从业人员按照规定接受安全生产教育和培训并经考核合格后方可上岗，主要负责人、安全生产管理人员、特种作业人员应按规定参加培（复）训，并取得安全资格证书。

7. 区队班组建设

区队、班组管理制度健全，特种作业人员配备合理、齐全。

8. 安全信息管理

安全信息管理应符合以下要求：

（1）及时识别和获取适用的安全生产法律法规、标准规范，完善安全信息管理机构和制度，做好执行情况的检查评估工作。

（2）建立各类生产安全事故调查、处理、分析、归档等制度与台账。

（3）建立安全质量标准化信息管理体系，及时掌握安全质量标准化工作的动态信息，提高考评工作效率和服务水平。

9. 安全文化建设

安全理念与目标、安全责任制内容齐全、清晰明确，定期开展形式多样的安全文化宣传教育活动。

《评分方法》中的表 8—1 煤矿安全管理安全质量标准化评分表对基本要求进行了细化。

九、职业卫生基本要求

1. 前期管理

前期管理应符合以下要求：

（1）建立职业卫生管理机构，完善制度，配备人员，落实经费。

（2）制定工作规划、年度计划和实施方案，并落实。

（3）建立健全职业卫生档案。

（4）定期进行职业病危害申报。

（5）主要负责人、管理人员和从业人员职业卫生培训符合相关规定。

（6）依法与劳动者签订劳动合同并履行职业病危害告知义务。

（7）依法足额为劳动者缴纳工伤保险。

2. 现场管理

现场管理应符合以下要求：

（1）严格执行建设项目职业卫生“三同时”，加强职业危害源头控制。

（2）采取综合治理措施，使作业场所职业危害浓度或强度符合职业卫生标准要求。

（3）配备专业人员和仪器设备，做好日常监测工作。

（4）定期开展职业病危害因素检测评价，并做好检测结果公布和上报工作。

（5）职业病防护设施、设备运转正常，并做好维护、检修工作，保留记录。

（6）按照规定配备和发放符合要求的个体防护用品，并督促检查劳动者正确使用。

（7）设置公告栏、警示标识和中文警示说明。

（8）建立健全职业病危害事故应急救援预案，并定期演练。

（9）保证应急救援设施正常运转，不应擅自拆除或停止使用。

3. 健康监护

健康监护应符合以下要求：

（1）严格按照规定做好接触职业病危害因素人员上岗前、在岗期间、离岗时和应急职业健康检查，建立职业健康监护档案并妥善保存。

（2）不安排未经职业健康检查的劳动者从事具有职业病危害的作业。

（3）不安排有职业禁忌的劳动者从事其所禁忌的作业。

（4）发现健康损害时及时调离原岗位并妥善安置。

（5）未经离岗职业健康检查不得与劳动者解除劳动合同。

（6）不安排孕期、哺乳期妇女从事具有职业病危害的作业。

（7）不使用童工。

4. 诊断鉴定

诊断鉴定应符合以下要求：

（1）及时安排疑似职业病病人进行诊断。

（2）在疑似职业病病人诊断或者医学观察期间，不得解除或者终止劳动合同，诊断、医学观察期间的费用由煤矿承担。

（3）保障职业病病人依法享受国家规定的职业病待遇。

（4）按照国家有关规定，安排职业病病人进行治疗、康复和定期检查。

（5）对不适宜继续从事原工作的职业病病人，调离原岗位，并妥善安置。

（6）如实提供职业病诊断、伤残等级鉴定所需资料。

5. 工会监督

煤矿工会组织依法对职业病防治工作进行监督，维护劳动者的职业卫生合法权益。

《评分方法》中的表 9—1 煤矿职业卫生安全质量标准化评分表对基本要求进行了细化。

十、应急救援基本要求

1. 应急机构、 职责和制度

应急机构、职责和制度应符合以下要求：

（1）建立应急救援指挥机构和工作机构，配备专职人员。

（2）明确应急机构及其岗位职责。

（3）建立健全应急管理制度。

2. 应急救援队伍

按照《煤矿安全规程》《矿山救护规程》等规定建立矿山救护队，配备必需的物资、装备、器材，实行军事化管理和训练。不具备建立矿山救护队条件的煤矿，应组建兼职应急救援队伍，并与就近的矿山救护队签订救护协议。

3. 应急预案管理

按照《生产安全事故应急预案管理办法》和《生产经营单位安全生产事故应急预案编制导则》的规定编制安全生产事故应急预案，并按规定组织实施。

4. 应急培训和演练

应急培训和演练应符合以下要求：

（1）制定年度应急宣传教育工作计划和年度应急培训计划，普及生产安全事故预防和应急救援基本知识。

（2）按规定编制应急演练规划、计划和方案，组织演练，并形成完整的档案资料。

5. 应急救援保障

配置应急救援必需的物资、装备、人员、经费等，并建立相应的保障措施。

6. 资料和档案管理

文件和资料及时发放至有关部门，档案管理安全规范。

《评分方法》中的表10—1煤矿应急救援安全质量标准化评分表对基本要求进行了细化。

十一、调度基本要求

1. 组织机构

组织机构应符合以下要求：

（1）调度指挥机构健全，岗位职责明确。

（2）调度人员配备满足双岗24 h值班要求，调度人员的业务素质、工作能力满足工作需要。

2. 调度管理

调度管理应符合以下要求：

（1）建立健全调度规章制度和业务流程。

（2）掌握日常安全生产动态及重点工程、主要系统和装备的运行情况，及时协调解决安全生产中出现的问题，发挥指挥协调作用。

（3）履行安全生产信息、指示、文件等的上传下达职责。

（4）出现险情和发生事故时，及时下达调度指令，进行应急处置。

3. 调度汇报

调度汇报应符合以下要求：

（1）按规定要求履行汇报职责，及时反映煤矿生产管理中存在的主要问题并提出相关建议。

（2）按照规定要求报告生产安全事故和突发事件信息。

4. 调度信息化

调度信息化应符合以下要求：

（1）调度信息化基础设施、装备满足安全生产调度指挥、应急救援等工作需要。

（2）供电、备用电源应符合相关规定要求。

（3）采用先进的装备和信息系统。

5. 办公场所及环境

场所及环境应符合以下要求：

（1）办公场所能满足调度工作和会议的要求，且清洁整齐、物放有序。

（2）工作人员行为文明、规范。

（3）设备、设施的安装符合有关规范。

《评分方法》中的表 11—1 煤矿调度安全质量标准化评分表对基本要求进行了细化。

十二、地面设施基本要求

1. 基础管理

基础管理应符合以下要求：

（1）地面设施管理体系健全。

（2）按规定设置机构、配备人员，设备设施齐全。

（3）作业场所有规范的牌板。

（4）建设资料齐全有效。

（5）供用电设备、设施符合要求，有管理制度。

（6）消防设计、设施、器材符合要求，有消防责任制。

2. 办公场所

办公室、会议室等办公场所满足工作需要，办公设施及用品齐全，通道畅通，环境整洁。

3. 两堂一舍

两堂一舍应符合以下要求：

（1）职工食堂设计合理、设施完备、证照齐全，工作人员按规定持证上岗。

（2）职工澡堂设计合理，基础设施齐全完好，管理制度健全。

（3）职工宿舍基础设施齐全完好，人均面积满足要求。

4. 工业广场

工业广场应符合以下要求：

（1）工业广场及道路符合设计规范，满足矿井的实际需要。

（2）工业广场及道路清洁，各种牌板及标志齐全清晰。

5. 设备材料库

设备材料库应符合以下要求：

（1）设备材料库符合设计规范、实用性强，设备及材料能够满足矿井日常生产的需要。

（2）设备、材料的验收、保管、发放等制度健全，管理科学。

6. 煤炭存储设施

煤炭存储设施应符合以下要求：

（1）存储设施设计符合要求，满足生产需要。

（2）存储场地降尘、消防、排水等设施完好有效。

（3）能动态掌握煤场情况，有落煤台账，相关记录详细完整。

7. 节能环保设施

节能环保设施、计量器具和仪表齐全有效，排放达标，台账记录完备。

《评分方法》中的表 12—1 煤矿地面设施安全质量标准化评分表对基本要求进行了细化。

十三、露天煤矿基本要求

1. 采矿作业

采矿作业应符合以下要求：

（1）采剥应符合生产规模和设计要求，保证合理的采剥关系。

（2）应科学组织生产，采掘、运输、排土系统匹配合理。

2. 工艺与设备

不使用明令禁止使用或者淘汰的设备、工艺，工艺设备配置合理。

3. 生产现场管理和生产过程控制

应加强对生产现场的安全管理和对生产过程的控制。对生产过程及物料、设备设施、器材、通道、作业环境等存在的隐患，应进行分析和控制。

4. 技术保障

技术保障应符合以下要求：

（1）有健全的技术管理体系和完善的工作制度。

（2）按规定设置机构，配备技术人员。

（3）各种规程审批手续完备，贯彻、考核和签字记录齐全。

（4）在生产组织等方面应开展技术创新。

5. 岗位规范

岗位规范符合以下要求：

（1）安全管理人员、操作岗位人员应按规定进行培训，持证上岗。

（2）现场作业人员操作规范，无违章指挥、无违章作业、无违反劳动纪律的行为。

（3）管理人员应熟悉采矿技术，技术人员应掌握实践知识，精通专业技术。

（4）作业人员应掌握《煤矿安全规程》、操作规程及作业规程。

（5）认真开展隐患排查，并实行闭合管理。

6. 文明生产

作业环境满足规范要求，设备状态良好，到界排土平盘应按计划复垦绿化。

7. 工程质量

工程质量应符合有关标准和规范要求。

《评分方法》中的表 13—1 露天煤矿穿孔安全质量标准化评分表、表 13—2 露天煤矿爆破安全质量标准化评分表、表 13—3 露天煤矿单斗挖掘机采装安全质量标准化评分表、表 13—4 露天煤矿轮斗挖掘机采装安全质量标准化评分表、表 13—5 露天煤矿吊斗挖掘机采装安全质量标准化评分表、表 13—6 露天煤矿卡车运输安全质量标准化评分表、表 13—7 露天煤矿铁道运输安全质量标准化评分表、表 13—8 露天煤矿带式输送机运输安全质量标准化评分表、表 13—9 露天煤矿卡车/铁道排土场安全质量标准化评分表、表 13—10 露天煤矿排土机排土场安全质量标准化评分表、表 13—11 露天煤矿机电安全质量标准化评分表、表 13—12 露天煤矿边坡安全质量标准化评分表、表 13—13 露天煤矿疏干排水安全质量标准化评分表对基本要求进行了细化。

第四章　煤矿企业事故隐患排查治理相关规章与制度

事故源于隐患，隐患是滋生事故的土壤和温床。对于煤矿企业来讲，必须要提高思想认识，切实增强排查治理事故隐患的自觉性和主动性。要贯彻落实“安全第一、预防为主、综合治理”方针，充分认识做好隐患排查治理工作的重要性。坚持预防为主、综合治理，就是要主动排查，综合采取各种有效手段，治理各类隐患和问题，把事故消灭在萌芽状态。从这个意义上说，排查治理隐患是落实安全生产方针的基本任务和有效途径。

第一节　煤矿企业事故隐患排查治理相关规章

对于煤矿企业来讲，排查治理事故隐患是预防事故发生的重要手段，同时也是安全工作的重点之一。一般来讲，事故隐患都具有隐蔽性的特点。隐蔽性是指多数事故隐患不直观，仅凭人的感觉难以发现，如金属构件的疲劳、内部裂缝，表面看上去没有什么异样，但其性能却已发生了质的变化。有的事故隐患虽然比较直观，能够为人们所感知，但在一般情况下，只要不发生现实危险，绝大多数人也会视而不见。因此，积极做好事故隐患排查治理工作，及时消除各种危险与危害，才能有效防范各类事故的发生。

一、《关于建立安全隐患排查治理体系的通知》相关要点

2012 年 1 月 5 日，国务院安全生产委员会办公室下发《关于建立安全隐患排查治理体系的通知》（以下简称《通知》）（安委办〔2012〕1 号）。《通知》指出：为探索创新政府和部门安全监管机制，强化和落实企业安全生产主体责任，打好安全隐患排查治理攻坚战，促进全国安全生产形势持续稳定好转，国务院安委会办公室决定在全国推广北京市顺义区等地区深入开展安全隐患排查治理、有效防范事故的先进经验和做法，争取用 2～3 年时间，在全国基本建立先进适用的安全隐患排查治理体系。

1. 深刻认识建立安全隐患排查治理体系的重大意义

安全隐患排查治理体系，是以企业分级分类管理系统为基础，以企业安全隐患自查自报系统为核心，以完善安全监管责任机制和考核机制为抓手，以制定安全标准体系为支撑，以广泛开展安全教育培训为保障的一项系统工程，包含了完善的隐患排查治理信息系统、明确细化的责任机制、科学严谨的查报标准及重过程、可量化的绩效考核机制等内容。

安全生产的理论和实践证明，只有把安全生产的重点放在建立事故预防体系上，超前采取措施，才能有效防范和减少事故，最终实现安全生产。建立安全隐患排查治理体系，是安全生产管理理念、监管机制、监管手段的创新和发展，对于促进企业由被动接受安全监管向主动开展安全管理转变，由政府为主的行政执法排查隐患向企业为主的日常管理排查隐患转变，从治标的隐患排查向治本的隐患排查转变，实现安全隐患排查治理常态化、规范化、法制化，推动企业安全生产标准化建设工作，建立健全安全生产长效机制，把握事故防范和安全生产工作的主动权具有重大意义。

2. 建立安全隐患排查治理体系的主要内容

(1) 掌握企业底数和基本情况。根据企业规模、管理水平、技术水平和危险因素等条件，掌握企业底数和基本情况，对企业进行分类分级，建立“按类分级、依级监管”的模式。

(2) 制定隐患排查标准。依据有关法律法规、标准规程和安全生产标准化建设的要求，结合各地区、各行业（领域）实际，以安全生产标准化建设评定标准为基础，细化隐患排查标准，明确各类企业每项安全生产工作的具体标准和要求，使企业知道“做什么、怎么做”，使监管部门知道“管什么、怎么管”，实现安全隐患排查治理工作有章可循、有据可依。

(3) 建立隐患排查治理信息系统。包括企业隐患自查自报系统、安全隐患动态监管统计分析评价系统等内容，形成既有侧重又统一衔接的综合监管服务平台，实现安全隐患排查治理工作全过程记录和管理。利用该系统，企业对自查隐患、上报隐患、整改隐患、接受监督指导等工作进行管理；安全监管部门对企业自查自报隐患数据、日常执法检查数据和监管措施执行到位等情况进行统计分析，对重大隐患治理实施有效监管。

(4) 明确安全监管职责。在地方党委、政府的统一领导下，进一步理顺和细化有关部门和属地的安全监管职责，明确“管什么、谁来管”。一是要明确安全监管部门组织、协调、监督、考核各行业主管部门和属地政府的综合安全监管职责。二是要明确行业主管部门的监督、指导、协调和服务职能，有安全监管行政处罚权的行业主管部门依法承担包括行政处罚在内的安全监督管理职责；没有安全监管行政处罚权的行业主管部门承担对有关行业或领域安全生产工作的日常指导、管理职责。三是要明确消防、质监等专项监管部门及时处理属地和行业主管部门移送的安全隐患的监管职责。

(5) 明确监管监察方式。在分类分级的基础上，对企业在监管频次、监管内容等方面实行差异化监管监察，提高监管工作的针对性和有效性。

(6) 制定安全生产工作考核办法。突出工作过程和结果量化，将有关部门和企业建立安全隐患排查治理体系、日常执法检查等相关工作完成情况的过程管理指标，纳入安全生产工作年终考核，提高安全监管的约束力和公信力。

3. 完善工作机制，狠抓责任落实，确保安全隐患排查治理体系建设取得实效

(1) 加强组织领导，统筹安排部署。各地区要切实加强对深化安全隐患排查治理工作的组织领导，紧密结合本地区实际，制定切实可行的安全隐患排查治理体系建设方案，周密安排，科学实施。要充分发挥地方各级安委会的组织、协调和指导作用，调动各职能部门、行业主管部门等方面的积极性，全面推进安全隐患排查治理工作。

（2）落实安全责任，完善考核机制。一是地方各级安委会要积极推动出台相关规定和办法，进一步理顺部门、属地的安全监管职责，明确职责范围、内容和要求，各司其职，各负其责，齐抓共管，实现安全隐患排查治理工作的全覆盖和无缝化管理。二是要进一步完善安全生产目标考核制度，突出工作过程和结果量化，将安全隐患排查治理等过程管理的内容纳入年度考核指标，提高绩效考核的科学性和约束力。三是要严格绩效考核和责任追究，对责任不落实、考核不达标的单位或个人，要给予通报、严肃处理；对在深化隐患排查治理工作成绩突出的，要予以公开表彰和奖励。

（3）创建典型示范，发挥榜样作用。一是各地区要积极发现、培养和树立深化安全隐患排查治理工作的典型地区、典型企业和先进事例，在隐患排查治理体制机制、法规制度、标准规程、方式方法、程序内容等方面形成可学、好学和管用的经验做法。二是通过组织召开先进典型经验交流会、座谈会和加强宣传报道等形式，广泛推广典型经验，全面深化安全隐患排查治理工作。三是要把安全隐患排查治理的示范地区和典型企业与安全生产标准化建设的示范地区和典型企业有机结合起来，互相促进，共同提高。四是要加强对建立安全隐患排查治理体系进展情况的检查和指导，确保工作有部署、抓落实、见实效，提高安全隐患的整改率。

（4）注重统筹兼顾，构建长效机制。一是各地区要将深化安全隐患排查治理工作与日常安全监管、“打非治违”专项行动、安全专项整治、安全生产标准化建设、安全责任保险、“金安”工程等工作有机结合起来，统一部署，协同推进。二是要以建立安全隐患排查治理体系为契机，实现安全隐患排查、登记、上报、监控、整改、评价、销号、统计、检查和考核的全过程管理。三是要将安全隐患排查治理工作积极纳入本地区安全生产立法和规划中，以法规或规范性文件的方式明确有关制度，推动安全隐患排查治理长效机制建设。四是要优先制定急需的安全生产标准，及时修订或废止过时的标准，促进安全隐患排查治理工作科学化、规范化。

（5）加强舆论宣传，广泛发动群众。一是要充分利用广播、电视、报纸、互联网等新闻媒体，加大宣传力度，营造有利的社会舆论氛围，引导各有关单位深刻认识建立安全隐患排查治理体系的重要性、必要性和紧迫性，增强做好安全隐患排查治理工作的主动性和自觉性。二是要加强职工安全培训，提高职工排查事故隐患的意识和能力；建立健全监督和激励机制，组织和鼓励职工结合本职工作查找各类事故隐患。三是对安全隐患排查治理不认真、走过场的单位，要予以公开曝光，督促其抓紧整改。

二、《安全生产事故隐患排查治理体系建设实施指南》相关要点

2012年7月3日，国务院安全生产委员会办公室下发《关于印发工贸行业企业安全生产标准化建设和安全生产事故隐患排查治理体系建设实施指南的通知》（以下简称《两建通知》）（安委办［2012］28号）。《两建通知》指出：为进一步推进企业安全生产标准化建设和安全隐患排查治理体系建设（以下简称“两项建设”），夯实安全管理基础，提升安全监管水平，促进全国安全生产形势持续稳定好转，国务院安委会办公室组织制定了《工贸行业企业安全生产标准化建设实施指南》和《安全生产事故隐患排查治理体系建设实施指南》（以下简称两部《指南》）。

国务院安全生产委员会办公室在《两建通知》中要求，各地区、各有关部门和单位要充分认识“两项建设”工作的重要意义，切实加强组织领导，主动争取地方各级政府的重视和支持，坚持政府推动、企业为主，立足创新、分类指导，以两部《指南》为工作指引，进一步统一思想、凝聚共识，采取有力措施，推动“两项建设”工作深入开展。

《安全生产事故隐患排查治理体系建设实施指南》分为5章，各章内容为：第一章概述，第二章政府监管工作，第三章企业隐患排查治理工作，第四章隐患排查治理标准，第五章隐患排查治理信息系统。其相关要点如下：

1. 安全生产事故隐患排查治理概述

安全生产的理论和实践证明，只有把安全生产的重点放在建立事故预防体系上，超前采取措施，才能有效防范和减少事故，最终实现安全生产。

为指导和规范隐患排查治理工作的深入开展，国家安全生产监督管理总局先后颁布了《煤矿重大安全生产隐患认定办法》（安监总煤矿字［2005］133号）、《安全生产事故隐患排查治理暂行规定》（国家安全生产监督管理总局令第16号）等办法、规定。国务院办公厅下发了《关于在重点行业和领域开展安全生产隐患排查治理专项行动的通知》（国办发明电［2007］16号）和《关于进一步开展安全生产隐患排查治理工作的通知》（国办发明电［2008］15号），要求通过开展隐患排查治理专项行动，进一步落实企业的安全生产主体责任和地方人民政府的安全监管职责，全面排查治理事故隐患和薄弱环节，认真解决存在的突出问题，建立重大危险源监控机制和重大隐患排查治理机制及分级管理制度，有效防范和遏制重特大事故的发生，促进全国安全生产状况进一步稳定好转。各地区、各有关部门和单位认真贯彻落实国务院文件精神，统一思想认识，加强部门协调，增强整治合力，全面开展安全隐患排查整治攻坚战，深化重点行业领域安全专项整治，隐患排查治理工作取得积极成效。据统计，2011年，全国开展隐患排查治理的生产经营单位达566.4万家，共排查出事故隐患881.3万项，整改率96%（其中排查出重大隐患16 630项，整改率89.9%），为实现“十二五”时期安全生产工作的良好开局提供了坚强保障。

北京市顺义区从2008年开始推动安全隐患排查治理体系的建立工作，建立了以企业分级分类、信息化管理为基础，以企业自查自报为核心，以健全完善隐患排查报送标准为支撑，以检查考核为手段，以培训教育为保障的安全隐患排查治理体系，把隐患排查治理和安全生产工作逐步纳入了科学化、制度化、规范化的轨道，实现了以政府排查治理隐患为主向企业排查治理隐患为主的转变。广东省珠海市在学习北京顺义区经验的基础上，紧密结合本地实际，以企业基础信息平台、隐患排查治理平台和绩效考核平台为基础，建立了生产经营单位事故隐患自查自报系统，明确了企业隐患排查治理主体责任和政府部门管理职责，在隐患排查治理工作方面取得了良好效果。

为总结推广北京顺义等地的经验和做法，2011年10月26日，全国安全隐患排查治理现场会在北京市顺义区召开，会议反响热烈，有力推动了各地的隐患排查治理工作，全国约60个单位前往顺义区考察学习。为探索创新政府和部门安全监管机制，强化和落实企业安全生产主体责任，打好安全隐患排查治理攻坚战，促进全国安全生产形势持续稳定好转，2012年1月，国务院安委会办公室印发了《关于建立安全隐患排查治理体系的通知》（安委办［2012］1号），决定在全国推广北京市顺义区等地深入开展安全隐患排查治理、有效防范事故的先进经验和做法，争取用2～3年时间，在全国各地基本建立起先进适用的安全隐患排查治理体系，逐步从根本上掌握事故防范和安全生产工作的主动权。通知要求各地要深刻认识建立安全隐患排查治理体系的重大意义，建立安全隐患排查治理体系的主要内容，完善工作机制，狠抓责任落实，确保安全隐患排查治理体系建设取得实效。

2. 安全生产事故隐患排查治理基本概念

（1）安全生产事故隐患。安全生产事故隐患（以下简称隐患、事故隐患或安全隐患），是指生产经营单位违反安全生产法律、法规、规章、标准、规程和安全生产管理制度的规定，或者因其他因素在生产经营活动中存在可能导致事故发生的物的危险状态、人的不安全行为和管理上的缺陷。在事故隐患的三种表现中，物的危险状态是指生产过程或生产区域内的物质条件（如材料、工具、设备、设施、成品、半成品等）处于危险状态；人的不安全行为是指人在工作过程中的操作、指示或其他具体行为不符合安全规定；管理上的缺陷是指在开展各种生产活动中所必需的各种组织、协调等行动存在缺陷。

（2）隐患分级。隐患的分级是以隐患的整改、治理和排除的难度及其影响范围为标准的，可以分为一般事故隐患和重大事故隐患。一般事故隐患，是指危害和整改难度较小，发现后能够立即整改排除的隐患。重大事故隐患，是指危害和整改难度较大，应当全部或者局部停产停业，并经过一定时间整改治理方能排除的隐患，或者因外部因素影响致使生产经营单位自身难以排除的隐患。

（3）隐患排查。隐患排查是指生产经营单位组织安全生产管理人员、工程技术人员和其他相关人员对本单位的事故隐患进行排查，并对排查出的事故隐患，按照事故隐患的等级进行登记，建立事故隐患信息档案。

（4）隐患治理。隐患治理是指消除或控制隐患的活动或过程。对排查出的事故隐患，应当按照事故隐患的等级进行登记，建立事故隐患信息档案，并按照职责分工实施监控治理。对于一般事故隐患，由于其危害和整改难度较小，发现后应当由生产经营单位（车间、分厂、区队等）负责人或者有关人员立即组织整改。对于重大事故隐患，应由生产经营单位主要负责人组织制定并实施事故隐患治理方案。

3. 安全隐患排查治理体系

（1）安全隐患排查治理体系的构成。事故源于隐患，隐患是滋生事故的土壤和温床。“预防为主、综合治理”的前提，就是首先通过主动排查，全范围、全方位、全过程地去发现存在的隐患，然后综合采取各种有效手段，治理各类隐患和解决各类问题，把事故消灭在萌芽状态。只有这样，“安全第一”才能得到真正实现。从这个意义上说，排查治理隐患是落实安全生产方针的最基本任务和最有效途径。

安全隐患排查治理体系是一项系统工程，由政府及其有关部门推动，对单位（包括各类生产经营单位、机关事业单位和团体，下同）开展分级分类管理，并编制各行业的隐患排查治理标准；由单位承担主体责任，对生产经营过程中存在的人、物、管理等各方面的隐患依据隐患排查治理标准进行主动排查，并对发现的隐患实施治理，通过隐患排查治理信息系统上报、跟踪督导和统计分析，保证监管力度与效果，实现安全生产。具体来说，安全隐患排查治理体系由以下几个部分形成：

1）摸清单位底数，实行分级分类监管。摸清生产经营单位的底数，根据生产经营单位的性质和安全生产状况分类分级，负有安全生产职责政府部门对监管职责范围内的生产经营单位按照不同等级进行监督管理。其核心内容概括为“各司其职，各负其责，按类分级，依级监管”，明确了企业、行业、属地、专项以及综合监管部门各方的安全生产工作职责。

2）制定科学严谨的隐患排查治理标准。按照科学性、全面性和系统性的原则，考虑不同类别的企业可能存在隐患的区别，将隐患特点相近的企业归为一类，制定隐患排查标准。

3）建立清晰明确的工作职责。通过理顺生产经营单位、行业管理部门、属地管理部门、专项监管部门以及综合监管部门的安全生产工作职责，明确履行安全职责的范围、内容和要求，解决职责空缺、职责不清、职能交叉等问题，形成“分工负责、齐抓共管”的安全监管工作格局，从而实现安全隐患排查治理监管工作的全覆盖和无缝化管理。

4）建立隐患排查治理考核制度。安全生产考核主要分为政府部门绩效考核和对生产经营单位的考核。对各级政府及各职能部门的绩效考核是推动政府各项政策措施贯彻执行的重要手段；对生产经营单位奖惩机制的建立是推动企业主体责任落实，真正开展隐患排查治理自查自报工作的重要保障。

5）开发功能完善的信息系统。隐患排查治理信息系统是实现隐患自查自报工作的基础平台，需围绕各级安全监管部门、煤矿安全监察机构（以下简称安全监管部门）监管监察工作和生产经营单位隐患排查治理的需求进行建设，以起到联通政府部门和生产经营单位的桥梁作用。隐患排查治理信息系统建设主要包含政府端系统建设和企业端系统建设两个部分。其中政府端系统由从纵向的各级安全生产综合监管部门，及横向扩展到各级安委会成员单位组成。企业端系统则对企业的隐患自查自报工作进行了明确。

6）开展隐患自查自报。企业应逐级建立并落实从主要负责人到每个从业人员的隐患排查治理责任制、隐患治理登记及隐患治理专项资金使用等制度，并明确自查自报管理机构和责任人、联络人。根据相关行业监管部门出台的生产经营单位事故隐患自查标准，开展日常隐患排查、治理工作。建立隐患治理登记制度，留存登记档案。企业要及时落实行业和属地管理部门提出的工作要求，实时更新本单位的基本信息。对排查出的事故隐患和治理情况，由生产经营单位负责人或者有关人员，如实在网上向政府安全生产监管部门汇报。

（2）建立安全隐患排查治理体系的意义。安全生产事故隐患排查治理工作是《中华人民共和国安全生产法》所规定的重要内容之一，是安全生产标准化建设的重要基础。《安全生产事故隐患排查治理暂行规定》（国家安全生产监督管理总局令第 16 号）（以下简称《规定》）对此项工作做出了具体的规定。建立健全安全隐患排查治理体系，贯彻落实了以人为本的科学发展观，充分体现了“安全第一、预防为主、综合治理”的方针，是安全生产工作理念、监管机制、监管手段和方法的创新与发展，把隐患排查治理和安全生产工作逐步纳入了科学化、制度化、规范化的轨道。

1）建立安全隐患排查治理体系有助于落实企业安全主体责任。企业是安全生产的责任主体，理所当然地也是隐患排查治理的主体。通过建立隐患排查治理体系，实现了对企业安全生产的动态监控，使隐患排查治理从以政府为主向以企业为主转变，可以充分调动企业积极性，促使企业由被动接受监管变为主动排查治理隐患，主动加强安全生产。例如，北京市顺义区建立隐患排查治理体系以来，企业安全生产责任主体意识明显提高，安全隐患自查自报率达到93.3%，有效地防范了各类事故。

2）建立安全隐患排查治理体系有助于加强和改进政府安全监管。北京市顺义区的经验表明，建立安全隐患排查治理体系进一步明晰了监管职责，安全生产综合监管部门、行业监管部门和相关部门在隐患排查治理体系中的特定位置和明确职责，解决了政府部门在隐患排查治理和安全生产工作中“管什么，怎么管，谁去管”等一系列实际问题；其次是改善了监管手段，提高了监管效率，有了体系和信息平台，就可以随时掌控企业隐患排查治理等基本情况，对相关信息进行实时统计，及时做出分析判断和督促指导，有效防止隐患恶化和事故发生。

3）建立安全隐患排查治理体系有助于综合推进安全生产工作。隐患排查治理是一项涉及面广、综合性很强的工作。隐患排查治理体系涵盖了安全生产责任制、安全监管信息化建设、企业安全生产标准化建设、打击非法违法和治理违规违章、群众参与和监督、安全培训教育等方面的工作。借助于这个抓手，可以把安全生产各方面工作都带动起来。北京市顺义区、广东省珠海市所建立的隐患排查治理体系中，包含了不同类型企业的隐患排查标准等内容，是开展安全培训教育的很好教材。顺义区、珠海市举办了大量安全隐患知识培训班，对生产经营单位负责人和安全管理人员进行全覆盖的培训，既保证了隐患自查自报系统的顺利推行，又推动了安全教育培训工作。

各地在建立安全隐患排查治理体系时，顶层设计要系统全面，并为以后的工作留下接口，提供扩展的可能，具体工作要突出重点，先易后难，分步实施，稳步推进。首先应把事故多发、危险程度较高的煤矿、非煤矿山、危险化学品、烟花爆竹、建筑施工、交通运输、冶金、机械等行业、领域的企业纳入体系，实现隐患自查自报。对于危险程度较低的企业及事业单位、机关团体等，在统一规划设计后，可根据工作实际，逐步推动。

(3) 隐患排查治理与安全生产标准化建设工作的关系。隐患排查治理工作是安全生产标准化建设的基础，贯穿于安全生产标准建设的全过程，建立安全隐患排查治理体系为安全生产标准化建设提供了坚实的基础保障。

1）安全隐患排查治理体系是安全生产标准化工作的重要内容。安全生产标准化建设工作是当前我国安全生产领域的重点工作，其实施的主要依据是《企业安全生产标准化基本规范》及各行业的安全生产标准化评定标准。《企业安全生产标准化基本规范》第八项要素即为隐患排查和治理，对隐患排查、排查范围与方法、隐患治理和预测预警四个方面提出了基本要求和原则性规定。安全隐患排查治理体系作为一个具有依据明确、结构完整、内容充实和可操作性强的独立运行的系统，为企业提供了隐患排查治理标准，可更好地指导企业开展隐患排查治理工作，是安全生产标准化的进一步细化和深化。

2）安全隐患排查治理体系反映了安全生产标准建设的动态过程。建立安全隐患排查治理体系可以更好地促进企业全面、深入地做好隐患排查治理工作，使政府有关监管部门能及时、准确地掌握其安全生产状况，为政府及其有关部门为企业做好服务工作提供了保证。安全生产标准化工作通常要求企业每年至少进行一次自评，安全生产标准化企业证书和牌匾有效期为3年，到期时企业可按有关规定申请延期，换发证书、牌匾。

4. 政府监管工作

企业是安全生产的责任主体。搞好安全生产管理工作，必须逐步解决企业自律问题，让企业主体责任的落实有载体。在建立隐患排查治理体系过程中，要明确政府与企业的职责定位，各级政府要充分发挥指导、监督、管理的作用，通过政府监管职责的落实推动企业隐患排查治理主体责任的落实。

5. 企业隐患排查治理工作

企业是隐患排查治理工作的主体，是隐患排查治理工作的直接实施者。企业隐患排查治理工作主要包括四个方面：自查隐患、治理隐患、自报隐患和分析趋势。自查是为了发现自身所存在的隐患，保证全面而减少遗漏；治理是为了将自查中发现的隐患控制住，防止引发后果，尽可能从根本上解决问题；自报是为了将自查和治理情况报送政府有关部门，以使其了解企业在排查和治理方面的信息；分析趋势是为了建立安全生产预警指数系统，对安全生产状况做出科学、综合、定量的判断，为合理分配安全监管资源和加强安全管理提供依据。

（1）企业自查隐患。企业自查隐患就是在政府及有关部门的统一安排和指导下，确定自身分类分级的定位，采用其适用的隐患排查治理标准，通过准备、组织机构建设、建立健全制度、全面培训、实施排查、分析改进等步骤形成完整、系统的企业自查机制。尤其是大型企业集团，应在企业内部形成连接所有管理层级和各个生产单位，以及当地安全监管部门的隐患排查治理体系。

1）准备工作。为保证隐患自查工作能够打下坚实的基础，企业必须做好与之相关的准备工作。隐患排查治理是涉及企业所有部门、所有生产流程、所有人员的一项系统工程，如果不做好全面的准备，那么所建立的隐患排查治理机制将缺乏系统性和可操作性，结果必然是“一阵风”式的开展一次“运动”，不能做到深入和持久的开展自查工作。准备工作主要包括：①收集信息。由企业安全生产主管部门和有关专业人员，对现行的有关隐患排查治理工作的各种信息、文件、资料等通过多种行之有效的方式进行收集。此项工作也可以委托与企业有合作关系的服务方来实施。②辅助决策。将收集信息形成的有关材料向企业管理层汇报，并说明有关情况，使企业管理层的领导能够全面、正确理解和认识隐患排查治理工作，对企业建设隐患排查治理工作做出正确决策。③领导决策。高、中层领导需要从思想意识中真正解决为什么要实施隐患排查治理工作的问题，并为此项工作提供充分的各类资源，隐患排查治理工作才会在企业得到有效和完全的实施。

2）组织机构建设。由企业一把手担任隐患排查治理工作的总负责人，以安全生产委员会或领导班子为总决策管理机构，以安全生产管理部门为办事机构，以基层安全管理人员为骨干，以全体员工为基础，形成从上至下的组织保证。形成从主要负责人到一线员工的隐患排查治理工作网络，确定各个层级的隐患排查治理职责。

领导层：主要负责人是隐患排查治理工作的第一责任人，通过安委会、领导办公会等形式，将隐患排查治理工作纳入到其日常工作的范围中，亲自定期组织和参与检查，及时准确把握情况，发出明确的指令。主管负责人要在其职责中明确有关隐患排查治理的内容，将有关情况上传下达，做好主要负责人的助手。其他有关领导也要在各自管辖范围内做好隐患排查治理工作，对相关工作要知道、过问、督促、确认。

管理层：安全生产管理机构和专职安全管理人员是隐患排查治理工作的骨干力量，负责编制有关制度、培训各类人员、组织检查排查、下达整改指令、验证整改效果等是主要的工作内容。还要通过监督方式对各部门和下属单位及所有员工在隐患排查治理工作方面的履职情况进行了解，纳入考核，全力推动隐患排查治理工作的全方位和全员化。

操作层：按照责任制、相关规章制度和操作规程中明确的隐患排查治理责任，在日常的各项工作中，员工要有高度的隐患治理意识，随时发现和处理各种隐患和事故苗头，自己不能解决的及时上报，同时采取临时性的控制措施，并注意做好记录，为统计分析隐患留下资料。

3）建立健全规章制度。制度是企业管理的基本依据，需要企业将法律法规和标准规范以及上级和外部的其他要求全面掌握，将其各项具体的规定结合自身的实际情况，通过编制工作将外部的规定转化为企业内部的各项规章制度，再经过全面地执行和落实，变成企业的管理行动。隐患排查治理工作也不例外，也基本按这一思路展开。企业需要建立的制度主要有：《隐患排查治理和监控责任制》《事故隐患排查治理制度》《隐患排查治理资金使用专项制度》《事故隐患建档监控制度》（事故隐患信息档案）、《事故隐患报告和举报奖励制度》等。

4）隐患排查治理标准的细化。企业应根据其适用的政府部门制定颁布的隐患排查治理标准，结合自身的实际情况，对标准的内容和要求进行细化。例如对企业主要负责人的安全生产职责中规定“督促、检查安全生产工作，及时消除生产安全事故隐患”的内容，企业就应当提出更具体的要求，明确督促的方式方法、检查的方式方法（对矿山等企业领导来说，就要与下井带班作业相结合）、检查的频率（是每周还是每月参加一次）等。

（2）人员全面培训。在全面铺开工作之前，应对有关人员进行初步的培训，使其掌握“谁来干、干什么、如何干、工作质量有什么要求”等内容。企业隐患排查治理体系建设的初期培训对象分为两种，一是对领导层（高层与中层）人员进行背景培训；二是对承担推进工作的骨干人员进行全面培训。对领导（高层与中层）进行背景培训，通过培训，使相关领导充分认识到企业实施隐患排查治理体系的重要意义、作用，让相关领导了解整个实施过程，知道其本身在整个过程中的工作职责，以及应该给予隐患排查治理工作的支持和保障。对承担推进工作的骨干人员进行全面培训，主要内容包括：背景（可与领导层培训合并进行）、相关政策法规、隐患排查标准内容详解、制度编写、隐患排查治理过程等方面。

隐患排查的主体是企业的所有人员，包括从领导到一线员工直到在企业工作范围内的外部人员，以保证排查的全面性和有效性。在颁布隐患排查治理制度文件之后，组织全体员工，按照不同层次、不同岗位的要求，学习相应的隐患排查治理制度文件内容。所有人员能不能或者会不会隐患排查是关键，必须对其进行有针对性和有效果的教育培训。在各种安全生产教育培训工作中要将隐患排查的内容纳入，并根据需要做专门的培训，还要确认培训的效果，以保证所有人员有意识、有能力地开展隐患排查。

(3) 实施排查。排查的实施是一个涉及企业所有管理范围的工作，需要有计划、按部就班地开展。

1) 排查计划。排查工作涉及面广、时间较长，需要制定一个比较详细可行的实施计划，确定参加人员、排查内容、排查时间、排查安排、排查记录等内容。为提高效率也可以与日常安全检查、安全生产标准化的自评工作或管理体系中的合规性评价和内审工作相结合。

2) 隐患排查的种类。隐患排查种类包括：①专项排查。专项排查是指采用特定的、专门的排查方法，这种类别的方法具有周期性、技术性和投入性。主要有按隐患排查治理标准进行的全面自查、对重大危险源的定期评价、对危险化学品的定期现状安全评价等。②日常排查。日常排查是指与安全生产检查工作的结合，具有日常性、及时性、全面性和群众性。主要有企业全面的安全大检查、主管部门的专业安全检查、专业管理部门的专项安全检查、各管理层级的日常安全检查、操作岗位的现场安全检查等。

3) 排查的实施。以专项排查为例，企业组织隐患排查组，根据排查计划到各部门和各所属单位进行全面的排查。其流程及关键点如图 4—1 所示。排查时必须及时、准确和全面地记录排查情况和发现的问题，并随时与被检查单位的人员做好沟通。

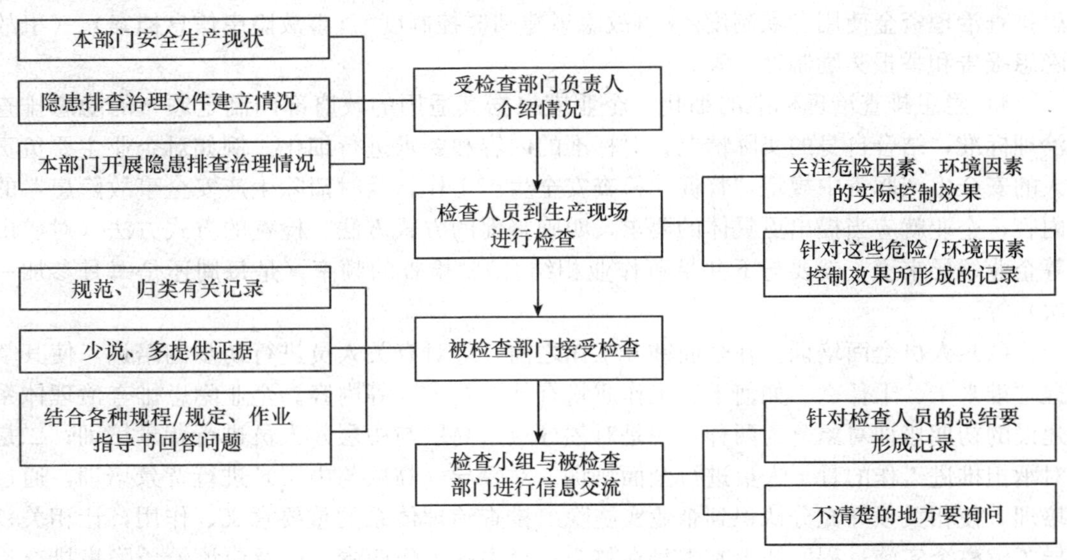

图 4—1　在各部门的排查流程及关键点

4）排查结果的分析总结。一是评价本次隐患排查是否覆盖了计划中的范围和相关隐患类别；二是评价本次隐患排查是否做到了“全面、抽样”的原则，是否做到了重点部门、高风险和重大危险源适当突出的原则；三是确定本次隐患排查发现，包括确定隐患清单、隐患级别以及分析隐患的分布（包括隐患所在单位和地点的分布、种类）等；四是做出本次隐患排查治理工作的结论，填写隐患排查治理标准表格。

（4）纳入考核和持续改进。为了确保顺利进行隐患排查治理工作，领导必须责成有关部门以考核手段为基本的保障。必须规定上至一把手、下至普通的员工以及所有的检查人员的职责、权利和义务，特别是必须明确规定企业中、高层领导在此项工作中的义务与职责。因为，企业的中、高层领导是实施与开展隐患排查治理工作的重要保障力量。

隐患排查治理机制的各个方面都不是一成不变的，也要随着安全生产管理水平的提高而与时俱进，借助安全生产标准化的自评和评审、职业健康安全管理体系的合规性评价、内部审核与认证审核等外力的作用，实现企业在此工作方面的持续改进。另外，隐患排查治理也为整体安全生产管理提供了持续改进的信息资源，通过对隐患排查治理情况的统计、分析，能够为预测预警输入必要的信息，能够为管理的改进提供方向性的资料。

6. 企业隐患治理

对隐患排查所发现的各种隐患进行治理，才能真正解决企业生产经营过程中的问题，降低风险，提高安全管理水平。

（1）一般隐患治理

1）一般隐患分级。一般隐患是指危害和整改难度较小，发现后能够立即整改排除的隐患。为更好地、有针对性地治理在企业生产和管理工作中存在的一般隐患，要对一般隐患进行进一步的细化分级。事故隐患的分级是以隐患的整改、治理和排除的难度及其影响范围为标准的。根据这个分级标准，在企业中通常将隐患分为班组级、车间级、分厂级直至厂（公司）级，其含义是在相应级别的组织（单位）中能够整改、治理和排除。其中的厂（公司）级隐患中的某些隐患如果属于应当全部或者局部停产停业，并经过一定时间整改治理方能排除的隐患，或者因外部因素影响致使企业自身难以排除的隐患应当列为重大事故隐患。

2）现场立即整改。有些隐患，如明显的违反操作规程和劳动纪律的行为，属于人的不安全行为式的一般隐患，排查人员一旦发现，应当要求立即整改，并如实记录，以备对此类行为统计分析，确定是否为习惯性或群体性隐患。有些设备设施方面的、简单的不安全状态，如安全装置没有启用、现场混乱等物的不安全状态等一般隐患，也可以要求现场立即整改。

3）限期整改。有些隐患难以做到立即整改的，但也属于一般隐患，则应限期整改。限期整改通常由排查人员或排查主管部门对隐患所属单位发出“隐患整改通知”，内容中需要明确列出如隐患情况的排查发现时间和地点、隐患情况的详细描述、隐患发生原因的分析、隐患整改责任的认定、隐患整改负责人、隐患整改的方法和要求、隐患整改完毕的时间要求等。限期整改需要全过程监督管理，除对整改结果进行“闭环”确认外，也要在整改工作实施期间进行监督，以发现和解决可能临时出现的问题，防止拖延。

（2）重大隐患治理。针对重大隐患，就需要“量身定做”，为每个重大隐患制定专门的治理方案。由于重大隐患治理的复杂性和较长的周期性，在没有完成治理前，还要有临时性的措施和应急预案。治理完成后还有书面申请以及接受审查等工作。

1）制定重大事故隐患治理方案。重大事故隐患治理方案由生产经营单位主要负责人组织制定并实施。重大事故隐患治理方案应当包括以下内容：①治理的目标和任务；②采取的方法和措施；③经费和物资的落实；④负责治理的机构和人员；⑤治理的时限和要求；⑥安全措施和应急预案。根据相关规定，企业在制定重大事故隐患治理方案时还必须考虑安全监管监察部门或其他有关部门所下达的“整改指令书”和政府挂牌督办的有关内容的指示，也要将这些指示的要求体现在治理方案里。

2）重大事故隐患治理过程中的安全防范措施。生产经营单位在事故隐患治理过程中，应当采取相应的安全防范措施，防止事故发生。事故隐患排除前或者排除过程中无法保证安全的，应当从危险区域内撤出作业人员，并疏散可能危及的其他人员，设置警戒标志，暂时停产停业或者停止使用；对暂时难以停产或者停止使用的相关生产储存装置、设施、设备，应当加强维护和保养，防止事故发生。

3）重大事故隐患的治理过程。企业在重大事故隐患治理过程中，还要随时接受和配合安全监管部门的重点监督检查。如果企业的重大事故隐患属于重点行业领域的安全专项整治的范围，就更应落实相应的整改、治理的主体责任。

4）重大事故隐患治理情况评估。地方人民政府或者安全监管监察部门及有关部门挂牌督办并责令全部或者局部停产停业治理的重大事故隐患，治理工作结束后，有条件的生产经营单位应当组织本单位的技术人员和专家对重大事故隐患的治理情况进行评估；其他生产经营单位应当委托具备相应资质的安全评价机构对重大事故隐患的治理情况进行评估。这种评估主要针对治理结果的效果进行，确认其措施的合理性和有效性，确认对隐患及其可能导致的事故的预防效果。评估需要有一定条件和资质的技术人员和专家或有相应资质的安全评价机构实施，以保证评估本身的权威性和有效性。

5）重大事故隐患治理后的工作。重大事故隐患治理后并经过评估，符合安全生产条件的，生产经营单位应当向安全监管监察部门和有关部门提出恢复生产的书面申请，经安全监管监察部门和有关部门审查同意后，方可恢复生产经营。申请报告应当包括治理方案的内容、项目和安全评价机构出具的评价报告等。对挂牌督办并采取全部或者局部停产停业治理的重大事故隐患，安全监管监察部门收到生产经营单位恢复生产的申请报告后，应当在10日内进行现场审查。审查合格的，对事故隐患进行核销，同意恢复生产经营；审查不合格的，依法责令改正或者下达停产整改指令。对整改无望或者生产经营单位拒不执行整改指令的，依法实施行政处罚；不具备安全生产条件的，依法提请县级以上人民政府按照国务院规定的权限予以关闭。

（3）隐患治理措施。隐患治理及其方案的核心都是通过具体的治理措施来实现的，这些措施大体上分为工程技术措施和管理措施，再加上对重大隐患需要做的临时性防护和应急措施。

1）治理措施的基本要求。治理措施的基本要求主要包括：①能消除或减弱生产过程中产生的危险、有害因素；②处置危险和有害物，并降低到国家规定的限值内；③预防生产装置失灵和操作失误产生的危险、有害因素；④能有效地预防重大事故和职业危害的发生；⑤发生意外事故时，能为遇险人员提供自救和互救条件。

隐患治理的方式方法是多种多样的，因为企业必须考虑成本投入，需要最小代价取得最适当（不一定是最好）的结果。有时候隐患治理很难彻底消除隐患，这就必须在遵守法律法规和标准规范的前提下，将其风险降低到企业可以接受的程度。可以这样说，“最好”的方法不一定是最适当的，而最适当的方法一定是“最好”的。

2）工程技术措施。工程技术措施的实施等级顺序是直接安全技术措施、间接安全技术措施、指示性安全技术措施等；根据等级顺序的要求应遵循的具体原则应按消除、预防、减弱、隔离、连锁、警告的等级顺序选择安全技术措施；应具有针对性、可操作性和经济合理性并符合国家有关法规、标准和设计规范的规定。

3）安全管理措施。安全管理措施往往在隐患治理工作受到忽视，即使有也是老生常谈式的提高安全意识、加强培训教育和加强安全检查等几种。其实管理措施往往能系统性地解决很多普遍和长期存在的隐患，这就需要在实施隐患治理时，主动地和有意识地研究分析隐患产生原因中的管理因素，发现和掌握其管理规律，通过修订有关规章制度和操作规程并贯彻执行来从根本上解决问题。

（4）闭环管理。闭环管理是现代安全生产管理中的基本要求，对任何一个过程的管理最终都要通过“闭环”才能最后结束。隐患治理工作的收尾工作也是“闭环”管理，要求治理措施完成后，企业主管部门和人员对其结果进行验证和效果评估。验证就是检查措施的实现情况，是否按方案和计划的要求一一落实了；效果评估是对完成的措施是否起到了隐患治理和整改的作用，是彻底解决了问题还是部分的、达到某种可接受程度的解决，是否真正能做到“预防为主”。当然不可忽略的还有是否隐患的治理措施会带来或产生新的风险也需要特别关注。

7. 企业隐患自报

企业将隐患排查治理的结果自行上报给政府主管部门，将政府部门的监管与企业生产经过的实际联系在一起，是隐患排查治理体系的重要环节，必须给予足够的重视。

（1）自报的内容。企业开展隐患排查治理工作，包含了很多内容，有机制的、管理的、技术的、记录的、设备设施的，等等。自报并不是要求企业将这些内容都上报，而是按规定的内容、方式、时限等要求进行上报。

（2）自报的方式。隐患排查治理信息系统中对隐患自报的信息管理做了说明，但企业的类型、规模和管理等方面有着千差万别的情况，所以其所采用的自报方式也不尽相同。

（3）自报的程序。无论企业规模大小还是行业不同或者管理方式有异，其隐患自报的程度大体上是相同的，主要有以下几个步骤：

1）统计。将各种方式的隐患排查工作所发现的隐患进行汇总、统计和整理，得到隐患清单，形成隐患整改通知，将这些集合为一套完整的材料。

2）“对接”分类。按隐患排查治理标准的格式，将企业的隐患材料按其顺序分门别类地“对接”入位，每个隐患都给予适当的标识。

3）审查批准。根据管理层级和权限，由有关领导对隐患上报的内容进行审阅，批准后方能上报。

4）上报。根据企业实际，采取相应的上报方式，按政府及其部门规定的时间和形式进行上报。

（4）基于信息系统自报。有条件的企业，要将自己的信息管理系统与政府隐患信息管理系统进行接口，定期接通上报网络，按信息管理系统的提示和要求进行填报。大型集团型企业需要在集团内部层层上报下属单位的隐患情况，方式与隐患排查治理标准的格式相同，进行汇总整理后，将整体情况以总结的方式向有关主管部门上报。其下属单位的隐患上报仍按属地监管原则向有关政府部门报送。

（5）小微企业自报。很多小型和微型企业不具备基于信息管理系统上报的条件，可以采用书面上报的形式，因为这些企业存在的隐患数量也比较少，风险不很高，因此书面上报也是可以接受的。但这会给企业所在地的政府及其部门接收书面隐患上报材料带来巨大的工作量，从北京顺义区的经验来看，由基层政府组织直接上报更加有效。具体做法是基层安全生产监督管理人员直接到企业中去，收集和书面记录小微企业的隐患情况，形成标准的记录格式，并整理汇总后向上一级管理部门报送。这样既可以减少小微企业的负担，也保证了隐患上报的工作质量。

8. 安全生产形势预测预警

安全生产形势预测预警是指以隐患排查结果和仪器仪表监测检测数据为基础，辨识和提取有效信息，分析其可能产生的后果并予以量化，将有关信息经过综合分析形成直观的、动态的反映企业安全生产现状的安全生产预警指数系统，运用预测理论，建立数学模型，对未来的安全生产趋势进行预测，得出安全生产趋势的发展情况。

（1）预测预警的任务

1）以企业日常隐患排查工作为基础，发现工作场所存在的隐患，并及时纠正，使生产过程中人的不安全行为和物的不安全状态及管理缺陷处于被监测、识别、诊断和干预的监控之下。

2）通过对隐患排查数据、监测信息的分析，可以确定各种信息可能造成的后果，辨明造成伤亡的严重程度如何，确定是否处于安全状态，其主要任务是应用适宜的识别指标判断可能造成的后果，此对整个预警系统的活动至关重要。将分析得出的不安全因素进行量化，对可能造成的后果进行量化统计分析，加以系数修正，计算得出安全生产预警指数，通过安全生产预警指数走向的升高和降低，直观反映当前安全状况是安全、注意、警告或是危险。

3）利用系统分析、信息处理、建模、预测、决策、控制等主要内容的预测理论，定量计算未来安全生产发展趋势，警示生产过程中将面临的危险程度，提请企业采取有效措施防范事件事故的发生。

4）根据安全生产预警指数数值大小，对事故征兆（险肇事件）的不良趋势采取不同的措施，进行矫正、预防与控制。

5）对可能造成损失的事件及时进行整改，分析规律，防范同类事件的发生。

（2）预测预警指数系统的建立。这里所指的预测预警指数系统是根据中国安全生产协会的《安全生产预警指数管理系统》的有关内容提出的，供企业参考。

1）收集数据。安全生产预警的基础是数据的收集，数据来源为两个方面：隐患排查的结果及仪器仪表监测数据。在隐患排查中，不仅要发现物的不安全状态，同时对人的行为也要加以判断，对于好的安全行为要及时表扬并记录在案，仪器仪表监测过程中不正常的数据要进行整理。通过对历史数据、即时数据的整理、分析、存储，建立安全预警数据档案。

2）分析判断。对收集到的信息、数据进行分析，判断已经发生的异常征兆及可能发生的连锁反应，评价事故征兆可能造成的损失。对分析的结果进行分类统计，形成部门安全预警情况报告，上报企业安全管理部门，汇总分析后，得出当前安全生产预警指数报告。分析判断包括原始数据判断和伤害等级判断。

3）系数修正。系数修正包括：①报告份数修正。为了消除规定时间内安全预警情况报告数量不同对安全生产预警指数的影响，按每周（月）适合本企业的平均数来修正周（月）伤害统计值。②事故修正。事故的发生会造成安全生产预警指数的升高，另外，每次事故发生后都会对一定时期内的安全生产工作产生影响，因此，系数修正要考虑不同级别事故及事故发生后一段时期内的影响。③隐患整改率修正。隐患整改率的高低直接影响企业安全生产状况，因此，要根据不同的隐患整改率，进行修正。④培训及演练修正。安全教育培训是提高员工安全意识和安全素质，防止产生不安全行为，减少人员失误的重要途径。因此，培训能够降低企业安全风险，降低安全生产预警指数值。不同级别的培训（厂级、车间级和班组级）对员工的影响不同，修正值不同。

4）计算。安全生产预警指数的计算是以规定时间段内的各部门安全预警情况报告为基础，进行报告份数、演练、培训、事故、隐患整改率等系数修正，计算得到安全生产预警指数值。计算包括统计值计算和安全生产预警指数计算。

5）生成图形。根据预警指数数值，并按照时间顺序，将一段时间内的安全生产预警指数连接后，即构成了安全生产预警指数图，从而直观反映企业整体安全形势。

运用预测理论，对历史安全生产预警指数进行整理、修正后，消除影响因素，建立数学模型，生成安全生产趋势图，直观预测企业安全生产趋势。

三、《安全生产事故隐患排查治理暂行规定》相关要点

1. 制定《安全生产事故隐患排查治理暂行规定》的目的

2007 年 12 月 28 日，国家安全生产监督管理总局公布《安全生产事故隐患排查治理暂行规定》（国家安全生产监督管理总局令第 16 号），自 2008 年 2 月 1 日起施行。

《安全生产事故隐患排查治理暂行规定》分为 5 章 32 条，各章内容为：第一章总则、第二章生产经营单位的职责、第三章监督管理、第四章罚则、第五章附则。制定本规定的目的，是根据安全生产法等法律、行政法规，为了建立安全生产事故隐患排查治理长效机制，强化安全生产主体责任，加强事故隐患监督管理，防止和减少事故，保障人民群众生命财产安全。本规定适用于生产经营单位安全生产事故隐患排查治理和安全生产监督管理部门、煤矿安全监察机构（以下统称安全监管监察部门）实施监管监察。

《安全生产事故隐患排查治理暂行规定》规定：生产经营单位应当建立健全事故隐患排查治理制度。生产经营单位主要负责人对本单位事故隐患排查治理工作全面负责。任何单位和个人发现事故隐患，均有权向安全监管监察部门和有关部门报告。安全监管监察部门接到事故隐患报告后，应当按照职责分工立即组织核实并予以查处；发现所报告事故隐患应当由其他有关部门处理的，应当立即移送有关部门并记录备查。

2. 对生产经营单位职责的有关规定

（1）生产经营单位应当依照法律、法规、规章、标准和规程的要求从事生产经营活动。严禁非法从事生产经营活动。

（2）生产经营单位是事故隐患排查、治理和防控的责任主体。生产经营单位应当建立健全事故隐患排查治理和建档监控等制度，逐级建立并落实从主要负责人到每个从业人员的隐患排查治理和监控责任制。生产经营单位应当保证事故隐患排查治理所需的资金，建立资金使用专项制度。

（3）生产经营单位应当定期组织安全生产管理人员、工程技术人员和其他相关人员排查本单位的事故隐患。对排查出的事故隐患，应当按照事故隐患的等级进行登记，建立事故隐患信息档案，并按照职责分工实施监控治理。

（4）生产经营单位应当建立事故隐患报告和举报奖励制度，鼓励、发动职工发现和排除事故隐患，鼓励社会公众举报。对发现、排除和举报事故隐患的有功人员，应当给予物质奖励和表彰。

（5）生产经营单位将生产经营项目、场所、设备发包、出租的，应当与承包、承租单位签订安全生产管理协议，并在协议中明确各方对事故隐患排查、治理和防控的管理职责。生产经营单位对承包、承租单位的事故隐患排查治理负有统一协调和监督管理的职责。

（6）对于重大事故隐患，生产经营单位应当及时向安全监管监察部门和有关部门报告。重大事故隐患报告内容应当包括：

1）隐患的现状及其产生原因。

2）隐患的危害程度和整改难易程度分析。

3）隐患的治理方案。

（7）对于一般事故隐患，由生产经营单位（车间、分厂、区队等）负责人或者有关人员立即组织整改。对于重大事故隐患，由生产经营单位主要负责人组织制定并实施事故隐患治理方案。

重大事故隐患治理方案应当包括以下内容：

1）治理的目标和任务。

2）采取的方法和措施。

3）经费和物资的落实。

4）负责治理的机构和人员。

5）治理的时限和要求。

6）安全措施和应急预案。

（8）生产经营单位在事故隐患治理过程中，应当采取相应的安全防范措施，防止事故发生。事故隐患排除前或者排除过程中无法保证安全的，应当从危险区域内撤出作业人员，并疏散可能危及的其他人员，设置警戒标志，暂时停产停业或者停止使用；对暂时难以停产或者停止使用的相关生产储存装置、设施、设备，应当加强维护和保养，防止事故发生。

（9）生产经营单位应当加强对自然灾害的预防。对于因自然灾害可能导致事故灾难的隐患，应当按照有关法律、法规、标准和《安全生产事故隐患排查治理暂行规定》的要求排查治理，采取可靠的预防措施，制定应急预案。在接到有关自然灾害预报时，应当及时向下属单位发出预警通知；发生自然灾害可能危及生产经营单位和人员安全的情况时，应当采取撤离人员、停止作业、加强监测等安全措施，并及时向当地人民政府及其有关部门报告。

3. 对监督管理的有关规定

（1）安全监管监察部门应当指导、监督生产经营单位按照有关法律、法规、规章、标准和规程的要求，建立健全事故隐患排查治理等各项制度。

（2）安全监管监察部门应当建立事故隐患排查治理监督检查制度，定期组织对生产经营单位事故隐患排查治理情况开展监督检查；应当加强对重点单位的事故隐患排查治理情况的监督检查。对检查过程中发现的重大事故隐患，应当下达整改指令书，并建立信息管理台账。必要时，报告同级人民政府并对重大事故隐患实行挂牌督办。

安全监管监察部门应当配合有关部门做好对生产经营单位事故隐患排查治理情况开展的监督检查，依法查处事故隐患排查治理的非法和违法行为及其责任者。

安全监管监察部门发现属于其他有关部门职责范围内的重大事故隐患的，应该及时将有关资料移送有管辖权的有关部门，并记录备查。

4. 对罚则的有关规定

（1）生产经营单位及其主要负责人未履行事故隐患排查治理职责，导致发生生产安全事故的，依法给予行政处罚。

（2）生产经营单位违反《安全生产事故隐患排查治理暂行规定》，有下列行为之一的，由安全监管监察部门给予警告，并处 3 万元以下的罚款：

1）未建立安全生产事故隐患排查治理等各项制度的。

2）未按规定上报事故隐患排查治理统计分析表的。

3）未制定事故隐患治理方案的。

4）重大事故隐患不报或者未及时报告的。

5）未对事故隐患进行排查治理擅自生产经营的。

6）整改不合格或者未经安全监管监察部门审查同意擅自恢复生产经营的。

（3）生产经营单位事故隐患排查治理过程中违反有关安全生产法律、法规、规章、标准和规程规定的，依法给予行政处罚。

（4）安全监管监察部门的工作人员未依法履行职责的，按照有关规定处理。

四、《煤矿重大安全隐患认定办法（试行）》相关要点

1. 制定《煤矿重大安全隐患认定办法（试行）》的目的

2005 年 9 月 26 日，国家安全生产监督管理总局和国家煤矿安全监察局下发《关于

印发〈煤矿重大安全隐患认定办法（试行）〉的通知》(安监总煤矿字［2005］133号)，自印发之日起施行。制定《煤矿重大安全生产隐患认定办法（试行）》的目的，是根据《中华人民共和国安全生产法》和《国务院关于预防煤矿生产安全事故的特别规定》等法律、法规，为了准确认定、及时消除重大安全生产隐患和违法行为。

国家安全生产监督管理总局和国家煤矿安全监察局的通知指出：为进一步贯彻《国务院关于预防煤矿生产安全事故的特别规定》（国务院令第446号，以下简称《特别规定》）和《国务院办公厅关于坚决整顿关闭不具备安全生产条件和非法煤矿的紧急通知》（国办发明电［2005］21号）精神，国家安全生产监督管理总局和国家煤矿安全监察局对《特别规定》第八条第二款所列15种重大安全生产隐患进行了分解细化，制定了《煤矿重大安全生产隐患认定办法（试行）》，以便于煤矿企业贯彻落实。

2.《煤矿重大安全隐患认定办法（试行）》的主要内容

《煤矿重大安全生产隐患认定办法（试行）》的主要内容如下：

(1)《煤矿重大安全生产隐患认定办法（试行）》适用于各类煤矿重大安全生产隐患的认定。

(2)“超能力、超强度或者超定员组织生产”，是指有下列情形之一的：

1) 矿井全年产量超过矿井核定生产能力的。

2) 矿井月产量超过当月产量计划10%的。

3) 一个采区内同一煤层布置3个以上（含3个）回采工作面或5个以上（含5个）掘进工作面同时作业的。

4) 未按规定制定主要采掘设备、提升运输设备检修计划或者未按计划检修的。

5) 煤矿企业未制定井下劳动定员或者实际入井人数超过规定人数的。

(3)“瓦斯超限作业”，是指有下列情形之一的：

1) 瓦斯检查员配备数量不足的。

2) 不按规定检查瓦斯，存在漏检、假检的。

3) 井下瓦斯超限后不采取措施继续作业的。

(4)“煤与瓦斯突出矿井，未依照规定实施防突出措施”，是指有下列情形之一的：

1) 未建立防治突出机构并配备相应专业人员的。

2) 未装备矿井安全监控系统和抽放瓦斯系统，未设置采区专用回风巷的。

3) 未进行区域突出危险性预测的。

4) 未采取防治突出措施的。

5) 未进行防治突出措施效果检验的。

6) 未采取安全防护措施的。

7) 未按规定配备防治突出装备和仪器的。

(5)“高瓦斯矿井未建立瓦斯抽放系统和监控系统，或者瓦斯监控系统不能正常运行”，是指有下列情形之一的：

1) 1个采煤工作面的瓦斯涌出量大于5 m^3/min或1个掘进工作面瓦斯涌出量大于3 m^3/min，用通风方法解决瓦斯问题不合理而未建立抽放瓦斯系统的。

2) 矿井绝对瓦斯涌出量达到《煤矿安全规程》第145条第（二）项规定而未建立

抽放瓦斯系统的。

3）未配备专职人员对矿井安全监控系统进行管理、使用和维护的。

4）传感器设置数量不足、安设位置不当、调校不及时，瓦斯超限后不能断电并发出声光报警的。

（6）“通风系统不完善、不可靠”，是指有下列情形之一的：

1）矿井总风量不足的。

2）主井、回风井同时出煤的。

3）没有备用主要通风机或者两台主要通风机能力不匹配的。

4）违反规定串联通风的。

5）没有按正规设计形成通风系统的。

6）采掘工作面等主要用风地点风量不足的。

7）采区进（回）风巷未贯穿整个采区，或者虽贯穿整个采区但一段进风、一段回风的。

8）风门、风桥、密闭等通风设施构筑质量不符合标准、设置不能满足通风安全需要的。

9）煤巷、半煤岩巷和有瓦斯涌出的岩巷的掘进工作面未装备甲烷风电闭锁装置或者甲烷断电仪和风电闭锁装置的。

（7）“有严重水患，未采取有效措施”，是指有下列情形之一的：

1）未查明矿井水文地质条件和采空区、相邻矿井及废弃老窑积水等情况而组织生产的。

2）矿井水文地质条件复杂没有配备防治水机构或人员，未按规定设置防治水设施和配备有关技术装备、仪器的。

3）在有突水威胁区域进行采掘作业未按规定进行探放水的。

4）擅自开采各种防隔水煤柱的。

5）有明显透水征兆未撤出井下作业人员的。

（8）“超层越界开采”，是指有下列情形之一的：

1）国土资源部门认定为超层越界的。

2）超出采矿许可证规定开采煤层层位进行开采的。

3）超出采矿许可证载明的坐标控制范围开采的。

4）擅自开采保安煤柱的。

（9）“有冲击地压危险，未采取有效措施”，是指有下列情形之一的：

1）有冲击地压危险的矿井未配备专业人员并编制专门设计的。

2）未进行冲击地压预测预报、未采取有效防治措施的。

（10）“自然发火严重，未采取有效措施”，是指有下列情形之一的：

1）开采容易自燃和自燃的煤层时，未编制防止自然发火设计或者未按设计组织生产的。

2）高瓦斯矿井采用放顶煤采煤法采取措施后仍不能有效防治煤层自然发火的。

3）开采容易自燃和自燃煤层的矿井，未选定自然发火观测站或者观测点位置并建立监测系统，未建立自然发火预测预报制度，未按规定采取预防性灌浆或者全部充填、注惰性气体等措施的。

4）有自然发火征兆没有采取相应的安全防范措施并继续生产的。

5）开采容易自燃煤层未设置采区专用回风巷的。

（11）“使用明令禁止使用或者淘汰的设备、工艺”，是指有下列情形之一的：

1）被列入国家应予淘汰的煤矿机电设备和工艺目录的产品或工艺，超过规定期限仍在使用的。

2）突出矿井在2006年1月6日之前未采取安全措施使用架线式电机车或者在此之后仍继续使用架线式电机车的。

3）矿井提升人员的绞车、钢丝绳、提升容器、斜井人车等未取得煤矿矿用产品安全标志，未按规定进行定期检验的。

4）使用非阻燃皮带、非阻燃电缆，采区内电气设备未取得煤矿矿用产品安全标志的。

5）未按矿井瓦斯等级选用相应的煤矿许用炸药和雷管，未使用专用发爆器的。

6）采用不能保证2个畅通安全出口采煤工艺开采（三角煤、残留煤柱按规定开采者除外）的。

7）高瓦斯矿井、煤与瓦斯突出矿井、开采容易自燃和自燃煤层（薄煤层除外）矿井采用前进式采煤方法的。

（12）“年产6万t以上的煤矿没有双回路供电系统”，是指有下列情形之一的：

1）单回路供电的。

2）有两个回路供电但取自一个区域变电所同一母线端的。

（13）“新建煤矿边建设边生产，煤矿改扩建期间，在改扩建的区域生产，或者在其他区域的生产超出安全设计规定的范围和规模”，是指有下列情形之一的：

1）建设项目安全设施设计未经审查批准擅自组织施工的。

2）对批准的安全设施设计做出重大变更后未经再次审批并组织施工的。

3）改扩建矿井在改扩建区域生产的。

4）改扩建矿井在非改扩建区域超出安全设计规定范围和规模生产的。

5）建设项目安全设施未经竣工验收并批准而擅自组织生产的。

（14）“煤矿实行整体承包生产经营后，未重新取得煤炭生产许可证和安全生产许可证，从事生产的，或者承包方再次转包的，以及煤矿将井下采掘工作面和井巷维修作业进行劳务承包”，是指有下列情形之一的：

1）生产经营单位将煤矿（矿井）承包或者出租给不具备安全生产条件或者相应资质的单位或者个人的。

2）煤矿（矿井）实行承包（托管）但未签订安全生产管理协议或者载有双方安全责任与权力内容的承包合同进行生产的。

3）承包方（承托方）未重新取得煤炭生产许可证和安全生产许可证进行生产的。

4）承包方（承托方）再次转包的。

5）煤矿将井下采掘工作面或者井巷维修作业对外承包的。

（15）“煤矿改制期间，未明确安全生产责任人和安全管理机构，或者在完成改制后，未重新取得或者变更采矿许可证、安全生产许可证、煤炭生产许可证和营业执照”，是指有下列情形之一的：

1）煤矿改制期间，未明确安全生产责任人进行生产的。

2）煤矿改制期间，未明确安全生产管理机构及其管理人员进行生产的。

3）完成改制后，未重新取得或者变更采矿许可证、安全生产许可证、煤炭生产许可证、营业执照以及矿长资格证、矿长安全资格证进行生产的。

（16）“有其他重大安全生产隐患”，是指省、自治区、直辖市人民政府负责煤矿安全生产监督管理的部门、煤矿安全监察机构，根据实际情况认定的可能造成重大事故的其他重大安全生产隐患。

五、《煤矿隐患排查和整顿关闭实施办法（试行）》相关要点

1. 制定《煤矿隐患排查和整顿关闭实施办法（试行）》的目的

2005 年 9 月 26 日，国家安全生产监督管理总局和国家煤矿安全监察局印发《煤矿隐患排查和整顿关闭实施办法（试行）》（安监总煤矿字［2005］134 号），自印发之日起施行。

《煤矿隐患排查和整顿关闭实施办法（试行）》分为 6 章 31 条，各章内容为：第一章总则、第二章隐患排查、第三章停产整顿、第四章关闭煤矿、第五章联合执法、第六章附则。制定《煤矿隐患排查和整顿关闭实施办法（试行）》的目的，是根据《中华人民共和国安全生产法》《国务院关于预防煤矿生产安全事故的特别规定》（以下简称《特别规定》）和《国务院办公厅关于坚决整顿关闭不具备安全生产条件和非法煤矿的紧急通知》（以下简称《紧急通知》）等相关法律、法规及国务院有关文件规定，为了排查煤矿安全生产隐患，整顿关闭不具备安全生产条件和非法煤矿。

2. 总则中的有关规定

（1）煤矿企业是安全生产隐患排查、治理的责任主体，煤矿企业主要负责人（包括一些煤矿企业的实际控制人）对本企业安全生产隐患的排查和治理全面负责。

煤矿企业应当以矿（井）为单位进行安全生产隐患排查、治理，矿（井）主要负责人对安全生产隐患的排查和治理负直接责任。

煤矿实际控制人是指一些煤矿企业生产、经营、安全、投资和人事任免等重大事项的实际决策人，或者对重大决策起决定作用的人。

（2）县级以上地方人民政府负责煤矿安全生产监督管理的部门对本行政区域内煤矿的重大隐患和违法行为负有日常监督检查和依法查处的职责；煤矿安全监察机构对所辖区域内煤矿的重大隐患和违法行为负有重点监察、专项监察、定期监察和依法查处的职责。

负责颁发采矿许可证、安全生产许可证、煤炭生产许可证、工商营业执照和矿长资格证、矿长安全资格证的部门应当对取得证照的煤矿加强日常监督管理，促使煤矿持续符合取得证照应当具备的条件。

3. 有关隐患排查的相关规定

（1）重大隐患是指《特别规定》第八条第二款所列 15 种重大安全生产隐患（具体

分解细化内容，见《煤矿重大安全生产隐患认定办法》）。煤矿企业有重大隐患的，应当立即停止生产，排除隐患。

（2）煤矿企业要建立安全生产隐患排查、治理制度，组织职工发现和排除隐患。煤矿主要负责人应当每月组织一次由相关煤矿安全管理人员、工程技术人员和职工参加的安全生产隐患排查。查出的隐患登记建档。

煤矿企业要加强现场监督检查，及时发现和查处违章指挥、违章作业和违反操作规程的行为。发现存在重大隐患，要立即停止生产，并向煤矿主要负责人报告。

（3）煤矿安全生产隐患实行分级管理和监控。

一般隐患由煤矿主要负责人指定隐患整改责任人，责成立即整改或限期整改。对限期整改的隐患，由整改责任人负责监督检查和整改验收，验收合格后报煤矿主要负责人审核签字备案。

重大隐患由煤矿主要负责人组织制定隐患整改方案、安全保障措施，落实整改的内容、资金、期限、下井人数、整改作业范围，并组织实施。整改结束后要按照本办法第十五条第一款的要求认真自检。

（4）煤矿企业应当于每季度第一周将上季度重大隐患及排查整改情况向县级以上地方人民政府负责煤矿安全生产监督管理的部门、煤矿安全监察机构提交书面报告，报告应当经煤矿企业主要负责人签字。报告要包括产生重大隐患的原因、现状、危害程度分析、整改方案、安全措施和整改结果等内容。重要情况应当随时报告。

（5）县级以上地方人民政府负责煤矿安全生产监督管理的部门、煤矿安全监察机构接到煤矿企业重大隐患整改报告后，对不符合要求和措施不完善的提出修改意见，并对煤矿重大隐患登记建档，指定专人负责跟踪监控，督促企业认真整改。

4. 有关停产整顿的相关规定

（1）县级以上地方人民政府负责煤矿安全生产监督管理的部门、煤矿安全监察机构发现煤矿有下列情形之一的，责令停产整顿，并将情况在 5 日内报送有关地方人民政府：

1）超通风能力生产的。

2）高瓦斯矿井没有按规定建立瓦斯抽放系统，监测监控设施不完善、运转不正常的。

3）有瓦斯动力现象而没有采取防突措施的。

4）在建、改扩建矿井安全设施未经过煤矿安全监察机构竣工验收而擅自投产的，以及违反建设程序、未经核准（审批）或越权核准（审批）的。

5）逾期未提出办理煤矿安全生产许可证申请、申请未被受理或受理后经审核不予颁证的。

6）未建立健全安全生产隐患排查、治理制度，未定期排查和报告重大隐患，逾期未改正的。

7）存在重大隐患，仍然进行生产的。

8）未对井下作业人员进行安全生产教育和培训或者特种作业人员无证上岗，逾期未改正的。

（2）县级以上地方人民政府负责煤矿安全生产监督管理的部门、煤矿安全监察机构现场检查发现应当责令停产整顿的矿井，按照下列规定处理：

1）下达停产整顿指令，明确整改内容和期限。

2）依法实施经济处罚。

3）告知相关部门暂扣采矿许可证、安全生产许可证、煤炭生产许可证、营业执照和矿长资格证、矿长安全资格证。

4）告知公安部门控制火工品供应、供电单位限制供电。

5）3日内将停产整顿矿井的决定报送县级以上地方人民政府，并在当地主要媒体公告停产整顿矿井名单。

（3）煤矿企业自接到有关部门下达的停产整顿指令之日起，必须立即停止生产。由煤矿主要负责人组织制定整改方案，查证照、查隐患、查安全管理、查劳动组织，确定整改项目、整改目标、整改时限、整改作业范围、从事整改的作业人员，落实整改责任人、资金、安全技术措施和应急预案。整改方案报县级以上人民政府负责煤矿安全生产监督管理的部门和煤矿安全监察机构备案。

停产整顿期间，煤矿要组织职工进行安全教育和培训。

（4）煤矿整改项目完成后，煤矿企业应当按照重大隐患整改验收标准，由煤矿主要负责人组织自检。

煤矿企业自检合格后，可向县级以上地方人民政府负责煤矿安全生产监督管理的部门提出书面恢复生产的申请。申请报告应包括整改方案的内容、项目和自检结果，并由煤矿主要负责人签署验收意见。

（5）停产整顿的矿井验收合格经批准的，由验收组织部门通知颁发证照的部门发还证照，煤矿方可恢复生产。

煤矿恢复生产要制定恢复生产方案、职工培训方案和安全措施，由煤矿主要负责人组织实施。

《煤矿隐患排查和整顿关闭实施办法（试行）》还对关闭煤矿、联合执法等事项作了规定。

第二节 煤矿企业事故隐患排查治理相关制度

事故隐患的危害性，主要体现为一种潜在的威胁，如果不能及时整改就有可能转化为现实的危害。因此，对于煤矿企业来讲，要从防范事故，特别是防范重特大事故的现实需要，充分认识做好隐患排查治理工作的重要性。在事故隐患排查治理过程中，要制定相关制度，采取积极有效的措施，促使管理人员、技术人员、一线职工积极行动起来，及时发现和认真治理各类事故隐患，保证生产安全。在这里介绍一些煤矿企业比较具有特色的、与事故隐患治理相关的制度。

一、事故隐患排查及报告制度

第一章　总则

第一条　为了贯彻“安全第一、预防为主”的方针，有效地控制和排查重大安全隐患，保证煤矿安全生产，根据有关法律、法规，特制定本规定。

第二条　集团公司所属煤矿应依本规定报告本矿的重大安全隐患。

第三条　本规定所称的重大安全隐患，是指煤矿的生产、安全系统，安全装备、安全设施、安全制度、安全措施不健全、不落实和违反国家、行业、企业有关法律、法规、规程、规定，有可能造成重大事故的隐患。

按事故隐患的严重程度、解决难易分为A，B，C三级。A级是指难度大，矿解决不了，需由集团公司解决的隐患；B级是指难度较大，区（队）解决不了，需由矿解决的隐患；C级是指由区（队）、矿业务部门必须解决的隐患。

按事故隐患的种类分：顶板、通风、瓦斯、煤尘、机电、运输、放炮、火灾、水害和其他。

第四条　集团公司总经理、矿长对重大隐患的排查与治理工作全面负责。总工程师负责重大隐患的排查与整改措施的编制；各分管总经理、分管矿长负责分管范围内的重大隐患的整改工作；各业务部门负责本部门业务范围内的重大隐患排查与管理；各级安全监察部门负责重大隐患排查与治理工作的监督检查与责任追查。

第二章　重大隐患排查及报告程序

第五条　矿每月、集团公司每季，由总工程师负责组织有关部门及技术人员，对重大事故隐患排查一次。

第六条　对所排查的重大事故隐患，由矿总工程师负责组织编制整改措施，由矿长组织落实整改。

第七条　事故隐患的确认与上报。集团公司、矿在日常安全检查的基础上，每月组织一次矿井事故隐患等级的确认。按级别和类别每月逐级上报，A级，B级事故隐患报集团公司，A级事故隐患报省煤炭局。事故隐患在未整改完成前，必须每次都报，直至事故隐患整改完成。

各矿应于每月25日前，将下月的重大事故隐患排查情况和上期报告的整改情况，书面向集团公司报告（报告一式6份，暂报集团公司通风处）。

第八条　矿井计划外停电、停风，主要通风路线冒顶堵塞，发现自然发火、透水征兆等重大安全隐患，应及时按程序报告。

第三章　重大隐患排查报告内容

第九条　不能实现分区通风或采用不合理的串联通风、扩散通风、采空区通风、角联通风。

第十条　矿井、采区、采掘工作面、硐室风量不足或矿井各地点风速不符合规定。

第十一条　矿井反风系统、风门、风桥、挡风墙、密闭等通风设施不齐全或损坏，严重影响通风。

第十二条　通风系统不稳定，造成主要通风地点风量变化较大或有害气体异常涌出。

第十三条　局部通风机发生循环风；未使用抗静电、阻燃风筒；掘进工作面未按规定使用风电闭锁、瓦斯电闭锁；瓦斯重点管理区的掘进巷道未装备“三专两闭锁”或“双风机、双电源及两闭锁”。

第十四条　采掘工作面及其他地点瓦斯浓度经常处于临界值；采煤工作面、掘进工作面瓦斯绝对涌出量分别大于 5 m^3/min 和 3 m^3/min。

第十五条　井下巷道有厚度超过 2 mm，连续长度超过 5 m 的煤尘堆积。

第十六条　厚煤层开采矿井，没有按规定建立健全防灭火系统和装备。

第十七条　采后不按时封闭，违反规定启封火区。

第十八条　煤巷掘进冒顶区或顶煤破碎带未及时采取有效的防止顶煤自燃措施；巷道掘透采空区或掘透与采空区相连通的巷道，未及时采取有效的封堵措施。

第十九条　煤矿瓦斯检测仪、瓦斯监测断电装置、风表等安全装置配备不足；未按规定进行计量检定和校准；误差超过有关规定。

第二十条　单头掘进施工长度超过 1500 m 的掘进巷道。

第二十一条　放炮不执行“一炮三检”和“三人连锁”放炮制度。

第二十二条　综采（放）工作面内放炮。

第二十三条　冬季、夏季“主防”重点工程不落实。

第二十四条　工作面充水条件不清又无探查措施；采掘工作面附近的采空区、废弃巷道有积水或积水情况不清。

第二十五条　在煤层顶板导水裂隙带范围内分布有富水性中等及其以上的含水层（组）下回采；在煤层底板以下赋存高水压岩溶或裂隙含水层（组）上回采。

第二十六条　第四系含水层下留设防水（砂）煤柱最小的试采工作面；地表水体下试采工作面。

第二十七条　巷道通过富水性中等及其以上的含水层、导水或可能导水的断层；采掘工作面遇封闭不良的导水钻孔；未按规定设计留设防隔水煤（岩）柱或隔水煤（岩）柱被破坏的地段。

第二十八条　矿井、采区排水能力不符合《煤矿安全规程》有关规定；采掘工作面排水系统不健全或排水能力不够。

第二十九条　采煤工作面过落差大于采高的断层以及工作面倾角大于 15°或矿山压力显现剧烈等地质构造复杂区。

第三十条　综采工作面安全出口与巷道衔接处 20 m 范围内巷道严重变形、高度小于 1.8 m。

第三十一条　采煤工作面过废弃巷道，掘进工作面透废弃巷道或采空区。

第三十二条　综采工作面在岩柱厚度小于 10 m 的巷道上跨采。

第三十三条　煤巷锚网支护大断面硐室、交叉点出现显著离层。

第三十四条　轨道运输巷及车场安全间隙不符合要求。

第三十五条　斜巷防跑车及跑车防护装置不齐全。

第三十六条　井筒发生破坏未采取有效措施处理。

第三十七条　矿井消防系统不完善，消防水源不足；坑木场、风机房、绞车房、井上（下）变电场、炸药库、油脂库等重点消防设施、器材的配备不符合有关规定。

第三十八条　井下胶带运输机未使用阻燃胶带、缺少保护或保护失灵。

第三十九条　电缆老化、绝缘程度低；电缆材质、规格不符合要求；井下使用未经过公司阻燃电缆检测站测试的电缆。

第四十条　井下电器设备防爆性能和选型不符合规定。井下电器设备失爆。

第四十一条　矿井主要提升机、主要通风机、主要输变电设备等带病运转。

第四十二条　提升机、罐笼、斜巷乘人装置及各种安全保护装置、信号系统、钢丝绳不定期检修、检测和试验。

第四十三条　矿井单回路供电；违反规定，变压器中性点接地供电。

第四十四条　煤矿企业有关行政、技术负责人不履行国家有关安全生产法律、法规、规程等规定的职责。

第四十五条　煤矿矿长、特种作业人员和入井工人没有按规定培训，不能做到持证上岗。

第四章　附则

第四十六条　要对重大隐患的治理实行跟踪管理，集团公司、矿均要建立专门的重大隐患排查台账，详细记录重大隐患、整改措施、整改过程及结果等，由总工程师指定的部门进行档案化管理。与隐患相关的部门（区队）也要建立管理台账，存档备查。

第四十七条　本规定的解释权属集团公司总工程师。

二、矿长安全办公会制度

1. 安全办公会的形式

安全办公会采用井下现场办公和召开会议两种形式，以井下现场办公为主。

2. 安全办公会的时间

安全办公会时间为每周四，特殊情况另行安排。

3. 安全办公会参加人员

（1）参加安全办公会议人员，包括所有安委会成员。

（2）参加井下现场办公人员，包括矿领导、各业务科室副科级以上干部。

4. 安全办公会主要任务

（1）安全办公会议

1）宣传贯彻党和国家安全生产方针及各项法律、法规、政策、指示、指令等。

2）听取各部门关于执行规程、措施、重点工程及安全管理工作的情况汇报，分析存在的问题，提出解决办法，并指派有关部门人员实施。

3）对重大隐患进行确认，研究采取措施，安排实施。

4）对矿发生的重大事故及未遂事故进行分析，制定预防措施，接受教训，讨论和通过事故处理意见。

5）布置全矿安全工作，协调各部门、各单位的专业管理、业务保安、现场安全生产和安全监察工作。

6）针对不同时期，研究制定全矿安全管理方面的文件、决议、制度和办法。

7）检查和落实上次会议及现场办公安排的有关安全工作的实施情况。

（2）井下现场办公

1）针对重点工程、疑难工程和临时工程等进行现场办公。

2）各办公人员除了要解决一些疑难问题外，还要针对现场实际查隐患、反“三违”（违章指挥、违章操作、违反劳动纪律）。

3）现场办公人员在所办公的现场发现重大隐患，影响安全生产时，要责令施工队（组）停下来进行处理，必要时要停工进行整顿。

4）现场办公人员上井后要认真填写“三定表”，安检科信息组要认真整理后下发到被检单位，并组织人员按期进行复查。

5）每次现场办公后，安检科信息组要根据办公情况写出会议纪要。

5. 有关事项及要求

（1）每周四矿长在早晨领导碰头会上，根据实际情况确定当日安全办公会的形式、任务和参加人员，由安检科负责通知。

（2）安全办公会由矿长组织，所有参加会议人员必须按时参加，有事必须事先请假，无故不参加者每次罚款100元，迟到早退者每次罚款50元。

（3）井下现场办公原则上每次每个头面由一位矿领导带队，针对井下现场存在的疑难问题，帮助队组现场解决，对于现场不能解决的要提出解决办法，限期整改。

（4）凡安全办公会议、现场办公决定安排的工作、工程、措施、办法，必须按规定时间认真落实，由安检科负责考核、奖惩。

6. 本制度解释权归矿安全生产委员会

三、安全副（区）队长工作条例

第一章　总则

第一条　为了促使安全副（区）队长到其位、守其责、谋其政，尽心尽职地做好分管范围内的安全工作，根据晋煤集安字［2002］381号文《关于加强安监队伍建设的若干规定》精神，特制定本条例。

第二条　安全副（区）队长依照本工作条例规定在本单位安全第一责任者领导下加强安全管理工作。

第三条　各基层（区）队的正职应当支持和帮助安全副（区）队长开展工作，并为其创造宽松的工作环境。

第二章　安全副（区）队长的设置

第四条　各基层（区）队要设一名专职的安全副（区）队长，对安全副（区）队长的任免，应征求安全矿长的意见。

第五条　安全副（区）队长与本（区）队正职在安全奖、其他安全管理奖和生产奖方面享受同等的待遇。

第六条　安全副（区）队长离岗时由基层（区）队正职指定一名副职代理其工作，代理期间享受与安全副（区）队长同等的待遇。

第三章　安全副（区）队长的职责

第七条　基层（区）队的（区）队长是本（区）队安全生产第一责任者，对本（区）队安全生产工作负全面责任；分管安全生产工作的副（区）队长[井下所有（区）队必须设置专职安全（区）队长；地面（区）队、车间可根据工作性质、涉及范围、安全复杂程度设置专职或兼职安全（区）队长、安全主任]，在（区）队长的直接领导下，具体负责本（区）队的安全管理工作。

第八条　贯彻落实国家各项安全生产方针、政策、法律、法规，集团公司和矿有关安全生产的指示和规定，并对执行情况进行监督检查。

第九条　组织制定本（区）队安全生产工作计划、安全措施及各项安全管理制度，并对实施情况进行监督检查。

第十条　坚持"安全第一"方针，搞好本（区）队职工安全思想教育和安全技术培训工作，提高职工的安全意识和业务素质。

第十一条　协助（区）队长开好安全生产例会，总结好前一阶段安全工作，并对下一阶段安全工作提出安排意见。

第十二条　加强现场管理，严把工程质量关，对安全隐患要及时组织力量进行处理，坚决做到不安全不生产。

第十三条　经常深入井下，查隐患、反"三违"，了解掌握职工思想动态，积极采纳职工提出的有关安全生产的合理化建议，学习和推广安全生产新技术、新经验；并对安全生产中做出贡献的人员提出奖励意见。

第十四条　发现直接危及人身安全的紧急情况时，有权停止作业或者在采取可能的应急措施后把现场人员撤出作业场所。

第十五条　对有关领导违章指挥、坚持违章蛮干有权予以坚决抵制。因工作关系造成打击报复时，有权越级反映意见。

第十六条　负责本（区）队"三违"及事故的分析、调查和处理工作。

第十七条　负责本（区）队职业安全健康管理体系的建立、实施和运行工作。

第十八条　及时了解掌握本（区）队的安全生产状况，经常向（区）队长或安监部门、安全矿长汇报安全工作情况。

第四章　安全副（区）队长的工作内容

第十九条　建立健全本（区）队安全生产责任制，明确各级管理人员、各岗位人员在安全生产中的责任。

第二十条　建立完善并贯彻落实全员、全过程、全方位的安全检查制度，安全目标管理制度，安全教育培训制度，事故隐患排查制度，事故汇报、分析、处理制度，安全例会制度，安全奖惩制度等。并对（区）队内部安全工作绩效进行定期考核，严格奖惩。

第二十一条　建立本（区）队安全管理台账，并逐项分类进行登记存档（班前会记录簿、"三违"事故记录簿、安全会议记录簿、隐患排查台账等）。

第二十二条　安全副（区）队长必须明确本（区）队干部抓"三违"指标，并负责落实。

第二十三条 加强本（区）队安全设施、安全设备、急救器具的管理，保证始终处于完好状态，并教育职工加强维护，正确使用。

第二十四条 经常深入井下现场监督检查，查隐患、反“三违”，及时排查现场隐患，纠正“三违”行为。每月下井工数不少于15个。平时安全副（区）队长原则上不跟班，但井下遇到特殊情况或存在重大隐患时也应跟班现场指挥。

第二十五条 按时参加矿召开的安全副（区）队长会议，因其他原因参加不了会议的必须亲自向安全矿长请假。

第二十六条 监督检查本单位值班干部、跟班干部、班组长的上岗，布置安全工作是否具体，现场把关是否到位，作业过程中是否执行规程措施，是否认真按岗位作业标准进行操作等情况。

第二十七条 对本（区）队在集团公司、矿等各类安全检查中发现的问题，及时组织人员进行举一反三的整改，并督促落实。

第二十八条 结合本（区）队实际，经常利用安全例会等时间有针对性地组织职工学习事故案例，开展事故案例教育活动，提高职工的安全意识和操作能力。

第二十九条 定期对本（区）队的安全生产情况进行研究分析，特别是对职业安全健康管理体系运行中遇到的难点问题，提出意见，为（区）队长决策提供第一手资料。

第三十条 对发生的各类事故要按规定及时汇报，并保护好现场，做好应急急救工作，并参与事故的调查、分析、处理。

第五章 安全副（区）队长的管理考核

第三十一条 安全副（区）队长在业务上直接受安全矿长和安监部门的领导，由各单位安监部门牵头制定具体的考核办法进行考核。

第三十二条 由安监部门每季对其实行安全责任评估，凡连续两个季度排名最后两位者，实行干部诫勉谈话制度。

第三十三条 （区）队发生各类安全事故后，对安全副（区）队长的处理按各单位有关文件执行。

第六章 附则

第三十四条 本条例自下发之日起执行。

第三十五条 本条例解释权归集团公司安监局。

四、安全特别小分队有关规定

为了认真贯彻落实晋煤集安字（2010）1号文件精神，强化“异体监督、独立执法”的职能，集团公司决定成立安全特别小分队（以下简称小分队），对集团公司所属各单位进行突袭监督检查活动。为此，特制定如下规定。

1. 小分队人员组成

队长：（略）

副队长：（略）

常务副队长：由安监局选派一名人员担任

成员：以安监局人员为主，根据需要抽调有关单位或有关处室专业技术或管理人员参加。

对各单位选派人员要求：

(1) 各单位要按安监局指定专业要求选派人员参加，每个月轮换一次。

(2) 所选派人员，要坚持原则，责任心强，敢于顶针碰硬，有实践经验，懂技术规程，会现场检查。

2. 小分队的任务

(1) 深入现场，查处“三违”和事故隐患，坚持独立执法的原则。

(2) 以“一通三防”为重点，突出“检查的检查”和“管理的检查”，查现场管理和检查是否落实到位，查事故处理及隐患的排查情况，查各级领导干部的上岗情况，查各项制度的贯彻落实情况，查集团公司十项运行机制的落实情况。

(3) 对重点工程、边远头面、零星工程、死角、管理较差等薄弱环节进行突袭跟踪检查。

3. 小分队的权利

(1) 小分队有权进入任何作业、办公场所进行突袭检查。

(2) 小分队有权对不具备基本安全生产条件的生产头面、作业场所作出停产整顿并处以罚款的决定。

(3) 小分队有权对违反“三大规程”(《煤矿安全规程》《技术作业规程》《工种操作规程》)、存在安全隐患的作业场所提出限期整改和处以罚款的决定。

4. 小分队活动及要求

(1) 坚持全年不间断进行小分队活动。

(2) 坚持突袭、动态活动的原则，不事先通知。

(3) 小分队成员必须严守纪律。

(4) 小分队成员每人每月深入现场不少于 15 次，其中深入井下不少于 10 次。

(5) 小分队活动：双休日不少于 30%，夜班不少于 30%。

(6) 小分队对所查隐患问题，要下发“三定表”，限期整改；严重隐患、“三违”要按《现场隐患处罚规定》进行处罚，并下发执法检查处罚通知书。对重大隐患和停产整顿的作业场所下发的执法检查处罚通知书必须由被检单位行政一把手或安全负责人签字，其他处罚通知书由被检单位安检部门负责人签字。被检单位安监部门要按“四不放过”的原则，对所查隐患进行追查分析、落实处理。

(7) 对现场查出的隐患，若《现场隐患处罚规定》未明确规定时，可比照标准进行处罚。

5. 罚款程序

小分队执法监督检查活动中所开具的罚款由安监局在月底前汇总后报集团公司财务处。与财务处有直接经济往来的单位，由财务处在月度结算中扣除；与财务处无直接经济往来的单位，由被处罚单位在 10 日内将罚款金额（以现金或支票形式）交集团公司财务处，并持缴款手续到安监局备案，逾期不缴纳者按每日 5%的滞纳金进行收缴。财务处要建立安全罚款专项账户，并做到专款专用，未经集团公司安全负责人审核批准，不得擅自使用。

6. 其他事项

(1) 各单位选派的小分队成员，无特殊情况或未经批准中途不得离队，否则一人次对单位在月度动态考核中扣5分，在处室月度绩效考核中扣1分。

(2) 任何单位、任何人不得以任何理由妨碍、阻碍或干扰小分队活动，否则每次处罚1 000元。

(3) 小分队到单位检查，由于被检单位拖延不安排，造成半小时以内不能正常进入作业场所的，每次处罚500元。

(4) 小分队成员必须尽职尽责，由于责任心不强、避重就轻、弄虚作假，一经查实或工作失误扣本人200元，并对派出单位进行考核，一人次在月度动态考核中扣5分（处室月度绩效考核中扣1分）。

(5) 小分队查出的隐患，被检单位必须按要求限期处理，凡逾期未整改或处理的，复查中要加倍处罚。

(6) 凡被责令停产整顿的作业场所（工作面或车间），各单位必须严格按照《煤矿安全规程》、国家有关法律、法规和行业规定，安全措施等进行整改。整改完成后，由本单位向矿（厂、处、公司）提出书面申请，经矿（厂、处、公司）安检部门组织有关业务科室进行预验收，具备安全生产条件后，再由矿（厂、处、公司）安检部门向集团公司安监局提出书面申请，由安监局组织业务处室进行复产开工验收或委托矿（厂、处、公司）安检部门进行验收。验收合格后，安监局下达复产开工通知书，被停产整顿作业场所（工作面或车间）方可复产开工。若提出申请后，经验收仍不具备安全生产条件的，按照标准对责任单位进行加倍处罚。

(7) 对小分队成员的工作由安监局考核，达到基本要求、完成工作任务，由选派单位支付工资、奖金。

(8) 对安全特别小分队执行特别奖励办法，奖金来源为检查罚款，集中提取不得超过15%，由常务副队长按个人工作绩效考核分配并由安监局发放。

(9) 常务副队长要及时将小分队所查出的重大隐患和停产整顿作业场所（工作面或车间）报安监局。每月底将本月小分队活动情况及检查结果报安监局及有关领导，同时要以《安全简报》的形式传达到各单位。

(10) 安全特别小分队成员由集团公司集中安排办公。

(11) 被检单位对小分队下发的“执法检查处罚通知书”，如有异议，要按专业提出申请复议报告，报相应专业处室（报安监局备案），由专业处室签署意见后，交安监局，月底由小分队队长组织有关人员复议。在未做出更改前，按“执法检查处罚通知书”的处罚执行。

(12) 本规定解释权归安全管理部门。

第五章　煤矿企业安全检查

一般来讲，事故隐患是指作业场所、设备及设施的不安全状态，人的不安全行为和管理上的缺陷，是引发安全事故的直接原因。重大事故隐患是指可能导致重大人身伤亡或者重大经济损失的事故隐患。加强对重大事故隐患的控制管理，对于预防特大安全事故有重要的意义。在煤矿开采过程中，由于生产环境所存在的危险性，以及矿井所使用的设备多数都是相当笨重的，加上矿井内的温度、湿度、风速原因，设备易腐蚀、老化、磨损，容易发生故障，一些设施也因矿井条件和矿山压力等原因产生各种不同程度的问题，这时就需要通过安全检查，及时发现并采取有效措施，排查事故隐患，消除事故危险，保证安全生产。

第一节　煤矿企业安全检查的要求与项目

安全检查是落实安全生产工作的重要手段。安全检查表是进行安全检查一个最有效的工具，是为检查某些系统的安全状况而事先制定的问题清单。为了使检查表能全面查出不安全因素，又便于操作，根据安全检查的需要、目的、被检查的对象，可编制多种类型的相对通用的安全检查表。安全检查表的一个突出特点，就是可以事先编制，做到系统化、科学化，不漏掉任何可能导致事故的因素，为事故隐患的排查和整改做好准备。需要明确的是，安全检查只是促进安全生产的手段，而不是最终的目的。安全检查的目的在于防患于未然，及时发现事故隐患，进而消除事故隐患，从而保证企业的安全生产。

一、煤矿企业安全检查的依据

煤矿企业安全检查依据可以分为三个层次：一是国家相关法律法规，主要有：《中华人民共和国安全生产法》《中华人民共和国职业病防治法》《中华人民共和国煤炭法》《中华人民共和国矿山安全法》《煤矿安全监察条例》《国务院关于预防煤矿生产安全事故的特别规定》等。二是国家安全生产监督管理部门，即国家安全生产监督管理总局和国家煤矿安全监察局所制定实施的部门规章，主要有：《煤矿安全规程》《安全生产事故隐患排查治理暂行规定》《煤矿重大安全隐患认定办法（试行）》《煤矿隐患排查和整顿关闭实施办法（试行）》《国有煤矿瓦斯治理规定》《煤矿矿长保护矿工生命安全七条规定》，以及《煤矿瓦斯治理经验五十条》《关于加强煤矿水害防治工作的指导意见》《关于加强国有重点煤矿安全基础管理的指导意见》等。三是国家强制性标准以及相关规范。

二、煤矿企业安全检查的要求

1. 到生产现场安全检查的要求

（1）按照检查表的内容和标准逐项进行检查。

（2）有量化标准要求的内容使用相应工具测量判定。

（3）有工作要求标准的内容按现场的实际情况判定。

（4）对检查表以外发现的安全生产问题进行记录。

（5）随机询问现场人员安全情况。

（6）专项听取职工关于现场安全与职业健康情况的反映。

2. 查阅有关文件和记录的要求

（1）查阅记载有关安全生产法律法规、重要文件、技术标准等执行情况的资料。

（2）查阅本部门、本单位印发的安全生产文件、会议纪要、规章制度等。

（3）查阅本部门、本单位有关安全生产奖罚、安全投入等账目情况。

（4）查阅本单位其他有关安全生产的日报、记录。

（5）查阅重大隐患排查和整改记录。

3. 现场抽样查证或演练的要求

（1）抽样查证特殊工种持证上岗情况。

（2）抽样查证职工安全操作和安全生产知识。

（3）抽样查证安全设备、设施的完好程度或有效期。

（4）抽样查证设备、设施检验与检修记录。

（5）抽样查证事故救援预案及演练记录。

4. 安全生产检查活动的控制要求

（1）按照检查计划进行检查。

（2）突出重点，加强对矿井瓦斯、煤尘、水、火等重大灾害防治措施落实情况的检查。

（3）检查项目体现全面性，对通风、采煤、掘进、机电、运输等专业均适度抽检。

（4）检查工作着重识别事故隐患，查找存在问题，督促整改。

（5）检查组内及时沟通情况，统一对事故隐患定性的意见。

（6）注意发现先进典型、好的管理方法和经验。

（7）严格检查与指导服务相结合，营造良好的检查氛围。

5. 对事故隐患和存在的安全生产问题进行处置的要求

（1）及时明确地向被检查单位指出其存在的事故隐患和问题。

（2）帮助被检查单位深入分析存在问题的原因。

（3）下达“事故隐患整改意见书”，明确提出对事故隐患进行整改的要求。

（4）对违反安全生产法律法规有关规定的违法事实进行处罚时按相应法定程序办理。

（5）要求被检查单位制定整改措施，并将事故隐患及整改情况报上级主管部门。

三、煤矿企业安全生产检查项目

《煤矿安全规程》是我国煤矿安全工作最全面、最具体、最权威的一部基本规程，是煤矿企业安全生产检查的主要依据。《煤矿安全规程》的主要内容如下：

第一编　总则

第二编　井工部分

第一章　开采：第一节一般规定，第二节井巷掘进和支护，第三节回采和顶板控制，第四节采掘机械，第五节建（构）筑物下、铁路下、水体下开采，第六节冲击地压煤层开采，第七节井巷维修和报废，第八节防止坠落。

第二章　通风和瓦斯、粉尘防治：第一节通风，第二节瓦斯防治，第三节粉尘防治。

第三章　通风安全监控：第一节一般规定，第二节安装、使用和维护，第三节甲烷传感器和其他传感器的设置。

第四章　煤（岩）与瓦斯（二氧化碳）突出防治：第一节一般规定，第二节煤层突出危险性预测和防治突出措施效果检测，第三节区域性防治突出措施，第四节局部防治突出措施，第五节安全防护措施。

第五章　防灭火：第一节一般规定，第二节井下火灾防治，第三节井下火区管理。

第六章　防治水：第一节一般规定，第二节地面防治水，第三节井下防治水，第四节井下排水，第五节探放水。

第七章　爆破材料和井下爆破：第一节爆破材料储存，第二节爆破材料运输，第三节井下爆破。

第八章　运输、提升和空气压缩机：第一节平巷和倾斜井巷运输，第二节立井提升，第三节钢丝绳和连接装置，第四节提升装置，第五节空气压缩机。

第九章　电气：第一节一般规定，第二节电气设备和保护，第三节井下机电设备硐室，第四节井下电缆，第五节照明、通信和信号，第六节井下电气设备保护接地，第七节井下电气设备、电缆的检查、维护和调整。

第十章　煤矿救护：第一节一般规定，第二节救护指战员，第三节救护装备与设施，第四节抢救指挥，第五节灾变处理。

第三编　露天部分

第一章　一般规定

第二章　采剥：第一节台阶，第二节穿孔，第三节爆破，第四节采装。

第三章　运输：第一节铁路运输，第二节汽车运输，第三节带式输送机运输。

第四章　排土

第五章　滑坡防治

第六章　防治水和防灭火：第一节防治水，第二节防灭火。

第七章　电气：第一节一般规定，第二节变电所（站）和配电设备，第三节架空输电线和电缆，第四节电力牵引，第五节电气设备保护和接地，第六节照明、通信和信号，第七节电气设备操作、维护和调整。

第八章　设备检修
第四编　职业危害
第一章　管理和监测
第二章　健康监护
附则

煤矿安全生产检查表主要是依据《煤矿安全规程》的有关规定以及其他法律法规的规定，不同的煤矿生产企业可以根据不同的需要，有针对性地编制不同的安全检查表，例如，煤矿企业安全生产管理工作检查表、煤矿采掘安全检查表、煤矿矿井通风安全检查表等。

第二节　煤矿企业现场安全管理与安全技术检查表

在煤矿生产过程中，特别是井工矿井生产过程中，存在水、火、瓦斯、煤尘、顶板等自然灾害因素，始终威胁煤矿的生产安全。为了保障人员安全，必须要加强生产作业现场的安全管理，加强安全技术措施，通过安全管理与技术措施的方式，促进安全、保障安全。在生产作业现场，可以通过现场安全管理检查表与安全技术检查表的形式，及时发现事故隐患、排查治理事故隐患。

一、煤矿企业现场安全管理检查

1. 煤矿企业安全生产管理工作检查表

表 5—1　　煤矿企业安全生产管理工作检查表

序号	检查内容	检查标准或依据	检查方法	检查评价
1	依法办矿	(1) 具有采矿许可证，安全生产许可证煤炭生产许可证，工商营业执照，矿长资格证 (2) 依法在批准的开采范围内进行生产，不准越层、越界开采 (3) 煤矿企业必须遵守安全生产的法律法规，加强安全生产管理，建立、健全安全生产责任制度，完善安全生产条件，确保安全生产	查五证及开采现状	
2	安全管理机构	(1) 煤矿应当设置安全生产管理机构配备专职安全生产管理人员 (2) 安全生产管理人员应由有关主管部门对其安全生产知识和管理能力进行考核，合格方能任职	查安全机构状况和成员素质	
3	规章制度	(1) 安全生产责任制度 (2) 安全目标管理制度 (3) 安全奖惩制度 (4) 安全技术审批制度 (5) 安全隐患排查制度 (6) 安全检查制度 (7) 安全办公会议制度	查制度和落实情况	

续表

序号	检查内容	检查标准或依据	检查方法	检查评价
4	基本图样	（1）煤矿必须具备：地质和水文地质图，井上、下对照图，巷道布置图，采掘工程平面图，通风系统图，井下运输系统图，安全监测装备布置图，排水、防尘、防火注浆、压风、充填、抽放瓦斯等管路系统图，井下通信系统图，井上、下配电系统图，井下电气设备布置图和井下避灾路线图 （2）煤矿所具备的各种图样经煤矿技术负责人审查，并根据矿井发展情况和采掘活动及时修改、填绘	查看图样与生产现状	
5	井下设备安全标志	（1）煤矿使用的涉及安全生产的产品，必须经过安全检验，并取得煤矿矿用产品安全标志 （2）煤矿试验涉及新工艺、新技术、新材料、新设备前，必须经过论证、安全性能检验和鉴定，并制订安全措施	查设备、材料采购凭证，查设备材料现场的标志	
6	安全教育培训	（1）煤矿必须对职工进行安全教育、培训，未经安全培训的不得上岗 （2）煤矿特种作业人员必须经专门培训，并取得特种作业操作资格证书，持证上岗 （3）煤矿采用新工艺、新技术、新材料、新设备，必须了解、掌握其主要技术特性，采取有效的安全防护措施，对从业人员进行专门的安全生产教育和培训	查企业培训计划及执行结果，查特种作业现场持证上岗情况	
7	安全检查、隐患处理和灾害预防	（1）煤矿安全管理人员应当根据生产安全情况进行经常性安全检查，对检查中发现的主要问题，应当立即处理，不能处理的，应当及时报告本单位主要负责人，检查及处理情况应当记录在案 （2）对有较大危险因素的生产经营场所和有关设施、设备上，设置明显的警示标志 （3）对重大危险源应登记建档，定期进行检测、评估、监控，制定应急预案，采取有效措施，并告知从业人员和相关人员 （4）煤矿企业必须编制年度灾害预防和处理计划，并根据具体情况及时修改。灾害预防和处理计划由矿长组织实施，煤矿企业每年必须至少组织 1 次矿井救灾演习	查安全检查、处理隐患的记录，查重大危险源档案及处理情况	
8	事故报告、抢救及查处	（1）煤矿发生事故应按规定进行事故报告和统计 （2）事故发生后，主要负责人立即组织抢救，不得擅离职守 （3）事故调查结束后，根据事故调查情况，对事故责任人依法追究责任	查事故报告、统计和处理情况	

续表

序号	检查内容	检查标准或依据	检查方法	检查评价
9	安全生产投入	(1) 煤矿应当具备有关法律、法规和国家标准、行业标准规定的主要安全生产条件，否则不得从事生产活动 (2) 煤矿决策机构主要负责人应当保证具备安全生产条件的资金投入 (3) 决策机构主要负责人对由于安全生产所需资金投入不足导致的后果承担责任 (4) 煤矿企业在编制生产建设长远发展规划和年度生产建设计划时，必须编制安全技术发展规划和安全技术措施计划，其所需费用、材料和设备等必须列入企业财务、供应计划	查安全技术发展规划、安全技术措施计划及其所需费用、材料、设备等供需状况	
10	三同时	(1) 建设项目安全设施必须与主体工程同时设计、同时施工、同时投入生产和使用，投资纳入建设项目概算 (2) 设计必须符合煤矿安全规程、行业技术规范要求和煤矿初步设计安全专篇 (3) 安全设施设计必须经煤矿安全监察机构审查同意，否则不得施工 (4) 建设工程竣工后投产前，其主要设施应由煤矿安全监察机构进行验收，未经验收或验收不合格的，不得投入使用	查建设项目设计、煤矿安全监察机构审查设计和竣工验收情况	
11	职工安全管理、劳动保护	(1) 煤矿应及时向从业人员告知作业场所和工作岗位存在的危险因素、所采取的防范措施及事故应急措施 (2) 煤矿企业应为从业人员提供符合国家标准或行业标准的劳动保护用品，并监督、教育从业人员按照使用规则佩戴使用，安排用于配备劳动防护用品的资金 (3) 煤矿应与从业人员订立劳动合同，说明有关保障从业人员劳动安全、防止职业危害的事项，以及依法为从业人员办理工伤社会保险事项	查劳保用品质量、采购、发放和使用情况，询问从业人员对作业场所危险因素是否知情	

被检查单位负责人：　　　　　　　　　　　　　　　　　　　　　检查负责人：

2. 煤矿矿井安全生产基本条件检查表

表 5—2　　　　　　　　煤矿矿井安全生产基本条件检查表

序号	检查内容	检查标准或依据	检查方法	检查评价
1	安全出口	(1) 每个生产矿井必须至少有 2 个能行人的通达地面的安全出口，各个出口间的距离不得少于 30 m (2) 井田一翼走向较长，矿井发生灾害不能保证人员安全撤出时，必须在井田边界附近设安全出口 (3) 下一个水平到上一个水平和各个采区必须至少有 2 个便于行人的安全出口，并与通达地面的安全出口相连接	查矿井采掘平面图和生产现场	

续表

序号	检查内容	检查标准或依据	检查方法	检查评价
1	安全出口	（4）井巷交叉点必须设置路标，标明所在地点，指明通往安全出口的方向 （5）安全出口应经常清理、维护，保持畅通 （6）采煤工作面至少保持2个畅通的安全出口，一个通到回风巷，另一个通到进风巷。同煤层储存条件所限，确实不能保持2个出口的，必须制定措施，有经县以上主管部门批准的专项安全措施	查矿井采掘平面图和生产现场	
2	矿井井巷断面	（1）主要运输巷和主要风巷的净高，自轨面起≮2 m；有架线的，架线悬挂高度在车场和有行人的巷道≮2 m；不行人的巷道≮1.9 m；井底车场≮2.2 m；采区内上、下山和平巷的净高≮2 m；薄煤层内的巷道≮1.8 m （2）运输巷道中的人行道宽度≮0.8 m（综合机械化矿井≮1，0 m）；车场中的人行道宽度≮1.0 m；达不到上述要求的矿井，必须在人行道一侧设躲避硐；躲避硐宽度≮1，2 m，高度≮1.8 m，深度≮0.7 m；两硐间距≮40 m （3）双轨运输巷，2列对开列车最突出部分间距≮0.2 m，采区装载点≮0.7 m，矿车摘挂钩地点≮1.0 m	现场检测	
3	矿井通风	（1）矿井应当具备完整的独立通风系统，并有通风系统图 （2）生产水平和采区必须实行分区通风，采掘工作面实行独立通风 （3）矿井、采区、采掘工作面通风设施应当齐全可靠 （4）矿井必须在地面安装矿用主要通风机，一台使用，一台备用	查看通风系统图及生产现场	
4	矿井防治瓦斯	（1）建立健全瓦斯防治机构 （2）瓦斯突出矿井和用通风方法解决瓦斯问题不合理的高瓦斯矿井，采掘工作必须建立地面永久抽放瓦斯系统或井下临时抽放瓦斯系统 （3）开采煤与瓦斯突出危险煤层，必须实行瓦斯预测、预报、防治措施、效果检验和安全防护的综合防突措施	检查瓦斯防治机构，查看抽放瓦斯系统和综合防突措施	
5	矿井防尘	（1）矿井必须有所有煤层的煤尘爆炸性鉴定资料 （2）矿井必须有防尘管理机构和管理制度 （3）矿井必须建有完善的防尘供水系统 （4）开采有煤尘爆炸危险煤层的矿井，必须有预防和隔绝煤尘爆炸的措施	检查煤尘爆炸性鉴定资料、防尘机构、防尘设施及效果	

续表

序号	检查内容	检查标准或依据	检查方法	检查评价
6	矿井防治水	（1）矿井必须有完整的水文地质资料和远、近期防治水措施 （2）水文地质条件复杂的矿井必须建立地下水动态观测系统，进行观测预报，并制定相应的“探、防、堵、截、排”综合防治措施 （3）雨季受水威胁矿井必须制定防洪措施 （4）矿井具备完善的排水系统，排水符合规定	检查水文地质资料、防排水设施及效果	
7	矿井防灭火	（1）矿井必须制定井上、下防灭火措施，完善井上、下消防系统 （2）开采容易自燃和自燃性煤层的矿井，应制定防止煤层自燃的措施，建立完善的防止煤层自燃的系统	检查井上下消防和防治煤层自燃的设施及效果	
8	矿井供电	（1）矿井应有两回路供电 （2）矿井必须有井上、下配电系统图 （3）井下电气设备必须符合防爆要求，各种保护装置完善可靠 （4）井下电气设备应有矿用产品安全标志	检查配电系统图，查看井上下电气设备保护、防爆、标志是否齐备	
9	矿井提升	（1）立井中升降人员，应使用罐笼或带乘人间的箕斗 （2）矿井提升绞车各种保险装置齐全可靠，深度指示器完善准确 （3）立井、斜井升降人员使用的罐笼、箕斗、人车必须装设防坠装置	现场查看	
10	矿井通信	（1）矿井应有完善可靠的通信系统，保持矿内外、井上下和重要场所、作业地点通信畅通 （2）井下主要泵房、井下中央变电所、地面变电所、通风机房的电话，应能与矿调度室直接联系	现场查看、测听	
11	矿井爆破	（1）煤矿应按规定建井上下爆炸材料库，爆炸材料的储存数量符合规定 （2）井下爆破作业必须使用按矿井瓦斯等级选用的相应级别的煤矿许用炸药和煤矿许用电雷管	现场查看账目及实物	

被检查单位负责人：　　　　　　　　　　　　检查负责人：

二、煤矿企业安全技术检查

1. 煤矿采掘工作面安全检查表

表 5—3 煤矿采掘工作面安全检查表

序号	检查内容	检查标准或依据	检查方法	检查评价
1	必备条件	（1）采区开采前必须编制包括安全设施在内的采区设计，并按照有关规定进行审批 （2）采区和采面投产前，必须经过企业安全主管部门检查验收，不符合《煤矿安全规程》规定的，不得投入生产	查设计和验收报告	
2	作业规程	（1）必须按照矿有关规定对作业规程进行编制、审核、批准，并组织所有作业人员进行认真学习，严格执行 （2）作业规程内容应包括工作面巷道布置、生产工艺、作业方法，以及通风、瓦斯、防火、防尘、配电等管理内容和安全防护措施等 （3）随工作面自然条件和其他因素变化，必须及时修改或补充安全措施	查作业规程及其执行情况	
3	采煤方法	（1）采煤方法必须安全、合理、正规、先进，并经有关部门审批 （2）适应煤层赋存、围岩、构造、瓦斯、发火、水文、矿压等地质条件 （3）照应相邻采面开采程序、推进速度、压槎关系 （4）照应回采塌陷对地表建筑物、道路、水体、环境造成的负面影响	针对突出性问题进行现场检查	
4	综合机械化采煤工艺	（1）必须根据矿井各生产环节、煤层地质条件、煤层厚度、煤层倾角、瓦斯涌出量、自然发火倾向和矿山压力等因素，编制设计 （2）必须有明确的液压支架拆装工艺、运送方式、安装质量和可靠的控制顶板安全措施 （3）工作面煤壁、刮板输送机和支架都必须保持直线；倾角大于15°时液压支架必须采取防倒、防滑措施；倾角大于25°时，必须有防止煤块窜出刮板输送机的措施 （4）液压支架必须接顶，顶板破碎时，必须超前支护 （5）工作面采高按作业规程严格进行控制 （6）工作面两端必须使用端头支架或增设其他形式的支护 （7）处理冒顶、倒架、压架、更换支架，拆修顶梁、支柱、座箱等大型部件和其他设备都应制定安全措施	查作业规程，检查工作面现场是否符合规程要求	

续表

序号	检查内容	检查标准或依据	检查方法	检查评价
5	综合机械化放顶煤采煤工艺	(1) 必须根据煤层地质特征编制综采放顶煤开采设计 (2) 采用综合机械化放顶煤工艺必须符合以下条件：①无煤（岩）与瓦斯（二氧化碳）突出危险性；②顶煤和煤层顶板能随放煤即行垮落，或在采取预裂爆破等措施后能及时垮落 (3) 针对煤层开采技术条件和放顶煤开采工艺特点，制订防火、防尘、防瓦斯，顶板控制等安全技术措施	查工作面作业规程，现场检查工作面是否符合作业规程规定的要求	
6	采面安全出口	(1) 采煤工作面必须有至少 2 个畅通的安全出口，一个通到回风巷，一个通到进风巷 (2) 开采三角煤、断层带、残留煤柱或地质构造极为复杂的煤层 [有瓦斯喷出，煤（岩）与瓦斯（二氧化碳）突出危险或突水危险的除外]，不能保持 2 个安全出口时，必须制定措施，并按管理权限报县级以上煤炭管理部门审批 (3) 所有安全出口与巷道连接处 20 m 范围内必须加强支护；此范围内的巷道高度，综采≮1.8 m，其他≮1.6 m	现场检查工作面出口安全情况和有关审批文件	
7	工作面通风及瓦斯管理	(1) 回采工作面必须有工作面通风设计，包括风路、风量计算和通风管理，符合有关规定 (2) 随着工作面瓦斯涌出变化，必须及时修改通风设计 (3) 工作面的通风设施（如风门、风障、风桥）应有专人管理、维修 (4) 根据工作面瓦斯等级制定瓦斯检查制度	查作业规程和现场，检查通风设施、风量、瓦斯浓度	
8	工作面顶板管理（1）	(1) 应根据顶板岩性、煤层构造、采煤方法、采煤工艺等制定工作面顶板管理方法 (2) 采煤工作面严禁使用折损的坑木，损坏的金属顶梁和失效的摩擦金属支柱、单体液压支柱，工作面所使用的支柱必须留有足够备用数量 (3) 在同一采面不得使用不同类型和不同性能的支柱 (4) 摩擦式金属支柱、单体液压支柱入井前必须逐根进行压力试验。摩擦式金属支柱、金属顶梁和单体液压支柱，在采煤工作面回采结束后或使用时间超过 8 个月后必须进行检修，并进行压力试验，合格后方可使用	查作业规程，抽查支柱初撑力和支柱检修记录	
9	工作面顶板管理（2）	(1) 工作面必须按作业规程规定及时支护，所有支架必须架设牢固，并有防倒措施。摩擦金属支柱初撑力不得小于 50 kN；单体液压支柱初撑力，柱径为 100 mm 的不得小于 90 kN，柱径为 80 mm 的不得小于 60 kN	查作业规程，抽查支柱初撑力和支柱检修记录	

续表

序号	检查内容	检查标准或依据	检查方法	检查评价
9	工作面顶板管理（2）	（2）采煤工作面必须及时回柱放顶或充填。根据顶板情况、采面相邻关系、工作面推进速度、进度等因素制定控顶距离和回柱放顶安全措施。采用密集支柱切顶时，两段密集支柱间必须留有宽 0.5 m 以上出口	查作业规程，抽查支柱初撑力和支柱检修记录	

被检查单位负责人：　　　　　　　　　　　　　　　　　　检查负责人：

2. 煤矿井巷掘进工作面安全检查表

表 5—4　　　　煤矿井巷掘进工作面安全检查表

序号	检查内容	检查标准或依据	检查方法	检查评价
1	技术管理	（1）必须编制施工组织设计和作业规程，并组织每个工作人员学习 （2）工作面地质情况发生变化，必须及时修改作业规程 （3）过断层、老空与巷道贯通时必须制定专门措施 （4）在冲击地压危险区内的掘进必须制定专门措施 （5）在坚硬和稳定的煤、岩层中，确定巷道不设支护时，必须制定安全措施	查作业规程及贯彻情况	
2	有关规定	（1）开凿或延深斜井、下山时，必须在斜井、下山的上口设置防跑车装置，在掘进工作面的上方设置坚固的跑车防护装置 （2）斜井施工期间兼作人行道时必须每隔 40 m 设置躲避硐并设红灯 （3）向下向上掘进 25°的倾斜巷道时，必须将溜煤（矸）道与人行道分开；人行道应设扶手、梯子和信号装置 （4）掘进井巷和硐室时，必须采用湿式钻眼、冲洗井壁巷帮、爆破后喷雾、装岩（煤）时洒水、净化风流和使用水泡泥等综合防尘措施 （5）工作面严禁空顶作业，在松软煤、（岩）层、地质破碎带、流沙性地层掘进时，必须采取前探支护或其他措施	现场检查	
3	架棚与砌碹支护	（1）支护支架应牢固，严禁空顶、空帮，支架间应设牢固的撑木和拉杆 （2）掘进工作面迎头 10 m 内的架棚支护，在爆破前必须加固 （3）砌碹巷道，碹体必须牢固、坚实，与顶、帮之间必须用不燃物充满填实	现场检查	

续表

序号	检查内容	检查标准或依据	检查方法	检查评价
4	锚杆支护	（1）锚杆、锚喷等支护的端头与掘进工作面的距离，钻杆的形式、规格、安装角度，混凝土标号、喷体厚度，挂网所采用金属网的规格以及围岩涌水的处理等必须在施工组织设计或作业规程中规定 （2）采用钻爆法掘进的岩石巷道，必须采用光面爆破 （3）打锚杆眼前，要处理掉活矸 （4）软岩使用锚杆支护时，必须全长锚固 （5）锚杆必须拧紧，确保锚杆托板紧贴巷壁	现场检查	
5	巷道维修	（1）巷道维修必须制定安全措施 （2）扩大或维修井巷连续撤换支架时，必须留置撤人出口；独头维修由外向里进行；维修倾斜井巷时，严禁上下段同时作业 （3）维修旧井巷，必须首先检查瓦斯	现场检查	

被检查单位负责人：　　　　　　　　　　　　　　　　　　　　　　　　检查负责人：

3. 煤矿矿井通风安全检查表

表 5—5　　　　　　　　　　**煤矿矿井通风安全检查表**

序号	检查内容	检查标准或依据	检查方法	检查评价
1	全风压系统	（1）生产矿井必须至少有 2 个能行人的通达地面的安全出口 （2）矿井必须有完整的独立通风系统，改变通风系统时，必须编制通风设计和安全措施，按管理权限报县以上煤炭管理部门批准 （3）煤矿企业应根据具体条件制定风量计算方法，至少每 5 年修订一次 （4）生产水平和采区必须实行分区通风，高瓦斯矿井、有煤（岩）与瓦斯（二氧化碳）突出危险的矿井的每个采区和开采容易自燃煤层的采区，必须设置至少一条专用回风巷 （5）低瓦斯矿井开采煤层群和分层开采采用联合布置的采区，必须设置 1 条专用回风巷，采区进、回风巷必须贯穿整个采区，严禁一段为进风巷，一段为回风巷 （6）必须按实际供风量核定矿井产量 （7）矿井必须按规定配备"一通三防"专职检查人员	查通风系统图	
2	主要通风机	矿井必须采用机械通风，主要通风机应符合下列条件：①安装在地面，装有主要通风机的井口必须封闭严密，其外部漏风率在无提升设备时不超过 5%，有提升设备时不超过 15%；②保证连续运转；③安装两套同等能力的装置，其中一套作备用，并能在 10 min 内开动；④严禁采用局部通风机或风机群作为主要通风机使用；⑤装有主要通风机的井口必须安装防爆门，每 6 个月检查维修 1 次防爆门；⑥新安装主要通风机投入使用前必须进行性能测定和试运转	查主要通风机房和有关设施	

续表

序号	检查内容	检查标准或依据	检查方法	检查评价
3	主要通风机房	严禁主要通风机房兼作他用，机房必须安设水柱计、电流表、电压表、轴温计、直通矿调度室的电话和反风操作系统图	查主要通风机房和有关设施	
4	反风	生产矿井主要通风机必须装有反风设施，并能在10 min改变巷道中风流方向，每年应进行一次反风演习	现场检查	
5	采空区封闭	对采空区必须及时实施封闭，随采面的推进必须逐个封闭通往采空区的连通巷道，采区开采结束后45天内，必须用防火墙与之全部封闭	现场检查	
6	贯通	巷道必须遵守下列规定：①掘进巷道贯通时，综掘巷道在相距50 m前，其他巷道在相距20 m前，必须停止其中一个的作业，做好调整通风系统的准备工作；②贯通时，必须由专人在现场按照预定措施统一指挥；③贯通后，必须停止采区内的一切作业，风流稳定后，方可恢复	检查措施、图纸及现场	
7	井下空气成分	（1）进风流氧气浓度≮20%，二氧化碳浓度≯15% （2）有害气体的最高允许浓度：一氧化碳0.002 4%，一氧化氮0.000 25%，一氧化硫0.000 5%，硫化氢0.000 66%，氨0.004%	现场检查井下空气成分	
8	井巷风速	最高风速：无提升设备的风井15 m/s；专为升降物料的井筒12 m/s；风桥10 m/s；主要进、回风巷8 m/s；运输机巷，采区进、回风巷6 m/s；采煤工作面、掘进工作面巷道4 m/s	现场检查	
9	井下气温	（1）进风口以下，必须在2℃以上 （2）采掘工作面气温≯26℃ （3）机电硐室气温≯30℃	现场检查	
10	矿井风量	矿井风量应按下列要求计算，并选取其中的最大值： （1）按井下同时工作的最多人数计算每人每分钟供给风量≮4 m^3 （2）按采煤、掘进、硐室及其他地点实际需要风量的总和进行计算，实际需要风量，必须使有害气体的浓度、风速以及温度、风量符合《煤矿安全规程》的规定	现场检查，查实际风量是否满足生产要求	
11	矿井通风设施	（1）控制风流的风门，风桥、风墙、风窗等设施必须可靠 （2）不应在倾斜运输巷中设置风门 （3）进、回风井之间和主要进、回风巷道之间的每个联络巷中，必须砌筑永久风墙；需要使用的联络巷，必须安设2道联锁的正向风门和2道反向风门	现场检查	

续表

序号	检查内容	检查标准或依据	检查方法	检查评价
12	矿井通风管理	(1) 矿井必须建立测风制度，每10天进行1次全面测风，对采、掘工作面和其他用风地点，应根据实际情况随时测风，每次测风结果应记录并写在测风地点的记录牌上 (2) 矿井必须有足够数量的通风安全检测仪表，仪表必须由国家授权的安全仪表计量检验单位进行检验 (3) 主要通风机的运转应由专职司机负责，并经专门培训持证上岗 (4) 因故停风，必须制定停风措施	查测风记录和反风记录、仪表完好情况、司机持证情况	

被检查单位负责人： 检查负责人：

4. 煤矿采掘工作面、硐室通风安全检查表

表5—6 煤矿采掘工作面、硐室通风安全检查表

序号	检查内容	检查标准或依据	检查方法	检查评价
1	回采工作面通风	(1) 必须编制回采工作面通风设计，包括风路、风量、通风设施和风量计算依据，如果工作面瓦斯涌出量等发生变化，须及时进行修改 (2) 采煤工作面的回风必须进入采区回风巷，采煤工作必须在采区构成完整的通风、排水系统，方可回采 (3) 采、掘工作面应实行独立通风，进风、回风不得经过采空区或冒顶区 (4) 同一风路中的2个采煤工作面、采煤工作面与其相连接的掘进工作面、相邻两个掘进工作面，布置独立通风有困难时，可以串联通风，但串联次数不得超过1次，必须在进入被串工作面风流装设甲烷断电仪，且瓦斯与二氧化碳浓度都不超过0.5%。其他有害气体浓度不能超过允许值 (5) 开采瓦斯喷出或有煤（岩）与瓦斯（二氧化碳）突出危险煤层时，严禁任何2个工作面之间串联通风 (6) 有煤（岩）与瓦斯（二氧化碳）突出危险的采煤工作面不得采用下行通风	查工作面作业规程、采掘平面图	
2	掘进工作面通风	(1) 矿井开拓或准备采区时，必须根据全风压供风量和瓦斯涌出量编制通风设计。掘进巷道的通风方式，局部通风机和风筒的安装、使用等应在作业规程中明确规定 (2) 掘进巷道必须采用矿井全风压通风和局部通风机通风 (3) 煤巷、半煤岩巷和有瓦斯涌出的岩巷掘进面通风方式应采用压入式，有煤（岩）与瓦斯（二氧化碳）突出危险的掘进通风方式必须采用压入式	现场检查	

续表

序号	检查内容	检查标准或依据	检查方法	检查评价
2	掘进工作面通风	(4) 压入式局部通风机和启动装置必须安装在进风巷道中，距掘进巷道回风口不得小于 10 m，全风压供给该处的风量必须大于局部通风机的吸入风量 (5) 高瓦斯矿井、瓦斯突出矿井局部通风机应采用三专（专用变压器、专用开关、专用线路）供电；也可采用装有选择性漏电保护装置的供电线路供电 (6) 严禁使用 3 台以上（含 3 台）局部通风机同时向 1 个掘进工作面供风。不得使用 1 台局部通风机同时向 2 个作业的掘进工作面供风	现场检查	
3	井下硐室通风	(1) 井下爆破材料库，必须有独立的通风系统，回风风流引入矿井总回或主要回风巷中 (2) 井下充电室必须有独立的通风系统，回风风流引入回风巷 (3) 井下机电设备硐室应设在进风风流中	现场检查	

被检查单位负责人： 检查负责人：

5. 煤矿防治瓦斯安全检查表

表 5—7 煤矿防治瓦斯安全检查表

序号	检查内容	检查标准或依据	检查方法	检查评价
1	瓦斯、二氧化碳涌出量等级鉴定	矿井必须每年进行一次瓦斯等级和二氧化碳涌出量的鉴定工作	查有关资料	
2	瓦斯、二氧化碳管理制度	(1) 矿井必须建立瓦斯、二氧化碳和其他有害气体检查制度 (2) 矿长、矿技术负责人、爆破工、采掘（区）队长、通风（区）队长、工程技术人员、班长、流动电钳工下井时必须携带便携式甲烷检测仪；瓦斯检查工必须携带便携式光学甲烷检测仪；安全监测工必须携带便携式甲烷检测报警仪或便携式光学甲烷检测仪 (3) 所有采掘工作面、硐室、使用中的机电设备的设置地点、有人员作业的地点都应纳入检查范围 (4) 瓦斯检查次数：①采掘工作面：低瓦斯矿井每班至少 2 次；高瓦斯矿井每班至少 3 次，突出或异常设专人经常检查，本班未进行作业的至少检查 1 次；②硐室：每班至少检查 1 次；③井下停风地点：栅栏外风流每天至少检查 1 次	查矿井瓦斯管理制度、甲烷检测仪器、瓦检员检查记录、瓦斯报表，现场抽查瓦斯浓度	

续表

序号	检查内容	检查标准或依据	检查方法	检查评价
2	瓦斯、二氧化碳管理制度	(5) 瓦斯检查人员必须执行瓦斯巡回检查制度和请示报告制度。检查结果记入手册和检查地点记录牌上，瓦斯超限立即通知现场作业人员，有权按规定责令现场人员停止作业，并撤到安全地点 (6) 通风值班员必须审阅瓦斯班报，发现问题及时处理，并报矿调度室。井长、井技术负责人，矿长、矿技术负责人必须审阅瓦斯日报，对重大问题，应制定措施处理	查矿井瓦斯管理制度、甲烷检测仪器、瓦检员检查记录、瓦斯报表，现场抽查瓦斯浓度	
3	专用排瓦斯巷	(1) 使用专用排瓦斯巷排放瓦斯需经县以上煤炭管理部门审批 (2) 专用排瓦斯巷风流中瓦斯浓度不能超过 2.5% (3) 工作面风流控制必须可靠 (4) 专用排瓦斯巷中不得进行生产作业和设置电气设备 (5) 专用排瓦斯巷中风速不得低于 0.5 m/s (6) 专用排瓦斯巷中必须用不燃材料支护，并应有防止产生静电、摩擦、撞击火花的措施 (7) 专用排瓦斯巷必须贯穿整个工作面推进长度且不得留有盲巷 (8) 专用排瓦斯巷回风口 15 m 处必须设甲烷传感器，瓦斯超过 2.5%报警，并切断工作面电源 (9) 专用排瓦斯巷禁止布置在易自燃煤层中	现场检查	
4	排放瓦斯	(1) 停风区瓦斯浓度超过 1%或二氧化碳浓度超过 1.5%，最高瓦斯浓度和二氧化碳浓度不超 3%时，必须采取安全措施，控制风流排放瓦斯 (2) 停风区瓦斯和二氧化碳浓度超过 3%时，必须制定安全排放措施，报矿技术负责人批准 (3) 在排放过程中，排出的瓦斯与全风压风流混合处的瓦斯和二氧化碳浓度都不得超过 1.5%，且回风系统中必须停电撤人	查矿井瓦斯排放记录	
5	建立抽放瓦斯系统	下列矿井建立地面永久抽放瓦斯系统或井下临时抽放瓦斯系统： (1) 年产量 100 万～150 万 t，瓦斯涌出量大于 30 m^3/min；年产量 60 万～100 万 t，瓦斯涌出量大于 25 m^3/min；年产量 40 万～60 万 t，瓦斯涌出量大于 20 m^3/min；年产量小于 40 万 t（含 40 万 t），瓦斯涌出量大于 15 m^3/min (2) 有煤与瓦斯突出的矿井 (3) 一个采煤工作面瓦斯涌出量大于 5 m^3/min，一个掘进工作面瓦斯涌出大于 3 m^3/min，用通风方法解决瓦斯问题是不合理的	查矿井产量、瓦斯涌出量、瓦斯抽放泵站	

续表

序号	检查内容	检查标准或依据	检查方法	检查评价
6	瓦斯抽放一般原则	（1）瓦斯抽放系统必须有专门的设计和安全措施 （2）采抽关系要合理，坚持先抽后采，采抽平衡 （3）利用瓦斯时，瓦斯浓度≮30%；不利用时，干式抽放瓦斯浓度≮25% （4）抽放容易自燃和自燃煤层的采空区瓦斯时，必须经常检查一氧化碳浓度和气体温度等有关参数的变化，发现自燃发火征兆时，应立即采取措施 （5）井上下抽放管路吊挂牢固，不破损漏气，不得与带电物体接触	现场检查监测	
7	抽放瓦斯设施	（1）地面抽放泵房必须使用不燃性材料建筑，并有防雷电装置。其距风井口和主要建筑≮50 m （2）地面抽放泵房周围 20 m 内，禁止堆积易燃物，禁止有明火 （3）地面抽放泵及其附属设备，至少有一套备用 （4）地面泵房内所使用的电气设备都是矿用防爆型 （5）泵房有直通矿调度室的电话和检测管道瓦斯浓度、流量、压力等仪器仪表或自动监测系统 （6）干式抽放泵吸气侧管路系统中，必须装设有防回火、防回气和防爆炸的安全装置，并定期检查，确保设备完好。抽放泵站放空管的高度应超过泵房顶 30 m （7）抽放泵站必须有专人值班 （8）抽放钻场符合设计要求，顶帮支护完好，打钻时要有施工安全措施，特别是突出煤层应有打钻防突和应急措施 （9）抽放钻孔布孔方式、深度和角度要符合设计要求，封孔严密不漏气	现场检查监测	
8	井下临时抽放瓦斯泵站	（1）应安设在新鲜风流中 （2）抽出的瓦斯可排到地面、回风巷，但必须保证稀释后风流中瓦斯浓度不超限 （3）抽出的瓦斯排入回风巷时，在排瓦斯管出口（上风 5 m，下风 30 m）必须设置栅栏，悬挂警戒牌等 （4）在下风侧栅栏外，必须设便携式甲烷检测报警仪，回风流瓦斯浓度超限时，应断电、停抽，进行处理	现场检查监测	

被检查单位负责人： 检查负责人：

6. 煤矿防治煤与瓦斯突出安全检查表

表 5—8　　煤矿防治煤与瓦斯突出安全检查表

序号	检查内容	检查标准或依据	检查方法	检查评价
1	防突管理	（1）一个矿井中只要发生过 1 次煤（岩）与瓦斯突出，即为突出矿井，发生突出的煤层为突出煤层。新井建设期间必须根据揭穿各煤层的实际情况，重新验证煤层的突出危险性，经验证与所定的煤层突出危险性不符时，由煤矿企业提出报告，报原审批部门审批 （2）突出矿井必须设置专门防突机构，掌握突出动态规律，及时填写突出卡片，收集有关突出资料，总结经验教训，制定防突措施，编制年度防突计划。防突人员必须具备防突基本知识，掌握突出规律 （3）对有突出危险的新建井、新水平、新采区必须编制防突设计，报上级煤炭主管部门审批 （4）突出矿井必须及时编制瓦斯地质图，图中必须标明采掘进度，被保护范围，煤层储存条件、地质构造、突出点的位置、突出强度，保护煤（岩）柱影响范围，瓦斯基本参数等 （5）开采突出煤层时，必须采取突出危险性预测、防治突出措施的效果检验、安全防护措施等综合防突措施	查有关文件、防突机构、防突人员、防突知识、防突措施落实情况	
2	开采保护层	（1）必须有保护层开采设计，优先选择无突出危险和突出危险程度较小的煤层作为保护层；优先选择上保护层；选择下保护层开采时，不得破坏被保护层的开采条件 （2）正在开采的保护层采煤工作面，必须超前被保护层的掘进工作面，其超前距离不小于保护层与被保护层之间法线距离的 2 倍，并不得小于 30 m （3）开采保护层时，采空区不得留煤（岩）柱。特殊情况需留煤（岩）柱时，必须在采掘平面图上准确标出尺寸、位置、影响范围，必须报批，采取综防措施，才能进行采掘作业	查采掘工程布置	
3	突出煤层石门揭煤	（1）必须编制专门设计，采取综合防突措施，报矿务局或县以上行业主管部门审批 （2）在工作面距煤层法线 10 m（地质构造复杂、围岩破碎区域 20 m）之外，至少打 2 个前探钻孔，掌握煤层赋存条件、地质构造、瓦斯情况等 （3）在工作面距煤层法线 5 m 以外，至少打 2 个穿透煤层全厚或见煤深度不小于 10 m 的钻孔，测定煤层瓦斯压力或预测煤层瓦斯突出危险性 （4）工作面与煤层之间的岩柱尺寸不能小于最小值 （5）石门揭穿突出煤层前，必须采取防治突出措施，经检验措施有效后，可用远距离爆破或震动爆破揭穿煤层	查石门揭煤记录	

续表

序号	检查内容	检查标准或依据	检查方法	检查评价
4	突出煤层采掘面防治瓦斯突出	(1) 突出煤层的采掘工作面必须有经矿井技术负责人审批的防突措施和设计 (2) 必须执行四位一体的综合防突措施 (3) 在突出煤层中严禁采用放顶煤采煤法、水力采煤法、非正规采煤法采煤，严禁使用风镐落煤 (4) 在同一突出煤层的同一区段的集中应力影响范围内，不得布置2个工作面相向回采或掘进 (5) 揭穿突出煤层和在突出煤层中采掘作业时，必须采取震动爆破、远距离爆破、避难硐室、反向风门、压风自救系统等安全保护措施；入井人员必须携带隔离式自救器	查工作面作业规程、采掘布置	

被检查单位负责人： 检查负责人：

7. 煤矿防火灭火安全检查表

表5—9 煤矿防火灭火安全检查表

序号	检查内容	检查标准或依据	检查方法	检查评价
1	消防灭火	(1) 生产矿井和在建矿井必须制定井上、下防火措施，井上防火措施和制度，必须符合国家有关防火规定 (2) 木料场、矸石山、炉灰场距离逆风井口不得小于80 m，木料场距矸石山不得小于50 m (3) 永久井架和井口房、以井口为中心的联合建筑，必须使用不燃性材料建筑 (4) 矿井必须设地面消防水池和井下消防管路系统。消防水池蓄水必须保持不少于200 m^3的水量。井下消防管路系统每隔100 m设支路或阀门 (5) 井上、下必须设置消防材料库。井上消防材料库应设在井口附近，并有轨道直达井口，井下消防材料库应设在每一个生产水平的井底车场或主要运输大巷中，并装备消防车。消防材料库中储存的材料、工具应符合有关规定 (6) 井下爆炸材料库、机电设备硐室、检修硐室、材料库、井底车场、带式输送机或液力偶合器的巷道以及采掘工作面附近的巷道中，应备有规定的灭火器材 (7) 对井上、下的消防管理系统、防火门、消防材料库和消防器材的设置情况每季检查1次，有问题及时解决 (8) 进风井口和井下机电硐室都必须设防火铁门 (9) 井口房和主要通风机附近20 m内不得有烟火，井下严禁使用灯泡取暖和使用电炉 (10) 井下和井口房不得从事电焊、气焊和喷灯焊接等工作。如果必须进行该项作业时，必须制定防火、防瓦斯爆炸的措施 (11) 井下使用的汽油、煤油、变压器油必须装在盖严的铁桶内，专人押运。剩余的运出地面，润滑油、棉纱、布头等易燃物必须存放在盖严的铁桶内，使用过的必须及时运回地面	检查有关设计、措施、设备、设施	

续表

序号	检查内容	检查标准或依据	检查方法	检查评价
2	易燃、自燃煤层内火灾防治	(1) 新建矿井、延深新水平，必须对所有煤层的自燃倾向性进行鉴定。开采易燃、自燃煤层，必须采取火灾综防措施 (2) 采煤工作面必须采用后退式回采程序，到达停采线时采取措施使顶板冒落严实 (3) 开采急倾斜煤层用跨落法控制顶板时，主石门报废前禁止采掘留在其上方的煤柱 (4) 开采前必须编制防灭火设计，尽可能将回采期限控制在煤层自燃发火期之内，采完即行封闭，为减少治理工程创造条件 (5) 开采前必须按照采区设计构筑好防火门并备足封闭防火门的材料 (6) 开采时必须对采空区、孔、硐采取预防性灌浆或全部充填、喷洒阻化剂、注阻化泥浆、注凝胶、注惰性气体、均压等措施 (7) 建立煤层自燃发火监测系统、发火预测预报制度，灭火预案 (8) 采面回采终止后，必须在45天之内进行永久性封闭 (9) 发现火灾立即启动预案，直接灭火控制火势，撤离非专业人员，检测风向、风量、有害气体，防止瓦斯煤尘爆炸和人员中毒，封闭火区	查鉴定资料，设计、计划措施落实结果	
3	井下火区管理	(1) 建立矿井火区档案与火区管理制度。绘制火区位置关系图，注明所有火区曾经发火的时间、地点，每一处火区都要按形成顺序进行编号，建立火区管理卡片 (2) 永久性防火墙必须设置栅栏、警标、编号，禁止人员入内，定期测定、分析墙内外的气体成分和空气温度，墙外的空气温度、瓦斯浓度 (3) 启封或注销火区的条件：①火区内的空气温度降至常温；②火区内空气中的氧气浓度降至5.0%以下；③火区内空气中，一氧化碳的浓度降至0.001%以下，不含乙烯、乙炔；④火区内的出水温度降至常温；⑤上述4项指标持续稳定一个月以上 (4) 启封火区和恢复初期通风必须制定安全措施，由矿山救护队执行 (5) 不得在火区的同一煤层的周围进行采掘作业	查火区的系统图、档案、制度、措施，现场检查火区封闭情况	
4	采用灌浆防灭火	(1) 采区设计明确规定巷道布置方式、隔离煤柱尺寸、灌浆系统、疏水系统、预筑防火墙位置以及采掘顺序 (2) 安排生产计划时，必须同时按排灌浆计划 (3) 对采区开采线、停采线、上下煤柱线之内的采空区，应加强防火灌浆 (4) 应有灌浆前疏水和灌浆后防止溃浆、透水的措施 (5) 在灌浆区下部进行采掘作业前必须查明灌浆区内灌水积存情况，发现积存浆水，必须放出	现场检查灌浆系统及灌浆措施	

续表

序号	检查内容	检查标准或依据	检查方法	检查评价
5	采用阻化剂防灭火	（1）阻化剂不得污染井下空气和危害人体健康 （2）设计中对阻化剂的种类、数量、使用效果等主要参数作出明确规定 （3）对采掘机械、支架等金属构件采取防腐措施	检查使用效果	
6	采用凝胶防灭火	（1）凝胶和促凝剂不得污染井下空气和危害人体健康 （2）设计中明确规定凝胶的配方、促凝时间和压注量等参数 （3）压注的凝胶必须充满所有空间，其外表应予喷浆封闭，并定期观测，发现老化、干裂时应予重新压注	检查使用效果	
7	采用均压防灭火	（1）应有完整的区域风压、风阻资料以及完善的检测手段 （2）有专人定期观测与分析采空区和火区的漏风量、漏风方向、空气温度、防火墙内外空气压差等状况，并作出专项记录 （3）随通风变化，及时调整均压参数至稳定状态 （4）经常检查均压区域内风流状态，应有防止瓦斯积聚的措施	检查均压参数、使用效果	
8	采用氮气防灭火	（1）氮气源稳定可靠 （2）有专用输送氮气管路系统 （3）注入的氮气浓度≮97% （4）有能连续监测采空区气体成分变化的监测系统 （5）有固定或移动的温度观测站（点）和监测手段 （6）有专人定期进行检查、分析和整理有关记录，发现问题能及时处理	现场检查氮气系统及注氮效果	

被检查单位负责人： 检查负责人：

8. 煤矿防治粉尘安全检查表

表 5—10 煤矿防治粉尘安全检查表

序号	检查内容	检查标准或依据	检查方法	检查评价
1	矿井防尘管理及设施	（1）矿井必须有所有煤层的煤尘爆炸性鉴定资料，每延深一个新水平，应进行一次煤尘爆炸性试验工作 （2）矿井必须有防尘管理机构和管理制度，每年要制定防尘和预防、隔绝煤尘爆炸的措施 （3）矿井必须建立完善的防尘供水系统，保证采掘工作面主要运输、回风巷、带式输送机巷、煤（矸）卸载点的防尘供水。没有防尘供水系统的采掘工作面不准生产	查有关资料、管理制度，现场检查防火系统管路和设施	

续表

序号	检查内容	检查标准或依据	检查方法	检查评价
2	采掘工作面防尘	(1) 采用湿式钻孔和湿式打眼，爆破使用水炮泥，爆破前后冲洗煤（岩）壁，爆破时喷雾，出煤时洒水 (2) 采煤机、掘进机工作时必须内、外喷雾除尘 (3) 采掘工作面回风巷必须安设风流净化水幕 (4) 煤仓放煤口、溜煤眼放煤口，输送机转载点等产生粉尘的地点必须安放喷雾装置或除尘器	查工作面防尘设施	
3	煤尘隔爆	(1) 开采有煤尘爆炸危险煤层的矿井，必须有预防和隔绝煤尘爆炸的措施 (2) 矿井两翼，相邻的采区、煤层、采煤工作面间，煤层掘进巷道同与其相连的巷道间，煤仓同与其相连的巷道间，采用独立通风并有煤尘爆炸危险的其他地点同与其相连通的巷道间，必须用水棚或岩粉棚隔开 (3) 必须及时清除巷道中的浮煤，清扫或冲洗沉积的煤尘，定期撒布岩粉 (4) 每周至少检查 1 次隔爆设施的安装地点、数量、水量或岩粉量及安装质量是否符合要求	查隔爆设施数量、水量是否符合要求及矿检查记录	

被检查单位负责人：　　　　　　　　　　　　　　　　　　　　检查负责人：

9. 煤矿矿井防治水安全检查表

表 5—11　　　　　　　　煤矿矿井防治水安全检查表

序号	检查内容	检查标准或依据	检查方法	检查评价
1	一般规定	(1) 矿井必须有完整的水文地质资料，编制中长期防治水规划和年度防治水计划，并组织实施；矿井必须定期收集、调查、核对矿井水文地质资料，明确可能影响的范围 (2) 水文地质条件复杂的矿井必须针对主要含水层（段）进行动态观测，预报水害，制定“探、防、堵、截、排”综合防治措施 (3) 雨季前，矿井要检查防治水工作；对受水威胁的矿井应制定“三防”措施，组织抢险队伍，储备足够的防洪抢险物资	查有关资料和机构措施的制定情况	
2	地面防治水	(1) 清楚了解矿区附近地面水流系统的汇水、渗漏情况、疏水能力和水利工程情况，掌握当地年降雨量、最高洪水位、泥石流、滑坡资料，建立完备的疏水、防水和排水系统 (2) 井口和工业广场、居民区标高必须高于当地最高洪水位 (3) 井口附近或塌陷区内外的地表水体，可能溃入井下时，必须采取措施 (4) 在山坡下开凿斜井和平硐时，井口顶、侧必须构筑挡墙和防洪水沟	查阅有关资料和矿井的排水系统	

续表

序号	检查内容	检查标准或依据	检查方法	检查评价
3	井下防治水	(1) 矿井边界、被淹井巷、陷落柱、冲积层、断层必须留隔离煤柱 (2) 井巷出水点位置及其水量，有积水的井巷及采空区的积水范围、标高、积水量，必须绘在采掘工程平面图上 (3) 矿井必须做好采区、工作面水文地质探察工作，选用物探、钻探、化探和水文地质实验等手段查明构造发育情况及其导水性，主要含水层厚度、岩性、水质、水压以及隔水层厚度和岩性等 (4) 井下存在可疑水源时必须采取探放水措施，坚持“有疑必探，先探后掘”的原则。井下探放水要有矿技术负责人批准的探放水措施 (5) 承压含水层与开采煤层之间的隔水层能承受的水头值小于实际水头值时，开采前必须有经煤矿企业主要负责人审批的措施：疏水降压、注浆加固底板和改造含水层或充填开采等措施 (6) 水文地质复杂的矿井，当开拓到设计水平，只有在建成防、排水系统后，方可开始向有突水危险地区开拓掘进 (7) 水文地质条件复杂或有突水淹井危险的矿井，必须在井底车场周围设置防水闸门。防水闸门必须采用定型设计，安装施工及其质量，必须符合设计要求，竣工后必须按设计要求进行耐压试验 (8) 井筒穿过含水层段的井壁应采用防水混凝土或设置隔水层 (9) 井巷穿过含水层、地质构造带前，必须编制探放水和注浆堵水设计 (10) 立井基岩施工应遵循快速、打干井的原则	查隔离煤柱的设计和保护情况、矿井探放水制度的执行情况、对承压水开采是否采取措施、水闸门的施工质量是否符合要求	
4	井下排水	(1) 矿井必须有完善的排水系统，巷道排水沟保持通畅，无淤泥 (2) 主要泵房至少有 2 个出口，一个出口用斜巷通到井筒，并应高出泵房底板 7 m 以上；另一个出口通到井底车场，并应设能防水火的密封门。泵房和水仓的连接通道应设置可靠的控制闸门 (3) 水仓必须有主仓和副仓，当一个水仓清理时，另一个能正常使用，水仓容量符合有关规定和设计要求 (4) 必须有工作、备用和检修的水泵。工作水泵的能力，应能在 20 h 内排出矿井 24 h 的正常涌水量；备用水泵的能力不小于工作水泵的 70%；工作水泵和备用水泵的总能力应在 20 h 内排出矿井 24 h 最大涌水量；检修水泵的能力应不小于工作水泵的 25% (5) 必须有工作和备用水管，排水能力与水泵相匹配 (6) 配电设备应同工作、备用以及检修水泵相匹配。应能同时开动工作和备用水泵 (7) 水泵、水管、闸阀、配电设备和输电线路，必须经常检查维修，每年雨季前全面检查一次，并进行试验	查矿井实际涌水情况，是否与设计相一致；矿井排水能力、水仓容量是否能满足矿井实际涌水需要	

被检查单位负责人： 检查负责人：

第六章　煤矿生产重大危险源辨识与防范措施

危险源是以能量形式存在于工矿企业中，在正常情况下，能量以特定的速度在特定的轨迹上运行，提供给机械、电气设备以动力，但是如果储存能量的设备本体存在缺陷，或者人为失误造成能量溢散等原因，就会转化为破坏力量。这是对危险源实施监控的基本点。《中华人民共和国安全生产法》第三十三条规定：生产经营单位对重大危险源应当登记建档，进行定期检测、评估、监控，并制定应急预案，告知从业人员和相关人员在紧急情况下应当采取的应急措施。因此，了解危险源及重大危险源相关知识，对于落实《中华人民共和国安全生产法》，保证安全生产，具有重要意义。

第一节　重大危险源辨识相关概念与知识

危险源辨识与控制理论的基础，是运用系统工程的方法辨识、消除或控制系统中存在的危险源，实现系统安全。其基本内容包括系统危险源辨识、危险性评价、危险源控制等。危险源辨识、危险性评价、危险源控制也是现代职业安全卫生管理体系的核心。

一、危险源及其辨识的概念

1. 危险源的定义

参照第80届国际劳工大会通过的《预防重大工业事故公约》和我国的有关标准，将危险源定义为：长期或临时地生产、加工、搬运、使用或储存危险物质，且危险物的数量等于或超过临界量的单元。此处的单元意指一套生产装置、设施或场所；危险物是指能导致火灾、爆炸或中毒、触电等危险的一种或若干物质的混合物；临界量是指国家法律、法规、标准规定的一种或一类特定危险物质的数量。

2. 危险源的分类

依据我国安全生产领域的相关规定和结合行业的工艺特点，从可操作性出发，以重大危险源所处的场所或设备、设施进行分类，每类中可依据不同的特性进行有层次的展开。一般工业生产作业过程的危险源分为如下5类：易燃、易爆和有毒有害物质危险源；锅炉及压力容器设施类危险源；电气类设施危险源；高温作业区危险源；辐射类、危害类危险源。

3. 危险源辨识

危险源辨识是发现、识别系统中危险源的工作。这是一件非常重要的工作，是危险源控制的基础，只有辨识了危险源之后才能有的放矢地考虑如何采取措施控制危险源。

以前，人们主要根据以往的事故经验进行危险源辨识工作。例如，通过与操作者交谈或到现场进行检查，查阅以往的事故记录等方式发现危险源。由于危险源是“潜在的”不安全因素，比较隐蔽，所以危险源辨识是件非常困难的工作。在系统比较复杂的场合，危险源辨识工作更加困难，需要利用专门的方法，还需要许多知识和经验。

危险源辨识方法主要分为对照法和系统安全分析法。

(1) 对照法。对照法是与有关的标准、规范、规程或经验进行对照，通过对照来辨识危险源。有关的标准、规范、规程，以及常用的安全检查表，都是在大量实践经验的基础上编制而成的，因此，对照法是一种基于经验的方法，适用于有以往经验可供借鉴的情况。

(2) 系统安全分析法。系统安全分析法主要是从安全角度进行的系统分析，通过揭示系统中可能导致系统故障或事故的各种因素及其相互关联，来辨识系统中的危险源。系统安全分析方法经常被用来辨识可能带来严重事故后果的危险源，也可以用于辨识没有事故经验的系统的危险源。

4. 第一类、第二类危险源理论

按照危险源在事故发生、发展过程中的作用，可以将危险源分为两类。第一类危险源是指作用于人体的过量的能量或干扰人体与外界能量交换的危险物质。在实际生产中，往往把产生能量的能量源或拥有能量的能量载体以及产生、储存危险物质的设备、容器或场所看作第一类危险源。为保证第一类危险源的安全运转，必须采取措施约束、限制能量，但约束限制能量的措施可能失效而发生事故。因此，把导致能量或危险物质的约束或限制措施破坏或失效的各种不安全因素称为第二类危险源。

第一类危险源是事故发生的前提，它在发生事故时释放出的能量或危险物质是导致人员伤害或财物损失的能量主体，并决定事故后果的严重程度。这也是主要研究和分析的对象。第二类危险源是第一类危险源导致事故的必要条件，并决定事故发生可能性的大小。两类危险源的危险性决定了危险源的危险性。可以将第一类危险源的危险性称为系统一类危险性，第二类危险源的危险性称为系统二类危险性，两者决定了系统危险性。

5. 危险源控制概念

危险源控制是利用工程技术和管理手段消除、控制危险源，防止危险源导致事故、造成人员伤害和财产损失的工作。危险源控制的基本理论依据是能量意外释放论。控制危险源主要通过工程技术手段来实现。危险源控制技术包括防止事故发生的安全技术和减少或避免事故损失的安全技术。前者在于约束、限制系统中的能量，防止发生意外的能量释放；后者在于避免或减轻意外释放的能量对人或物的作用。显然，在采取危险源控制措施时，应该着眼于前者，做到防患于未然。另外，也应做好充分准备，一旦发生事故时防止事故扩大或引起其他事故（二次事故），把事故造成的损失限制在尽可能小的范围内。

管理也是危险源控制的重要手段。管理的基本功能是计划、组织、指挥、协调、控制。通过一系列有计划、有组织的系统安全管理活动，控制系统中人的因素、物的因素和环境因素，以有效地控制危险源。

6. 危险性评价是辨识危险源的基础

危险性是指某种危险源导致事故、造成人员伤亡或财物损失的可能性。一般来说，危险性包括危险源导致事故的可能性和一旦发生事故造成人员伤亡或财物损失的后果严重程度两个方面的问题。

系统危险性评价是对系统中危险源危险性的综合评价。危险源的危险性评价包括对危险源自身危险性的评价和对危险源控制措施效果的评价两方面的问题。

系统中危险源的存在是绝对的，任何工业生产系统中都存在着若干危险源。受实际的人力、物力等方面因素的限制，不可能完全消除或控制所有的危险源，只能集中有限的人力、物力资源消除、控制危险性较大的危险源。在危险性评价的基础上，按其危险性的大小把危险源分类排队，可以为确定采取控制措施的优先次序提供依据。

采取了危险源控制措施后进行的危险性评价，可以表明危险源控制措施的效果是否达到了预定的要求。如果采取控制措施后危险性仍然很高，则需要进一步研究对策，采取更有效的措施使危险性降低到预定的标准。当危险源的危险性很小时可以被忽略，则不必采取控制措施。危险性评价方法有相对的评价法和概率的评价法两大类。

7. 危险源辨识、评价与控制的实施

按一般意义上的理解，应该在危险源辨识的基础上进行危险源评价，根据危险源危险性评价的结果采取危险源控制措施，但是在实际工作中，危险源的辨识、评价与控制这三项工作并非严格地按照程序分阶段独立进行，而是相互交叉、相互重叠进行的。

例如，在某一个系统中存在着大量的不安全因素，按定义都可被看作是危险源，实际上受人力、物力等因素的制约，只能把其中一部分具有较高危险性的不安全因素当作危险源来处理，忽略危险性较小的不安全因素，故此在辨识危险源的过程中也需要进行危险性评价。在选择控制措施控制危险源时，也同样如此，需要对控制效果进行相应的评价，通过评价选择最有效的控制措施。这种评价通常是通过对比控制前和控制后危险源的危险性进行的。在采取危险源控制措施时，虽然可以控制原有的危险源，危险源控制措施本身却又可能带来新的危险源和危险性，因此，在进行危险源控制时仍然需要进行危险源辨识和评价工作。

二、危险源辨识技术

危险源辨识的目的，就是通过对系统的调查与分析，界定出系统中的哪些部分、哪些区域是危险源，其危险的性质、危害程度、存在状况、危险源能量与物质转化为事故的转化过程规律、转化的条件、触发因素等，以便有效地控制能量和物质的转化，使危险源不至于转化为事故。它是利用科学方法对生产过程中那些具有能量物质的性质、类型、构成要素、触发因素或条件以及后果进行分析与研究，作出科学判断，为控制事故发生提供必要的、可靠的依据。危险源辨识的理论方法主要有系统危险分析、危险评价等方法与技术。

在对危险源辨识的方法、步骤和程序上，涉及危险区域调查、危险源区域的划分原则、危险源辨识的组织程序、危险源辨识的技术程序等。通常来讲，作为一般的工业生产企业，在对危险源辨识方面，主要涉及危险源辨识的组织程序和技术程序。

1. 危险源辨识的组织程序

在企业实际生产管理中，对危险源的辨识与监控，可以采取以下组织实施程序：

（1）对管理人员和技术人员进行专项培训。

（2）确认本企业主要危险源和主要危险源区域。

（3）组织生产班组和操作人员发现危险，进行危险辨识。

（4）组织进行专项设备设施检查，参考有关事故案例，参考有关规程、标准，确认主要危险源。

（5）安全管理人员对危险源进行调查汇总，对所发现的危险源进行审查确认。

（6）对危险源进行管理分级，采取分级监控的措施。

（7）对危险源提出有针对性的安全措施，并不断进行补充完善。

（8）填写危险源登记表，进行危险源分级监控管理。

2. 危险源辨识的技术程序

危险源辨识的技术程序，按照危险源的调查、危险区域的界定、存在条件的分析、潜在危险性分析、危险源等级划分等内容进行。

（1）危险源的调查。在进行危险源调查之前，首先确定所要分析的系统，例如是对整个企业还是某个车间或某个生产工艺过程。然后对所分析系统进行调查，调查的主要内容包括：生产工艺设备及材料情况、作业环境情况、人员操作情况、事故发生情况、设备与作业安全防护等。

（2）危险区域的界定。危险区域的界定即划定危险源点的范围。首先应对系统进行划分，可按设备、生产装置及设施进行划分子系统，也可按作业单元划分子系统。然后分析每个子系统中所存在的危险源点，一般将产生能量或具有能量、物质、操作人员作业空间、产生聚集危险物质的设备、容器作为危险源点。再以源点为核心加上防护范围即为危险区域，这个危险区域就是危险源的区域。

（3）存在条件及触发因素的分析。一定数量的危险物质或一定强度的能量，由于存在条件不同，所显现的危险性也不同，被触发转换为事故的可能性大小也不同。因此存在条件及触发因素的分析是危险源辨识的重要环节。存在条件分析包括：储存条件（如堆放方式、其他物品情况、通风等），物理状态参数（如温度、压力等），设备状况（如设备完好程度、设备缺陷、维修保养情况等），防护条件（如防护措施、故障处理措施、安全标志等），操作条件（如操作技术水平、操作失误率等），管理条件等。

触发因素可分为人为因素和自然因素。人为因素包括个人因素（如操作失误、不正确操作、粗心大意、漫不经心、心理因素等）和管理因素（如不正确的管理、不正确的训练、指挥失误、判断决策失误、设计差错、错误安排等）。自然因素是指引起危险源转化的各种自然条件及其变化，如气候条件参数（气温、气压、湿度、大气风速）变化、雷电、雨雪、振动、地震等。

（4）潜在危险性分析。危险源转化为事故，其表现是能量和危险物质的释放，因此危险源的潜在危险性可用能量的强度和危险物质的量来衡量。能量包括电能、机械能、化学能、核能等，危险源的能量强度越大，表明其潜在危险性越大。危险物质主要包括燃烧爆炸危险物质和有毒有害危险物质两大类。前者泛指能够引起火灾或爆炸的物质，如可燃气体、可燃液体、易燃固体、可燃粉尘、易爆化合物、自燃性物质、混合危险性物质等。后者指直接加害于人体，造成人员中毒、致病、致畸、致癌等的化学物质。可根据使用的危险物质量来描述危险源的危险性。

（5）危险源等级划分。危险源分级一般按危险源在触发因素作用下转化为事故的可能性大小与发生事故的后果的严重程度划分。危险源分级实质上是对危险源的评价。按事故出现可能性大小可分为非常容易发生、容易发生、较容易发生、不容易发生、难以发生、极难发生。根据危害程度可分为可忽略、临界的、危险的、破坏性的等级别。也可按单项指标来划分等级。如高处作业根据高差指标将坠落事故危险源划分为 4 级（一级 2～5 m，二级 5～15 m，三级 15～30 m，特级 30 m 以上），按压力指标将压力容器划分为低压容器、中压容器、高压容器、超高压容器 4 级。从控制管理角度，通常根据危险源的潜在危险性大小、控制难易程度、事故可能造成损失情况进行综合分级。

三、危险因素的分类

危险因素是指能造成人员伤亡、影响人的身体健康、对物造成急性或慢性损坏的因素。严格地说来，可分为危险因素（强调突发性和短时性）和危害因素（长时间的累积效应），但在此统称为危险因素。

危险因素的分类方法，根据生产过程和伤亡事故的国家标准不同，可有 3 种分类方法。

1. 根据危害性质分类的方法

根据 GB/T13816—2009《生产过程危险和危害因素分类与代码》的规定，将生产过程的危险因素和危害因素分为 4 大类：

（1）人的因素。

（2）物的因素。

（3）环境因素。

（4）管理因素。

2. 根据《企业职工伤亡事故分类标准》 的规定对伤亡事故类别进行分类

参照 GB 6441—1986《企业职工伤亡事故分类标准》，综合考虑起因物、引起事故发生的诱导性原因、致害物、伤害方式等，将危险因素分为 20 类。

四、危险源的分类

1. 危险源的 3 个构成要素

根据危险源定义，危险源是指一个系统中具有潜在能量和物质释放危险的、在一定的触发因素作用下可转化为事故的部位、区域、场所、空间、岗位、设备及其位置。也就是说，危险源是能量、危险物质集中的核心，是能量从那里传出来或爆发的地方。危险源存在于确定的系统中，系统范围不同，危险源的区域也不同。例如，从全国范围来说，对于危险行业（如石油、化工等）具体的一个企业（如炼油厂）就是一个危险源。而从一个企业系统来说，可能某个车间、仓库就是危险源，一个车间系统可能某台设备是危险源。因此，分析危险源应按系统的不同层次来进行。

依据上述认识，危险源应由3个要素构成：潜在危险性、存在条件和触发因素。危险源的潜在危险性是指一旦触发事故可能带来的危害程度或损失大小，或者说危险源可能释放的能量强度或危险物质量的大小。危险源的存在条件是指危险源所处的物理、化学状态和约束条件状态，例如物质的压力、温度、化学稳定性，盛装容器的坚固性，周围环境障碍物等情况。触发因素虽然不属于危险源的固有属性，但它是危险源转化为事故的外因，而且每一类型的危险源都有相应的敏感触发因素，如易燃易爆物质，热能是其敏感的触发因素；又如压力容器，压力升高是其敏感触发因素。因此，一定的危险源总是与相应的触发因素相关联。在触发因素的作用下，危险源转化为危险状态，继而转化为事故。

危险源是可能导致事故发生的潜在的不安全因素。实际上，生产过程中的危险源即不安全因素种类繁多、非常复杂，它们在导致事故发生、造成人员伤害和财产损失方面所起的作用很不相同。相应地，控制它们的原则、方法也很不相同。根据危险源在事故发生、发展中的作用，把危险源划分为两大类，即第一类危险源和第二类危险源。

2. 第一类危险源分析

现实世界中充满了能量，即充满了危险源，也即充满了发生事故的危险。根据能量意外释放论，事故是能量或危险物质的意外释放，作用于人体的过量的能量或干扰人体与外界能量交换的危险物质是造成人员伤害的直接原因。于是，把系统中存在的、可能发生意外释放的能量或危险物质称作第一类危险源。一般来说，能量被解释为物体做功的本领。做功的本领是无形的，只有在做功时才显现出来。因此，实际工作中往往把产生能量的能量源或拥有能量的能量载体看作第一类危险源来处理。例如，带电的导体、奔驰的车辆等。

在工业企业生产过程中，比较常见的第一类危险源主要有：

（1）产生、供给能量的装置、设备。产生、供给人们生产、生活活动能量的装置、设备是典型的能量源。例如变电所、供热锅炉等，它们运转时供给或产生很高的能量。

（2）使人体或物体具有较高势能的装置、设备、场所。使人体或物体具有较高势能的装置、设备、场所相当于能量源。例如起重、提升机械、高差较大的场所等，使人体或物体具有较高的势能。

（3）能量载体。拥有能量的人或物。例如运动中的车辆、机械的运动部件、带电的导体等，本身具有较大能量。

（4）一旦失控可能产生巨大能量的装置、设备、场所。一些正常情况下按人们的意图进行能量的转换和做功，在意外情况下可能产生巨大能量的装置、设备、场所。例如强烈放热反应的化工装置，充满爆炸性气体的空间等。

（5）一旦失控可能发生能量蓄积或突然释放的装置、设备、场所。正常情况下多余的能量被泄放而处于安全状态，一旦失控时发生能量的大量蓄积，其结果可能导致大量能量的意外释放的装置、设备、场所。例如各种压力容器、受压设备，容易发生静电蓄积的装置、场所等。

（6）危险物质。除了干扰人体与外界能量交换的有害物质外，也包括具有化学能的危险物质。具有化学能的危险物质分为可燃烧爆炸危险物质和有毒、有害危险物质两类。前者指能够引起火灾、爆炸的物质，按其物理化学性质分为可燃气体、可燃液体、易燃固体、可燃粉尘、易爆化合物、自燃性物质、忌水性物质和混合危险物质8类；后者指直接加害于人体，造成人员中毒、致病、致畸、致癌等的化学物质。

（7）生产、加工、储存危险物质的装置、设备、场所。这些装置、设备、场所在意外情况下可能引起其中的危险物质起火、爆炸或泄漏。例如炸药的生产、加工、储存设施，化工、石油化工生产装置等。

（8）人体一旦与之接触将导致人体能量意外释放的物体。物体的棱角、工件的毛刺、锋利的刃等，一旦运动的人体与之接触，人体的动能意外释放而遭受伤害。

3. 第一类危险源危害后果的影响因素

第一类危险源的危险性主要表现为导致事故而造成后果的严重程度方面。第一类危险源危险性的大小主要取决于以下几方面情况。

（1）能量或危险物质的量。第一类危险源导致事故的后果严重程度主要取决于事故时意外释放的能量或危险物质的多少。一般来说，第一类危险源拥有的能量或危险物质越多，则事故时可能意外释放的量也多。当然，有时也会有例外的情况，有些第一类危险源拥有的能量或危险物质只能部分地意外释放。

（2）能量或危险物质意外释放的强度。能量或危险物质意外释放的强度是指事故发生时单位时间内释放的量。在意外释放的能量或危险物质的总量相同的情况下，释放强度越大，能量或危险物质对人员或物体的作用越强烈，造成的后果越严重。

（3）能量的种类和危险物质的危险性质。不同种类的能量造成人员伤害、财物破坏的机理不同，其后果也很不相同。危险物质的危险性主要取决于自身的物理、化学性质。燃烧爆炸性物质的物理、化学性质决定其导致火灾、爆炸事故的难易程度及事故后果的严重程度。工业毒物的危险性主要取决于其自身的毒性大小。

（4）意外释放的能量或危险物质的影响范围。事故发生时意外释放的能量或危险物质的影响范围越大，可能遭受其作用的人或物越多，事故造成的损失越大。例如，有毒有害气体泄漏时可能影响到下风侧的很大范围。

4. 第二类危险源分析

在企业生产过程中，为了利用能量，让能量按照人们的意图在生产过程中流动、转换和做功，就必须采取屏蔽措施约束、限制能量，即必须控制危险源。约束、限制能量的屏蔽应该能够可靠地控制能量，防止能量意外地释放。然而，实际生产过程中绝对可靠的屏蔽措施并不存在。在许多因素的复杂作用下，约束、限制能量的屏蔽措施可能失效，甚至可能被破坏而发生事故。导致约束、限制能量屏蔽措施失效或破坏的各种不安全因素称作第二类危险源，它包括人、物、环境3个方面的问题。

人的因素问题主要是人的不安全行为和人失误。不安全行为一般指明显违反安全操作规程的行为，这种行为往往直接导致事故发生。例如，不断开电源就带电修理电气线路而发生触电等。人失误是指人的行为的结果偏离了预定的标准。例如，合错了开关使检修中的线路带电，误开阀门使有害气体泄放等。人的不安全行为、人失误可能直接破坏对第一类危险源的控制，造成能量或危险物质的意外释放；也可能造成物的因素问题，物的因素问题进而导致事故。

物的因素问题可以概括为物的不安全状态和物的故障（或失效）。物的不安全状态是指机械设备、物质等明显地不符合安全要求的状态。例如没有防护装置的传动齿轮、裸露的带电体等。在我国的安全管理实践中，往往把物的不安全状态称作“隐患”。物的故障（或失效）是指机械设备、零部件等由于性能低下而不能实现预定功能的现象。物的不安全状态和物的故障（或失效）可能直接使约束、限制能量或危险物质的措施失效而发生事故。例如，电线绝缘损坏发生漏电，管路破裂使其中的有毒有害介质泄漏等。有时一种物的故障可能导致另一种物的故障，最终造成能量或危险物质的意外释放。例如，压力容器的泄压装置故障，使容器内部介质压力上升，最终导致容器破裂。物的因素问题有时会诱发人的因素问题，人的因素问题有时会造成物的因素问题，实际情况比较复杂。

环境因素主要指系统运行的环境，包括温度、湿度、照明、粉尘、通风换气、噪声和振动等物理环境，以及企业和社会的软环境。不良的物理环境会引起物的因素问题或人的因素问题。例如，潮湿的环境会加速金属腐蚀而降低结构或容器的强度；工作场所强烈的噪声影响人的情绪，分散人的注意力而发生人失误；企业的管理制度、人际关系或社会环境影响人的心理，可能造成人的不安全行为或人失误。

第二类危险源往往是一些围绕第一类危险源随机发生的现象，它们出现的情况决定事故发生的可能性。第二类危险源出现得越频繁，发生事故的可能性越大。

5. 危险源与事故发生的关联性

一起事故的发生是两类危险源共同起作用的结果。第一类危险源的存在是事故发生的前提，没有第一类危险源就谈不上能量或危险物质的意外释放，也就无所谓事故。另外，如果没有第二类危险源破坏对第一类危险源的控制，也不会发生能量或危险物质的意外释放。第二类危险源的出现是第一类危险源导致事故的必要条件。

在事故的发生、发展过程中，两类危险源相互依存、相辅相成。第一类危险源在事故时释放出的能量是导致人员伤害或财物损坏的能量主体，决定事故后果的严重程度；第二类危险源出现的难易决定事故发生的可能性的大小。两类危险源共同决定危险源的危险性。第二类危险源的控制应该在第一类危险源控制的基础上进行。与第一类危险源的控制相比，第二类危险源是一些围绕第一类危险源随机发生的现象，它们的控制更困难。

五、危险源的控制管理

1. 危险源控制途径

危险源的控制可从 3 方面进行，即技术控制、人行为控制和管理控制。

（1）技术控制。技术控制即采用技术措施对固有危险源进行控制，主要技术有消除、控制、防护、隔离、监控、保留和转移等。

（2）人行为控制。人行为控制即控制人为失误，减少人不正确行为对危险源的触发作用。人为失误的主要表现形式有：操作失误、指挥错误、不正确的判断或缺乏判断、粗心大意、厌烦、懒散、疲劳、紧张、疾病或生理缺陷、错误使用防护用品和防护装置等。人行为的控制首先是加强教育培训，做到人的安全化；其次应做到操作安全化。

（3）管理控制。管理控制可采取以下管理措施，对危险源实行控制。

1）建立健全危险源管理的规章制度。危险源确定后，在对危险源进行系统危险性分析的基础上建立健全各项规章制度，包括岗位安全生产责任制、危险源重点控制实施细则、安全操作规程、操作人员培训考核制度、日常管理制度、交接班制度、检查制度、信息反馈制度、危险作业审批制度、异常情况应急措施、考核奖惩制度等。

2）明确责任、定期检查。应根据各危险源的等级分别确定各级的负责人，并明确他们应负的具体责任。特别是要明确各级危险源的定期检查责任。除了作业人员必须每天自查外，还要规定各级领导定期参加检查。对于重点危险源，应做到公司总经理（厂长、所长等）半年一查，分厂厂长月查，车间主任（室主任）周查，工段、班组长日查。对于低级别的危险源也应制定出详细的检查安排计划。

对危险源的检查要对照检查表逐条逐项，按规定的方法和标准进行检查，并作记录。如发现隐患则应按信息反馈制度及时反馈，促使其及时得到消除。凡未按要求履行检查职责而导致事故者，要依法追究其责任。规定各级领导人参加定期检查，有助于增强他们的安全责任感，体现管生产必须管安全的原则，也有助于重大事故隐患的及时发现和得到解决。专职安技人员要对各级人员实行检查的情况定期检查、监督并严格进行考评，以实现管理的封闭。

3）加强危险源的日常管理。要严格要求作业人员贯彻执行有关危险源日常管理的规章制度。搞好安全值班、交接班，按安全操作规程进行操作；按安全检查表进行日常安全检查；危险作业经过审批等。所有活动均应按要求认真做好记录。领导和安技部门定期进行严格检查考核，发现问题及时给以指导教育，根据检查考核情况进行奖惩。

4）抓好信息反馈、及时整改隐患。要建立健全危险源信息反馈系统，制定信息反馈制度并严格贯彻实施。对检查发现的事故隐患，应根据其性质和严重程度，按照规定分级实行信息反馈和整改，做好记录，发现重大隐患应立即向安技部门和行政第一领导报告。信息反馈和整改的责任应落实到人。对信息反馈和隐患整改的情况各级领导和安技部门要进行定期考核和奖惩。安技部门要定期收集、处理信息，及时提供给各级领导研究决策，不断改进危险源的控制管理工作。

5）搞好危险源控制管理的基础建设工作。危险源控制管理的基础工作除建立健全各项规章制度外，还应建立健全危险源的安全档案和设置安全标志牌。应按安全档案管理的有关内容要求建立危险源的档案，并指定专人专门保管，定期整理。应在危险源的显著位置悬挂安全标志牌，标明危险等级，注明负责人员，按照国家标准的安全标志表明主要危险，并扼要注明防范措施。

6）搞好危险源控制管理的考核评价和奖惩。应对危险源控制管理的各方面工作制定考核标准，并力求量化，划分等级。定期严格考核评价，给予奖惩并与班组升级和评先进结合起来。逐年提高要求，促使危险源控制管理的水平不断提高。

2. 危险源（点）的分级管理

目前，许多企业推行危险源（点）分级管理，收到了良好的效果。增强了各级领导的安全责任感，提高了作业人员的安全意识、安全知识水平和预防事故的能力，加强了企业安全管理的基础工作，提高了危险源点的整体控制水平。

所谓危险源（点），是指包含第一类危险源的生产设备、设施、生产岗位、作业单元等。在安全管理方面，危险源（点）分级管理注重对这些危险源“点”的管理。

危险源（点）分级管理是系统安全工程中危险辨识、控制与评价在生产现场安全管理中的具体应用，体现了现代安全管理的特征。与传统的安全管理相比较，危险源（点）分级管理有以下特点。

（1）体现“预防为主”。危险源（点）分级管理的基础是危险源（点）辨识和评价，它以一系统安全分析和危险性评价作为基本手段，对隐含在危险源（点）中的潜在不安全因素进行识别、分析、评价，找出危险源（点）控制方面需要特别加强的地方，提前采取措施把不安全因素消灭在萌芽阶段，从而大大提高了安全管理的主动性、科学性和有效性。

（2）全面系统的管理。危险源（点）分级管理是把整个危险源（点）作为一个完整的系统，它通过对有关的人员、设备、环境、信息等诸要素的综合管理取得危险源（点）控制的最佳效果。对系统整体安全目标的追求势必导致对各管理要素提出更高的要求，从而有助于实现安全管理的标准化、规范化和科学化。

（3）突出重点的管理。企业中存在着大量的危险源（点），每个危险源（点）都有发生事故的可能性。但是，不同的危险源、不同的危险点发生事故的危险性是不同的，安全管理工作应该把管理、控制重点放到发生事故频率高、事故后果严重的危险源（点）上。

根据危险源（点）危险性大小对危险源（点）进行分级管理，可以突出安全管理的重点，把有限的人、财、物力集中起来解决最关键的安全问题。抓住了重点也可以带动一般，推动企业安全管理水平的普遍提高。

第二节 重大危险源（点）辨识在煤矿生产中的应用

我国现在国有重点井工煤矿大多数属于瓦斯矿井，其中高瓦斯矿井和突出矿井占全国矿井总数的44%。瓦斯给煤矿生产带来极大的危害，尤其是瓦斯爆炸事故和突出事故，在煤矿重大事故中占有很大的比重。新中国成立以来，我国煤矿发生一次死亡50人以上的特大事故有26起，其中瓦斯煤尘事故有24起，占92.3%。因此，预防、控制瓦斯爆炸事故，是实现煤矿安全生产的关键。

一、对瓦斯爆炸事故规律的认识

瓦斯是与煤同时生成的，并存储于煤层和围岩之中，有煤的地方一般都有瓦斯。瓦斯是无色无味、看不见、摸不着、闻不出的气体，是煤矿井下各种有毒有害气体的总称，其中甲烷占的比例最大、造成的灾害最多。

1. 瓦斯主要危害

瓦斯主要有四大危害：一是瓦斯可以燃烧，能导致矿井火灾事故；二是瓦斯达到一定浓度时能导致爆炸事故；三是瓦斯浓度过高时，能使空气中的氧气浓度过低，导致人员缺氧窒息、死亡；四是在有些矿井，高压瓦斯能引起煤与瓦斯突出，导致伤亡事故发生。

2. 瓦斯爆炸所产生的危害

瓦斯爆炸所产生的危害主要表现为：

(1) 瓦斯爆炸时能产生大量的热，使附近温度升高。在一般正常风流中，瓦斯爆炸最高温度可达1850℃。在盲巷爆炸时，温度高达2500℃以上，所以能造成大量人员烧死、烧伤，并可能引起矿井火灾。

(2) 瓦斯爆炸时的气体温度很高，产生很大压力，形成很大的冲击波，开始时向外直接冲击。而后向内反冲击，造成人体支离破碎，还可能引起瓦斯连续爆炸，并扬起巷道内沉积的煤尘，使之参与爆炸。

(3) 瓦斯爆炸时产生大量有毒有害气体，主要是一氧化碳气体，人们吸入后短时间内就会中毒死亡。

(4) 瓦斯爆炸还可能破坏通讯、运输等系统和各类设施，诱发巷道冒顶，造成更大的危害。

3. 对瓦斯爆炸触发因素的认识

瓦斯爆炸事故的发生，主要来自瓦斯积聚超限的异常状态、引爆火源产生的异常状态，以及瓦斯、引爆火源、空气中氧气三者异常结合。因此，瓦斯爆炸也需要同时具备3个条件：一是要有瓦斯源的存在，瓦斯源的浓度在5%～16%；二是要有引爆的火源存在；三是要有足够的氧气参与爆炸反应，一般是空气中氧气浓度在11%以上。预防、控制瓦斯爆炸事故，首先应从认识掌握瓦斯积聚超限和引爆火源产生的规律着手。

(1) 能导致瓦斯积聚超限的原因

1) 瓦斯积聚超限首先来自自身的存在。例如，煤层中的瓦斯含量高，这样瓦斯相对涌出量就大；地质构造复杂，能形成瓦斯窝；盲巷、采煤面上隅角、局部采空区等容易使瓦斯积聚超限。

2) 管理不善能导致瓦斯积聚。例如，瓦斯抽放不好、抽放条件恶劣、抽放时间短、抽放量小以及开采程序、巷道布置、采掘方法不合理，均能导致瓦斯积聚超限。

3) 通风不良能导致瓦斯积聚超限。例如，由于通风系统不健全不合理，随意停开或停电停风，局部通风设置，串联风、循环风；通风网络混乱，风门经常打开，造成风流短路，出现零点通风、倒流风等。

4) 瓦斯检测失控。例如，由于瓦斯检测人员数量不足而漏检和失职未检，不能及时发现瓦斯积聚，因而不能及时排除瓦斯，导致瓦斯积聚超限。

(2) 能致使引爆火源产生的原因

1) 瓦斯源附近有自然发火。

2) 井下使用电、火焊及抽烟等产生的明火。

3) 电气设备不防爆，电缆明接头等能产生电火花。

4) 放炮不装水炮泥，放明炮、糊炮，火药倒掉消燃物，放炮时打筒等均能产生火花。

5) 化纤衣料、非抗静电风筒、电缆等能产生静电火花。

6）各种机械或胶带摩擦能产生火花。

7）拆卸、敲打矿灯能产生火花。

8）金属支架撞击能产生火花。

二、危险源控制基本原则

危险源控制的基本原则，主要有消除优先原则、降低风险原则、个体防护原则。

1. 消除优先原则

首先考虑通过合理的设计和科学的管理，尽可能从根本上消除危险源，实现本质安全。如采用无害工艺技术、生产中以无害物质代替有害物质、实现自动化、遥控技术等。

2. 降低风险原则

若无法从根本上消除危险源，其次考虑降低风险。采取技术和管理措施，努力降低伤害或损坏发生的概率或潜在的严重程度。

3. 个体防护原则

在采取消除或降低风险措施后，还不能完全保证作业人员的安全健康时，最后考虑个体防护设备，作为补充对策。如穿戴特种劳动防护用品等。

三、对瓦斯爆炸事故的预防与控制

为了从本质上超前预防、控制瓦斯爆炸事故的发生，要重点抓好以下四个具有相互联系的环节。

1. 强化对瓦斯的安全管理， 预防、 控制瓦斯积聚超限

最大限度地抽放瓦斯，从根本上消除瓦斯爆炸的物质源。抽出开采层、邻近层和采空区等瓦斯源中的瓦斯，减少矿井、采区和工作面瓦斯涌出，是超前预防、控制瓦斯爆炸事故的根本措施。

2. 建立和健全可靠的通风系统

建立和健全可靠的通风系统，保证全矿井和工作面有足够的风量。强化通风的安全管理，保证工作面有足够的风量稀释瓦斯和驱散涌出的瓦斯，是防止瓦斯积聚超限、控制爆炸事故的最基本、最有效的措施。因此，每一矿井必须有完备的独立的通风系统，而且要可靠、合理，按规定供给足够的风量。

在瓦斯矿井中，采煤工作面和回风道都要采用上行风。掘进工作面采用局扇通风，禁止采用扩散通风，并要保证正常运转，不准循环风和串联风。采空区密闭、风门及各种通风构筑物，应符合质量标准，设施位置要适当，并加强维修管理，以防漏风。

防止瓦斯积聚措施，除采用常用的风筒接头断开调风法、三通风筒调风法外，目前还研制出旋流风筒、压风引射器、自控排瓦斯装置、自控局面通风安全排放瓦斯装置等。例如，旋流风筒用于防止掘进工作面积聚瓦斯，自控排瓦斯装置用于排放巷道内的瓦斯。

3. 建立矿井瓦斯监测系统

建立矿井瓦斯监测系统，发现并改变瓦斯积聚超限的异常状态。运用安全技术装备和瓦斯检测人员对矿井和工作面的瓦斯进行监测，做到及时发现并及时改变瓦斯积聚超限的异常状态，使之达到安全要求，是控制瓦斯爆炸事故的两种重要措施。

（1）在高瓦斯矿井安装瓦斯爆炸危险监控仪，对掘进巷道瓦斯、粉尘的异常状态进行监控，是预防、控制瓦斯爆炸事故的安全技术措施。该装置是由爆炸危险监测仪、瓦斯浓度传感器、粉尘浓度传感器、火焰传感器、声光报警器、断电仪、自动抑爆装置及监控软件组成。其功能是声光报警、断电和扑灭火焰；抑爆距离 4～10 m，并可抑制瓦斯燃烧、爆炸，还可以就地扑灭火源。

（2）严格瓦斯检查与管理制度。对矿井和工作面瓦斯进行检查，是瓦斯管理的具体内容，是能直接及时发现瓦斯异常的重要组织措施。因此，每一矿井都必须按规定配备足够的瓦斯检查人员，并要严格执行有关规定，切实做好日常生产过程中的瓦斯检查，做到及时发现并及时改变瓦斯积聚超限的异常状态，从而控制瓦斯爆炸事故的发生。

4. 强化引爆火源的安全管理

强化引爆火源的安全管理，超前预防、控制由于引爆火源的异常产生而导致的爆炸事故。

（1）强化矿井用火的安全管理，严防各种明火导致的瓦斯爆炸事故。例如，在井下严禁带入火种、吸烟和用灯泡取暖；井口房、扇风机房和瓦斯泵房及附近 20 m 不准有明火和用火炉取暖，井下和井口房内不准进行电焊、气焊和使用喷灯焊接作业等，如需要时必须严格执行报批手续。

（2）强化矿井用电的安全管理，严防电火花导致的瓦斯爆炸事故。例如，井下的电气设备、工具必须防爆，并做好日常维护，保持良好的防爆性能，井下电缆接头不准有明接头、羊尾巴、鸡爪子，电缆不容许漏电，并要装设漏电保护器；维修井下电气设备时必须停电作业等。

（3）强化井下放炮的安全管理，严防爆破火焰导致的瓦斯爆炸事故。例如，井下火药、雷管要严格管理；井下放炮必须用安全炸药，不合格或变质炸药不准使用；打眼、装药、封泥必须按规程进行；严格执行“一炮三检”制度，不准放糊炮、明炮等。

（4）强化机械摩擦和金属撞击的安全管理，严防撞击火花导致的瓦斯爆炸事故。例如不能在通风不良的地点使用能产生撞击火花的金属物体和开动机械；瓦斯超限区抢险救灾要用专用工具；对采掘机截割部件进行处理，要采取喷雾降温措施等。另外，井下必须使用合格矿灯，如遇特殊情况，矿灯熄灭或损坏，绝对不准在井下打开电池盒或拧灯头进行修理，也不能敲打灯头和电池盒。

（5）强化静电安全管理，严防静电火花导致的瓦斯爆炸事故。例如，严禁穿化纤衣服下井；井下要使用抗静电风筒、电缆和橡胶塑料制品；普通塑料、橡胶人造革不能用于井下。

5. 强化安全生产检查

强化安全生产检查，及时发现和改变异常状态，控制瓦斯爆炸事故的发生。加强防止瓦斯爆炸事故的安全检查，要侧重检查人们在井下作业中，违章把火种带入井下，作业人员在井下抽烟，违章用电、违章放炮、违章敲打矿灯等具有导致瓦斯爆炸事故的异常行为；另外要侧重检查瓦斯抽放、通风管理、瓦斯监测、电气设备防爆，以及各种火

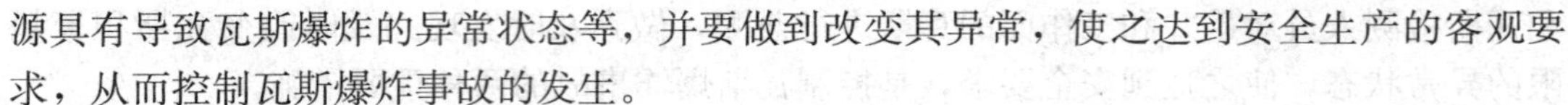

源具有导致瓦斯爆炸的异常状态等，并要做到改变其异常，使之达到安全生产的客观要求，从而控制瓦斯爆炸事故的发生。

6. 强化安全教育

强化安全教育，提高领导干部和作业人员对瓦斯爆炸事故规律性的认识。要对从事煤矿井下作业人员开展经常性的安全宣传教育和专业安全技术培训，使其认识掌握瓦斯爆炸事故的规律和危害，牢固树立安全思想和具有预防、控制瓦斯爆炸事故的能力，并要严格贯彻执行煤矿安全规程，做到有法必依、执法必严、违法必究，当发现自身或他人有违章作业的异常行为，或发现瓦斯积聚超限的异常状态时，要及时加以改变，使之达到安全要求，从而超前预防、控制瓦斯爆炸事故的发生。

第三节　煤矿企业事故隐患治理经验与做法

煤矿生产具有很大的危险性，属于典型的危险性作业，易发生人员伤亡事故，尤其是重特大伤亡事故。在煤矿安全生产管理中，有的煤矿企业把开展群众性事故隐患排查治理活动，与企业的安全管理工作融合在一起，采取“三级隐患排查”“两级安全确认”等方式，取得了良好的成效。从实际效果来看，通过开展群众性事故隐患排查治理活动，职工的安全责任意识和工作积极性得到明显提高，对提升企业安全管理水平起到了有力的推动作用。

一、淮南矿业集团分阶段有效治理高瓦斯煤田的做法

淮南矿业（集团）有限责任公司是由原淮南矿务局改制而成的国有独资公司，位于华东经济区腹地安徽省淮南市，是全国500家大型企业集团和安徽省12家国有重点骨干企业之一，以煤炭、电力、房地产为主业，兼营机械、化工、环境开发等。淮南矿区是全国13个亿吨级煤炭生产基地和6个大型煤电基地之一，被列为全国煤矿瓦斯治理先进单位，现有生产矿井13对，年煤产量7 100万t，资产总额1 280亿元人民币，在职员工8.4万人。

淮南矿业集团所在的淮南煤田，是全国典型的高瓦斯煤田和瓦斯治理难度最大的矿区之一，矿区瓦斯储量高达6 000亿m^3。淮南煤矿历史上也是瓦斯事故重灾区，曾经发生过十几起重特大瓦斯事故。在血的教训面前，淮南矿业集团痛下决心，着眼于长远，立足于根本，实现瓦斯的根本治理。

淮南矿业集团瓦斯治理分3个阶段。1998—2002年为初步治理阶段，重特大瓦斯事故被初步遏制住。2003年和2004年为基本治理阶段，杜绝了重特大事故和因瓦斯突出造成的死亡事故，百万吨死亡率由4.01锐减到0.46，比前10年降低近10倍。从2005年到2007年，进入瓦斯根本治理阶段。目标是：到2007年，百万吨死亡率降到0.1。杜绝重特大瓦斯事故，建成本质安全型煤矿；瓦斯抽采率达到60%以上，安全监控和瓦斯灾害预警技术实现信息化、数字化、智能化；矿井热害治理工作面温度降低100℃左右；矿压灾害减少50%以上；瓦斯治理达到国内一流、国际先进水平。

淮南矿业集团分阶段有效治理高瓦斯煤田的主要做法如下。

1. 没有高投入就没有瓦斯事故的有效控制

投入是瓦斯治理的物质基础，没有高投入就没有瓦斯事故的有效控制。3 年来，淮南矿业集团投入大量资金，对现有生产矿井进行全面技术改造，简化生产系统，更新采掘装备，减少管理层次，撤区并队，减头缩面，实行集中合理生产，采煤机械化程度达到 80%，掘进机械化程度达到 70%，使生产力水平与瓦斯治理全面协调。1998—2000 年，在欠发职工 21 个月工资 4.2 亿元的特殊困难时期，咬紧牙关，对安全加大投入，集中进行瓦斯治理。2002—2004 年，逐年加大投入，科技部、国家煤监局“十五”科技攻关项目专款 1 410 万元；省政府批准吨煤提取 10 元安全专项基金，共提取 7 亿多元；此外，直接进成本 8.4 亿元。安全专项资金的投入方向，主要是通风、抽采、防突、监测监控、防火、防尘 6 大系统。目前矿区共有 20 对风井系统，通风机 44 台，高效对旋局扇 240 台。装备 10 套地面永久抽采系统，抽采泵 24 台，移动抽采泵 160 台，钻机 140 余台，井下抽采干管 15 万 m。配备监控主机 20 套，网络终端 50 套，分站 233 台，接入各类传感器 1 146 个，断电控制器 413 个，监控系统在全矿区实现了联网。各矿都建立了完备的防、灭火灌浆系统。有些矿还建立了地面永久防火注氮系统和局部降温系统。

2. 职工素质是瓦斯治理的根本保证

职工素质是瓦斯治理的根本保证。治理瓦斯的目的是以人为本，保护生命；治理瓦斯的工作也要以人为本，提高素质。没有高素质的职工，就不能保证高瓦斯矿井的安全生产。

公司领导班子成员现有 11 人，硕士生 6 人，平均年龄 47 岁。9 名副总工程师均为高级职称，平均年龄 44 岁。矿和区队管理人员分别为 96 人和 1 600 人，大专以上学历分别为 96%和 55%。公司设立了瓦斯地质管理研究院，34 名工作人员，高级职称 21 名。公司和矿增配地测、通风副总工程师，增强安全机构，配足安全人员。“一通三防”队伍进行有序更换，先后淘汰 600 人，充实 2 000 人，总量达到 6 900 人，最低文化程度达到技校毕业。在千方百计引进人才的同时，公司还开办高级职业技术学院，编写有淮南煤矿特色的教材，3 年来共投入数千万元，自主培养了 5 000 人充实井下一线，杜绝未受专业教育人员进入职工队伍。公司安监局也设立了安全培训处，建立 5 级培训网络，抓好日常培训。

3. 科学技术是瓦斯治理的有效手段

科学技术是瓦斯治理的有效手段。每一类重大瓦斯灾害的有效防治，都离不开技术先导的关键作用。淮南矿业集团紧紧抓住瓦斯抽采关键技术进行突破，建立了钻孔和巷道为主的瓦斯抽采技术体系。完善工作面上隅角抽采技术，试验回风巷穿层孔抽采技术、地面钻孔抽采采空区技术、深孔预裂爆破增透技术和水力钻进工艺，创新顺层抽采技术。同时建立了综合防突技术体系，开展了区域预测和连续预测技术研究，编制了防突预测图，提前预警非突出煤层转化为突出煤层。集团每年拿出数千万元的资金，与大专院校和国内外科研机构合作，进行瓦斯治理技术攻关，先后完成了 17 个研究课题，研制出新产品、新装备 18 项，新技术、新工艺 30 项。其中，获得国家专利 5 项、国家科技进步二等奖 4 项，省部级科学技术奖 17 项。

4. 管理是瓦斯治理的重点

管理是瓦斯治理的重点。煤矿带有半军事化特点，管理必须从严、精细，彻底改变煤矿长期存在的粗放管理状况。公司重点抓同级副职、机关部门和各矿安全责任制的落实。矿长、安监处长就安全工作每月向公司书面述职一次。公司每季度对矿井进行一次安全评价，矿长、党委书记、总工程师和安监处长半年进行一次安全责任考评，对不合格的干部及时调整。领导干部下井带班作业，规定矿长、总工程师每月下井不少于20次，分管安全生产工作的副职不少于22次，机关安全生产部室正职不少于10次。持续开展安全打假，对瞒报瓦斯，虚报抽采量、钻孔进尺和岩巷进尺等安全作假行为，严厉惩处。2002年以来，共处理副处级以上安全失职干部31人。对瓦斯重大敏感问题，公司机关一竿子插到底，管到头面。每天早上公司调度会，调度牌板发布瓦斯超限和防突、无计划停电等信息。每周解剖一个矿的“一通三防”工作，循环往复，随时整改。坚持执行瓦斯超限分级追查处理制度，现场瓦斯异常情况实时监控制度，瓦斯治理“一矿一策”“一面一策”制度，瓦斯治理工程“两同时一超前”制度，班队长“一通三防”持证上岗制度，实施两月一次的“一通三防”专题例会制度。完善瓦斯监测监控系统，完成安全生产短消息发布系统等应用项目。质量标准化建设走向精细化，严把毫米关。

5. 综合利用是瓦斯治理的最终环节

综合利用是瓦斯治理的最终环节。利用瓦斯，保护资源，又保护环境。以抽保用，以用促抽，逐步走向良性循环。

在国家有关部门和安徽省的支持下，淮南矿区已被列为全国13个大型煤炭生产基地和6个煤电基地之一。2004年，国家发改委批准了淮南矿业集团总体开发规划，煤炭资源量300亿t，“皖电东送”送往沪、浙、苏，“十二五”期间最终送出1 000万kW。连同坑口电厂，总规模达到2 000万kW。

在未来的几年内，淮南矿业集团将再次加大安全资金投入，全力以赴打赢决定性的攻坚战，实现瓦斯治理水平达到国内一流、国际先进水平，建成本质安全型煤矿。

二、张家口煤矿建立安全管理流程排查治理事故隐患的做法

张家口矿业集团有限公司位于张家口市下花园区，组建于2007年3月，是河北冀中能源集团的子公司。该矿业集团主要是以矿产开发、利用、科研为一体的国有煤炭企业，集团下属宣东矿、康保矿等6个生产矿区，主营业务有煤炭生产、煤炭洗选加工、金属材料、建筑材料、橡胶制品、煤砖产品、化工产品、机械设计与制造、矿用产品的生产销售等，现有职工11 400名。

近年来，张家口矿业集团公司始终坚持“安全第一，预防为主，综合治理”的安全生产方针，为了从源头上防止安全生产事故发生，实现全员、全方位、全过程的安全管理，公司从2005年10月开始对煤矿事故隐患排查进行探索研究，制定出“煤矿三级事故隐患排查治理管控体系”，建立了一套完整、严密、闭合的安全管理流程，形成了隐患排查治理长效机制。

张家口煤矿建立安全管理流程排查治理事故隐患的主要做法如下。

1. 针对存在问题，建立煤矿三级事故隐患排查治理管控体系

张家口矿业集团针对煤矿隐患排查治理工作开展不扎实、不到位和事故隐患防控能

力不足等问题，根据事故轨迹交叉理论，人的不安全行为（人）、物的危险状态（机）、环境的恶化（环境）称为直接隐患；管理的缺陷（管理）称为间接隐患，其中环境的不安全状态在煤矿井下难以消除；物的不安全状态（例如：设备）可以消除；人的不安全行为可以采用制度规范、培训教育等方法消除或避免。由于事故的发生是人的不安全行为与物和环境的不安全状态交叉后酿成的，由此张家口矿业集团经多方研究、实践运行、分析提炼，总结出了集团公司、煤矿、区队相互监督、相互制约的“煤矿三级事故隐患排查治理管控体系”，概括为“44541”：在隐患管理方面建立“四个体系”；在隐患排查治理中坚持“四个报告”；在隐患治理过程中确立“五定”原则；在治理措施上落实“四项措施”；事故隐患排查治理体现“一个一”。

“44541”的具体内容如下：

（1）在隐患管理方面建立“四个体系”。安全管理责任体系、安全监督检查体系、安全责任追究体系、安全管理制约体系。

（2）在隐患排查治理中坚持“四个报告”。隐患排查治理报告、隐患监督检查报告、隐患治理验收报告和月度安全评价报告，4 个报告分别对应 4 个体系。

（3）在隐患治理过程中确立“五定”原则。定项目（具体隐患）、定负责人、定措施、定时间、定资金。项目、负责人、措施、时间、资金，这是隐患排查治理工作的五大要素，缺一不可。

（4）在治理措施上落实“四项措施”。隐患治理的安全技术措施、治理过程中的安全保证措施（包括应急措施）、强制执行措施、操作人员的专业技能培训措施。

（5）在隐患的排查治理体现“一个一”。“安全第一，预防为主，综合治理”的安全生产方针。

2. 在隐患管理方面建立“四个体系”

张家口矿业集团在推行“煤矿三级事故隐患排查治理管控体系”时，在隐患管理方面建立“四个体系”：安全管理责任体系、安全监督检查体系、安全责任追究体系、安全管理制约体系。四个体系明确了隐患排查治理的责任，建立了督促隐患排查治理的机构，形成了隐患排查治理的约束机制，确立了责任追究的依据。

（1）安全管理责任体系的含义与内容

1）安全管理责任体系的含义。①从集团公司、部门，到矿井、区队、班组，每一级都有明确的安全管理责任，由下至上逐级负责。②从集团公司领导、管理人员到每一位职工，每一个岗位都有排查治理隐患的责任，并对本岗、本职的安全工作负责。③强化安全第一、生产第二，管生产必须管安全的理念，要做到管生产必须管隐患排查治理。生产现场的隐患排查治理工作首先是生产管理人员和职工的职责，安全管理部门的首要责任是监督、检查隐患排查治理工作的落实执行情况。

2）安全管理责任体系的内容。①单人操作岗位要对岗位安全状况进行确认，集中生产作业场所由班组长负责本班的隐患排查治理，交班后提交隐患排查治理表；跟班区长要对单人岗和流动作业人员进行巡查，排查“三违”等不安全因素，并提交当班的巡查记录。②当班排查出来的隐患问题和生产过程中的不安全因素，按治理权限，能够当班治理的必须治理解决，不能够及时治理的要上报到区队，由区队负责整改解决。③区队每天要对所辖范围内的生产地区、设备、设施、人员的安全状况和行为进行排查治理，并向矿安全监察部门提交每天的隐患排查治理报告；区队无法及时整改解决的事故隐患，要按照“五定原则”，制定“四项措施”，上报到矿级主管部门。④矿级接到上报事故隐患，由矿级领导或部门提出整改限期，并派出专职或兼职安监员负责专盯，安监员要提交专盯报告；矿无法及时治理完成的隐患，或者治理上有困难的，要上报到集团公司。⑤上报到集团公司的事故隐患，由集团公司负责联合主管部门，组织相关专家，拿出整改方案协助矿解决。⑥所有的隐患治理完成后，矿或集团公司安监部门要进行验收，并提交验收报告。

（2）安全监督检查体系的含义与内容

1）安全监督检查体系的含义。①集团公司总经理负责监督检查各副总经理、集团公司各部门、各矿的隐患排查治理情况。②主管副总经理监督检查本专业隐患排查治理情况和部门工作完成情况。③集团公司业务部门负责监督检查所辖专业范围内的隐患排查治理完成情况。④矿级领导负责监督检查本矿各部门和区队，矿级职能部门对区队监督检查，区队监督检查班组。

2）安全监督检查体系的内容。①集团公司安全监察部全面负责各矿的隐患排查治理监督检查工作，包括隐患排查情况，治理情况，档案的建立，资料的整理、分类、汇总、上报等情况。②各矿安全管理部门全面负责本矿的隐患排查治理监督检查，检查区队对隐患的排查治理情况，负责对隐患治理情况的验收，并及时把区队上报的隐患分类整理，汇总上报。③每一级漏查、漏报了隐患或者对存在的隐患不积极整改治理的，都由上一级监督检查，促进整改，并进行处罚。

（3）安全责任追究体系含义与内容

1）安全责任追究体系含义。①按照三级事故隐患排查治理办法要求，以人查事，以事查人，逐级追究责任。②对责任人既有经济责任追究，又包括行政责任追究。

2）安全责任追究体系的内容。①隐患排查治理过程中哪一级漏查漏报了隐患，或者查出了隐患不积极治理的，就要由上级对下级进行责任追究；由于隐患治理不到位而造成事故的，要根据事故发生的原因，从下向上一级一级地追查。②通过对人员的追查来查找责任，查清哪一级人员对所负责的工作没有落实到位；又通过事反过来一级一级查找责任人。

（4）安全管理制约体系含义与内容

1）安全管理制约体系含义。保证管理人员和职工都能自觉履行职责的最好方法就是建立制约体系。①各级管理人员及职工排查出的隐患都有义务和责任上报，不上报的就要追究责任；下一级上报的隐患，上一级必须给出治理措施，否则就是失职。②下级对上级给出的隐患治理措施发现不切合实际的，有责任提出异议，及时上报；上级有责任督促下一级及时治理隐患，对有意延误的，有权给予处罚。

2）安全管理制约体系的内容。对于某一项具体隐患，有多个层面的责任人在按照各自的体系承担责任，哪个层面缺失，就会被其他层面发现，形成了多层面的制约机制。

3. 在隐患排查治理中需要坚持的相关事项

（1）在隐患排查治理中坚持“四个报告”。隐患排查治理报告、隐患监督检查报告、隐患治理验收报告和月度安全评价报告，四个报告分别对应四个体系。

1）隐患排查治理报告包括各级每日排查治理报告和月度隐患排查治理情况报告。班组长每班要对本班作业现场的隐患排查治理结果向井口、区（队）报告（报表），井口主任、区（队）长每天把所辖范围的隐患排查治理结果向矿井安全管理科报告（报表）。

2）跟班区长、副区长每班必须对单人操作岗位、流动作业人员进行巡查，并留有记录；矿井安全管理科将区队、井口每天的隐患排查治理资料收集、筛选、存档、上报，并把当日收集的隐患报告（报表）传送到矿有关业务科室和主管领导、分管领导，同时对排查治理过程中存在的问题提出整改意见。

3）集团公司安全监察部负责对隐患排查治理工作的组织协调管理。每旬通报隐患排查治理情况，提出整改意见，监督各矿井进行隐患排查治理工作。每月写出隐患排查治理情况报告，并实行专项检查，严格奖罚。

4）治理隐患时，实行安监员或兼职安监员监督制度，安监员或兼职安监员需要提交隐患治理监督检查报告。

5）排查出的隐患治理完成后，必须由上一级安全部门或业务主管部门组织验收，并提交验收报告。

6）矿井专业负责人，每月对本专业的安全状况进行评价，包含本专业的隐患排查治理内容在内，写出月度安全评价报告，并把评价报告报给集团公司安全监察部，公司安全副总经理进行审阅、批示。

（2）在隐患治理过程中确立“五定”原则。定项目（具体隐患）、定负责人、定措施、定时间、定资金。项目、负责人、措施、时间、资金，这是隐患排查治理工作的五大要素，缺一不可。提出“五定”，实际上是强调每一项隐患治理工作都必须将这五方面落到实处。

1）定项目，把每一个隐患当作项目去对待；

2）定责任人，明确隐患的具体负责人；

3）定措施，确定具体的“四项措施”；

4）定时间，确定隐患治理的开始与结束时间；

5）定资金，保证隐患治理所需资金。

（3）在治理措施上落实“四项措施”。隐患治理的安全技术措施、治理过程中的安全保证措施（包括应急措施）、强制执行措施、操作人员的专业技能培训措施。

1）安全技术措施，载明了治理工作的实施办法，也是具体治理的操作方案。包括隐患治理的施工时间、地点、影响范围；隐患治理前的准备工作；治理对象涉及的规格、规定、质量要求；隐患治理工作的实施工序；隐患治理工作过程中的操作技术要求等。

2）安全保证措施，对技术措施提出安全保证要求，同时明确了隐患治理的组织者、实施者、指导者和监督者，隐患治理的安全防护及注意事项等，是在安全技术措施基础上采取的保证措施。

3）强制执行措施，隐患治理过程中必须贯彻执行的措施，包括一些与本隐患治理过程看是无直接联系，其实有很大关联性的措施。进一步强化了隐患治理工作的执行力度，体现了隐患排查治理工作的严肃性。

4）操作人员的专业技能培训措施，每一项治理都会面临新情况和新问题，对操作人员的素质都会提出新要求，针对具体的隐患治理技术措施，对治理人员要进行专门的技能培训。

（4）隐患的排查治理体现“一个一”。“安全第一，预防为主，综合治理”的安全生产方针。

4. 推行煤矿三级事故隐患排查治理管控体系的效果

张家口矿业集团推行煤矿三级事故隐患排查治理管控体系以来，安全生产状况有了明显改观，干部、职工的安全责任明确了，开创了隐患人人自觉排查治理，安全措施人人自觉严格执行的良好局面。

（1）实行分级管理，保证了安全责任的层层分解和压力的逐级传递。确立了集团公司、煤矿、区队三级事故隐患排查治理管控体系，形成了一级抓一级，下一级对上一级负责的机制，把安全工作责任层层进行分解，压力逐级进行传递，充分调动全体人员参与到安全管理工作中，在生产过程中排查治理隐患，保证了隐患排查治理的及时全面。

（2）前追后究责任体系，促进了隐患排查治理工作深入落实。由集团公司到矿、到区队，对漏查隐患或隐患治理不认真、不及时等情况，一级一级追究责任。从职工到管理人员，哪一级没有把该负责的工作落实到位，都要受到处罚和追究，有力地促进了各项工作的落实。

（3）翔实的隐患认定标准，使隐患排查有据可依，确保了排查工作的全面及时。按照国家安全生产法律、法规，以及《煤矿安全规程》、国家行业标准的有关规定，融合企业自身的实际情况和安全质量标准化的相关要求，制定了涵盖采煤、掘进、机电、运输、通风和地测防治水 6 大专业的煤矿安全生产隐患认定标准。并把特殊生产工艺、人的行为因素、环境的安全状况、设备的完好情况、管理上存在的薄弱环节等，全部纳入事故隐患排查治理范围，为全面、准确地排查事故隐患奠定了坚实的基础。

（4）严密的治理程序，确保了隐患的消除和治理过程的安全。安全生产隐患排查出来后，当班能够治理整改的，要积极组织整改治理，治理难度较大或者短时间内无法治理的，要报区队进行治理；区队整改不了的，报矿进行治理；矿一时整改不了或治理存在困难的，报集团公司，由集团公司协助治理。对于治理难度较大、技术要求较强的隐患，严格执行“五定原则”，制定“四项措施”进行治理，并派安监员进行盯守，确保隐患及时治理消除和治理过程的安全。

（5）全面及时的信息反馈系统，为分析研究治理措施、超前控制防范隐患提出了可靠的依据。排查出的隐患，经过治理，消除了隐患的威胁。继而，各级管理人员通过排查治理工作反馈回来大量信息，深入分析，研究隐患发生、发展的规律，摸索治理和预防隐患的经验，制定科学、合理、切实可行的技术措施，从人、机、环境等各个方面改善生产现场条件，超前治理和防范，从源头上控制隐患的发生，实现“安全第一、预防为主”的目的。

（6）功能强大的计算机管理软件，为各级管理人员及时掌握隐患排查治理情况提供了便捷的途径。为进一步提高隐患排查治理工作水平，张家口矿业集团研发了计算机管理软件，建立了事故隐患排查治理信息平台，实现了信息电子化办公。各矿事故隐患排查治理信息通过登录信息平台，利用网络实现隐患上传、隐患查询、在线提示、责任纠察、领导批示、统计汇总、制度文件查询等功能。各级管理人员能够按照权限，履行对隐患的认定、审查和批示的职责。通过信息平台，哪个矿井存在什么隐患，治理到什么程度，各级管理人员都能够及时了解和掌握，为及时做出决策提供了便捷的途径和真实、可靠的依据，提高了隐患排查治理工作的时效性。

三、晋城煤业集团隐患排查规范化、制度化、网络化的做法

山西晋城无烟煤矿业集团有限责任公司是我国优质无烟煤重要的生产基地，现有55个控股子公司、12个分公司，企业总资产1 101亿元，省内员工6.9万人、省外员工5万人。企业拥有12对生产矿井、5 000万t/年煤炭生产能力；有18家煤化工企业、1 200万t/年总氨产能、1 000万t/年尿素产能、10万t/年煤制油品规模；有2 300余口地面煤层气抽采井群、15亿m^3/年抽采能力、11.5亿m^3/年利用能力，建成了世界最大的120 MW煤层气发电厂，拥有97台瓦斯发电机组，形成了煤层气勘探、抽采、输送、压缩、液化、化工、发电、燃气汽车、居民用气等完整的产业链。

多年以来，晋城煤业集团始终将安全生产放在第一位，把隐患排查工作作为基础工作常抓不懈，逐步使隐患排查工作做到规范化、制度化、网络化。它不仅起到了及时发现各种不安全因素，改进工艺方法和提高管理水平的重要作用，而且也使广大员工逐步树立了事故预防的观念，养成了生产、工作前对所面临的操作过程和生产环境进行分析排查的良好习惯，有效地防止了各种事故的发生。

晋城煤业集团隐患排查规范化、制度化、网络化的主要做法如下。

1. 制订并细化隐患系列分类标准，健全隐患排查制度

为了使查隐患有据可寻，晋城煤业集团结合岗位作业标准和矿井质量标准，在原煤炭部隐患分类标准的基础上，制订并细化了适合本企业的隐患系列分类标准。在隐患排查制度基础上又补充制定了《隐患旬跟踪制度》《周汇报制度》《事故隐患举报制度》《隐患排查工作考核办法》，并将事故隐患排查纳入矿（处）长、区队长的安全责任评估范围。各矿还规范了以安全副矿长为核心的隐患排查会议制度和矿主要领导为核心的隐患整改制度，每月由安全副矿长组织各业务部门和单位负责人召开一次隐患排查专业会议，各业务部门和单位根据收集到的和日常现场检查中发现的隐患情况，比照所制定的隐患系列标准，对所辖范围内的重大隐患汇总整理，对提出的A级、B级隐患逐条进行项目、措施、资金、负责人、时间“五落实”。建立了事故隐患跟踪检查验收制度，安检部门对业务科室上报的隐患按照“五落实”的要求进行跟踪检查，落实考核隐患整改完成情况，并将结果每周向集团公司汇报。同时，集团公司各业务处室指派专人负责隐患排查工作，根据各矿上报的A级、B级隐患，一方面督促各矿严格按“五落实”要求整改；另一方面在每月3日定期召开隐患排查研讨会，重点针对需集团公司解决的A级隐患，研究隐患的整改方案，使隐患排查的专项资金及时到位。

2. 建立三级隐患排查组织机构，健全三级隐患排查网络

晋煤集团结合自身实际，建立健全了集团公司、矿、区队三级隐患排查组织机构和

运行网络。在集团公司、矿两级成立隐患排查领导小组，组长由集团公司（矿）行政一把手担任，对集团公司（矿）隐患排查工作全面负责。领导小组成员，集团公司由公司副总及各业务处室负责人组成；矿级由副总以上领导组成，各分管副总经理（副矿长）、总工程师对分管范围内的隐患排查工作负主要管理责任。各业务处室和各矿（单位）业务部门负责本专业范围内的隐患排查工作，对本专业范围内的隐患排查负直接管理责任。成立隐患排查办公室，负责隐患排查的综合管理。各矿结合各自情况在主要业务科室和区队建立隐患排查组，未设隐患排查组的单位设1～2名隐患排查专职管理人员。在安检科设信息组，负责全矿隐患的收集、筛选、确认、复查、统计、上报，并进行考核和奖惩工作，从而形成了自上而下的隐患排查网络。

针对隐患排查主要是现场管理的特点，晋煤集团重点抓了区队一级的隐患排查网络建设，建立了区队隐患排查网络，队里设立了隐患排查信息组，具体明确由安全副队长专门负责。隐患排查任务进行逐级分工，形成内部小三级格局：最下一级是建立排查隐患包岗制，要求每个职工按照岗位作业标准作业，及时排查身边的隐患，并分工种进行岗位竞赛，看谁的隐患少，谁的安全状况好；中间一级是班组，要对当班隐患做到了如指掌，现场能够排除的要及时处理，不能及时处理的要汇报；最上一级是区队，负责对队里能处理的C级隐患进行排除，对A级、B级隐患要及时上报安检科及对口业务处室，从而使隐患排查责任层层得到落实。

3. 各矿结合本矿特点，规范隐患排查程序

为了使隐患排查达到“封闭管理”，各矿结合本矿特点对隐患的排查、A级和B级隐患的确认上报、隐患的处理、隐患的复查和奖励处罚都做了明确规定。如成庄矿在对隐患的处理中规定，A级隐患上报集团公司，由集团公司和矿共同制定防范措施，严格监督执行；B级隐患由矿有关业务部门和分管副矿长负责，督促有关单位排计划、列资金、定措施、购设备，安排队伍尽快整改；需要“三定”处理的C级隐患，每天由信息组通知区队领导到约定地点进行“三定”，区队及时组织整改，隐患未处理完毕，不准进行下一道工序。

对于隐患的复查和奖罚，集团公司规定：各种检查排查出来的隐患，能当场处理的要当场处理；不能当场处理的，由安检科组织复查，并要根据扣分情况和在全公司排名情况进行奖罚。各单位自查出的问题，由各单位自己组织复查，并按本单位制定的办法进行奖罚。其他隐患由安检科按安全检查发现问题“三定表”上限定的期限组织复查，复查不合格的，由信息组第二次通知有关单位到约定地点进行再次“三定”，同时按每条隐患标准进行处罚，并组织第二次复查，复查不合格的，进行第三次落实，并加倍处罚。同时下达事故追查单，按事故论处。对隐患复查者不负责任，弄虚作假，视情节轻重、隐患大小给予20～100元的处罚。

4. 认真落实隐患排查制度，加大隐患排查的考核力度

晋煤集团认真落实隐患排查制度，采用了经常性、多样性、多层次的安全检查形式，如集团公司特别小分队、矿特别小分队、各职能处室专业小分队定期、不定期的动态检查，矿安全监察队跟班检查验收，检查活动覆盖整个生产头面和运输巷道。同时，加大了特别小分队活动的处罚力度，月度动态、季度检查与单位月安全工作绩效挂钩。

为避免隐患和“三违”事故的重复发生，古书院矿修订完善了《对“三违”人员和事故责任者的处罚规定》，对“三违”人员处罚实行递进制考核，即对“三违”人员建立档案，对其发生次数逐次进行统计累加，对其考核也以等差数列递增，如第一次扣款30元，第二次扣款50元，第三次扣款70元，次数可限定为2～3次，发生第三次或第四次就停工学习，接受培训，履行帮教程序。对屡教不改的，可劝换工种岗位或调离岗位。隐患排查落实到人头就是要将查出的隐患具体到个人，并对其罚款，改变以往罚集体不罚个人的做法，使个人认清责任，吸取教训，更好地按规程措施、岗位标准操作。

四、新查庄矿业公司超前防范强化事故隐患排查治理的做法

山东新查庄矿业有限责任公司的前身为山东肥城矿业集团公司查庄煤矿，1970年建设投产，1977年达到产煤130万t，超翻番水平，1978年被授予大庆式企业称号。1990年采掘机械化程度达到98.20%，在册职工6 050人，固定资产原值为6 243万元人民币。公司先后荣获全国质量标准化安全创水平特级矿井、全国煤炭系统文化示范矿、全国煤炭行业“十佳煤矿”等荣誉称号，连续四年被评为煤矿安全程度评估“A级”矿井。

近年来，新查庄矿业公司积极倡导以人为本、依法治矿的安全管理理念，突出安全生产责任制落实这个关键，创新安全工作思路，强化安全“双基”建设，夯实安全根基，有力地促进了企业和谐发展。在安全生产管理上，公司积极采取超前防范的方式，强化事故隐患排查治理，加大了监督检查和考核力度，全面夯实安全基础，促进了安全生产。

新查庄矿业公司超前防范强化事故隐患排查治理的主要做法如下。

1. 坚持以人为本，强化安全教育培训

新查庄矿业公司坚持从强化职工安全意识、提升职工安全素质入手，不断加强安全宣传和安全培训，建立健全了特种作业人员培训档案，按时足额派员培训，确保特种作业人员持证上岗。按照培训考核到基层、到现场、到岗位的要求，公司采取集中考核与随机考核相结合、全员考核与个别抽考相结合、理论考核和实践考核相结合的方式，严格结果考核，形成全过程动态培训和结果考核新机制。公司所属职工学校教学人员，还坚持每天深入区队开展班前安全讲评、班前应知应会提问、班前安全宣誓、薄弱人物排查、全员考试、一日一题等有针对性的安全教育活动。2008年以来，公司共举办各类安全教育培训18期，培训干部职工1 426人次，对不及格的干部职工累计罚款1.7万多元，对达到95分以上的干部职工奖励1.5万多元。

在此基础上，公司坚持典型引导，扎实开展了岗位工种带头人评选、职工技能大赛等活动，对评选出的岗位工种带头人和技术工人实行年度津贴，按月兑现，充分调动了全矿干部职工学技术、学业务的积极性。同时，狠抓典型事故案例教育，深入开展“反事故斗争”活动，针对“历史上的今天”事故案例、全国重特大事故案例，组织开展“大讨论”，动员广大干部职工立足本职岗位，结合自身实际，查找事故原因，剖析事故教训，举一反三，制定安全措施，人人写出安全保证书，立下安全军令状，进一步提高了广大干部职工对安全工作重要性的认识，为安全生产工作的开展提供了智力支持。

2. 坚持管理创新，强化安全监督检查

创新是发展的不竭动力。自2008年以来，新查庄矿业公司以提高全员素质、提升管理水平为目的，以培育和倡导树立具有新查庄特色的管理理念为导向，大力推行编码管理、走动式管理和缺陷管理“三位一体”精细化管理模式，人人树立“任何一件事、任何一个人、任何一件物，都记录在案，有据可查”的意识，做到人人有事做、事事有人做、事事有考核、考核有兑现，使生产管理中的一切活动都有编码标示可以查核，实现了人人、事事、时时、处处有管理、有考核。各级管理人员从办公室走出来，在现场进行不间断的走动式巡查纠错，发现问题，提出问题，分析问题和解决问题，进一步增强了管理的针对性，体现了管理的系统性，激活了职工的能动性，充分发挥了管理的最佳效能，有效地堵塞了管理漏洞。在此基础上，他们不断加大对薄弱地点、薄弱时间、薄弱人物、薄弱专业、薄弱单位、薄弱干部等“六个薄弱”的检查力度，不定时间、不定地点，哪里薄弱就到哪里，发现问题及时解决，并积极推行“安全预防管理模式”，实现了安全管理由“事后处理”到“事前防范”的转变。

3. 坚持超前防范，强化事故隐患治理

隐患治理是煤矿安全管理工作的重中之重。新查庄矿业公司坚持党政领导亲自抓，分管领导层层抓，职能部门盯上抓，落实职责．落实考核。他们不断深化细化事故隐患排查治理责任制，认真执行重大事故隐患项目负责制，层层明确各级事故隐患排查治理第一责任者的责任。企业主要负责人对矿井事故隐患排查治理工作全面负责，总工程师对矿井重大事故隐患具体负责，分管领导分工负责。不断完善矿、专业科室、基层区队、生产班组“四级”事故隐患排查治理责任体系。建立健全了从公司董事长到总工程师、业务技术部门负责人、基层区队技术员的事故隐患排查责任网络；从董事长到安全生产副总经理、基层区队长、班组长的事故隐患治理网络；从董事长到安监处长、主任工程师、包片打面安监员的事故隐患排查治理监督网络，“三个网络”各负其责，各司其职，相互监督。逐步建立了严密的安全隐患排查防控体系，严格落实“五环六步”隐患防控机制（“五环”即岗位隐患防控、班组隐患防控、区队隐患防控、专业科室隐患防控、矿井隐患防控。“六步”即每一个环节都包括排查、记录、汇报、整改、验收、考核六个步骤），把隐患排查治理延伸到各个岗位和每名职工，从岗位、班组、区队、专业到矿井五级排查，层层落实责任，形成五个循环、环环相扣，每环六步、步步闭合的分级闭环，建成了多层级、全过程控制的隐患排查治理和防控体系。进一步完善事故隐患治理、消号制度，实行“谁治理，谁负责；谁负责，谁消号；谁消号，谁签字”。严格项目、人员、时间、资金、考核“五落实”，对A级、B级事故隐患必须严格按程序进行治理。各项制度的严格落实，使矿井事故隐患排查治理工作走上了程序化、规范化的发展轨道，为矿井实现安全生产提供了有力的组织保证。

职工是安全行为的主体，只有消除人的不安全行为，才能促进安全生产。自2008年以来，新查庄矿业公司进一步加大了薄弱人物的排查帮教力度，建立了薄弱人物排查“零汇报”制度，对本单位干部职工的家庭生活状况进行了深入调查了解，对各类薄弱人物进行分类排查分析，并将具体情况书面反馈调度室、安监处，建立全员安全档案；按照“十种薄弱人物”的标准，坚持天天班班排查薄弱人物，每班由值班干部和跟班干部进行排查，对排查出的薄弱人物一律停止工作，参加“三违”培训班。上述措施进一步增强了职工的安全意识，实现了“要我安全”到“我要安全”“我会安全”的根本性转变，促进了安全生产工作顺利进行。

五、木城涧煤矿运用信息化带动精细化实施隐患排查的做法

木城涧煤矿是北京昊华能源集团所属最大的生产矿井，于1952年建成投产，至今已有50多年的发展历史，现辖千军台、木城涧坑、大台井3个生产矿井，井田面积63.2 km^2，共有员工7 100多名。年产优质无烟煤250万t，工业总产值6.5亿元人民币。所产无烟煤具有特低硫、低磷、低氮等特点，是洁净、环保、优质的无烟煤，产品广泛应用于冶金、电力、化工、建材等工业行业，除供应国内市场外，产品还远销日本、韩国、巴西等国际市场。

近年来，木城涧煤矿积极推进科技兴安、装备强安、文化创安三大工程建设，不断加大科技投入力度，积极引进适合本矿特点的、先进的采煤方法和施工工艺，推广应用综合机械化采煤法，降低了职工的劳动强度，增强了安全系数，提高了工作效率，并且还运用信息化带动精细化，实施隐患排查，进一步提升企业安全生产条件和安全管理水平，逐步实现矿井的本质安全。

木城涧煤矿运用信息化带动精细化实施隐患排查的主要做法如下。

1. 信息化带动精细化，实现科技兴安

在木城涧煤矿的安全生产调度指挥信息中心，首先映入眼帘的是一面墙大小的电子显示屏。在电子显示屏上，标注着科段的隐患、隐患级别、隐患确定时间、隐患整改负责人等信息。据了解，这是木城涧煤矿的隐患排查治理信息系统。当某科段现场排查出隐患，工作人员将隐患录入隐患排查系统；然后指定整改负责人，整改期限，按时间进行整改；整改完之后，进行闭合。隐患排查信息系统有两个作用：一是能够把隐患分类，并做到公示。每个单位的值班室门口都有一个电视屏，调度室的这个电视屏是最大的。煤矿把科段每天查出的隐患、治理措施、整改负责人、治理情况，通过调度室的电视屏进行公示，对隐患治理过程进行全方位监控。二是通过每天的科段排查，每半月的矿排查，将隐患消除在萌芽状态，以实现安全生产工作。这套系统为保证安全生产工作起到了一定的效果。

木城涧煤矿近年来建立逐级隐患排查治理责任体系和隐患排查治理责任追究体系，系统部署到公司及所属京西各矿，实现对科段、矿井、公司分级排查出的隐患进行有效管理。利用信息化技术提升了煤矿隐患排查工作水平，规范超前预防安全管理。建成了面向安全生产现场的信息管理平台，保证隐患信息的可靠性，提高隐患排查的效率和整改的及时性，保证生产安全。

在木城涧煤矿的安全生产指挥信息系统电子显示屏上，可以看到一个个不断运动的小人，这是2010年4月刚刚安装调试好的人员定位系统。通过演示，人员定位一清二楚：早上6时35分，井下人员是在坑口1 500 m的地方，于6时48分离开。通过人员定位系统，地面人员对井下人员所处位置一目了然。木城涧煤矿在井下巷道、工作面等重要地段共安装了77台定位分站和230台定位器；共铺设光缆、485电线92 km。木城

涧煤矿的每位员工身上都有一个识别卡，只要在信号范围内，就会产生信号。当入井员工进入到安装在井下各采掘工作面及巷道的任何一个分站的作业范围时，佩戴在员工身上的个人信息卡就会发出具有代表身份特征的射频信号，经井下分站接收，再发送到地面监控计算机。监控计算机形成不同标识、模拟图形和数据，实时显示人员在井下的活动模拟轨迹，方便地面人员随时掌握井下生产作业人数和所在的区域，并进行全面监控。

人员定位系统除有监控作用之外，还有报警功能。通过设定员工的出入井时间，对下井超时的人员指示报警。在抢险救灾工作时，工作人员能立即从计算机上查询事故现场的人员位置分布情况、被困人员数量、遇险人员撤退线路等信息，为事故抢险提供科学依据。

除了人员定位系统之外，木城涧煤矿还将安全监测监控系统、通信联络系统、矿压监测系统、运输系统、主通风机集控系统、压风机集控系统、应急救援系统、调度指挥系统，以及正在建设完善的压风自救系统、供水施救系统和紧急避险系统进行整合，集中监控，实现重点生产环节视频覆盖，逐步完成在线实时视频传输，实现调度指挥的信息化。

2. 配备先进装备，实现装备强安

木城涧煤矿因为地质条件过于复杂，其他煤矿安装一个工作面可能会采几年，而该矿安装好工作面之后，采几个月就不得不搬家，但是在这样困难的条件下，还是在2006年安装了第一个综合大型机械化采煤工作面，在保证人员安全方面起到了很好的作用。现在又遇到了新的问题，因为煤层条件复杂，30°以上的综采在全国还不是很多，倾角多在45°以上。对于比较复杂的煤层来说，虽然安装大型综采工作面具有推广意义，但是在煤层发生变化时候，随着倾角度数变大，在技术参数的设定和现场管理上，还需要继续摸索和研究。

推动装备强安工程，加大安全装备投入，最终的目的只有一个，就是实现矿山的安全生产标准化的目标，即2011年年底，京西煤矿50%以上达到北京市安全生产标准化二级；2012年年底，50%以上达到北京市安全生产标准化一级；2013年年底，全部达到北京市安全生产标准化一级；“十二五”末，全部达到安全生产标准化国家级。由三级到二级到一级再到国家级，木城涧煤矿利用5年时间实现跨越式发展。

3. 推进安全建设，实现文化创安

在企业的生产作业过程中，员工的“三违”行为（违章指挥、违章操作、违反劳动纪律）是伤亡事故多发的根源。在以前，木城涧煤矿虽然一直向员工灌输安全理念，纠正违章行为，但是效果并不明显。在总结经验教训的基础上，木城涧煤矿开始积极推进文化创安工程，开展了安全观念文化建设、制度文化建设、教育文化建设、行为文化建设、警示文化建设和班组安全文化建设六大文化建设。通过建设，完善了安全管理制度、安全监管制度、各级安全生产岗位责任制。通过加强安全可控，推动安全观念文化建设向安全生产各系统和经营管理流程延伸和融合；营造自觉认同公司发展战略、自觉落实公司发展战略、自觉履行企业文化、自觉执行企业管理制度的文化氛围；打造职业化的管理队伍和专业化的员工队伍，使“安全可控，事在人为”的核心安全理念深入人心。

目前木城涧煤矿的一线井下工人有 3 000 多人，其中 80%左右都是外地人，而且 80 后的年轻工人越来越多。加大 80 后矿工的培育力度，成为摆在木城涧煤矿面前的一大课题。为了满足年轻工人多样化需求，丰富业余文化生活，木城涧煤矿不间断组织篮球联赛、足球联赛、运动会，还组织各种各样的演唱会、学习讨论会，使员工每天的业余生活多姿多彩。木城涧煤矿还用亲情文化触动员工心灵，让员工在井下自觉地遵章守纪，保证安全工作。煤矿在大台井建一个文化长廊，从井口开始一直延伸到井下 −510 m，总长度大约 3 000 m，将警示语贴在巷道两侧，使员工真正将安全融入自身工作中。

六、宣东二号煤矿积极排查治理隐患预防事故发生的做法

河北冀中能源张矿集团宣东二号煤矿，位于张家口市宣化城东南 10 km 处的宣化县顾家营镇境内，是一座新崛起的现代化矿井，矿井设计能力 90 t/年，经过矿井扩能技改，扩展生产能力为 150 t/年。企业先后荣获张家口市文明单位、全国煤炭行业级安全高效矿井、全国煤炭行业文明矿、冀中能源企业文化建设示范单位等多项殊荣。

近几年来，宣东二号煤矿以建设中澳安全健康示范矿井为主线，以夯实安全质量标准化为基础，以安全高效矿井建设为重点，以提高经济效益为中心，以先进企业文化为支撑，积极与澳方进行广泛技术交流与合作，建立了符合宣东矿实际的安全健康管控体系，并实施事故隐患排查治理追究制度，积极排查事故隐患，预防各类事故的发生，实现了安全生产。

宣东二号煤矿积极排查治理隐患预防事故发生的主要做法如下。

1. 明确职责， 确定班组长是班组隐患排查负责人

宣东二号煤矿根据集团公司要求，在煤矿所属各区建立了区隐患排查治理组织机构，制定了相应的制度，明确了职责。各区隐患排查治理组织机构由区队长、班组长和特殊岗位人员组成；班组长就是班组隐患排查负责人，就是班组安全第一责任者。

班组每天根据值班队长交班情况及安全注意事项，到作业场所后，当班组长与下班组长、当班岗位与下班岗位进行现场交接班，做到交清问明，全面了解工作现场的安全状况及存在的问题。然后班组长对当班作业场所进行全面隐患排查，每班坚持进行班前、班中、班后不少于 3 次的排查，先排查后生产，对排查出的问题立即组织进行处理，处理完隐患后方进行施工作业；对当班不能及时处理且不会直接影响安全生产的问题，记录在班组“隐患排查治理表”上，上报到区队，由值班区队长协调安排治理。同时岗位人员隐患排查，将工作面各环节的事故隐患都排查出来，对排查出的问题立即组织进行处理，处理完隐患后方可进行施工作业；对当班不能及时处理且不会直接影响安全生产的问题，及时汇报给当班班组长，由班组长协调解决。

就这样，在班组安全管理过程中，“班前检查不能少、班中巡回排查不能少、班后复查不能少”的一班三检隐患排查治理办法，较好地解决了班组在施工过程中生产与安全的关系。真正使班组全体职工做到了不安全不生产、隐患不排除不生产，从过去的“要我安全”到“我要安全”的安全理念深入到每一名职工心中。

2. 逐级检查， 严格落实事故隐患排查治理追究制度

宣东二号煤矿推行区队查班组，班组查岗位，逐级检查漏查漏报问题，逐级督察问

题落实整改情况，是对责任者一种行之有效的管理办法。

在班长隐患排查工作中，发现单人岗位及流动岗位存在未及时填写隐患排查表、排查内容不全或有漏排的、能及时治理而未治理的等违反隐患排查治理要求的行为，给予批评指正并责令其立即改正。发现3次未及时进行隐患排查按期治理的问题，或同种现象再三发生的，班组长给予该责任人调离原工种处理，同时降低该责任人当班得分。

通过以上事故隐患排查治理追究制度的实行与落实，为煤矿班组现场安全生产提供了又一道安全屏障。同时对违规现象的处理与追究，奖优罚劣，对相关班组人员的安全管理工作起到良好的促进作用。

3. 加强班组建设，推行三级事故隐患排查治理管控体系

宣东二号煤矿在未推行煤矿三级事故隐患排查治理管控体系以前，安全管理就是上级管理人员和少部分人的事，而与其他人员无关，各管一摊，各行其是，安全管理只停留在口头上，没有真正落实到现场，落实到每一个人身上，谁都不想出事故，但事故总是反复发生。

自三级事故隐患排查治理管控体系在宣东二号煤矿运行以来，区队领导班子成员多次召开区务会，对照自己，查找不足，统一思想，共促共进。组织全区人员在班前班后会、碰头会、安办会认真组织学习《煤矿三级事故隐患排查治理办法》，让全区每一个人都正确认识到安全不是一个人的问题，而是你中有我，我中有你。讲安全绝不能搞形式主义，而是要真正落实内容上的安全。通过不断学习，全区职工统一了思想，提高了认识，只有每位职工在工作过程中相互监督、相互提醒、相互检查，查找漏洞和薄弱环节，才能减少不安全因素的存在。

现在全矿安全工作有“两个转变”，一是实现从部分人参与到全员参与的根本转变，二是实现从“要我安全”到“我要安全”的安全理念的根本转变。在工作中严格按照三级隐患排查治理办法规定的程序运行，在全矿坚定推行班组长“班前检查不能少、班中巡回排查不能少、班后复查不能少”的工作面一班三检隐患排查程序，不流于形式，不走过场。全方位、全过程、不间断地加大隐患排查治理力度，对查出的隐患或问题，落实责任，限期整改；同时加大现场安全管理与监督检查力度，明确区干跟班的重点就是查落实，真正做到了“职工三班倒，班班见领导”，及时解决安全生产中遇到的急、难、需问题，时常保持安全的作业环境，杜绝了各类事故的发生。

通过隐患排查工作在班组、在现场的有效运行，全矿各项工作都有了不同程度的进步，各项生产井然有序进行，巷道平整清洁，图版清晰，管线吊挂齐整，物料摆放有序，顶帮锚杆支护横竖成行，顶板管理、瓦斯治理取得了可喜的成果。

在顶板管理方面，采掘区队和班组认真落实煤矿安全规程及作业规程中相关规定，支护前首先进行隐患排查，看割煤后是否进行临时支护，是否进行敲帮问顶，是否对周围环境进行排查，是否按要求排查后开始进行施工作业。在支护过程中，从锚梁网的搭接、联网到绑扎，从确定顶眼位置到打顶板眼，直至锚注，严格按照规程要求执行。特别是在顶板破碎情况下，能按照规程要求及时调整排间距，加强支护，确保了安全生产。

第七章　煤矿企业应急救援相关规定与预案编制

从生产作业危险性和事故发生率来看，煤矿行业居于高风险行业之首。由于煤矿生产条件十分差，工作场所又处于不断变化和移动之中，不安全因素多，容易导致瓦斯爆炸、透水、矿井火灾、煤尘爆炸、冒顶片帮、煤与瓦斯突出等事故的发生，因此，煤矿企业应针对主要事故类型，按照相关规定的要求，编制事故应急救援预案，防患于未然，从制度上预防事故的发生，减少人员伤亡和财产损失。

第一节　煤矿企业应急救援管理相关政策法规

加强应急处置管理，建立健全应急管理体系，编制应急救援预案，进行应急救援演练，是企业应对自然灾害、事故灾害的重要措施，也是减轻灾害损失的有效办法。《中华人民共和国突发事件应对法》规定：所有单位应当建立健全安全管理制度，定期检查本单位各项安全防范措施的落实情况，及时消除事故隐患；对本单位可能发生的突发事件和采取安全防范措施的情况，应当按照规定及时向所在地人民政府或者人民政府有关部门报告。对煤矿企业来讲，需要按照法律法规的要求，制定具体应急预案，并对生产经营场所、有危险物品的建筑物、构筑物及周边环境开展隐患排查，及时采取措施消除隐患，防止发生突发事件。

一、《中华人民共和国突发事件应对法》相关要点

1. 制定《中华人民共和国突发事件应对法》的目的

2007 年 8 月 30 日，全国人大常委会第二十九次会议通过《中华人民共和国突发事件应对法》（中华人民共和国主席令第 69 号，以下简称《突发事件应对法》），自 2007 年 11 月 1 日起施行。

《突发事件应对法》分为 7 章 70 条，各章内容为：第一章总则，第二章预防与应急准备，第三章监测与预警，第四章应急处置与救援，第五章事后恢复与重建，第六章法律责任，第七章附则。制定《突发事件应对法》的目的，是为了预防和减少突发事件的发生，控制、减轻和消除突发事件引起的严重社会危害，规范突发事件应对活动，保护人民生命财产安全，维护国家安全、公共安全、环境安全和社会秩序。《突发事件应对法》适用于突发事件的预防与应急准备、监测与预警、应急处置与救援、事后恢复与重建等应对活动。

《突发事件应对法》所称突发事件，是指突然发生，造成或者可能造成严重社会危害，需要采取应急处置措施予以应对的自然灾害、事故灾难、公共卫生事件和社会安全事件。按照社会危害程度、影响范围等因素，自然灾害、事故灾难、公共卫生事件分为特别重大、重大、较大和一般四级。

2. 在总则中的有关规定

(1) 突发事件应对工作实行预防为主、预防与应急相结合的原则。国家建立重大突发事件风险评估体系，对可能发生的突发事件进行综合性评估，减少重大突发事件的发生，最大限度地减轻重大突发事件的影响。

(2) 国家建立有效的社会动员机制，增强全民的公共安全和防范风险的意识，提高全社会的避险救助能力。

(3) 有关人民政府及其部门采取的应对突发事件的措施，应当与突发事件可能造成的社会危害的性质、程度和范围相适应；有多种措施可供选择的，应当选择有利于最大限度地保护公民、法人和其他组织权益的措施。公民、法人和其他组织有义务参与突发事件应对工作。

(4) 有关人民政府及其部门为应对突发事件，可以征用单位和个人的财产。被征用的财产在使用完毕或者突发事件应急处置工作结束后，应当及时返还。财产被征用或者征用后毁损、灭失的，应当给予补偿。

3. 对预防与应急准备的有关规定

(1) 所有单位应当建立健全安全管理制度，定期检查本单位各项安全防范措施的落实情况，及时消除事故隐患；掌握并及时处理本单位存在的可能引发社会安全事件的问题，防止矛盾激化和事态扩大；对本单位可能发生的突发事件和采取安全防范措施的情况，应当按照规定及时向所在地人民政府或者人民政府有关部门报告。

(2) 矿山、建筑施工单位和易燃易爆物品、危险化学品、放射性物品等危险物品的生产、经营、储运、使用单位，应当制定具体应急预案，并对生产经营场所、有危险物品的建筑物、构筑物及周边环境开展隐患排查，及时采取措施消除隐患，防止发生突发事件。

(3) 公共交通工具、公共场所和其他人员密集场所的经营单位或者管理单位应当制定具体应急预案，为交通工具和有关场所配备报警装置和必要的应急救援设备、设施，注明其使用方法，并显著标明安全撤离的通道、路线，保证安全通道、出口的畅通。有关单位应当定期检测、维护其报警装置和应急救援设备、设施，使其处于良好状态，确保正常使用。

(4) 各级各类学校应当把应急知识教育纳入教学内容，对学生进行应急知识教育，培养学生的安全意识和自救与互救能力。

4. 对监测与预警的有关规定

(1) 国务院建立全国统一的突发事件信息系统。县级以上地方各级人民政府应当建立或者确定本地区统一的突发事件信息系统，汇集、储存、分析、传输有关突发事件的信息，并与上级人民政府及其有关部门、下级人民政府及其有关部门、专业机构和监测网点的突发事件信息系统实现互联互通，加强跨部门、跨地区的信息交流与情报合作。

(2) 国家建立健全突发事件监测制度。县级以上人民政府及其有关部门应当根据自然灾害、事故灾难和公共卫生事件的种类和特点，建立健全基础信息数据库，完善监测网络，划分监测区域，确定监测点，明确监测项目，提供必要的设备、设施，配备专职或者兼职人员，对可能发生的突发事件进行监测。

(3) 国家建立健全突发事件预警制度。可以预警的自然灾害、事故灾难和公共卫生事件的预警级别，按照突发事件发生的紧急程度、发展势态和可能造成的危害程度分为一级、二级、三级和四级，分别用红色、橙色、黄色和蓝色标示，一级为最高级别。

(4) 发布三级、四级警报，宣布进入预警期后，县级以上地方各级人民政府应当根据即将发生的突发事件的特点和可能造成的危害，采取下列措施：

1) 启动应急预案。

2) 责令有关部门、专业机构、监测网点和负有特定职责的人员及时收集、报告有关信息，向社会公布反映突发事件信息的渠道，加强对突发事件发生、发展情况的监测、预报和预警工作。

3) 组织有关部门和机构、专业技术人员、有关专家学者，随时对突发事件信息进行分析评估，预测发生突发事件可能性的大小、影响范围和强度以及可能发生的突发事件的级别。

4) 定时向社会发布与公众有关的突发事件预测信息和分析评估结果，并对相关信息的报道工作进行管理。

5) 及时按照有关规定向社会发布可能受到突发事件危害的警告，宣传避免、减轻危害的常识，公布咨询电话。

(5) 发布一级、二级警报，宣布进入预警期后，县级以上地方各级人民政府除采取发布三级、四级警报后应采取的措施外，还应当针对即将发生的突发事件的特点和可能造成的危害，采取下列一项或者多项措施：

1) 责令应急救援队伍、负有特定职责的人员进入待命状态，并动员后备人员做好参加应急救援和处置工作的准备。

2) 调集应急救援所需物资、设备、工具，准备应急设施和避难场所，并确保其处于良好状态、随时可以投入正常使用。

3) 加强对重点单位、重要部位和重要基础设施的安全保卫，维护社会治安秩序。

4) 采取必要措施，确保交通、通信、供水、排水、供电、供气、供热等公共设施的安全和正常运行。

5) 及时向社会发布有关采取特定措施避免或者减轻危害的建议、劝告。

6) 转移、疏散或者撤离易受突发事件危害的人员并予以妥善安置，转移重要财产。

7) 关闭或者限制使用易受突发事件危害的场所，控制或者限制容易导致危害扩大的公共场所的活动。

8) 法律、法规、规章规定的其他必要的防范性、保护性措施。

5. 对应急处置与救援的有关规定

(1) 自然灾害、事故灾难或者公共卫生事件发生后，履行统一领导职责的人民政府可以采取下列一项或者多项应急处置措施：

1）组织营救和救治受害人员，疏散、撤离并妥善安置受到威胁的人员以及采取其他救助措施。

2）迅速控制危险源，标明危险区域，封锁危险场所，划定警戒区，实行交通管制以及其他控制措施。

3）立即抢修被损坏的交通、通信、供水、排水、供电、供气、供热等公共设施，向受到危害的人员提供避难场所和生活必需品，实施医疗救护和卫生防疫以及其他保障措施。

4）禁止或者限制使用有关设备、设施，关闭或者限制使用有关场所，中止人员密集的活动或者可能导致危害扩大的生产经营活动以及采取其他保护措施。

5）启用本级人民政府设置的财政预备费和储备的应急救援物资，必要时调用其他急需物资、设备、设施、工具。

6）组织公民参加应急救援和处置工作，要求具有特定专长的人员提供服务。

7）保障食品、饮用水、燃料等基本生活必需品的供应。

8）依法从严惩处囤积居奇、哄抬物价、制假售假等扰乱市场秩序的行为，稳定市场价格，维护市场秩序。

9）依法从严惩处哄抢财物、干扰破坏应急处置工作等扰乱社会秩序的行为，维护社会治安。

10）采取防止发生次生、衍生事件的必要措施。

（2）履行统一领导职责或者组织处置突发事件的人民政府，必要时可以向单位和个人征用应急救援所需设备、设施、场地、交通工具和其他物资，请求其他地方人民政府提供人力、物力、财力或者技术支援，要求生产、供应生活必需品和应急救援物资的企业组织生产、保证供给，要求提供医疗、交通等公共服务的组织提供相应的服务。履行统一领导职责或者组织处置突发事件的人民政府，应当组织协调运输经营单位，优先运送处置突发事件所需物资、设备、工具、应急救援人员和受到突发事件危害的人员。

（3）任何单位和个人不得编造、传播有关突发事件事态发展或者应急处置工作的虚假信息。

（4）突发事件发生地的公民应当服从人民政府、居民委员会、村民委员会或者所属单位的指挥和安排，配合人民政府采取的应急处置措施，积极参加应急救援工作，协助维护社会秩序。

6. 对事后恢复与重建的有关规定

（1）突发事件应急处置工作结束后，履行统一领导职责的人民政府应当立即组织对突发事件造成的损失进行评估，组织受影响地区尽快恢复生产、生活、工作和社会秩序，制定恢复重建计划，并向上一级人民政府报告。受突发事件影响地区的人民政府应当及时组织和协调公安、交通、铁路、民航、邮电、建设等有关部门恢复社会治安秩序，尽快修复被损坏的交通、通信、供水、排水、供电、供气、供热等公共设施。

（2）公民参加应急救援工作或者协助维护社会秩序期间，其在本单位的工资待遇和福利不变；表现突出、成绩显著的，由县级以上人民政府给予表彰或者奖励。县级以上人民政府对在应急救援工作中伤亡的人员依法给予抚恤。

（3）履行统一领导职责的人民政府应当及时查明突发事件的发生经过和原因，总结突发事件应急处置工作的经验教训，制定改进措施，并向上一级人民政府提出报告。

7. 对法律责任的有关规定

（1）有关单位有下列情形之一的，由所在地履行统一领导职责的人民政府责令停产停业，暂扣或者吊销许可证或者营业执照，并处5万元以上20万元以下的罚款；构成违反治安管理行为的，由公安机关依法给予处罚：

1）未按规定采取预防措施，导致发生严重突发事件的。

2）未及时消除已发现的可能引发突发事件的隐患，导致发生严重突发事件的。

3）未做好应急设备、设施日常维护、检测工作，导致发生严重突发事件或者突发事件危害扩大的。

4）突发事件发生后，不及时组织开展应急救援工作，造成严重后果的。

（2）违反《突发事件应对法》规定，编造并传播有关突发事件事态发展或者应急处置工作的虚假信息，或者明知是有关突发事件事态发展或者应急处置工作的虚假信息而进行传播的，责令改正，给予警告；造成严重后果的，依法暂停其业务活动或者吊销其执业许可证；负有直接责任的人员是国家工作人员的，还应当对其依法给予处分；构成违反治安管理行为的，由公安机关依法给予处罚。

（3）单位或者个人违反《突发事件应对法》规定，不服从所在地人民政府及其有关部门发布的决定、命令或者不配合其依法采取的措施，构成违反治安管理行为的，由公安机关依法给予处罚。

（4）单位或者个人违反《突发事件应对法》规定，导致突发事件发生或者危害扩大，给他人人身、财产造成损害的，应当依法承担民事责任。

（5）违反《突发事件应对法》规定，构成犯罪的，依法追究刑事责任。

二、《生产安全事故应急预案管理办法》相关要点

1. 制定《生产安全事故应急预案管理办法》的目的

2009年4月1日，国家安全生产监督管理总局公布《生产安全事故应急预案管理办法》（国家安全生产监督管理总局令第17号），自2009年5月1日起施行。

《生产安全事故应急预案管理办法》分为7章39条，各章内容为：第一章总则，第二章应急预案的编制，第三章应急预案的评审，第四章应急预案的备案，第五章应急预案的实施，第六章奖励与处罚，第七章附则。制定《生产安全事故应急预案管理办法》的目的，是依据《中华人民共和国突发事件应对法》《中华人民共和国安全生产法》和国务院有关规定，为了规范生产安全事故应急预案的管理，完善应急预案体系，增强应急预案的科学性、针对性、实效性。《生产安全事故应急预案管理办法》适用于生产安全事故应急预案（以下简称应急预案）的编制、评审、发布、备案、培训、演练和修订等工作。

《生产安全事故应急预案管理办法》规定：国家安全生产监督管理总局负责应急预案的综合协调管理工作。国务院其他负有安全生产监督管理职责的部门按照各自的职责负责本行业、本领域内应急预案的管理工作。县级以上地方各级人民政府安全生产监督

管理部门负责本行政区域内应急预案的综合协调管理工作。县级以上地方各级人民政府其他负有安全生产监督管理职责的部门按照各自的职责负责辖区内本行业、本领域应急预案的管理工作。

2. 对应急预案编制的有关规定

（1）应急预案的编制应当符合下列基本要求：

1）符合有关法律、法规、规章和标准的规定。

2）结合本地区、本部门、本单位的安全生产实际情况。

3）结合本地区、本部门、本单位的危险性分析情况。

4）应急组织和人员的职责分工明确，并有具体的落实措施。

5）有明确、具体的事故预防措施和应急程序，并与其应急能力相适应。

6）有明确的应急保障措施，并能满足本地区、本部门、本单位的应急工作要求。

7）预案基本要素齐全、完整，预案附件提供的信息准确。

8）预案内容与相关应急预案相互衔接。

（2）地方各级安全生产监督管理部门应当根据法律、法规、规章和同级人民政府以及上一级安全生产监督管理部门的应急预案，结合工作实际，组织制定相应的部门应急预案。

（3）生产经营单位应当根据有关法律、法规和《生产经营单位安全生产事故应急预案编制导则》（AQ/T 9002—2006，现已升级为国家标准《生产经营单位生产安全事故应急预案编制导则》，GB/T 29639—2013），结合本单位的危险源状况、危险性分析情况和可能发生的事故特点，制定相应的应急预案。生产经营单位的应急预案按照针对情况的不同，分为综合应急预案、专项应急预案和现场处置方案。

（4）生产经营单位风险种类多、可能发生多种事故类型的，应当组织编制本单位的综合应急预案。综合应急预案应当包括本单位的应急组织机构及其职责、预案体系及响应程序、事故预防及应急保障、应急培训及预案演练等主要内容。

（5）对于某一种类的风险，生产经营单位应当根据存在的重大危险源和可能发生的事故类型，制定相应的专项应急预案。专项应急预案应当包括危险性分析、可能发生的事故特征、应急组织机构与职责、预防措施、应急处置程序和应急保障等内容。

（6）对于危险性较大的重点岗位，生产经营单位应当制定重点工作岗位的现场处置方案。现场处置方案应当包括危险性分析、可能发生的事故特征、应急处置程序、应急处置要点和注意事项等内容。

（7）应急预案应当包括应急组织机构和人员的联系方式、应急物资储备清单等附件信息。附件信息应当经常更新，确保信息准确有效。

3. 对应急预案评审的有关规定

（1）地方各级安全生产监督管理部门应当组织有关专家对本部门编制的应急预案进行审定；必要时，可以召开听证会，听取社会有关方面的意见。涉及相关部门职能或者需要有关部门配合的，应当征得有关部门同意。

（2）矿山、建筑施工单位和易燃易爆物品、危险化学品、放射性物品等危险物品的生产、经营、储存、使用单位和中型规模以上的其他生产经营单位，应当组织专家对本单位编制的应急预案进行评审。评审应当形成书面纪要并附有专家名单。

(3) 应急预案的评审或者论证应当注重应急预案的实用性、基本要素的完整性、预防措施的针对性、组织体系的科学性、响应程序的操作性、应急保障措施的可行性、应急预案的衔接性等内容。

(4) 生产经营单位的应急预案经评审或者论证后，由生产经营单位主要负责人签署公布。

4. 对应急预案备案的有关规定

(1) 地方各级安全生产监督管理部门的应急预案，应当报同级人民政府和上一级安全生产监督管理部门备案。其他负有安全生产监督管理职责的部门的应急预案，应当抄送同级安全生产监督管理部门。

(2) 中央管理的总公司（总厂、集团公司、上市公司）的综合应急预案和专项应急预案，报国务院国有资产监督管理部门、国务院安全生产监督管理部门和国务院有关主管部门备案；其所属单位的应急预案分别抄送所在地的省、自治区、直辖市或者设区的市人民政府安全生产监督管理部门和有关主管部门备案。

(3) 生产经营单位申请应急预案备案，应当提交以下材料：

1) 应急预案备案申请表。

2) 应急预案评审或者论证意见。

3) 应急预案文本及电子文档。

(4) 受理备案登记的安全生产监督管理部门应当对应急预案进行形式审查，经审查符合要求的，予以备案并出具应急预案备案登记表；不符合要求的，不予备案并说明理由。

(5) 对于实行安全生产许可的生产经营单位，已经进行应急预案备案登记的，在申请安全生产许可证时，可以不提供相应的应急预案，仅提供应急预案备案登记表。

(6) 各级安全生产监督管理部门应当指导、督促检查生产经营单位做好应急预案的备案登记工作，建立应急预案备案登记建档制度。

5. 对应急预案实施的有关规定

(1) 各级安全生产监督管理部门、生产经营单位应当采取多种形式开展应急预案的宣传教育，普及生产安全事故预防、避险、自救和互救知识，提高从业人员安全意识和应急处置技能。

(2) 各级安全生产监督管理部门应当将应急预案的培训纳入安全生产培训工作计划，并组织实施本行政区域内重点生产经营单位的应急预案培训工作。

(3) 生产经营单位应当组织开展本单位的应急预案培训活动，使有关人员了解应急预案内容，熟悉应急职责、应急程序和岗位应急处置方案。应急预案的要点和程序应当张贴在应急地点和应急指挥场所，并设有明显的标志。

(4) 生产经营单位应当制定本单位的应急预案演练计划，根据本单位的事故预防重点，每年至少组织一次综合应急预案演练或者专项应急预案演练，每半年至少组织一次现场处置方案演练。

(5) 应急预案演练结束后，应急预案演练组织单位应当对应急预案演练效果进行评估，撰写应急预案演练评估报告，分析存在的问题，并对应急预案提出修订意见。

(6) 生产经营单位制定的应急预案应当至少每 3 年修订一次，预案修订情况应有记录并归档。

(7) 有下列情形之一的，应急预案应当及时修订：

1) 生产经营单位因兼并、重组、转制等导致隶属关系、经营方式、法定代表人发生变化的。

2) 生产经营单位生产工艺和技术发生变化的。

3) 周围环境发生变化，形成新的重大危险源的。

4) 应急组织指挥体系或者职责已经调整的。

5) 依据的法律、法规、规章和标准发生变化的。

6) 应急预案演练评估报告要求修订的。

7) 应急预案管理部门要求修订的。

(8) 生产经营单位应当按照应急预案的要求配备相应的应急物资及装备，建立使用状况档案，定期检测和维护，使其处于良好状态。

(9) 生产经营单位发生事故后，应当及时启动应急预案，组织有关力量进行救援，并按照规定将事故信息及应急预案启动情况报告安全生产监督管理部门和其他负有安全生产监督管理职责的部门。

6. 对奖励与处罚的有关规定

(1) 对于在应急预案编制和管理工作中做出显著成绩的单位和人员，安全生产监督管理部门、生产经营单位可以给予表彰和奖励。

(2) 生产经营单位应急预案未按照《生产安全事故应急预案管理办法》规定备案的，由县级以上安全生产监督管理部门给予警告，并处 3 万元以下罚款。

(3) 生产经营单位未制定应急预案或者未按照应急预案采取预防措施，导致事故救援不力或者造成严重后果的，由县级以上安全生产监督管理部门依照有关法律、法规和规章的规定，责令停产停业整顿，并依法给予行政处罚。

三、《关于加强基层安全生产应急队伍建设的意见》相关要点

2010 年 1 月 22 日，国家安全生产监督管理总局印发《关于加强基层安全生产应急队伍建设的意见》(安监总应急［2010］13 号)，并且指出，基层安全生产应急队伍是安全生产应急管理和生产安全事故应急救援的基础力量，是安全生产应急体系的重要组成部分，同时也是自然灾害等其他突发事件抢险救灾的重要力量。为深入贯彻落实《中华人民共和国突发事件应对法》和《国务院办公厅关于加强基层应急队伍建设的意见》(国办发［2009］59 号)，加强基层安全生产应急队伍建设，全面提高基层安全生产应急能力，现提出如下意见：

1. 基本原则和建设目标

(1) 基本原则。坚持以安全生产专业应急队伍为骨干、以兼职安全生产应急队伍、安全生产应急志愿者队伍等其他应急力量为补充，建设覆盖所有县（市、区）、街道、乡镇的基层安全生产应急队伍体系；坚持统筹规划，各负其责，充分整合利用现有资

源，建设与本地、本企业安全生产需要相适应的基层安全生产应急队伍；坚持以矿山、危险化学品应急队伍建设为重点，以处置和预防生产安全事故为主业，努力拓展抢险救灾服务功能，建设“一专多能”的基层安全生产应急队伍；坚持依靠科技进步，依靠专业装备，依靠科学管理，内练素质、外树形象，不断提高基层安全生产应急队伍整体水平。

（2）建设目标。通过3年的努力，重点县（市、区）和高危行业大中型企业全部建立安全生产应急管理和救援指挥机构，其他县（市、区）以及所有社区、街道、乡镇和小型企业都有专人负责安全生产应急管理工作；县（市、区）、社区、街道、乡镇根据实际需要建立或确定本地有关高危行业（领域）安全生产专业骨干应急队伍；矿山、危险化学品等高危行业大中型企业普遍建立专职安全生产应急队伍，其他生产经营单位建立兼职安全生产应急队伍并与邻近专业应急队伍签订救援协议；安全生产专业应急队伍与其他应急队伍之间的协调配合机制进一步健全，社会安全生产应急志愿者队伍服务进一步规范，基本形成由专业队伍、辅助队伍、志愿者队伍构成的基层安全生产应急队伍体系和“统一指挥、反应灵敏、协调有序、运转高效”的基层安全生产应急工作机制，预防和处置各类生产安全事故的能力明显提高。

2. 加强基层安全生产应急队伍体系建设

（1）加强安全生产专业应急队伍建设。按照建设目标要求，大中型矿山、危险化学品等高危行业企业应当依法建立专职安全生产应急队伍（其中矿山救护队必须按照相关建设标准取得相应的资质）。各地要根据本行政区域内矿山、危险化学品企业分布情况和企业专职应急队伍的建立情况，采取依托企业专职应急队伍或独立组建的方式，建立本行政区域安全生产骨干应急队伍，以满足本行政区域预防和处置生产安全事故的需要。地方要为骨干应急队伍配备先进适用装备，给予政策扶持，确保其健康持续发展。基层安全监管监察部门要积极配合和大力支持交通、铁路、质检、电力、建筑等部门建设基层专业应急队伍，建立和完善区域专业联防体系。各地要将矿山医疗救护体系建设纳入本地应急医疗卫生救援体系和安全生产应急救援体系之中，同步规划、同步建设。要依托本地大中型矿山企业医院建立矿山医疗救护骨干队伍，并督促指导矿山企业加强医疗救护队伍建设，将矿山医疗救护网络延伸到每一个矿山企业直至井（坑）口、车间，进一步完善三级矿山医疗救护网络。

（2）强化兼职安全生产应急队伍建设。未明确要求建立专职安全生产应急队伍的生产经营单位，要建立兼职应急队伍或明确专兼职应急救援人员，并与邻近专职安全生产应急队伍签订应急救援协议。本行政区域没有矿山、危险化学品等高危行业企业的地方，要加强其他专业安全生产兼职应急队伍建设，或整合本行政区域应急救援力量组建安全生产兼职应急队伍，或依托本行政区域综合应急队伍充实安全生产应急救援力量，以满足本地生产安全事故应急工作的需要。险时，兼职应急队伍应充分发挥就近和熟悉情况的优势，在相关应急指挥机构组织下开展先期处置，组织群众自救互救，参与抢险救灾、人员转移安置、维护社会秩序，为专业应急队伍提供现场信息，引导专业应急队伍开展救援工作，并配合专业应急队伍做好各项保障，协助有关方面做好善后处置、物资发放等工作。平时，兼职应急队伍应发挥信息员作用，发现事故隐患及时报告，协助做好预警信息传递、灾情收集上报和评估等工作，参与有关单位组织的隐患排查治理。

（3）加快安全生产应急志愿者队伍建设部步伐。基层安全监管监察部门要充分发挥社会志愿者的作用，把具有相关专业知识和技能的志愿者纳入安全生产应急志愿者队伍。要组织对志愿者的安全生产应急知识培训和救援基本技能训练，建立规范的志愿者管理制度。要发挥志愿者的就近优势，险时立即集结到位，在相关应急指挥机构统一指挥下，组织群众疏散，协助维持现场秩序，开展家属安抚和遇险人员心理干预，收集和提供事故情况，配合开展相关辅助工作。

3. 提高基层安全生产应急队伍装备水平

（1）加强基层应急队伍装备建设。基层安全监管监察部门要对本区域应急救援技术装备配置进行统筹规划，协调和督促有关单位按照有关规程和标准规范为基层安全生产应急队伍配备充足的、先进适用的应急救援装备和器材。同时，要支持和督促本地安全生产专业骨干应急队伍配备比较先进的、必要的装备和器材，以适应本地生产安全事故救援工作的需要。

（2）大力推进应急装备的技术进步。要加强应急新技术、新装备的推广、应用，不断提高应急工作的科技水平，推动事故救援现场装备的信息化、安全化、高效化。有条件的地方，要积极引进、消化国外先进的救援技术、装备，不断提高应急处置能力。

（3）加强基层应急信息平台建设。基层安全监管监察部门和有关生产经营单位要加强信息化建设。要加强服务信息平台建设，利用现有的计算机终端与安全生产应急平台联网；地方要积极创造条件，针对危险源、重点部位布设电子监控设备，逐步实现对辖区内的安全生产状况的动态监控和信息、图像的快速采集、处理；生产经营单位应积极建立安全生产应急平台，重点实现监测监控、信息报告、综合研判、指挥调度等功能，实时为上级管理部门及服务区城安全生产应急基地提供相关数据、图像、语音和资料。基层安全生产应急工作机构要建立应急终端，并与基层政府和有关部门及有关生产经营单位的应急平台和系统联网，实现应急信息传递的高效、便捷，提高队伍的应急响应速度。

4. 加强基层安全生产应急基础工作

（1）加强基层应急队伍制度建设。建立健全应急值守、接警处置、预防性检查、培训考核、训练演练、装备器材维护与管理、技术资料管理、财务后勤管理等各项制度；建立各类工作记录和档案，如值班、会议、训练和演练、事故处理等记录以及装备管理、事故处理评估报告、隐患排查情况等档案资料；加强培训和训练工作，通过日常训练、培训、技术竞赛、经验交流、模拟实战演习等多种形式提高救援技能，提升实战能力。

（2）加强基层应急队伍的培训和训练。各级安全监管监察部门要把基层安全生产应急人员和志愿者的教育培训纳入安全生产应急管理教育培训体系之中，分类组织对基层应急人员和志愿者进行专门培训，使基层各级各类安全生产应急人员和志愿者熟悉、掌握应急管理和救援专业知识技能，增强先期处置和配合协助专业应急队伍开展救援的能力。同时，要加强应急知识的宣传和普及，使基层应急人员和志愿者充分了解应急知识，提高组织指挥和预防事故及自救、互救能力。

（3）增强基层应急救援队伍的战斗力。各级安全监管监察部门要引导基层安全生产应急救援队伍采取有力措施，不断提高战斗力。要强化理论武装、强化政治工作、强化作风锤炼，搞好思想政治和作风建设，加强事故案例分析和救援经验总结评估工作，持之以恒地开展技战术研究，不断探索应急救援的规律和有效方法，不断提高救援的科学性、实效性；开展地震、泥石流、山体滑坡、洪灾、建（构）筑物坍塌、隧道冒顶等灾害事故的应急救援技能训练，扩充配备相应装备，努力拓展救援服务功能，实现一专多能；在基层安全生产应急救援队伍中大力开展“技术比武”和“创先争优”活动等。通过一系列措施，使基层安全生产应急救援队伍的战斗力不断得到提升。

（4）加强基层应急联动机制建设。基层安全监管监察部门要全面掌握本行政区域内的各类安全生产应急资源，推动建立本行政区域各类应急队伍之间、基层应急队伍与地区骨干应急队伍之间、基层应急队伍与国家级应急救援基地之间的应急联动机制。要明确安全生产应急工作各环节的主管部门、协作部门、参与单位及其职责，确立统一调度、快速运送、合理调配、密切协作的工作机制，实现应急联动。要结合实际，组织开展形式多样的、有针对性的应急演练，特别要组织开展多地区、多部门、多单位和多应急队伍参与的综合性应急演练，增强地方、部门、生产经营单位、其他社会组织及应急队伍的协同作战能力。

5. 健全完善基层安全生产应急体制和政策措施

（1）加强安全生产应急管理组织体系建设。各地要在推动市（地）、重点县（市、区）和高危行业大中型企业建立安全生产应急管理机构，并做到机构、编制、人员、经费、装备“五落实”的同时，引导促进社区、街道、乡镇按照属地管理原则，明确机构，明确人员，确保有人管、会管理、管得好。居委会、村委会等群众自治组织，要将安全生产应急管理作为自治管理的重要内容，明确落实安全生产应急管理工作责任人，做好群众的组织、动员工作。

（2）建立基层应急队伍的经费保障制度。基层安全监管监察部门要将加强基层安全生产应急队伍建设作为履行政府职能的一项重要任务，融入日常各项工作中。要制定完善基层安全生产应急队伍建设标准，搞好基层安全生产应急队伍建设示范工作。要不断总结典型经验，创新工作思路，积极探索有利于推动基层安全生产应急队伍建设的有效途径和方法。各地和生产经营单位要根据本行政区域、本单位安全生产工作的特点和需要，加强安全生产应急队伍建设，把安全生产应急队伍建设纳入本行政区域、本单位年度计划和“十二五”规划中，统一规划、统一部署、统一实施、统一推进。要加大基层安全生产应急队伍经费保障力度，建立正常的经费渠道和相关制度，努力争取将基层安全生产应急队伍建设的工作经费纳入同级财政预算。

（3）建立健全有利于基层应急队伍健康发展的政策措施。各省级安全监管监察部门要会同有关部门尽快完善基层安全生产应急队伍建设的财政扶持政策。要建立完善应急资源征用补偿制度、事故应急救援车辆执行应急救援任务免交过路过桥费用制度和基层应急救援有偿服务制度；要制定救援队员薪酬、津贴、着装、工伤保险、抚恤、退役或转岗安置等政策措施，解决基层安全生产应急队伍的实际困难和后顾之忧；要建立应急救援奖励制度：对在事故救援、事件处置工作中做出贡献的单位和个人要及时给予奖励和表彰，对做出突出贡献的单位和个人要联合人力资源、工会、共青团等部门和组织授予荣誉，提请政府给予表彰；要建立安全生产应急救援公益性基金，鼓励自然人、法人和其他组织开展捐赠，形成团结互助、和衷共济的好风尚。此外，要制定推进志愿者参与安全生产应急救援的指导意见，鼓励和规范社会各界从事安全生产应急志愿服务。

6. 加强领导，落实责任，全力推进基层安全生产应急队伍建设

各级安全监管监察部门在安全生产有关行政许可审查中，要依法加强对安全生产应急队伍建设条件的审查。要审查基层生产经营单位是否有符合要求的专兼职应急管理机构、人员和应急队伍，是否与有资质的应急队伍签订了协议。同时，要建立安全生产应急队伍报备制度，及时掌握基层应急队伍建立情况，加强对应急队伍建设的指导。省级安全监管监察部门要切实加强对基层安全生产应急队伍建设的领导，经常研究，抓住不放。尤其要抓好典型示范，督促和指导辖区内市（地）、重点县（市、区）建立健全安全生产应急管理和救援指挥机构，落实工作责任，以推动基层安全生产应急队伍建设工作的更好开展，促进基层安全生产应急队伍健康快速发展。

四、《关于贯彻落实国务院〈通知〉精神 进一步加强安全生产应急救援体系建设的实施意见》相关要点

2010 年 11 月 9 日，国务院安全生产委员会办公室下发《关于贯彻落实国务院〈通知〉精神 进一步加强安全生产应急救援体系建设的实施意见》（安委办［2010］25 号），并且指出，为深入贯彻落实《国务院关于进一步加强企业安全生产工作的通知》（国发［2010］23 号，以下简称《国务院通知》）精神，切实落实企业安全生产主体责任，加快建设更加高效的安全生产应急救援体系，提出以下实施意见：

1. 总体要求和工作目标

认真贯彻落实党中央、国务院关于加强安全生产和应急管理工作的一系列重要决策、部署、指示和《国务院通知》精神，进一步强化责任落实、工作落实、政策落实，加大投入力度，加强安全生产应急救援体系建设，不断提高安全生产应急救援的装备水平、技术水平、管理水平。从现在起到“十二五”期末，国家（区域）矿山、危险化学品应急救援队全部建成，其他重点行业（领域）应急救援队伍建设进一步加强，形成更加完善的安全生产应急救援体系；各省（区、市）、市（地、州）、重点县（市、区）安全生产应急管理（救援指挥）机构全部建立；国家、省、市三级安全生产应急平台体系建设完成，高危行业企业安全生产动态监控及预警预报预防体系普遍建立；应急救援协调联动机制更加完善；安全生产应急预案体系建立健全，质量明显提高。通过强化建设，安全生产应急管理水平和防范、应对事故灾难的能力得到明显提升。

2. 进一步加强安全生产应急救援队伍体系建设

（1）大力加强矿山应急救援队伍体系建设

1）加快国家矿山应急救援队建设步伐。依托黑龙江鹤岗、山西大同、河北开滦、安徽淮南、河南平顶山、四川芙蓉、甘肃靖远矿山救护队，抓紧建设 7 个国家矿山应急救援队，力争到 2011 年年底前全部建成。要充分利用企业现有资源和条件，按照总体规划的要求，突出特长和特色，重点投入，配备国际国内先进的尤其是高精尖的应急救

援装备，在搞好本企业、本地区事故救援的同时，满足跨地区、重特大且抢险救援复杂、难度大事故的快速高效救援工作的需要。与此同时，要全面加强基础设施建设，加强素质能力建设，加强体制机制和管理创新，真正建成世界一流的国家矿山应急救援队。

2）加强区域矿山应急救援队建设。在争取国家支持的同时，各依托企业要参照国家矿山应急救援队的建设原则、标准和要求，在现有基础上，进一步加强建设。国家陆地搜寻与救护平顶山基地依托企业，要加快建设进度，重点提升矿山、建（构）筑物坍塌、隧道、地下空间、泥石流等灾害应急救援能力。

3）加强省级地方骨干矿山应急救援队建设。各省（区、市）要根据本地区矿山企业分布情况和经济社会发展的需要，统筹规划，由地方和企业共同出资，依托大中型企业建设骨干矿山应急救援队，并在大型特殊救援装备配备、救援队伍运行经费等方面给予支持。

4）加强其他地方和基层矿山应急救援队建设。矿山企业特别是煤矿较多的市（地、州）、县（区、市）、乡（镇）和其他中小矿山企业集中的地方要合理规划、整合资源、因地制宜，采取企业联合、政企联合或地方有关部门单独出资方式建设专业矿山应急救援队，或依托本行政区域综合应急救援队充实矿山应急救援技术装备和人员，以满足矿山事故应急救援工作的需要。

5）加强矿山企业应急救援队建设。所有大中型矿山企业特别是煤矿都要依法建立专业应急救援队，并按照有关救援队伍建设标准，不断提升建设水平尤其是装备水平，进而提高应急救援能力；小型矿山企业要因企制宜建立专职或兼职救援队；没有建立专职应急救援队的矿山企业，必须与邻近的具备相应能力的专职应急救援队签订应急救援协议。

6）加强矿山医疗救护体系建设。在国家（区域）矿山应急救援队布点区域，建设装备精良、高水准的国家（区域）矿山医疗救护队。各地要搞好规划、加强协调，将矿山医疗救护体系建设纳入安全生产应急救援体系和医疗卫生应急体系，同步规划、同步实施、同步推进，依托当地优势医疗资源建立骨干矿山医疗救护队，提高医疗救护技术和装备水平。矿山企业要发挥矿区医疗机构的作用，将矿山医疗救护点延伸到井（坑）口，形成网络。

（2）大力加强危险化学品和油气田应急救援队伍体系建设

1）加快推进依托大型石化、石油企业建设国家（区域）危险化学品和油气田应急救援队的步伐。要在原来规划的基础上，争取国家支持，政企共同出资，依托现有中央石化、石油企业的应急救援队，建设6个国家危险化学品应急救援队、14个区域危险化学品应急救援队、7个区域油气田应急救援队和1个危险化学品应急救援技术咨询中心。要进一步加大投入，配备危险化学品和油气田方面相应特种专业救援装备，切实提高应急救援能力。

2）加强省级地方骨干危险化学品应急救援队建设。各省（区、市）要根据本地实际，依托有关石化企业的应急救援队，建设本地区危险化学品应急救援骨干队伍。要统筹规划，加大资金、政策支持力度，推进危险化学品地方骨干应急救援队建设。

3）加强其他地方和基层危险化学品应急救援队建设。危险化学品企业较多的市

（地、州）、县（区、市）、乡（镇）和其他小型危险化学品企业集中的地区和化工园区，要因地制宜，在合理规划、节省资源的基础上，采取企业联合、政企联合或地方有关部门单独出资组建的方式，建立专业危险化学品应急救援队；或依托本行政区域综合应急救援队，充实危险化学品救援装备及人员，以满足危险化学品事故应急救援工作的需要。

4）加强企业危险化学品应急救援队建设。所有大中型危险化学品企业都要依法按照相关标准建立专业应急救援队；不具备建立专职救援队条件的其他危险化学品企业，必须建立兼职救援队；没有建立专职应急救援队的企业必须与邻近的具备相应能力的专业救援队签订应急救援协议。

（3）加强其他重点行业（领域）应急救援体系建设。各建筑（隧道）施工、军工、民用爆炸物品等重点行业（领域）企业要根据有关规定和要求，加强专兼职应急救援队的建设，提高应急救援能力。按规定不需建立或不具备建立专职应急救援队条件的企业，必须与当地具备相应能力的相关专职应急救援队签订应急救援协议。各级安全监管部门要加强综合协调，大力支持公安消防、公路交通、铁路运输、水上搜救、船舶溢油、民用航空、电力等行业（领域）专业应急救援体系建设，重点是搞好规划、合理布局、增加装备、健全队伍、提升素质，形成完善的专业应急救援体系。

（4）加快社会应急救援力量建设步伐。各地要高度重视社会安全生产或综合应急救援组织和志愿者组织建设工作，把具有相关专业知识、技能和装备的社会救援组织、志愿者组织纳入安全生产应急救援体系建设之中，加强引导、推动、扶持和管理，充分利用各种资源，调动各方面的积极性，组织和鼓励社会力量参与安全生产应急救援工作。

3. 进一步加强安全生产应急管理（救援指挥）体系建设

（1）加强企业安全生产应急管理（救援指挥）机构建设。大中型企业必须建立健全安全生产应急管理（救援指挥）机构。高危行业企业要设置或指定安全生产应急工作办事机构，配备专职应急工作人员，具体负责本企业的安全生产应急工作。其他各类企业要确定机构或人员负责安全生产应急工作。

（2）加强省（区、市）、市（地、州）、重点县（市、区）安全生产应急管理（救援指挥）机构建设

1）各省（区、市）、市（地、州）都要按照有关规定和要求，建立健全安全生产应急管理（救援指挥）机构，发挥其综合监管和事故救援指挥、指导、协调作用。

2）有关省级煤矿安全监察机构要按照国家安全监管总局的要求，加快组建省级煤矿安全生产应急救援机构。要结合地方和单位实际制订计划，明确工作步骤和时限，采取切实可行的措施，保证“三定”规定尽快落实到位。

3）高危企业较集中的县（市、区）要设立或明确负责安全生产应急管理（救援指挥）机构，其他县（区、市）要落实专人负责安全生产应急工作，并逐步延伸到街道、乡镇等基层政府和组织。

此外，其他各级负有安全监管职责的有关行业主管部门也要建立专门的安全生产应急管理（救援指挥）机构，或明确相关部门、设立专人专门负责此项工作。

（3）进一步完善安全生产应急救援工作机制

1）企业要全面建立健全安全生产动态监控及预报预警机制，做好安全生产事故防范和预报预警工作，做到早防御、早响应、早处置。同时，要建立重大危险源管理制度，明确操作规程和应急处置措施，实施不间断的监控。要按照国家有关规定实行重大危险源和重大隐患及有关应急措施备案制度，每月至少要进行一次全面的安全生产风险分析，加强重点岗位和重点部位监控，发现事故征兆要立即发布预警信息，采取有效防范和处置措施，防止事故发生和事故损失扩大。要积极探索与当地政府相关部门和周边企业建立应急联动机制，切实提高协同应对事故灾难的能力。

2）各级安全监管部门要在同级政府安全生产委员会框架内建立安全生产应急救援联络员会议制度，明确各成员单位安全生产应急救援工作职责分工，完善生产安全事故信息沟通机制和应急救援快速协调机制。要建立和完善区域间协同应对重特大生产安全事故的应急联动机制、安全生产应急工作机构与有关应急救援队伍之间的工作机制，并严格执行安全生产应急值守和信息报告制度，充分发挥应急平台的作用，提高应急工作效率。

3）各级安全监管部门和有关企业要与地震、气象、海洋、国土资源等部门密切配合，建立并完善预报、预警、预防机制，加强协作，有效防范和有力应对自然灾害引发的事故灾难。

4. 进一步加强安全生产应急预案体系建设

（1）要切实做到安全生产应急预案全覆盖。企业都要有应急预案，并做到所有重大危险源和重点工作岗位都有专项应急预案或现场处置方案。应急处置程序和现场处置方案要实行牌板化管理。预案中要明确规定在遇到险情时，企业生产现场带班人员、班组长和调度人员具有第一时间下达停产撤人命令的直接决策权和指挥权。

各地要根据本地区实际情况，制定生产安全事故应急预案。各级安全监管部门和其他负有安全监管职责的有关部门要制定部门应急预案。安全生产应急工作机构要全面掌握各类应急预案、队伍和资源情况，通过应急预案审查和备案，促进相关应急预案间的衔接。

（2）切实提高安全生产应急预案质量。企业应急预案的编制要做到全员参与，使预案的制定过程成为隐患排查治理的过程和全员应急知识培训教育的过程。与此同时，要加强应急预案管理，适时修订完善应急预案，组织专家进行评审或论证，按照有关规定将应急预案报当地政府和有关部门备案，并与当地政府和有关部门应急预案相互衔接。

各级安全监管部门和有关部门要加强对应急预案工作的监督管理，依法将应急预案作为行业准入的必要条件。矿山企业、建筑施工企业和危险化学品、烟花爆竹、民用爆炸物品生产企业没有生产安全事故应急预案或预案未通过专家评审的，或重大危险源没有检测、评估、监控措施及应急预案的，不得颁发安全生产许可证。

（3）切实开展好安全生产应急演练和培训工作

1）企业要建立应急演练制度，每年都要结合本企业特点至少组织一次综合应急演练或专项应急演练；高危行业企业每半年至少组织一次综合或专项应急演练；车间（工段）、班组的应急演练要经常化。演练结束后要及时总结评估，针对发现的问题及时修订预案、完善应急措施。

2）其他各级负有安全监管职责的有关部门每年要至少组织一次针对本行业（领域）主要特点和易发生事故环节的专业应急演练或综合性演练。

3）各级安全监管部门要结合本地区工作实际，会同有关部门，每年至少组织一次安全生产应急演练。

4）在搞好预案演练的同时，加强应急培训，提高企业各级管理人员和全体员工的应急意识和应急处置、避险、逃灾、自救、互救能力。

5. 进一步加强安全生产应急救援装备和保障能力建设

（1）大力加强安全生产应急平台体系建设

1）企业要充分利用和整合调度指挥、监测监控、办公自动化系统等现有信息系统建立应急平台。要建立健全应急预案、重大危险源和各类应急资源的数据库，实现快速预警研判、科学决策指挥，并与地方政府和有关部门应急平台互联互通。

2）各省（区、市）、市（地、州）和重点县（市、区）要在“十二五”前期完成安全生产应急平台建设。要结合自身实际，充分利用现有资源，开发和完善应急保障、模拟推演、监测预警、辅助决策、指挥调度等应用系统；要建立健全应急预案、重大危险源和应急资源数据库，要建立健全工作流程、操作程序、联动机制，加强人员培训。通过努力，提高应急平台应用和管理水平。

3）尚未建设安全生产应急平台的地区、部门和单位要进一步完善规划和设计，加强与相关部门的协调配合，加大投入，加快建设步伐，并尽快向下延伸。经过努力，力争到“十二五”期末，形成国家、省（区、市）、市（地、州）、重点县（市、区）和重点企业相互连通的应急平台体系。

（2）大力加强安全生产应急救援装备和物资储备体系建设

1）企业要针对本企业事故特点加大应急救援装备及物资储备力度，尤其是重点工艺流程中应急物料、应急器材、应急装备和物资的准备。

2）各地区、各有关部门要切实加强安全生产应急物资储备工作，坚持实物储备与生产能力储备相结合，社会化储备与专业化储备相结合，针对易发事故的特点，在指定有关单位储备必要的应急装备物资和指定相关应急装备、物资生产企业储备一定的生产能力的基础上，建立专门的应急装备物资储备网点。在国家（区域）应急救援队储备一定的大型特种救援装备和相关物资。要努力形成多层次的应急救援装备和物资储备体系，确保应对各种事故，尤其是重特大且救援复杂、难度大的生产安全事故应急救援的装备和物资需要。

3）各地区、各有关部门和单位要建立健全安全生产应急装备和物资储备与调运机制，确保储备到位、调运顺畅、及时有效、发挥作用。

（3）大力推进安全生产应急救援技术进步

1）有关应急装备和物资生产企业、科研机构要搞好产学研结合，加强应急救援新技术、新材料、新装备的研发，坚持以应急救援需求为导向，自主创新和引进消化吸收相结合，形成强有力的安全生产应急救援科技原始研发、创造创新、成果转化能力和机制。

2）各地区、各有关部门要大力支持和培育安全生产应急救援专用设备科研设计单位和制造产业，扶持在应急救援领域拥有自主知识产权和核心技术的重点单位，充分发挥他们的作用。要下大气力强制淘汰落后的应急救援技术和装备，积极推广应用先进适用的应急救援技术和装备。

3）各地区、各有关部门和单位要根据需要，积极引进、采用先进适用的应急救援技术装备，尤其是国家（区域）矿山、危险化学品应急救援队所在单位要加大投入，引进采用高效快速救援钻机、大型排水设备、大型清障支护设备、快速灭火、堵漏、洗消设备以及人员避险、搜寻、定位等装备，提高安全保障和应急救援能力。

6. 建立并落实进一步加强安全生产应急救援体系建设的保障措施

（1）进一步加强安全生产应急工作法制建设

1）要在贯彻落实好《中华人民共和国安全生产法》《中华人民共和国突发事件应对法》等法律、法规的同时，积极配合有关部门，推动《安全生产应急管理条例》的出台，并结合应急工作实际情况，研究制定相关规章和配套措施，进一步强化安全生产应急工作的法制保障。

2）企业要将安全生产应急工作规章制度建设作为企业安全生产管理的重要组成部分，制定完善事故预防、预测、预警和应急值守、信息报告、现场处置、应急投入、物资保障等规章制度。

3）地方各级安全监管部门要积极协调，促进建立健全地方性安全生产应急管理法规规章。要加强与公安、交通运输、民政等部门的配合，充分利用现有法规规定，协商解决安全生产救援车辆快速通行、事故救援中救援人员牺牲后荣誉待遇等问题。

4）各级安全监管部门和其他负有安全监管职责的有关部门要进一步加强安全生产行政执法，将有关安全生产应急工作的内容纳入安全生产行政执法内容之中。对没有依法开展安全生产应急管理工作的，要严厉处罚，并严把市场准入和行政许可关。通过执法，推进安全生产应急工作的更好开展。

（2）加强安全生产应急救援体系建设规划工作

1）企业要把安全生产应急救援队伍建设纳入企业发展战略、发展规划和总体工作部署中，与企业建设、生产、经营、改革和发展统一规划、统一部署、统一实施。

2）各级安全监管部门要将安全生产应急救援体系建设内容纳入安全生产“十二五”规划、纳入本地区经济社会发展“十二五”规划。要采取有效措施，督促和推动企业将安全生产应急救援队伍建设纳入企业年度和中长期发展规划。

3）其他各级负有安全监管职责的有关部门也要按照有关要求，编制好“十二五”期间安全生产应急救援体系建设规划和实施工作方案。

（3）研究制定并落实安全生产应急工作政策措施

1）企业要充分利用国家对安全生产专用设备所得税优惠、安全生产费用税前扣除等财税支持政策。在年度预算中必须保证应急救援装备、设施和演练、宣传、培训、教育等投入，提高救护队员的工资福利及其他相关待遇。

2）要充分利用好国家在安全生产和应急救援方面的投入政策，管好用好资金，坚持建设与节约并重原则，充分发挥投资效益。

3）各级安全监管部门要协调有关部门抓紧研究制定安全生产应急救援体系建设的

财政扶持政策，将安全生产应急救援经费纳入本级财政预算，建立应急救援专项资金。要会同物价部门研究制定有偿实施应急救援服务和应急征用补偿政策，监督高危行业企业每年向签约救护队缴纳技术服务和应急救援服务费，协调事故发生地有关部门督促事故企业向救护队支付事故救援费用，企业无力承担救援费用的，由地方有关部门予以补偿；要建立并落实安全生产费用提取、安全生产全员风险抵押、安全生产责任保险等政策。要加强对企业安全生产应急投入的监督检查。

(4) 切实加强国际交流与合作。各级安全监管部门和其他各级负有安全监管职责的有关部门及各级各类安全生产应急救援队伍要不断加强国际交流与合作，积极参加各类国际救援技术竞赛和相关活动，有计划地组织到有关国家（地区）考察与培训，学习借鉴国际上特别是先进国家的应急理念、经验和技术，不断改进创新我国的安全生产应急工作。

(5) 进一步加强领导、落实责任、强力推进。各地区、各有关部门和单位要高度重视安全生产应急救援体系建设，加强领导，落实责任，结合实际认真制订本地区、本部门、本单位贯彻落实《国务院通知》精神和本实施意见的具体措施，并强力加以推进，保障各项任务、要求落实到位，推动安全生产应急救援体系建设工作不断加强，事故应急救援能力不断提高，为全国安全生产形势持续稳定好转做出贡献。同时，要不断推动各级各类安全生产应急救援队伍切实加强思想政治建设、技术业务建设和作风建设，不断提高战斗力，做到关键时候拉得出、冲得上、打得赢。

五、《关于加强安全生产事故应急预案监督管理工作的通知》相关要点

2005 年 11 月 24 日，国务院安全生产委员会办公室下发《关于加强安全生产事故应急预案监督管理工作的通知》（安委办字［2005］48 号），并且指出：为全面贯彻落实全国应急管理工作会议精神，按照《中华人民共和国安全生产法》等法律法规、《国家突发公共事件总体应急预案》《国家安全生产事故灾难应急预案》对安全生产事故应急预案制定、培训、演练、监督管理的有关规定和要求，根据国务院办公厅印发的《国务院有关部门和单位制定和修订突发公共事件应急预案框架指南》和《省（区、市）人民政府突发公共事件总体应急预案框架指南》，国务院有关部门、地方各级人民政府及其有关部门和生产经营单位已经或正在制定相关安全生产事故的应急预案（以下简称应急预案），为加强对应急预案的监督管理，逐步形成"横向到边、纵向到底"的安全生产事故应急预案体系，保障安全生产事故应急救援工作高效、有序进行，现将有关事项通知如下。

1. 按照分类管理、分级负责、属地为主的原则，国家安全生产监督管理总局负责全国应急预案的综合监督管理工作，地方各级人民政府安全监管部门负责本行政区域内应急预案的综合监督管理工作，其他有关部门在各自的职责范围内负责有关行业或领域应急预案的监督管理工作。各级煤矿安全监察机构对有关煤矿安全生产事故的应急预案依法履行监察职责。

各级人民政府有关部门应当在各自的职责范围内监督、指导应急预案制定、培训、

演练和宣传教育等工作，协调相关应急预案的衔接关系，对应急预案所涉及的资源和保障措施的落实情况进行监督检查。

2. 应急预案应当符合相关的法律、法规、规章和标准的要求，所规定和明确的组织、程序、资源、措施等应当具有针对性、科学性和可操作性，满足安全生产事故应急救援的需要。

应急预案必须经制定单位组织论证和审查，并经实施应急预案有关单位认可，由制定单位发布，印送与应急预案实施有关的单位。

3. 国务院有关部门制定的应急预案的内容应当符合国务院的有关要求，地方各级人民政府及其有关部门制定的应急预案的内容应当符合国务院和省级人民政府的有关要求。生产经营单位制定的应急预案应当包括以下主要内容：

（1）应急预案的适用范围。

（2）事故可能发生的地点和可能造成的后果。

（3）事故应急救援的组织机构及其组成单位、组成人员、职责分工。

（4）事故报告的程序、方式和内容。

（5）发现事故征兆或事故发生后应当采取的行动和措施。

（6）事故应急救援（包括事故伤员救治）资源信息，包括队伍、装备、物资、专家等有关信息的情况。

（7）事故报告及应急救援有关的具体通信联系方式。

（8）相关的保障措施。

（9）与相关应急预案的衔接关系。

（10）应急预案管理的措施和要求。

4. 各级人民政府有关部门制定的应急预案应当上报同级人民政府备案。国务院有关部门制定的应急预案应当抄送国家安全生产监督管理总局；地方人民政府制定的专项应急预案应当抄送上级人民政府安全监管部门；地方人民政府安全监管部门制定的应急预案应当报送上一级人民政府安全监管部门；地方人民政府其他有关部门制定的应急预案应当抄送同级安全监管部门和相应的上级部门。

5. 生产经营单位所属各级单位都应当针对本单位可能发生的安全生产事故制定应急预案和有关作业岗位的应急措施。生产经营单位所属单位和部门制定的应急预案应当报经上一级管理单位审查。

矿山、建筑施工单位和危险化学品、烟花爆竹和民用爆破器材生产、经营、储运单位的应急预案，以及生产经营单位涉及重大危险源的应急预案，应当按照分级管理的原则报安全监管部门和有关部门备案。

生产经营单位涉及核、城市公用事业、道路交通、火灾、铁路、民航、水上交通、渔业船舶水上安全以及特种设备、电网安全等事故的应急预案，依据有关规定报有关部门备案，并按照分级管理的原则抄报安全监管部门。

6. 应急预案制定单位应当对与实施应急预案有关的人员进行上岗前培训，使其熟悉相关的职责、程序，对本单位其他人员和相关群众进行培训和宣传教育，使其掌握事故发生后应当采取的自救和救援行动；要定期组织应急预案演习，并按照分级管理的原则向安全监管部门和其他有关部门提交演习的书面总结报告。生产经营单位还应当对从业人员进行岗位应急措施的培训。

应急预案所涉及的有关单位对应急预案中明确的与其相关的职责应当组织落实。

7. 应急预案在相关的法律、法规、标准，适用范围、条件，有关应急资源情况，以及与相关预案的衔接关系等发生变化时，或发现存在问题时，应当及时修订。

8. 国务院安全生产委员会成员单位和各省、自治区、直辖市及新疆生产建设兵团安全生产委员会，要采取切实措施加强本部门、本地区应急预案监督管理工作，逐步建立本地区、本部门科学、适用、系统、完整的安全生产事故应急预案体系。

六、《生产经营单位生产安全事故应急预案评审指南（试行）》相关要点

2009 年 4 月 29 日，国家安全生产监督管理总局印发《生产经营单位生产安全事故应急预案评审指南（试行）》（安监总厅应急［2009］73 号，以下简称《评审指南》）。编制《评审指南》的目的，是依据《生产经营单位安全生产事故应急预案编制导则》（以下简称《导则》），为了贯彻实施《生产安全事故应急预案管理办法》（国家安全生产监督管理总局令第 17 号），指导生产经营单位做好生产安全事故应急预案（以下简称应急预案）评审工作，提高应急预案的科学性、针对性和实效性。

《评审指南》主要内容如下。

1. 评审方法

应急预案评审采取形式评审和要素评审两种方法。形式评审主要用于应急预案备案时的评审，要素评审用于生产经营单位组织的应急预案评审工作。应急预案评审采用符合、基本符合、不符合三种意见进行判定。对于基本符合和不符合的项目，应给出具体修改意见或建议。

（1）形式评审。依据《导则》和有关行业规范，对应急预案的层次结构、内容格式、语言文字、附件项目以及编制程序等内容进行审查，重点审查应急预案的规范性和编制程序。应急预案形式评审的具体内容及要求，见附件 1。

（2）要素评审。依据国家有关法律法规、《导则》和有关行业规范，从合法性、完整性、针对性、实用性、科学性、操作性和衔接性等方面对应急预案进行评审。为细化评审，采用列表方式分别对应急预案的要素进行评审。评审时，将应急预案的要素内容与评审表中所列要素的内容进行对照，判断是否符合有关要求，指出存在问题及不足。应急预案要素分为关键要素和一般要素。应急预案要素评审的具体内容及要求，见附件 2、附件 3、附件 4、附件 5。

关键要素是指应急预案构成要素中必须规范的内容。这些要素涉及生产经营单位日常应急管理及应急救援的关键环节，具体包括危险源辨识与风险分析、组织机构及职责、信息报告与处置和应急响应程序与处置技术等要素。关键要素必须符合生产经营单位实际和有关规定要求。一般要素是指应急预案构成要素中可简写或省略的内容。这些要素不涉及生产经营单位日常应急管理及应急救援的关键环节，具体包括应急预案中的编制目的、编制依据、适用范围、工作原则、单位概况等要素。

2. 评审程序

应急预案编制完成后，生产经营单位应在广泛征求意见的基础上，对应急预案进行评审。

（1）评审准备。成立应急预案评审工作组，落实参加评审的单位或人员，将应急预案及有关资料在评审前送达参加评审的单位或人员。

（2）组织评审。评审工作应由生产经营单位主要负责人或主管安全生产工作的负责人主持，参加应急预案评审人员应符合《生产安全事故应急预案管理办法》要求。生产经营规模小、人员少的单位，可以采取演练的方式对应急预案进行论证，必要时应邀请相关主管部门或安全管理人员参加。应急预案评审工作组讨论并提出会议评审意见。

（3）修订完善。生产经营单位应认真分析研究评审意见，按照评审意见对应急预案进行修订和完善。评审意见要求重新组织评审的，生产经营单位应组织有关部门对应急预案重新进行评审。

（4）批准印发。生产经营单位的应急预案经评审或论证，符合要求的，由生产经营单位主要负责人签发。

3. 评审要点

应急预案评审应坚持实事求是的工作原则，结合生产经营单位工作实际，按照《导则》和有关行业规范，从以下 7 个方面进行评审。

（1）合法性。符合有关法律、法规、规章和标准，以及有关部门和上级单位规范性文件要求。

（2）完整性。具备《导则》所规定的各项要素。

（3）针对性。紧密结合本单位危险源辨识与风险分析。

（4）实用性。切合本单位工作实际，与生产安全事故应急处置能力相适应。

（5）科学性。组织体系、信息报送和处置方案等内容科学合理。

（6）操作性。应急响应程序和保障措施等内容切实可行。

（7）衔接性。综合、专项应急预案和现场处置方案形成体系，并与相关部门或单位应急预案相互衔接。

有关部门应急预案的评审工作可参照本指南。

附件：1. 应急预案形式评审表；2. 综合应急预案要素评审表；3. 专项应急预案要素评审表；4. 现场处置方案要素评审表；5. 应急预案附件要素评审表。（略）

七、《生产安全事故应急演练指南》相关要点

2011 年 4 月 19 日，国家安全生产监督管理总局以《国家安全生产监督管理总局公告 2011 年第 16 号》文件批准安全生产行业标准《生产安全事故应急演练指南》（AQ/T 9007—2011），自 2011 年 9 月 1 日起施行。

《生产安全事故应急演练指南》分为：范围、规范性引用文件、术语和定义、应急演练目的、应急演练原则、应急演练类型、应急演练内容、综合演练组织与实施、应急演练评估与总结、持续改进等部分，主要内容如下。

1. 适用范围

《生产安全事故应急演练指南》规定了生产安全事故应急演练（以下简称应急演练）

的目的、原则、类型、内容和综合应急演练的组织与实施。其他类型演练的组织与实施，可根据演练规模和复杂程度参照《生产安全事故应急演练指南》的标准进行。《生产安全事故应急演练指南》的标准适用于针对生产安全事故所开展的应急演练活动。

2. 应急演练目的

应急演练目的主要包括：

（1）检验预案。发现应急预案中存在的问题，提高应急预案的科学性、实用性和可操作性。

（2）锻炼队伍。熟悉应急预案，提高应急人员在紧急情况下妥善处置事故的能力。

（3）磨合机制。完善应急管理相关部门、单位和人员的工作职责，提高协调配合能力。

（4）宣传教育。普及应急管理知识，提高参演和观摩人员风险防范意识和自救互救能力。

（5）完善准备。完善应急管理和应急处置技术，补充应急装备和物资，提高其适用性和可靠性。

3. 应急演练原则

应急演练应符合以下原则：

（1）符合相关规定。按照国家相关法律、法规、标准及有关规定组织开展演练。

（2）切合企业实际。结合企业生产安全事故特点和可能发生的事故类型组织开展演练。

（3）注重能力提高。以提高指挥协调能力、应急处置能力为主要出发点组织开展演练。

（4）确保安全有序。在保证参演人员及设备设施安全的条件下组织开展演练。

4. 应急演练类型

应急演练按照演练内容分为综合演练和单项演练，按照演练形式分为现场演练和桌面演练，不同类型的演练可相互组合。

5. 应急演练内容

（1）预警与报告。根据事故情景，向相关部门或人员发出预警信息，并向有关部门和人员报告事故信息。

（2）指挥协调。根据事故情景，成立应急指挥部，调集应急救援队伍等相关资源，开展应急救援行动。

（3）应急通信。根据事故情景，在应急救援相关部门或人员之间进行音频、视频信号或数据信息互通。

（4）事故监测。根据事故情景，对事故现场进行观察、分析或测定，确定事故严重程度、影响范围和变化趋势等。

（5）警戒管制。根据事故情景，建立应急处置现场警戒区域，实行交通管制，维护现场秩序。

（6）疏散安置。根据事故情景，对事故可能波及范围内的相关人员进行疏散、转移和安置。

（7）医疗卫生。根据事故情景，调集医疗卫生专家和卫生应急队伍开展紧急医学救援，并开展卫生监测和防疫工作。

（8）现场处置。根据事故情景，按照相关应急预案和现场指挥部要求对事故现场进行控制和处理。

（9）社会沟通。根据事故情景，召开新闻发布会或事故情况通报会，通报事故有关情况。

（10）后期处置。根据事故情景，应急处置结束后，开展事故损失评估、事故原因调查、事故现场清理和相关善后工作。

（11）其他。根据相关行业（领域）安全生产特点所包含的其他应急功能。

6. 综合演练组织与实施

（1）演练计划。演练计划应包括演练目的、类型（形式）、时间、地点，演练主要内容、参加单位和经费预算等。

（2）演练组织机构。综合演练通常成立演练领导小组，下设策划组、执行组、保障组、评估组等专业工作组。根据演练规模大小，其组织机构可进行调整。

（3）演练工作方案。演练工作方案内容主要包括：应急演练目的及要求、应急演练事故情景设计、应急演练规模及时间、参演单位和人员主要任务及职责、应急演练筹备工作内容、应急演练主要步骤、应急演练技术支撑及保障条件、应急演练评估与总结。

（4）演练脚本。根据需要，可编制演练脚本。演练脚本是应急演练工作方案具体操作实施的文件，帮助参演人员全面掌握演练进程和内容。演练脚本一般采用表格形式，主要内容包括：演练模拟事故情景，处置行动与执行人员，指令与对白、步骤及时间安排，视频背景与字幕，演练解说词等。

（5）演练评估方案。演练评估方案通常包括：

1）演练信息。应急演练目的和目标、情景描述，应急行动与应对措施简介等。

2）评估内容。应急演练准备、应急演练组织与实施、应急演练效果等。

3）评估标准。应急演练各环节应达到的目标评判标准。

4）评估程序。演练评估工作主要步骤及任务分工。

5）附件。演练评估所需要用到的相关表格等。

（6）演练保障方案。针对应急演练活动可能发生的意外情况制定演练保障方案或应急预案，并进行演练，做到相关人员应知应会，熟练掌握。演练保障方案应包括应急演练可能发生的意外情况、应急处置措施及责任部门、应急演练意外情况中止条件与程序等。

（7）观摩手册。根据演练规模和观摩需要，可编制演练观摩手册。演练观摩手册通常包括应急演练时间、地点、情景描述、主要环节及演练内容、安全注意事项等。

7. 应急演练评估与总结

（1）现场点评。应急演练结束后，评估人员或评估组负责人在演练现场对演练中发现的问题、不足及取得的成效进行口头点评。

（2）书面评估。评估人员针对演练中观察、记录以及收集的各种信息资料，依据评估标准对应急演练活动全过程进行科学分析和客观评价，并撰写书面评估报告。评估报告重点对演练活动的组织和实施、演练目标的实现、参演人员的表现以及演练中暴露的问题进行评估。

（3）演练总结。应急演练结束后，演练组织单位应根据演练记录、演练评估报告、应急预案、现场总结等材料，对演练进行全面总结，并形成演练书面总结报告。报告可对应急演练准备、策划等工作进行简要总结分析。参与单位也可对本单位的演练情况进行总结。演练总结报告的内容主要包括：演练基本概要；演练发现的问题，取得的经验和教训；应急管理工作建议。

8. 演练资料归档

（1）应急演练活动结束后，演练组织单位应将应急演练工作方案、应急演练书面评估报告、应急演练总结报告等文字资料，以及记录演练实施过程的相关图片、视频、音频等资料归档保存。

（2）对主管部门要求备案的应急演练资料，演练组织单位应及时将相关资料报主管部门备案。

9. 持续改进

（1）预案修订完善。根据演练评估报告中对应急预案的改进建议，由应急预案编制部门按程序对预案进行修订完善。

（2）应急管理工作改进。应急演练结束后，演练组织单位应根据应急演练评估报告、总结报告提出的问题和建议，对应急管理工作（包括应急演练工作）进行持续改进。演练组织单位应督促相关部门和人员，制订整改计划，明确整改目标，制定整改措施，落实整改资金，并跟踪督察整改情况。

第二节　煤矿企业应急救援预案的编制

针对事故的发生，煤矿企业需要制定事故发生后所应采取的紧急措施和应急方法，即应急救援预案。煤矿企业应急预案体系包括综合预案、专项预案和现场处置预案。其中，专项预案主要有煤矿瓦斯爆炸事故专项应急预案、煤矿煤尘爆炸事故专项应急预案、煤矿重大火灾事故专项应急预案、煤矿重大顶板事故专项应急预案、煤矿重大水灾事故专项应急预案、煤矿重大瓦斯突出事故专项应急预案等。

一、煤矿事故应急救援预案编制步骤

应急救援预案编制步骤从收集资料到预案的制订、实施、完善，从而形成一个完整有效的煤矿事故应急救援预案，需要经历一个多步骤的工作过程，整个过程包括编制准备、预案编制、审定与实施、预案的演练、预案的修订与完善 5 大步骤。

1. 编制准备

（1）成立编写组织机构。煤矿事故应急救援预案的编制工作是一项涉及面广、专业性强的工作，是一项非常复杂的系统工程，需要安全、工程技术、组织管理、医疗急救等各方面的知识，其编制人员要由各方面的专业人才或专家组成。因此，需要成立一个由各专业人员组成的编写组织机构。

（2）制订编制计划。一个完整煤矿事故应急救援预案文件体系要由总预案、程序、作业指导书、行动记录4级文件体系构成。内容十分丰富，涉及面很广，既涉及本矿的应急能力和资源，也涉及主管上级、区域，以及相邻的应急要求。因此，需要制订一个详细的工作计划，内容包括工作目标、控制进程、人员安排、时间安排等，并应突出工作重点。

（3）收集整理信息。就是要收集和分析现有的影响事故预防、事故控制的一些信息资料，对所涉及的区域进行全面调查。

（4）初始评估。就是对煤矿现有的救援系统进行评估，找出差距，为建立新的救援体系奠定基础。初始评估一般包括明确适用的法律法规要求，审查现有的救援活动和程序，对以往的重大事故进行调查分析等。

（5）危险源辨识与风险评价。危险分析的目的是明确煤矿应急的对象，存在哪些可能的重大事故、性质及影响范围、后果严重程度等，为应急准备、应急响应和减灾措施提供决策和指导依据。危险分析包括危险辨识、脆弱性分析、风险评价。危险分析应按照国家法规要求，结合煤矿的具体情况进行。

（6）能力与资源评估。通过分析已有能力的不足，为应急资源的规划和配备、与相应签订互助协议和预案编制提供指导。

2. 预案编制

这是编制预案的重点工作，是一项专业性和系统性很强的工作。预案的质量直接关系到实施的效果，即事故控制和降低事故损失的程度。编写时应按照煤矿事故应急救援预案的文件体系、应急响应程序、预案的内容，以及预案的级别（6级）和层次（综合、专项、现场）要求进行编写。

3. 审定与实施

完成预案编写以后，要进行科学评价和审核、审定。编制的预案是否合理，能否达到预期效果，救援过程中是否产生新的危害等都需要经过有关机构和专家进行评定。而且，通过审核、批准、实施，这也是国家有关规定的要求。

4. 预案的演练

为全面提高应急能力和对应急人员进行教育，应急训练和演习是一项必不可少的工作步骤。应急演练包括基础培训与训练、专业训练、战术训练及其他训练等。通过演练、评审，为预案的完善创造条件。

5. 预案的修订与完善

这是实现煤矿事故应急救援预案持续改进的重要步骤。应急预案是煤矿事故应急救援工作的指导文件，同时又具有法规的权威性，通过定期或在应急演习、应急救援后对之进行评审，针对煤矿的实际情况的变化以及预案中暴露出的缺陷，不断地更新、完善和改进应急预案文件体系。

二、煤矿事故应急救援预案的编制要求

1. 煤矿事故应急救援预案的编制要求

“凡事预则立，不预则废”。意思是，不论做什么事，事先有准备，就能得到成功，

不然就会失败。事故应急预案是针对各种可能发生的事故所需的应急行动而制定的指导性文件，其基本作用就是事先有所准备。应急预案不仅可以指导应急人员的日常培训和演习，保证各种应急资源处于良好的备战状态，而且可以指导应急救援行动按计划有序进行，防止因行动组织不力或现场救援工作混乱而延误事故应急救援，从而降低人员伤亡和财产损失。因此，应急预案的编制与实施具有重要的意义。

编制事故应急预案，应具有预见性、科学性和可行性。

（1）编制应急预案要有预见性。应急预案应对未来可能发生的灾害（事故）做出具体的描述，对灾害（事故）进行危害识别和风险评价，并分析可能由此而引起事态扩大、恶化的形式和后果。对危险场所要进行重大事故危险源的辨识。评估对象可依据《重大危险源辨识》（GB 18218—2000）和评价结果进行，这是制定灾害应急救援预案的基础和出发点。对已确认的重大危险源，应预测发生重大事故的状态和损失程度以及对周边地区可能造成的危害程度。例如，编制地震应急预案，就应先分析地震对所在地可能造成的危害，由于地震引起的火灾、停电、停水、交通及通信中断等事故，这些事故在平时已经是很严重的灾难，如果集中发生就更难以应对，所以分析要尽可能详尽，应从灾难状况的角度去思考问题。特别是一些重点设施，如石油化工生产装置、发电厂、供水设施、大型水利枢纽，会由于地震引发一连串的灾难性事故，应重点研究应对措施。

（2）编制应急预案要有科学性。编制应急预案的最基本目的是最大限度地控制灾害（事故）的影响，把损失降到最低。灾害来临时，面对大量的工作，应当依据危害识别、风险评价的结论分出轻重缓急，对重点目标应优先施救。当灾害发生时现场施救的第一目标应当是救人，预案的措施应当以此为主线展开，当事件的局部已确实无法挽救时，应主动理性地放弃。

（3）编制应急预案要有可行性。编制应急预案是为了在灾害（事故）状态下能够按照预案有效地组织施救，所以编制预案要从事故状态下的环境去思考问题。如地震发生时，有可能发生停电、停水。处理地震引发的火灾，就不能按照一般的火灾施救处理。

（4）应急预案应分级编制。各级组织由于所辖范围不同，职责、权限不同，对系统的控制能力也不同。政府有政府的职能，应根据自己的职能编制应急预案。企业应该按照自己的所辖范围编制应急预案，如大型企业应根据自身的实际情况编制公司、分厂、各车间的应急预案，这样才能使应急预案更加实用，更加具有可操作性。

2. 编制应急预案的基本思路和主要内容

编制应急预案的基本思路主要是：将要发生什么——会引发什么——有什么危害——哪些危害最严重——应当采取的控制措施——由谁来组织指挥——需要哪些资源——如何得到这些资源——如何实施抢险措施——如何恢复。

应急预案应当符合相关的法律、法规、规章和标准的要求，所规定和明确的组织、程序、资源、措施等应当具有针对性、科学性和可操作性，满足安全生产事故应急救援的需要。

企业所编制的应急预案应当包括以下主要内容：

（1）应急预案的适用范围。

（2）事故可能发生的地点和可能造成的后果。

（3）事故应急救援的组织机构及其组成单位、组成人员、职责分工。

（4）事故报告的程序、方式和内容。

（5）发现事故征兆或事故发生后应当采取的行动和措施。

（6）事故应急救援（包括事故伤员救治）资源信息，包括队伍、装备、物资、专家等有关信息的情况。

（7）事故报告及应急救援有关的具体通信联系方式。

（8）相关的保障措施。

（9）与相关应急预案的衔接关系。

（10）应急预案管理的措施和要求。

3. 对编制应急预案的有关规定

为了规范生产经营单位生产安全事故应急预案的管理，完善应急预案体系，增强应急预案的科学性、针对性、实效性，国家制定有一系列法律法规、规章、标准。

（1）2007 年 8 月 30 日，全国人大常委会第二十九次会议通过《中华人民共和国突发事件应对法》（中华人民共和国主席令第 69 号），对突发事件的预防与应急准备、监测与预警、应急处置与救援、事后恢复与重建等应对活动作了规定。

（2）国家安全生产监督管理总局于 2009 年 4 月 1 日印发的《生产安全事故应急预案管理办法》（国家安全生产监督管理总局令第 17 号），适用于生产安全事故应急预案的编制、评审、发布、备案、培训、演练和修订等工作。

（3）国家安全生产监督管理总局于 2006 年 9 月 20 日发布、2006 年 11 月 1 日正式实施的安全生产行业标准《生产经营单位安全生产事故应急预案编制导则》（AQ/T 9002—2006），规定了应急预案体系的构成，以及综合应急预案、专项应急预案、现场处置方案的格式和主要内容，是企业编制安全生产事故应急救援预案的指导性文件。2013 年该行业标准被升级为国家标准《生产经营单位生产安全事故应急预案编制导则》（GB/T 29639—2013），自 2013 年 10 月 1 日实施。

（4）国家安全生产监督管理总局办公厅于 2009 年 4 月 29 日印发的《生产经营单位生产安全事故应急预案评审指南（试行）》（安监总厅应急［2009］73 号），对指导生产经营单位做好生产安全事故应急预案评审工作，提高应急预案的科学性、针对性和实效性作了规定。

（5）2010 年 1 月 22 日，国家安全生产监督管理总局印发《关于加强基层安全生产应急队伍建设的意见》（安监总应急［2010］13 号），对加强基层安全生产应急队伍建设，全面提高基层安全生产应急能力做出规定。

（6）国务院安全生产委员会办公室于 2005 年 11 月 24 日下发《关于加强安全生产事故应急预案监督管理工作的通知》（安委办字［2005］48 号）。

（7）2011 年 4 月 19 日，国家安全生产监督管理总局批准安全生产行业标准《生产安全事故应急演练指南》（AQ/T 9007—2011），自 2011 年 9 月 1 日起施行。《生产安全事故应急演练指南》规定了生产安全事故应急演练的目的、原则、类型、内容和综合应急演练的组织与实施，适用于针对生产安全事故所开展的应急演练活动。

除此之外，《国家突发公共事件总体应急预案》《国家安全生产事故灾难应急预案》《国务院有关部门和单位制定和修订突发公共事件应急预案框架指南》和《省（区、市）人民政府突发公共事件总体应急预案框架指南》等，对安全生产事故应急预案的制定、培训、演练、监督管理等做了相关规定和要求。

4. 对编制应急预案的有关要求

在国务院安全生产委员会办公室 2005 年 11 月 24 日下发的《关于加强安全生产事故应急预案监督管理工作的通知》（安委办字〔2005〕48 号）中，要求：

（1）应急预案应当符合相关的法律、法规、规章和标准的要求，所规定和明确的组织、程序、资源、措施等应当具有针对性、科学性和可操作性，满足安全生产事故应急救援的需要。应急预案必须经制定单位组织论证和审查，并经实施应急预案有关单位认可，由制定单位发布，印送与应急预案实施有关的单位。

（2）生产经营单位所属各级单位都应当针对本单位可能发生的安全生产事故制定应急预案和有关作业岗位的应急措施。生产经营单位所属单位和部门制定的应急预案应当报经上一级管理单位审查。

（3）矿山、建筑施工单位和危险化学品、烟花爆竹和民用爆破器材生产、经营、储运单位的应急预案，以及生产经营单位涉及重大危险源的应急预案，应当按照分级管理的原则报安全监管部门和有关部门备案。

（4）生产经营单位涉及核、城市公用事业、道路交通、火灾、铁路、民航、水上交通、渔业船舶水上安全以及特种设备、电网安全等事故的应急预案，依据有关规定报有关部门备案，并按照分级管理的原则抄报安全监管部门。

（5）应急预案制定单位应当对与实施应急预案有关的人员进行上岗前培训，使其熟悉相关的职责、程序，对本单位其他人员和相关群众进行培训和宣传教育，使其掌握事故发生后应当采取的自救和救援行动；要定期组织应急预案演习，并按照分级管理的原则向安全监管部门和其他有关部门提交演习的书面总结报告。生产经营单位还应当对从业人员进行岗位应急措施的培训。应急预案所涉及的有关单位对应急预案中明确的与其相关的职责应当组织落实。

（6）应急预案在相关的法律、法规、标准，适用范围、条件，有关应急资源情况，以及与相关预案的衔接关系等发生变化时，或发现存在问题时，应当及时修订。

需要注意的是，灾害（事故）应急预案的编制涉及多学科、多专业，是比较复杂的，鉴于个人的知识、能力、经验的限制，一个人很难独立完成。所以，企业编制应急预案，应当成立由行政负责人、相关专业技术人员、安全管理人员、现场救护人员组成的应急预案编写组，通过分工协作，相互取长补短，才有可能编制出较为完善的灾害（事故）应急预案。

灾害（事故）应急预案编制完成后，应当定期或不定期地组织相关方进行预案的演练，并通过应急预案的演练，检验预案实施的效果，发现存在的问题，通过持续改进，使之不断完善。

三、煤矿事故应急救援预案编制的内容及格式

煤矿事故应急救援预案是针对可能发生的重大事故所需的应急准备和响应行动而制

定的指导性文件，其重要内容包括方针与原则、应急策划、应急准备、应急响应、现场恢复、预案管理与评审改进和附件这 7 大要素。其编制的主要内容和格式如下。

1. 方针与原则

应急救援预案应有明确的方针和原则作为指导应急救援工作的纲领，体现保护人员安全优先、防止和控制事故蔓延优先、保护环境优先。同时，体现事故损失控制、预防为主、常备不懈、统一指挥、高效协调以及持续改进的思想。

2. 应急策划

应急策划是煤矿事故应急救援预案编制的基础，是应急准备、响应的前提条件，同时它又是一个完整预案文件体系的一项重要内容。在煤矿事故应急救援预案中，应明确煤矿的基本情况，以及危险分析与风险评价、资源分析、法律法规要求等结果。

(1) 基本情况。主要包括煤矿的地址、经济性质、从业人数、隶属关系、主要产品、产量等内容，周边区域的单位、社区、重要基础设施、道路等情况。

(2) 危险分析、危险目标及其危险特性和对周围的影响。危险分析结果应提供：地理、人文、地质、气象等信息；煤矿功能布局及交通情况；重大危险源分布情况；重大事故类别；特定时段、季节影响；可能影响应急救援的不利因素。对于危险目标可选择对重大危险装置、设施现状的安全评价报告，健康、安全、环境管理体系文件，职业安全健康管理体系文件，重大危险源辨识、评价结果等材料来确定事故类别、综合分析的危害程度。

(3) 资源分析。根据确定的危险目标，明确其危险特性及对周边的影响以及应急救援所需资源；危险目标周围可利用的安全、消防、个体防护的设备、器材及其分布；上级救援机构或相邻可利用的资源。

(4) 法律法规要求。法律法规是开展应急救援工作的重要前提保障。列出国家、省、市级应急各部门职责要求以及应急预案、应急准备、应急救援有关的法律法规文件，作为编制预案的依据。

3. 应急准备

在煤矿事故应急救援预案中应明确下列内容：

(1) 应急救援组织机构设置、组成人员和职责划分。

(2) 明确预案的资源配备情况，包括应急救援保障、救援需要的技术资料、应急设备和物资等，并确保其有效使用。

(3) 确定应急培训计划，演练计划，教育、训练、演练的实施与效果评估等内容。

(4) 互助协议。当有关的应急力量与资源相对薄弱时，应事先寻求与外部救援力量建立正式互助关系，做好相应安排，签订互助协议，做出互救的规定。

4. 应急响应

应急响应包括以下内容：

(1) 报警、接警、通知、通信联络方式。依据现有资源的评估结果，确定 24 h 有效的报警装置；24 h 有效的内部、外部通信联络手段；事故通报程序。

(2) 预案分级响应条件。依据煤矿事故的类别、危害程度的级别和从业人员的评估结果，可能发生的事故现场情况分析结果，设定预案分级响应的启动条件。

（3）指挥与控制。建立分级响应、统一指挥、协调和决策的程序。

（4）事故发生后应采取的应急救援措施。根据煤矿安全技术要求，确定采取的紧急处理措施、应急方案；确认危险物料的使用或存放地点，以及应急处理措施、方案；重要记录资料和重要设备的保护；根据其他有关信息确定采取的现场应急处理措施。

（5）警戒与治安。预案中应规定警戒区域划分、交通管制、维护现场治安秩序的程序。

（6）人员紧急疏散、安置。依据对可能发生煤矿事故场所、设施及周围情况的分析结果，确定事故现场人员清点，撤离的方式、方法；非事故现场人员紧急疏散的方式、方法；抢救人员在撤离前、撤离后的报告；周边区域的单位、社区人员疏散的方式、方法。

（7）危险区的隔离。依据可能发生的煤矿事故危害类别、危害程度级别，确定危险区的设定；事故现场隔离区的划定方式、方法；事故现场隔离方法；事故现场周边区域的道路隔离或交通疏导办法。

（8）检测、抢险、救援、消防、泄漏物控制及事故控制措施。依据有关国家标准和现有资源的评估结果，确定检测的方式、方法及检测人员防护、监护措施；抢险、救援方式、方法及人员的防护、监护措施；现场实时监测及异常情况下抢险人员的撤离条件、方法；应急救援队伍的调度；控制事故扩大的措施；事故扩大后的可能应急措施。

（9）受伤人员现场救护、救治与医院救治。依据事故分类、分级，附近疾病控制与医疗救治机构的设置和处理能力，制定具有可操作性的处置方案，内容包括：接触人群检伤分类方案及执行人员；依据检伤结果对患者进行分类现场紧急抢救方案；接触者医学观察方案；患者转运及转运中的救治方案；患者治疗方案；入院前和医院救治机构确定及处置方案；信息、药物、器材储备信息。

（10）公共关系。依据事故信息、影响、救援情况等信息发布要求，明确事故信息发布批准程序；媒体、公众信息发布程序；公众咨询、接待、安抚受害人员家属的规定。

（11）应急人员安全。预案中应明确应急人员安全防护措施、个体防护等级、现场安全监测的规定；应急人员进出现场的程序；应急人员紧急撤离的条件和程序。

5. 现场恢复

事故救援结束，应立即着手现场的恢复工作，有些需要立即实现恢复，有些是短期恢复或长期恢复。煤矿事故应急救援预案中应明确：现场保护与现场清理；事故现场的保护措施；明确事故现场处理工作的负责人和专业队伍；事故应急救援终止程序；确定事故应急救援工作结束的程序；通知本单位相关部门、周边社区及人员事故危险已解除的程序；恢复正常状态程序；现场清理和受影响区域连续监测程序；事故调查与后果评价程序。

6. 预案管理与评审改进

煤矿事故应急救援预案应定期进行应急演练，或在应急救援后对预案进行评审，以完善预案。预案中应明确预案制定、修改、更新、批准和发布的规定；应急演练、应急救援后以及定期对预案评审的规定；应急行动记录要求等内容。

7. 附件

煤矿事故应急救援预案的附件部分包括：组织机构名单；值班联系电话；煤矿事故应急救援有关人员联系电话；煤矿生产单位应急咨询服务电话；外部救援单位联系电话；政府有关部门联系电话；煤矿平面布置图；消防设施配置图；周边区域道路交通示意图和疏散路线、交通管制示意图；周边区域的单位、社区、重要基础设施分布图及有关联系方式；供水、供电单位的联系方式；组织保障制度等。

第三节　煤矿企业事故应急救援预案参考

制订生产经营单位安全生产事故应急预案，是贯彻落实“安全第一、预防为主、综合治理”方针，规范生产经营单位应急管理工作，提高应对风险和防范事故的能力，保证职工安全健康和公众生命安全，最大限度地减少财产损失、环境损害和社会影响的重要措施。应急管理是一项系统工程，生产经营单位的组织结构、管理模式、风险大小以及生产规模不同，应急预案体系构成不完全一样。生产经营单位应结合本单位的实际情况，从公司、企业（单位）到车间、岗位分别制订相应的应急预案，形成体系，互相衔接，并按照统一领导、分级负责、条块结合、属地为主的原则，同地方人民政府和相关部门应急预案相衔接。

在此介绍淮南矿业（集团）公司安全生产事故综合应急预案和矿井重大煤与瓦斯突出事故专项应急预案，介绍平朔公司井工一矿建设安全避险“六大系统”的做法。煤矿企业在编制事故应急预案时，可作为参考。

一、淮南矿业（集团）公司安全生产事故综合应急预案

1. 总则

（1）编制目的。为了规范煤矿事故的应急管理和应急响应程序，明确职责，建立健全应急救援机制，及时、科学、有效地指挥、协调应急救援工作，进一步增强集团公司应对矿山安全生产事故风险和事故灾难应急管理的能力，最大限度地减少事故灾难造成的人员伤亡和财产损失，特制定本预案。

（2）编制依据。依据《中华人民共和国安全生产法》《中华人民共和国矿山安全法》《煤矿安全规程》《国家安全生产事故灾难应急预案》和《国务院关于进一步加强安全生产工作的决定》等法律法规及有关规定，制定本预案。

（3）适用范围。集团公司所属矿井在生产、基建过程中，井下发生重大生产安全事故，适用本预案，由集团公司应急救援指挥部，总指挥下达启动本预案命令。集团公司相对控股的改制企业及集团公司所属单位地面发生重大安全事故，执行《淮南市生产安全事故应急预案》。

（4）预案体系。根据矿山企业特点，集团公司预案体系包括综合预案和专项预案。

1）淮南矿业（集团）有限责任公司生产安全事故应急预案。

2）矿井重大瓦斯、煤尘爆炸事故应急预案，矿井重大火灾事故应急预案，矿井重

大顶板事故应急预案，矿井重大水灾事故应急预案，矿井重大瓦斯突出事故应急预案。

（5）工作原则

1）以人为本，安全第一。把保障职工的生命、财产安全和身体健康作为应急救援工作的出发点和根本点，最大限度地减少事故灾难造成的人员伤亡和危害。不断改进和完善应急救援的装备、设备和手段，切实提高应急救援人员的安全防护水平和科学指挥能力。

2）统一指挥，分级管理。集团公司负责统一指挥协调矿山事故灾难应急救援工作。有关部门、事故矿井和救援单位按照各自职责，分工负责，紧密配合。

3）平战结合，专辅互补。充分发挥生产矿井作为应急救援第一响应者的作用，将日常生产、消灾演练与应急救援工作相结合。充分利用现有专业救援队伍力量，引导、鼓励实现一队多能，一人多长，培育和发挥辅助应急救援力量的作用。

4）采集信息，科学决策。依靠科技进步，采用先进的技术和装备，多元化获取事故区域的各种信息、数据，科学决策，依法决策，提高应急救援的处置技术和水平。

2. 生产经营单位概况

（1）生产经营单位概况（略）。

（2）重大危险源危险分析预测。在矿山重大事故中，导致人员和财产重大损失的根源，有系统内危险物质，如瓦斯、可燃物、爆炸性煤尘；也有系统外的自然界失控的能量和物质，如顶板事故中具有很大势能的岩石，突水事故中有很大压力的地下水或地表水，瓦斯突出事故中的地应力与瓦斯压力作用下突出的煤、瓦斯和岩石。根据公司矿井的特点，公司煤矿重大危险源有以下几种：矿井瓦斯爆炸事故重大危险源，矿井火灾事故重大危险源，矿井顶板事故重大危险源，矿井突水事故重大危险源，矿井煤尘爆炸事故重大危险源，矿井煤与瓦斯突出事故重大危险源。在淮南矿区所有生产矿井都有发生重特大事故的潜在可能性，以上危险源可能造成人员和财产重大损失，破坏和影响采掘工作面、采区以致整个矿井的系统、巷道、设备和设施等，后果一般局限于矿井内部。

集团公司各生产矿井经安徽煤安科技咨询研究中心进行安全程度评估，等级如下：潘一矿C级；潘三矿C级；潘东公司B级；谢一矿C级；新庄孜矿C级；孔李公司C级；谢李公司C级；张集矿B级；谢桥矿B级。

3. 组织机构及职责

（1）应急组织体系。集团公司应急救援体系由指挥管理系统、救援队伍系统、技术支持系统和相关保障系统组成。

指挥管理系统包括：公司应急救援指挥部、应急救援指挥部办公室（公司调度室）、现场应急救援指挥部。

救援队伍系统包括：新华医院集团、东方医院集团、矿山救护大队。

技术支持系统包括：应急救援技术组。

相关保障系统包括：安监局、生产技术部、瓦斯管理研究院、地质管理研究院、机电运输部、物资供销分公司、财务部、人力资源部、矿区工会、宣传部、保卫部、信息分公司。

（2）应急机构及职责

1）应急职能部门的职责。应急指挥部各成员单位具体职责如下：

①总经理办公室。负责矿山应急救援指挥部交通和生活后勤保障工作。

②安监局。负责向省、市有关部门及有关领导上报事故信息，参与重大事故的抢险。

③生产技术部。在分管领导指挥下，参与业务范围内的事故抢险方案的制定和落实，负责矿山事故及应急救援信息的报送和处理，提供指挥平台，跟踪事故进展情况。

④瓦斯管理研究院、地质管理研究院、机电运输部。在分管领导指挥下，参与分管业务范围的事故抢险方案制定和落实。

⑤物资供销分公司。在分管领导指挥下，负责落实事故抢险所需物资、装备。

⑥财务部。在分管领导指挥下，负责落实事故抢险所需资金。

⑦人力资源部、矿区工会。在分管领导指挥下，负责伤亡人员善后处理工作。

⑧宣传部。协助分管领导，负责向公众和媒体发布事故及救援信息。

⑨保卫部。在分管领导指挥下，负责事故矿井的治安工作，保障应急救援队伍、物资、设备的畅通无阻。

⑩信息分公司。负责矿区专用调度电话和程控电话通信联系畅通。

⑪矿山护救大队。在现场抢险指挥部指挥下，积极进行应急救援和处置工作。

⑫新华医院集团、东方医院集团。负责矿山事故工伤人员的医疗救护工作。

2）应急救援指挥部成员构成及职责。在集团公司统一领导下，设立集团公司应急救援指挥部。集团公司总经理任矿山应急救援指挥部总指挥，指挥部副总指挥由常务副总经理兼总工程师、安全副总经理、经营副总经理、党委副书记、矿区工会主席担任，成员由集团公司相关副总工程师、相关部门负责人及救援队伍负责人组成（见附件1）。

矿山应急救援指挥部的主要职责是：统一组织、指挥、协调生产矿井事故灾难的应急救援工作。

矿山应急指挥部下设办公室，负责集团公司应急救援指挥部的具体事务工作。办公室设在集团公司调度室，主任由总经理兼任或由总经理授权常务副总经理、总工程师兼任，副主任由相关副总经理担任，成员由有关副总工程师及有关部门人员共同组成。

公司应急救援指挥部办公室的主要职责是：

①负责矿山应急救援指挥工作的综合协调和管理，根据事故灾难情况和救援工作进展情况，及时向公司应急救援指挥部报告。

②与现场抢险指挥部保持联系，传达矿山应急指挥部命令。

③调动矿山应急救援力量，调配矿山应急救援资源。

④提供技术支持，组织矿山应急救援技术组参加救援工作，协调矿山医疗救护工作。

⑤调用矿山应急救援基础资料与信息。

⑥矿山事故灾难扩大或专业领域救援力量、资源不足时，协调相关力量及设备增援。

⑦完成应急指挥部交办的其他事项。

3）现场应急救援指挥部及职责。矿井发生重大事故后，必须立即在事故矿井设立事故现场应急救援指挥部。矿业集团及有关部门领导和矿山救护大队负责人等为现场应急救援指挥部领导小组成员，原则上由事故矿井的矿长担任组长负责指挥抢救。必要时，由集团公司应急救援指挥部总指挥指定专人担任组长。

①事故现场应急救援指挥部的职责

a. 根据灾害性质、发生地点、波及范围、人员分布、救灾的人力和物力，制定抢险方案和安全措施。

b. 调动救援力量，积极抢救遇险遇难人员，防止事故扩大。

c. 及时向应急救援指挥部传达事故抢险进度等抢险信息。

d. 随时和井下基地、事故现场指挥人员保持联系，发布战斗指令。

e. 宣布现场抢险工作结束，制定恢复生产安全措施。

集团公司应急救援指挥部设立矿山应急救援技术组（见附件 2），为矿山应急救援提供技术支持。

②矿山应急救援技术组的职责

a. 参加矿山事故灾难救援方案的研究。

b. 研究分析事故信息、灾害情况的演变和救援技术措施，为应急救援决策提出意见和建议。

c. 提出防范事故措施的建议。

d. 为恢复生产提供技术支持。

4. 预防预警

（1）危险源监控

1）集团公司在对各矿井安全评估的基础上，加强对易发生事故的危险源进行监控，并指定专门人员和部门负责管理。对危险性较高的矿井实施重点监控，及时分析有关监控信息，跟踪整改情况。

2）集团公司调度室负责全公司矿井生产安全事故信息的接收、报告、初步处理、统计分析工作。

3）各矿井根据地质条件，可能发生灾害的类型、危害程度建立本矿井基本情况和事故隐患及危险源台账，同时上报矿业集团，重大事故隐患及重大危险源应立即上报安徽煤矿安全监察局备案。同时要立即停止生产，研究制定整改方案，采取切实可行的措施，及时消除隐患，预防事故发生。

①瓦斯的监测监控（略）。

②煤与瓦斯突出监测监控（略）。

③自燃发火监测监控（略）。

④煤尘监测监控（略）。

⑤水害监测监控（略）。

⑥顶板监测监控（略）。

（2）预警行动

1）集团公司按照国家有关标准认定的重大危险源实行分级报告制度。

①一级重大危险源。可能造成特别重大事故的，必须逐级上报至国家煤矿安全监

察局。

②二级重大危险源。可能造成特大事故的，必须逐级上报安徽煤矿安全监察局。

③三级重大危险源。可能造成重大事故的，必须上报淮南煤矿安全监察分局。

④四级重大危险源。可能造成一般事故的，必须上报集团公司调度室、安全监察局。

2）各矿井对重大危险源进行登记建档，建立重大危险源管理档案。

3）对重大危险源可能酿成事故的预兆，矿调度所要立即上报集团公司调度室，由集团公司总值班安排公司有关职能部门和矿井有关人员，采取针对性的措施方案，以消除事故隐患。整改期间须制定切实可行的安全措施，防止事故发生。

4）一旦发生事故，根据事故灾难等级，立即启动相应等级的应急预案，实施救援。

（3）信息报告与沟通

1）接警与通知。事故发生后，事故现场有关人员应立即报告矿调度所，矿调度所要及时上报集团公司调度室（值班电话：略），集团公司调度室应立即通知当日集团公司总值班人员，同时通知应急救援指挥部总指挥、副总指挥及成员单位负责人。

2）信息上报。事故发生后，集团公司立即向淮南煤矿安全监察分局、淮南市政府及安徽省煤矿安全监察局报告事故情况，并在 24 h 内，填写事故紧急报告，内容包括：

①发生事故的单位及事故发生的时间、地点。

②事故单位的经济类型、企业规模。

③事故的简要经过、遇险人数、直接经济损失的初步估计。

④事故原因、性质的初步判断。

⑤事故抢救处理的情况和采取的措施，并附示意图。

⑥需要有关部门单位协助事故抢险和处理的有关事宜。

⑦事故报告单位、签发人和报告时间。

5. 应急响应

（1）应急分级。矿山安全生产事故灾难应急救援响应坚持属地为主的原则，各矿按有关规定全面负责本矿事故应急救援处置工作，集团公司应急救援指挥部根据情况给予协调或启动本预案。

根据事故严重程度、可控性、救灾难度和影响范围，原则上按照发生一般（四级）、较大（三级）、重大（二级）和特别重大（一级）四级矿山事故灾难，分别启动相应级别应急预案，组织实施应急救援工作。

按事故灾难的可控性、严重程度和影响范围，应急响应级别原则上分为一般（四级）、较大（三级）、重大（二级）、特别重大（一级）依次启动矿级、集团公司级、省级和国家级应急预案。

四级响应（矿级救援指挥部响应）标准：本矿井发生事故，事故后 1 人以上，3 人以下被困灾区；已经或即将导致 3 人以下死亡；矿级应急救援指挥机构认为需要启动四级响应的事故灾难。

三级响应（集团公司矿山救援指挥部响应）标准：事故发生后，矿级应急机构应急力量和资源不足，无力控制事态，需要上级增援；事故后 3 人以上，10 人以下被困灾区；已经或即将导致 3～9 人死亡；集团公司应急救援指挥机构认为需要启动二级响应的事故灾难。

二级响应（省级矿山救援指挥部响应）标准：事故发生后，集团公司应急机构应急救援力量和资源不足，无力控制事态，需要上级增援；事故后 10 人以上 29 人以下被困灾区；已经或可能导致 10 人以上 29 人以下死亡；集团公司上报省级矿山救援指挥部，省级矿山救援指挥部认为需要启动二级响应的事故灾难；省级人民政府认为有必要启动二级响应的事故灾难。

一级响应（国家级矿山救援指挥部响应）标准：事故发生后，省级应急机构应急救援力量和资源不足，无力控制事态，需要上级增援；事故后 30 人以上被困灾区；已经或可能导致 30 人以上死亡；省级矿山救援指挥部上报国家级矿山救援指挥部，国家级矿山救援指挥部认为需要启动一级响应的事故灾难；国务院认为有必要启动一级响应的事故灾难。

发生四级矿山事故灾难，启动矿级应急预案，本预案进入预备状态；发生三级矿山事故灾难，启动本预案；发生二级矿山事故灾难，立即上报安徽煤矿安全监察局，由安徽煤矿安全监察局启动省级预案。

（2）基本应急程序

1）四级应急响应。矿井发生事故达到四级响应标准时，事故矿井立即启动矿级应急预案，组织实施应急救援，并及时向集团公司应急救援指挥部办公室报告。报告内容包括：事故发生时间和地点、事故类别、事故可能原因、危害程度、救援要求等内容。

集团公司应急救援指挥部进入预备状态，做好以下应急准备：

①集团公司应急救援指挥部办公室立即向指挥部领导和有关成员报告事故情况，指挥部主要成员到位；下达矿山应急指挥部领导关于抢险救援的指导意见。

②集团公司应急救援指挥部办公室及时掌握事态发展和现场救援情况，及时向指挥部领导汇报。

③集团公司应急救援指挥部办公室根据事故类别、灾害情况和救援工作的需要，通知应急救援技术组、矿山救护大队、医院等单位和人员做好应急救援准备。

2）三级应急响应。集团公司矿井发生重大生产安全事故，达到三级响应标准时，立即启动本预案，并按规定程序和内容响应。

①集团公司调度室负责接收事故的报警信息（值班电话：略），接到事故报告后做好事故的详细情况记录，并立即通知应急救援指挥部总指挥、副总指挥及相关成员单位负责人到调度室集中。

②总指挥（或总指挥授权）决定启动本预案，指挥部正式运转。

③指挥部办公室整理事故资料、图纸，提供区域内矿山救援力量情况、矿山救援技术组等相关资料，供指挥部决策、指挥使用。

④由总指挥或副总指挥组织研究、决策救援方案，指挥部成员根据指挥部命令认真履行各自的职责。

⑤指挥部根据事故类别，确定委派现场工作组的人选和救援技术组的人选。

⑥根据救援工作的需要，指挥部调动矿山救护大队救援力量增强救援；对于矿井瓦

斯煤尘事故、大型火灾和水灾事故，通知物资供销分公司，做好调动大型装备实施救灾的准备；根据受伤人员情况，由集团公司调度室通知新华、东方医院集团出动救护车辆和医护人员赶赴现场进行抢救，同时医院要做好伤员住院治疗的准备工作，必要时调动医疗救护技术组加强对医疗救护的指导和救治。

⑦应急救援人员的安全防护

a. 在抢险救灾过程中，专业或辅助救援队伍人员，根据矿山事故的类别、性质，要采取安全防护措施。

b. 抢救井下事故以专业矿山救援人员为主，矿方人员配合时要有严格的安全保障措施。各矿调度所要严格控制进入灾区人员的数量，所有应急救援工作人员必须携带安全保护装备，才能进入事故抢救区域实施应急救援工作。

c. 救援人员必须认真按救援方案和安全措施执行，确保自身安全。

d. 所有应急救援工作地点都要安排专人检测气体成分、风向和温度等，保证工作地点的安全。

⑧在事故的应急救援中，现场应急救援指挥部安设专人记录事故抢险方案和执行情况，监测、监控事故发展态势，提前采取合理的应急措施。

⑨应急救援指挥部各成员单位按各自职责投入抢险救灾中。

（3）专项应急处置方案。根据煤矿企业重大危险源特点，集团公司根据事故类别制定专项应急处理方案，包括矿井重大煤与瓦斯突出事故应急预案，矿井重大瓦斯、煤尘爆炸事故应急预案，矿井重大火灾事故应急预案，矿井重大水灾事故应急预案，矿井重大冒顶事故应急预案。

现场抢救指挥部在进一步核实事故灾害性质、发生地点、涉及范围、受害人员分布的基础上，根据不同事故类型、救灾的人力和物力以及之前开展的救援情况，按照专项处置预案要求，做好施救工作。

（4）应急结束。当遇险人员全部得救，事故现场得以控制，井下条件符合《煤矿安全规程》有关标准，导致次生、衍生事故隐患消除后，经现场应急救援指挥部确认和批准，现场应急处置工作结束，应急救援队伍撤离现场，由集团公司现场应急救援指挥部宣布应急结束。

6. 信息发布

在集团公司应急救援指挥部总指挥领导下，集团公司宣传部统一对外信息发布工作。宣传部负责对外准确发布事故信息，包括事故性质、事故伤亡情况、应急救援进展等，以消除公众的恐慌心理，避免公众的猜疑。发布的时间和内容由总指挥审定。

7. 后期处置

矿井灾害事故发生后，会造成人员伤亡、设施设备的损坏，破坏正常的生产秩序。为了尽快恢复生产，合理有效地做好事故后期的处置工作，是及时、有序地开展应急救援工作的重要环节。

（1）善后处置及恢复生产。为妥善安置遇难人员的亲属，集团公司及事故矿井人力资源部门和工会组织负责做好遇难人员的详细资料统计，并根据《企业职工工伤保险试行办法》和《企业职工伤亡事故报告和处理规定》等，及时报告主管部门和劳动部门，同时积极采取措施全力妥善做好遇难人员亲属的接待、安抚和补偿工作。如果是重大伤亡事故，事故单位的善后处置力量不足，可在集团公司的领导下，抽调人员统一处置。集团公司对善后处理场所的选择、维修、建设、管理应统筹安排，提前制定相关预案。应急救援结束后，集团公司根据统计报告，对于应急救援期间征用的物资和发生的救援费用给予补偿和支付。

尽快恢复生产秩序，消除事故后果和影响，减少事故造成的损失，即在短期内将事故现场恢复到一个基本稳定的状态。由于在此过程中仍存在潜在的危险，如顶板垮落、火区复燃等，因此在恢复通风、清理现场时必须制定和采取检查有毒、有害气体浓度和加强支护等安全措施，防止事故的再次发生。

应急救援结束后，参加救援的各部门和单位都要认真核对参加抢险救灾的人数，清点各种救援机械和设备、监测仪器、个体防护设备、医疗设备和药品、生活保障物资等，并重新定期检查和维护。对于在救援中损耗的应急资源必须重新更换配备，确保始终处于完好状态。现场应急救援指挥部整理好抢险救灾记录、图纸等，及时组织开好总结分析会，写出救灾报告。

事故调查组应当查明事故原因、过程和人员伤亡、经济损失情况，确定事故责任者，提出事故处理意见和防范措施的建议。

事故单位负责人要组织生产、技术、安全等有关人员认真分析事故原因，吸取事故教训，在恢复生产过程中制定安全措施，加强安全管理，防止事故再次发生。

（2）保险。救援为高危、高风险工作，按隶属关系，集团公司每年统一为矿山救援人员缴纳人身保险金。事故灾难发生后，工伤保险经办机构应及时派人开展应急救援人员和受灾人员的保险受理、赔付工作，提供经济补偿和实行社会化管理服务。

（3）事故应急救援调查报告及改进。应急预案是应急救援工作的指导文件，要保证定期或在应急演习、应急救援后对应急预案进行评审，针对矿山企业实际情况的变化以及预案在实施中暴露的缺陷，不断地更新、完善和改进。现场应急救援各部门和单位都应在应急救援结束后，组织召开战评总结会，全面从预案的预防机制、应急响应、保障措施等各方面进行分析总结，找出成功的经验和失败的教训，提出改进矿山救援工作的建议，上报集团公司应急救援指挥部办公室。

8. 保障措施

（1）通信与信息保障

1）矿山应急救援指挥部与安徽省人民政府、淮南市人民政府、安徽煤矿安全监察局、淮南煤矿安全监察分局等单位建立畅通的通信网络。

2）集团公司应急救援指挥部成员单位之间建立应急专线电话，指挥部成员、指挥部办公室人员的住宅电话和手机作为备用联系方案，移动电话必须保证 24 h 开机。

3）集团公司应急救援指挥部及办公室、矿级应急救援指挥机构以及现场应急救援指挥部建立专线通信联系，通过有线电话、移动电话等通信手段，保证通信联系畅通。

4）现场应急救援指挥部与井下基地、井下基地与事故现场的通信联系也须在灾害事故发生后第一时间建立起来。

（2）应急救援队伍保障。淮南矿业集团矿山应急救援队伍主要由集团公司矿山救护大队和生产矿井辅助救护队担任（见附件 3）。

集团公司救护大队由 4 个中队，20 个小队和 200 多名指战员组成，下设战训技术科、培训中心等职能科室。矿山救援队救援覆盖范围见附件 6。

各矿井应与集团公司矿山救护大队签订救援协议。

（3）应急装备保障

1）国家级矿山救援基地淮南矿山救护大队所储备的重点救援装备见附件 4。

2）各矿井负责按矿井“灾害预防与处理计划”要求，建立健全井上、井下消防材料库，储备局部通风机、水泵、风筒、水管、灭火器、施工材料（如料石、红砖、水泥、黄沙、方术、木板等）等必需救灾装备及物资。

3）物资供销分公司与生产厂家建立良好的合作伙伴关系，保证应急救援时，急需的装备能及时购买到货。

（4）经费保障。事故矿井、集团公司为矿山应急救援工作提供物质、资金保障。集团公司、矿井必须将安全费用的一部分作为应急救援经费，保证专款专用，并能随时取出。

（5）其他保障

1）交通运输保障

①集团公司内各单位必须保证井下和井上运送人员和救援物资的运输车辆的应急使用。

②矿山救援和医疗救护车辆配备专用警灯、警笛，发生特别重大事故后，提请地方政府及时协调对事故现场进行交通管制，开设应急救援特别通道，在保证安全的前提下，不受交通信号的限制，最大限度地赢得抢险救灾时间。

2）矿山救援医疗保障

①集团公司成立医疗救护技术组，为矿山事故提供医疗救护方面的技术支持。

②新华医院集团和东方医院集团负责矿山医疗急救和医疗救护知识专项培训。

③矿井发生事故时，矿井医疗站负责在第一抢救黄金时间检查、急救遇险人员。

3）治安保障

①发生事故后，由公安和保卫等人员维护矿井社会秩序和道路交通。

②控制下井人员，无关人员不准下井。

4）技术支持。集团公司成立矿山应急救援技术组，为事故处理提供技术支持。

9. 培训与演习

（1）培训。集团公司每年组织对应急指挥部指挥成员及行动关键人员进行培训，主要目的是明确各自职责。培训主要通过举办培训班、有线电视和分专业等方式。培训基本内容为一般培训和特殊培训。一般培训主要针对指挥部应急管理人员，进行报警、疏散、营救、个人防护、危险识别、事故评价、减灾措施等内容的培训。特殊培训主要针对应急救援队伍，其中：

1）救护大队长、中队长每年必须参加国家矿山救援指挥中心组织的强制培训。

2）集团公司救护大队每年负责组织对救护副中队长及以下指挥员的强制培训。

3）矿山救护大队要加强日常战备训练，并按规定对救护队员进行复训，确保队伍战斗力，并及时对新队员进行培训。

4）各矿组织对职工进行本矿“灾害预防与处理计划”和应急预案的培训。

（2）演习

1）集团公司每年至少组织一次矿井救灾演习。

2）救护大队每季组织一次矿井救灾综合性演习。

10. 奖惩（略）

11. 附则

（1）术语和定义。（略）

（2）预案的备案。按照国家有关规定分别向安徽煤矿安全监察局、淮南煤矿安全监察分局等单位执行应急预案的备案制度。

（3）预案的维护和更新。集团公司应根据具体生产条件、自然灾害的种类和危害程度，制定“灾害预防与处理计划”和矿井事故灾难应急预案。按隶属关系组织审查、核准、审批、上报，并根据实际变化情况每年对预案进行修改、补充和完善。

（4）制定与解释。本预案由集团公司制定并负责解释。

（5）预案实施。本预案自发布之日起实施。

12. 附件

附件1：集团公司应急救援指挥部及办公室联系电话（略）

附件2：集团公司应急救援技术组名单及联系电话（略）

附件3：集团公司矿山救护队名称及联系电话（略）

附件4：淮南矿山救援基地救援装备情况（略）

附件5：各种规范化格式文本（略）

附件6：矿山救援队救援覆盖范围示意图（略）

二、淮南矿业（集团）公司矿井重大煤与瓦斯突出事故专项应急预案

1. 事故类型和危害程度分析（略）

2. 应急处置基本原则（略）

3. 组织机构及职责

（1）应急组织体系。矿井重大煤与瓦斯突出事故后必须立即组成现场应急救援指挥部，事故矿井矿长是负责事故的全权指挥者。如果矿长不能全面有效地领导、指挥事故抢救工作，集团公司应急救援指挥部总指挥有权予以撤换，并及时指派能胜任的人员负责指挥，并授以全部权力和责任。

（2）指挥机构及职责。（略）

4. 预防与预警

（1）危险源监控。（略）

1）突出事故前的预兆。濒临突出都有不同的预兆，可分为有声预兆与无声预兆两种。

①有声预兆

a. 煤体出现煤炮声，声音往往由远而近。

b. 煤壁发生炸裂声，声音清脆。

c. 工作面来压，有时发生支架断裂声。

②无声预兆

a. 工作面掉渣、煤壁片落。

b. 煤壁外鼓、整体移动。

c. 打钻时卡钻，钻孔排粉量增加，有时出现喷孔，钻孔内温度低于正常情况下钻进时的温度。

d. 煤尘大，煤层层理紊乱，光泽变暗，煤由湿变干，煤层中出现软分层的煤用手可捻成细粉末。

e. 工作面瓦斯出现异常变化，瓦斯浓度上升或忽高忽低。

2）略

（2）预警行动。（略）

5. 信息报告程序（略）

6. 应急处置

（1）响应分级。（略）

（2）响应程序

1）应急指挥。突出事故发生后，指挥人员应做出的决策如下：

①切断灾区和受影响区的电源，但必须在远距离断电，防止产生电火花引起爆炸。当瓦斯影响区遍及全矿井时，要慎重考虑停电后会不会造成全矿井被水淹，若不会被水淹，则应在灾区以外切断电源；若有被水淹的危险时，应加强通风，特别是加强电器设备处的通风，做到“送电的设备不停电，停电的设备不送电”。

②撤出灾区和受威胁区的人员。

③派人到进、回风井口及其 50 m 范围内检查瓦斯，设置警戒，熄灭警戒区内的一切火源，严禁一切机动车辆进入警戒区。

④派遣救护队佩戴呼吸器、携带灭火器等器材下井侦察情况，抢救遇险人员，恢复通风系统等。

⑤要求灾区内不准随意启闭电器开关，不要扭动矿灯开关和灯盏，严密监视原有的火区，查清突出后是否出现新火源，防止引爆瓦斯。

⑥发生突出事故后不得停风和反风，防止风流紊乱扩大灾情。制定恢复通风的措施，尽快恢复灾区通风，并将高浓度瓦斯绕过火区和人员集中区直接引入总回风道。

⑦组织力量抢救遇险人员。安排救护队员在灾区救人，非救护队员（配有隔离式自救器）在新鲜风流中配合救灾。救人时本着先明（在巷道中可以看见的）后暗（被煤岩堵埋的）、先活后死的原则进行。

⑧制定并实施预防再次突出的措施，必要时撤出救灾人员。

a. 当突出后破坏范围很大，巷道恢复很困难时，应在抢救遇险人员后对灾区进行封闭。

b. 保证压缩空气机正常运转，以利避灾人员利用压风自救装置进行自救；保证副井正常提升，以利井下人员升井和救灾人员下井。

c. 若突出后造成火灾或爆炸，则按处理火灾或爆炸事故进行救灾。

2）矿井重大煤与瓦斯突出事故应急救援处理程序。矿井重大煤与瓦斯突出事故发生后，矿井调度所为发出预警通报的责任单位。当调度所接到井下发生煤与瓦斯突出事故的汇报后，按矿井应急预案要求，立即撤出灾区人员和停止灾区供电→按矿井应急预案规定的顺序通知矿长、总工程师等有关人员→立即向集团公司调度室汇报→召请矿山救护大队→成立现场应急救援指挥部→派救护队员进入灾区侦察灾情、救人→指挥部根据灾区制定救灾方案→救护队进行救灾工作直至灾情消除、恢复正常生产。

（3）处置措施

1）自救互救。

①发现突出预兆后现场人员的避灾措施

a. 矿工在采煤工作面发现有突出预兆时，要以最快的速度通知人员迅速向进风侧撤离。撤离中快速打开隔离式自救器并佩戴好，迎着新鲜风流继续外撤。如果距离新鲜风流太远时，应首先到避难所或利用压风自救系统进行自救。

b. 掘进工作面发现煤和瓦斯突出的预兆时，必须向外迅速撤至反向风门之外，关闭反向风门，然后继续外撤。如果自救器发生故障或配用自救器不能安全到达新鲜风流时，应在撤出途中到避难所或利用压风自救系统进行自救，等待救护队救援。

②发生突出事故后现场人员的避难措施。在有煤与瓦斯突出危险的矿井，矿工要把自己的隔离式自救器带在身上，一旦发生煤与瓦斯突出事故，立即打开外壳佩戴好，迅速外撤。矿工在撤退中，如果退路被堵，可到矿井专门设置的井下避难所暂避，也可寻找有压缩空气管路或铁风管的巷道、硐室躲避，这时要把管子的螺丝接头卸开，形成正压通风，延长避难时间，并设法与外界保持联系。

2）处理突出事故时的注意事项

①采掘工作面发生突出事故后，救护队应分别从回风侧和逆风侧进入事故地点。若突出事故发生在采煤工作面，应从回风侧进入救人；若发生在掘进工作面，则应从进风侧进入救人。

②在灾区必须设专人定时定点用0～100％的甲烷检测仪检查瓦斯浓度，并及时向救灾指挥部报告。

③矿工只能在新鲜风流中工作，同时设立安全岗哨，禁止没佩戴隔绝式自救器的救灾人员进入灾区。

④当发现突出点有异常情况，可能发生二次突出时，要立即撤出人员，有可能时，要在突出堆积物外面打密集支柱和防护板。

7. 恢复正常状态的原则和程序

（1）恢复正常状态的原则

1）井下通风系统全面恢复正常，能够实现井下的正常通风。

2）由瓦斯检查员或救护队员检查中央变电所及泵房风流中的瓦斯情况，确认瓦斯浓度低于0.5％时，立即汇报调度所，由调度所通知地面变电所，恢复中央变电所电源。依次检查各采区变电点瓦斯情况，确认瓦斯浓度低于0.5％时，通知调度所由调度所安排送电。

3）瓦斯检查员检查各采煤工作面瓦斯浓度情况，确认瓦斯浓度低于1%或二氧化碳浓度低于1.5%时，经调度所同意方可恢复送电。

4）经瓦斯检查员检查，掘进工作面瓦斯浓度低于1%或二氧化碳浓度低于1.5%（局部通风机及其开关附近10 m以内风流中的瓦斯浓度不超过0.5%）时，汇报调度所，经调度所同意后方可恢复送电通风。瓦斯浓度在1%以上、3%以下时，由瓦检员（救护队员）和跟班干部进行就地排放；瓦斯浓度在3%以上时，由通风区制定专门措施进行排放。

5）采掘工作面电动机或开关安设地点附近20 m巷道内，都必须检查瓦斯，只有瓦斯浓度低于0.5%时，方可启动。

(2)、恢复正常状态的程序

1）首先检查中央变电所及泵房风流中瓦斯情况，瓦斯浓度在《煤矿安全规程》规定以下时先恢复中央变电所电源。

2）其次检查各采区变电所（点）瓦斯情况，确认瓦斯浓度在《煤矿安全规程》规定以下时恢复采区变电所（点）电源。

3）再次检查采面及掘进工作面的瓦斯情况，确认瓦斯浓度在《煤矿安全规程》规定以下时恢复采面、掘进工作面的电源。

4）待井下全面恢复正常供电后，即可恢复矿井正常状态。

8. 应急物资与装备保障（略）

三、平朔公司井工一矿建设安全避险“六大系统”的做法

中煤平朔煤业有限责任公司组建于1982年，是中国中煤能源集团有限公司的核心企业，也是目前我国资源回收率最高、多项指标位居全国领先水平的露井联采的特大型煤炭生产企业。2010年，平朔公司原煤产量首次突破1亿t，建成我国首座单一的露井联采的亿吨级矿区。

井工一矿是平朔公司实施露井联采技术后建设的第一座井工矿，位于山西省朔州市平鲁区，设计生产能力为1 000万t/年。煤种以气煤为主，低磷，发热量在（2.0～2.3）$\times 10^7$J，是良好的动力用煤和炼焦配煤。早在建矿初期，平朔公司井工一矿就推广“无人则安”的安全理念，加大先进装备的投入，大力发挥科技在安全生产中的主导作用。近年来，井工一矿更强力推动井下安全避险“六大系统”的建设，变“被动救援”为“主动超前防护，依靠科技施救”，切实提升矿井抗灾级别，最大限度地保护职工的生命安全。目前，井工一矿安全避险“六大系统”已经全面建成，满足“系统可靠、设施完善、管理到位、运转有效”的总体要求。

平朔公司井工一矿建设安全避险“六大系统”的主要做法如下。

1. 高标准建设安全避险“六大系统”

2010年7月，国务院下发《关于进一步加强企业安全生产工作的通知》（以下简称《通知》），中煤集团及时贯彻落实《通知》精神，将建好井下安全避险“六大系统”作为强化安全生产工作的重要举措，确立了平朔公司井工一矿为安全避险“六大系统”建

设试点煤矿。

安全避险“六大系统”的建设涉及多个领域的技术。平朔公司井工一矿经过反复研究和试验，自主设计了完整的安全避险“六大系统”建设方案。井工一矿坚持“六大系统”与矿井生产布置、技术装备条件、灾害防治、应急救援预案等相结合的原则，在对井下原有的监测监控、人员定位、压风自救、供水施救、通信联络五大系统进行全面升级改造的同时，与中煤集团所属的中煤综合利用公司、中煤电气公司合作，引进国内外先进技术和产品，按照《煤矿井下紧急避险系统建设管理暂行规定》（以下简称《暂行规定》）的要求，新建了井下紧急避险系统，并与其他五大系统进行有效对接。

2. 紧急避险系统

井工一矿的紧急避险系统包括：8 台可移动救生舱、1 个永久避难硐室、1 个通往地面的钻孔、2 台过渡站、1 套生命绳，并为入井人员配备了自救器，设置了合理的井下避灾路线，优化了应急预案。

井工一矿在矿井内距离各采掘工作面 1 000 m 范围内布置 1 台可移动救生舱，若采区发生火、瓦斯、煤尘爆炸、瓦斯突出等事故，采区大巷内人员无法安全撤离时，能够进入可移动救生舱等待救援。可移动救生舱内能容纳 24 人，在无任何外界支持的情况下，额定防护时间不低于 96 h，并能够与井下原有的压风、通信、监测监控、人员定位系统连接。

永久避难硐室是在井下发生水、火、瓦斯、煤尘爆炸等事故后，为采掘工作面可移动救生舱服务范围以外的无法及时撤离的遇险人员提供避险的场所。井工一矿的永久避难硐室由过渡室和生存室组成。过渡室的有效使用面积为 19 m^2，生存室的有效使用面积为 168 m^2。避难硐室内能够提供压缩空气 0.3 m^3/min・人，自备供氧量 0.5 L/min・人，可容纳 100 人。避难硐室内设有深度为 323 m 的直通地面的钻孔，孔内配置了压风管，流食管，供电电缆，通信、监控电缆等，能为硐室内提供能量、氧气、电力和通信。避难硐室内还设有风淋系统、供氧系统、制冷系统、净化系统、压风系统、除湿系统、通信系统、监测监控系统、供水系统、人员定位系统、动力照明系统和辅助系统 12 大生命保障系统，在无任何外界支持的情况下，可达到额定防护时间不低于 96 h 的要求。

避难硐室的过渡站内设有 50 个自救器、自备供氧系统和空气洗涤系统，与矿井的通风和通信系统相连，为避险人员、救援人员在逃离或施救过程中，提供更换自救器、充氧或稍事休息的安全无毒空间。

生命绳布置在矿井所有避灾路线上，绳上每隔一定距离装有不同形状的定位标和贴有反光带的定位锥。因生命绳只能沿安全方向移动，反向不能移动，所以，在井下发生火灾、瓦斯、煤尘爆炸等事故后，遇险人员因能见度低而无法正确辨别逃生路线时，可通过生命绳的引导，尽快撤离到就近的安全巷道、永久避难硐室、临时避难硐室或移动救生舱等待救援。

2011 年 8 月 13—15 日，平朔公司组织 100 名试验人员进行了永久避难硐室满负荷 48 h 的载人试验，每隔 0.5 h 记录一次各种环境参数的实际情况，并总结变化规律，检验硐室内各个系统设备仪器的独立和联动运行情况。经过测试，避难硐室内各项性能指标完全符合《暂行规定》的要求，同时，此次真人试验的成功，也标志着我国最大的煤矿井下永久避难硐室的成功建成。

3. 安全保障各项系统

井工一矿在矿井内还建设有安全保障各项系统，主要有：

（1）监测监控系统。井工一矿的监测监控系统由甲烷传感器、一氧化碳传感器、风速传感器、温度传感器等各类传感器组成，共配备传感器90台，覆盖矿井各工作面与巷道。并且传感器的数量和种类齐全，系统风瓦电闭锁、瓦斯超限断电以及故障闭锁功能稳定，保障监测监控系统正常运转。

（2）人员定位系统。人员定位系统采用多功能的Z—NET综合通信平台，可实现井下人员和车辆的精确定位，定位精度在20 m内。整个人员定位系统由地面管理计算机及软件、人员定位分站、人员标识卡、动态目标识别等组成，具有对入井人员进行实时监测、跟踪定位、轨迹回放、考勤统计、报表查询的功能。井下人员定位系统不仅可以对井下车辆及人员进行准确定位，而且可以实现预警呼救和双向通信功能。

（3）预警呼救是井下出现紧急情况时，井下带卡人员通过标识卡的报警按钮，将紧急情况告知地面系统，地面系统接到紧急呼救后，采取应急援救方案。双向通信功能是指当有报警时，调度中心监控界面立即弹出红色报警框，显示报警类型、报警人员姓名、所在精确位置等信息。当井下携卡人员进入限制区域或出现人员在重点区域工作超时等异常情况时，系统会自动报警；遇到火灾、爆炸、冒顶、透水等突发情况时，携卡人员可通过标识卡上的报警按钮向井上发出报警信号。

（4）压风自救系统。压风自救系统是通过地面集中压风的方式向井下提供新鲜空气。目前，井工一矿的压风自救装置已覆盖矿井各采掘工作面、主要硐室、主要辅运、主运、回风大巷以及副斜井等区域，可在发生突发事故时，满足井下作业人员通过压风自救装置进行呼吸，现场组织自救的需要。

（5）供水施救系统。供水施救系统是在地面工业广场设置主、副蓄水池，通过地面钻孔铺设的无缝钢管给矿井下各作业点供水，可在发生突发事故时，对井下作业人员提供供水施救。

（6）通信联络系统。通信联络系统是将井下电话接入矿内调度交换机，将井上办公电话通过信息中心交换机接入公网。公网电话可通过矿内总机自动转接井下电话。井工一矿在地面主通风机房、井下变电所、水泵房、采掘工作面、各转载点、给煤机、采掘巷道口等要害场所全部安装防爆电话机，以满足矿井安全生产的需求，并且为满足矿山应急通信的需求，还安装了矿山无线通信系统与直呼系统。

4. 安全避险八项创新

平朔公司井工一矿的安全避险“六大系统”，在满足国家基本要求的基础上，又融入了多方面的创新成果，提高了综合安全保障能力，使系统各项性能达到了同行业领先水平。

井工一矿本着安全优先的原则，吸取国内外避险系统的成功经验，运用新材料、新技术、新工艺，充分结合本矿特点，设计开发的供水施救、通信联络等装置，弥补了国内市场上同类设备的不足。整套避险系统在具备国内其他矿井“六大系统”优点的基础上，还增加了过渡站、生命绳和永久避难硐室直通地面的钻孔等设备。井工一矿的永久避难硐室还具有硐室生存空间宽松、空气净化措施完善、降温效果明显、喷淋洗涤彻底、供氧措施可靠、监测监控系统科学合理、通信系统完善可靠等特点。

（1）气动洗涤加强空气净化能力。井工一矿的避难硐室和救生舱内部的空气净化，不使用电源驱动，而是利用高压空气带动马达，形成空气流动，达到净化的目的。

（2）组合降温效果良好。硐室降温是目前硐室建设的难点之一。井工一矿将压风涡流制冷、液态二氧化碳制冷、化学制冷 3 种措施组合使用，为避难硐室提供适宜的温度。

（3）气刀气幕实现彻底喷淋冲洗。为防止有毒有害气体进入硐室和救生舱，避险人员应先进行冲洗。井工一矿避难硐室内采用气刀技术形成的气幕，进行单侧高强度冲洗，而不是从上往下冲洗，确保了冲洗的效果。

（4）过渡站实现避险、救援再加油。井工一矿在相关规定要求的基础上，吸取国外先进经验，设置了过渡站。过渡站是为遇险人员和救援人员提供更换自救器、充氧和休息的地方，站内备有自救器，可使遇险人员更换自救器，逃离现场。

（5）生命绳提高避险逃生成功率。井工一矿的避险系统增加的生命绳，用于指导遇险人员在无光或迷失路线的情况下进行逃生。因生命绳只能沿安全方向移动，所以通过生命绳的定位标、定位锥可引导避险人员走向避险设施或井口。

（6）加大避险空间，缩短进入时间。井工一矿建设的永久避难硐室、救生舱、过渡站总体服务人员为 388 人，多于矿井当班的最多人数，整体基础设施的配置均有富余系数。过渡室的有效使用面积为 19 m^2，是相关规定中不少于 3 m^2 的 6.3 倍，并配备了高强度的气幕和喷淋，使得一次性进入过渡室的人员可达 40 人，加快了避险人员进入避难硐室的速度，为员工避险节约了宝贵的时间。避难硐室生存室的空间为 1.6 m^2/人，高于相关规定中 1.2 m^2/人的要求，而且硐室供氧量、供风量、制冷量等功能配置也都高于国家规定。

（7）增加硐室稳定性。井下爆炸产生的冲击波是对避难硐室最危险的破坏之一。井工一矿除了增加硐室防护密闭门及防护墙的强度要求，避难硐室还采用 Z 形设计，既可以增强煤柱的稳定性，又可以缓解对硐室的冲击作用。特别是专门设计的 2 m 宽的防护墙，有效缓解冲击波对硐室整体的直接作用，设在墙上的各种管道也都经过防爆处理。

（8）完善永久避难硐室通信系统。井工一矿永久避难硐室采用 4 种通信方式，即矿井现有的调度电话、广播、无线通信系统和即将配置的透地通信系统。透地通信系统是中煤综合利用公司引进的美国通信技术，在矿井发生灾害甚至井下通信系统瘫痪后，也能发挥永久避难硐室内通信和人员定位作用。

目前，平朔公司井工一矿以“关爱职工生命、实现安全发展、构建和谐矿区”为出发点，仍在不断推进“六大系统”的建设完善工作。根据矿井生产安全条件的变化和采掘工作的推进，对其功能进行动态的测试、评估和考核，并将紧急避险系统纳入到矿井应急预案之中，定期组织联合应急演练。平朔公司井工一矿加大了培训教育力度，把如何正确安全使用“六大系统”作为入井人员安全培训的重要内容，力争实现“人人都了解系统设备的基本功能，人人都能熟练操作每一个系统”的目标。

第八章　煤矿企业生产典型事故案例分析

煤矿是危险性比较大、劳动条件比较艰苦的行业。这是因为煤矿地质条件复杂，经常受到顶板、瓦斯、矿尘、水、火等多种自然灾害的威胁。在特殊的环境、艰苦的条件下生产作业，容易发生各种事故，因此，煤矿企业要积极做好事故隐患排查治理工作。事故隐患形式多样、复杂多变，必须运用科学化的方法，建立事故隐患排查治理的长效运行机制，从而不断发现隐患、消除隐患，确保生产作业安全。同时，煤矿企业还要重视事故的警示作用，要把别人的“事故”当作前车之鉴，从事故教训中吸取经验，做到警钟长鸣，时刻保持清醒的头脑，真正做到防患于未然。

第一节　煤矿瓦斯爆炸典型事故分析

瓦斯是与煤同时生成的，并存储于煤层和围岩之中，在煤炭开采的过程中，随着煤炭的开采瓦斯逸出，容易发生人员窒息死亡事故或者火灾爆炸事故。为此，煤矿企业要强化对瓦斯的安全管理，预防和控制瓦斯积聚超限，建立和健全可靠的通风系统与矿井瓦斯监测系统，并强化引爆火源的安全管理。在对瓦斯的管理上，做到超前预防，控制瓦斯导致的爆炸事故。

一、白杨沟煤矿违规实施架间放炮引燃瓦斯煤尘爆炸事故

2013 年 12 月 13 日 1 时 25 分，新疆昌吉回族自治州呼图壁县白杨沟煤炭有限责任公司煤矿发生重大瓦斯煤尘爆炸事故，造成 22 人死亡，1 人受伤，直接经济损失 4 094.06 万元人民币。

1. 事故煤矿概况

煤矿前身为呼图壁县白杨沟煤炭联营工业公司第一煤矿，始建于 1991 年，属地方国有煤矿，生产能力 3 万 t/年。2009 年 1 月，煤矿通过 9 万 t/年改扩建项目竣工验收，2010 年 8 月通过提升系统改造验收，2011 年 2 月，核定生产能力为 63 万 t/年。

煤矿为证照齐全的生产矿井，煤矿现有员工 104 人。煤矿设置生产技术、调度、通风安全、地测、机电、安全监控等职能部门和综采队、掘进队等生产单位。

矿井采用斜井开拓，井田中部布置有主斜井、副斜井、斜风井 3 条井筒。主斜井使用带式输送机担负矿井原煤运输任务；副斜井使用单钩串车提升，担负矿井设备、材料的提升任务。

矿井通风方式为中央并列式，通风方法为机械抽出式，主、副斜井进风，回风斜井

回风；矿井装备一套 KJ90NA 型安全监控系统和 KJ128 型人员定位系统，事故当班 34 人，有 18 人佩戴定位识别卡，有 16 人未佩戴定位识别卡。采煤方法为倾斜长壁综合机械化放顶煤。

事故当班井下作业工作面共 2 处，分别为：B4－03 综放工作面、绞车硐室掘进工作面。B1 煤层开拓巷道已于 2012 年 9 月停止掘进，只进行通风、排水和瓦斯检查。绞车硐室布置在 B4 煤层中，设计长度为 52 m，该工程外包给四川煤建施工队，已掘 7 m。

2. 事故经过及救援情况

（1）事故经过。2013 年 12 月 12 日 17 时 15 分，掘进队队长陈××召开掘进队二班班前会，班长吴××、瓦检员王××和 6 名掘进工共 8 人参加了班前会，当班安排支护和出渣。调度室主任、中班带班领导高××17 时 5 分领矿灯，在巡视地面刮板运输机、带式运输机后，17 时 58 分从副井入井，到井底车场中央变电所看了交接班记录，查看外包的绞车硐室掘进面，到了综采工作面，未见到头班跟班领导杜××，见到了综采队队长邓×。由于高××未参加 11 日晚调度会，邓×向高××转述了晚调度会的工作安排，并向高××交代了本班遗留的工作。

20 时 58 分，高××升井，主持召开综采队中班班前会，采煤队副队长罗××、罗×和 21 名综采队工人，共计 24 人参加了班前会。工作安排为：紧固前后刮板运输机挡煤板螺钉；外移下端头的排水泵；领 5 个架间眼的炸药，上下端头打 4 个炮眼，将 4 个炮眼及早班因炸药不够而未装药的一个眼的炸药装好；工作面放煤，放完煤后进行放炮作业。22 时 42 分，高××与罗××等人从风井入井，到达工作面时作业人正在进行扒煤，高××也参与了扒煤。

13 日 0 时 58 分，高××离开工作面，至此时，该班作业人员仍在扒煤，未在工作面进行过放炮。1 时 14 分，高××到达井底车场，见井底车场水漫上来了（水泵坏了），给监控室打电话，查到当班电工在＋1 561 m 运输平巷，高××打电话给电工，让其马上到水泵房修水泵。1 时 25 分左右，高××填完矿领导交接班记录后在水泵房硐室口面朝副井口，突然感到后面冲击波来了，被冲击波冲到信号硐室打点器处，倒下时抓住了硐室口的一根角钢，这时听到一声响。高××随即站起来，进入信号硐室给监控室等地打电话，均无反应，意识到电话已经不通后，即从信号硐室回到井底，副井风向已经正常。电工孟××从后面跑过来，两人即从副井升井，时间为 13 日凌晨 1 时 31 分。高××升井后到了监控室，安排监控员向矿领导汇报，然后回到副井口。不久，总工杨××到达井口，安排高××在井口警戒，防止人员盲目入井施救。绞车硐室掘进工作面 7 名作业人员（含 1 名伤员）、主井煤仓放煤工、运输石门刮板运输机司机、瓦检员、主井皮带司机等 10 人自救升井（高××、电工孟××已在前面升井）。

当班 34 人，自救升井 12 人，22 人被困井下。

（2）救援情况。事故发生后，煤矿分别向昌吉州矿山救护队和呼图壁县煤炭局报告。呼图壁县煤炭局接到报告后，按照事故报告程序进行了报告。昌吉州矿山救护队于 13 日 3 时 45 分到达事故矿井，13 日 4 时 35 分由副井入井进行第一次搜救，找到 3 名遇难人员；行进至 B4－03 运输顺槽 173 m 处，遇到巷顶冒落无法通过，返回地面。7 时 43 分左右，指挥部决定由自治区矿山救护基地入井进行第二次搜救。侦察小队由 B4－03

采煤工作面轨道顺槽进入开展搜救，行进至距工作面煤壁 30 m 处时，发现一名被困人员，具有生命体征，及时运送升井抢救（该伤员因抢救无效，于 12 月 22 日 2 时 40 分死亡）；侦察队穿过工作面下端头至运输顺槽并前行搜救 5 m，原路返回升井。随后，指挥部决定进行第三次入井搜救，23 时 20 分，找到最后一名遇难人员。14 日凌晨 1 时 35 分左右，井下遇难人员全部运至地面，井下抢险救援工作结束。

3. 事故原因分析

造成事故的直接原因是：煤矿违规实施架间放炮引燃综放面采空区积聚的瓦斯，并形成了瓦斯爆炸；冲击波沿运输顺槽、＋1 561 m 运输平巷传播途中，联络巷、探巷内积聚的瓦斯以及运输顺槽、＋1 561 m 运输平巷扬起的煤尘参与爆炸，形成了瓦斯煤尘爆炸事故，导致事故扩大。

造成事故的间接原因包括：

（1）矿井技术管理混乱，违规组织生产。B4－03 综放工作面在开切眼布置的切顶孔爆破后，在工作面架间顶梁处布置架间炮孔处理顶煤，严重违反《煤矿安全规程》第六十八条的规定。煤矿编制的“B4－03 综放工作面初次放顶安全技术措施”和作业规程没有对工作面初次放顶的顶板、顶煤冒落范围、冒落程度等放顶效果标准进行明确，没有制定初次放顶效果不好时的处理方法和措施；没有对初次放顶炮眼爆破后初采期间的采煤工作面割煤、放煤和顶煤处理等采放煤工艺予以明确，并制定措施；没有编制爆破作业说明书，架间打眼放炮处理顶煤无任何安全技术措施。

（2）弄虚作假，蓄意隐瞒存在的违法违规行为。一是煤矿有关人员明知该煤层顶板、顶煤难以自然冒落、需要进行爆破处理的情况下，“B4－03 综采放顶煤工作面开采设计”仍然写的是“B4 煤层顶板冒落性较好，随采随垮，能及时充填采空区”。二是煤矿有关人员采用将架间眼用黄泥封堵外抹煤沫及在支架顶梁间放置大块煤的遮挡方式，掩盖在工作面采用架间眼爆破处理顶煤的违法事实。11 月 17 日该矿晚调度会对初次放顶爆破的起爆位置是设在井下还是地面问题进行了讨论，决定实际放炮地点设置在井下，但在编制安全措施时将放炮地点写成在地面，以应对煤炭管理部门的检查。三是在图样上编造高程数据，掩盖 B4－03 工作面开切眼实际标高。

（3）放炮管理混乱。井下爆破未使用水炮泥，炮线布置在巷帮电缆架上，放炮器没有集中管理，且使用人不固定；在采煤工作面放顶煤的同时进行架间打眼装药作业，打眼与装药多次交叉平行作业；装药后没有及时爆破，等数个班后再集中进行分次爆破；作业规程规定采煤工作面爆破作业时，人员应撤出工作面至＋1 549 m 材料运输平巷，实际井下爆破时放炮警戒距离不够，放深孔炮警戒距离仅 150 m。

（4）煤矿安全管理混乱，安全管理机构不健全，安全生产责任制不完善。煤矿设置的安全科、生产技术科、调度室等职能科室除设有部门负责人外，没有配备其他工作人员，无法履行安全检查、安全管理及安全生产调度指挥职能；煤矿部分岗位和职能部门没有制定安全生产责任制，已制定的安全生产责任制也没有以正式的文件下发并执行；任命的部分管理人员不具备任职条件。

（5）职工培训不到位，特种作业人员配备不足。职工安全意识不强，自保、互保意识差，部分新工人未按规定进行安全培训；部分职工对于打眼装药平行作业、一次装药分几个班次爆破、放炮距离也未按作业规程的规定执行等违法违规现象习以为常。特殊作业人员配备不足，未为放顶煤采煤工作面配备专职瓦斯检查员。

(6) 综合防尘措施不到位。矿井粉尘防治措施计划对综放工作面采取煤层注水措施，实际采煤工作面没有实施煤层注水；降柱、移架和放煤时没有实现同步喷雾；放炮未使用水炮泥。

(7) 安全监管工作不力。地方政府、煤矿安全监管监察部门在贯彻落实国家有关法律、法规和自治区安全生产工作部署不到位，开展“安全大检查”和“打非治违”工作不深入、不扎实。虽然多次对该矿进行了检查，但对白杨沟煤矿停产整改期间整改情况不掌握，对煤矿违规违章放顶煤、回采作业等问题失察；未督促煤矿按照有关要求对综采放顶煤工作面开采设计进行报批，对残采开采方案设计审查把关不严。

4. 事故教训与防范措施

(1) 煤矿企业要健全机构，完善制度，切实落实企业安全生产的主体责任。要依法建立健全安全管理机构，配齐满足安全生产需要的工作人员，切实做到分工明确，责任到人，权责匹配，提高管理层的决策能力；要完善管理制度，科学制定并严格执行以安全生产责任制为重点的各项规章制度，从制度中要把安全生产责任层层落实到区队、班组和每个生产环节、每个工作岗位，切实加强全员、全方位、全过程的精细化管理，做到横向到边，纵向到底，不留死角和漏洞。

(2) 煤矿企业要严格技术管理工作。严格规程措施的制订、审查、审批和落实，强化放顶煤开采过程中的技术管理，严把技术关口；要针对煤层条件逐面编制工作面开采设计，制定放顶煤开采期间的通风和防瓦斯、防煤尘、防火等专项安全技术措施，并经验收合格后方可组织生产，杜绝工作面架间打眼装炸药爆破处理顶板、顶煤。

(3) 煤矿企业要严格现场管理、突出抓重点。要紧紧盯住易发事故的重点环节、重点工艺，在工作面初采和收尾时，必须有矿级干部和技术人员在现场跟班指挥，发现问题及时处理，切实落实煤矿领导下井带班制度。杜绝违章指挥、违章作业，确保各项措施和管理制度落到实处。要强化放炮管理，放炮作业必须编制安全技术措施，对放炮器做到集中管理、专人使用，放炮作业必须使用水炮泥，认真执行“一炮三检”及“三人联锁”等放炮制度，严禁违章放炮。

(4) 煤矿企业进一步加强安全教育与培训，强化劳动施工组织管理，切实保障煤矿企业员工权益。煤矿企业要加强职工的安全培训工作，尤其是要有针对性地开展新工人上岗前的安全培训工作，向作业人员如实告知作业场所和工作岗位存在的危险因素、防范措施以及事故应急措施，增强防范事故的能力；有针对性地开展新工艺、新设备使用、维修技能的培训。

二、桃子沟煤业公司在无风微风状态放炮作业瓦斯爆炸事故

2013 年 5 月 11 日 14 时 15 分，四川省泸州市泸县桃子沟煤业有限公司发生重大瓦斯爆炸事故，造成 28 人死亡，18 人受伤（其中 8 人重伤），直接经济损失 3 747 万元人民币。

1. 事故煤矿概况

(1) 矿井概况。桃子沟煤业有限公司位于泸县福集镇华安村六社。始建于 1978 年，

2012 年 9 月企业改制为民营企业，变更名称为泸县桃子沟煤业有限公司，法定代表人罗×。该公司营业执照、采矿许可证、矿长资格证及安全资格、业主安全资格证在有效期内。

（2）矿井生产条件。该公司采用斜井开拓，共有 4 个井筒：主斜井、副斜井、回风斜井和原主提升斜井。＋50 m 水平一个水平开采，共布置两个采区，＋50 m 水平以上为一采区，＋50 m 水平以下为二采区（下山采区）。主斜井采用绞车串车提升，副斜井安设架空人车运送人员，井下运输大巷采用防爆柴油机车运输。

矿井采用中央并列式通风方式，抽出式通风方法，主斜井、副斜井、原主提升斜井进风，回风斜井回风。该矿部分区域安装了 KJ90NA 型安全监控系统、KJ251 型人员定位系统、防尘洒水系统和压风自救系统。

该矿为瓦斯矿井，2008 年鉴定矿井瓦斯绝对涌出量为 0.8 m^3/min，相对涌出量为 9.22 m^3/t。2012 年鉴定矿井瓦斯绝对涌出量为 1.26 m^3/min。

矿井许可开采二皮炭、龙骨炭、泡炭三层煤。二皮炭煤层平均厚度 0.3 m，龙骨炭煤层平均厚度 0.4 m，泡炭煤层平均厚度 0.58 m，倾角均为 13°～15°，煤尘均无爆炸危险性，煤层自燃倾向性均为Ⅲ级（不易自燃）。

矿井采用双回路供电，井下采用双回路高压电缆入井供电。

矿井采用二级排水，＋50 m 水平排水系统已形成，－100 m 排水系统未形成，采用临时水泵排水。矿井水文地质类型简单。

（3）事故发生区域基本情况。事故发生在 3111 违法采煤工作面，位于矿井＋50 m 水平二采区二皮炭煤层。工作面采用一条中间运输巷集中运输，其两翼各布置 11 条支巷，各支巷从中间运输巷 10 m 处起前进式采煤，采用巷柱式边掘边采，相邻两支巷互通形成采煤工作面，每条支巷为 1 个独立的采煤作业点，各支巷平行作业；采煤工艺为煤电钻打眼，放炮落煤。各支巷间距 10～13 m，支巷巷高 1.2 m、断面 1.8 m^2，沿空砌矸石带护巷，局部地点木点柱支护；中间运输巷道长度 132 m，巷高 2 m、断面 4 m^2，采用金属三节棚支护。

3111 采煤工作面通过中间运输巷进风，在中间运输巷设置 1 道风门控风，新鲜风流从 3111 平巷进入到中间运输巷，主要风流经 1、2 支巷进入采煤工作面和各支巷，最后汇入回风巷。各支巷之间角联通风，风量自然分配，各采煤作业点串联通风。

中间运输巷采用 SGB30 型刮板输送机运输，支巷采用自制矿车配 45# 角钢轨道运输。工作面没有安设安全监控系统。作业人员均未佩戴人员定位系统识别卡。

3111 工作面大部分时间为中班单班作业，上班时间为 13 时至 22 时，部分时间为早、中班作业。每条支巷固定 2 名工人，各支巷单独计量计价，按月产量分级计发工人工资：80 t/月时计 186 元/t，90 t/月时计 196 元/t，100 t/月时计 202 元/t。

（4）违法违规生产情况。桃子沟煤业有限公司未经许可违法违规布置了 3111 采面、3122 采煤点、2121 上段北侧采煤点。其中 3122、2121 上段北侧采煤点为逃避监管，多次封闭后又启封。3122 采煤点 2012 年 4 月开始生产，布置 6 条支巷人工挖煤，推进了 30～50 m，2013 年 5 月 9 日中班密闭；2121 上段北侧采煤点 2012 年 10 月开始布置，沿 2121 切眼、3112 上山向北布置 9 条支巷采煤，推进了 50～70 m，2013 年 5 月 9 日中班封闭。

3111 工作面 2012 年 3 月开始施工，中间运输巷至 4 月下旬掘通，8 月上旬完成 22 条支巷布置。2013 年 2 月安设刮板输送机，3 月 21 日开始组织生产，至发生事故前，南、北两侧共推进了 60～100 m，生产煤量约 3 300 t。

桃子沟煤业有限公司为了隐瞒未经许可违法违规开采工作面或作业点的情况，采取单独绘制图纸、单独设置瓦检报表、单独设置矿灯发放记录、入井检身记录不登记违法违规点人员、作业人员不佩戴人员定位系统识别卡、不安设安全监控系统，有人检查时提前封闭或在工作面下口平巷设置栅栏、撒上煤灰、悬挂警示标示牌等手段逃避政府及有关部门监管。

2. 事故发生及救援情况

(1) 事故经过。2013 年 5 月 11 日 7 时 10 分，桃子沟煤业有限公司集中组织召开班前会。早班作业人员 141 人入井，其中 48 人先后到违法作业区域作业。12 时许，中班带班副矿长徐××组织召开班前会，随后 78 名作业人员陆续入井，早班部分人员升井。事故发生时，井下共有作业人员 108 名，其中违法作业区域有 49 人作业。3111 采煤工作面 22 个支巷处于无风微风状态。14 时 15 分，第 6 支巷放炮后，残药燃烧引爆集聚瓦斯。爆炸波及 3111 采煤工作面及相邻区域。

(2) 事故救援情况。3111 采煤工作面队长王××见发生事故，立即与瓦斯检查员何××等 6 人互救到 3111 采面进风巷，随即到一级提升下车场打电话向地面报告事故。接到事故报告后，四川省人民政府、泸州市及泸县政府立即启动煤矿安全生产应急预案，成立泸县桃子沟煤矿“5·11”瓦斯爆炸事故抢险救援指挥部。并先后调集 7 支专业救护队、147 名队员，全力开展抢险救援工作。经自救和救援，至当晚 22 时 30 分，共出井 82 人（其中 10 人重伤，10 人轻伤），救出 26 名遇难人员。5 月 11 日 16 时 1 名重伤员在医院抢救无效死亡。5 月 12 日凌晨 3 时又有 1 名重伤员在医院抢救无效死亡。本次事故共造成 28 人死亡，18 人受伤（其中重伤 8 人、轻伤 10 人）。

3. 事故原因分析

造成事故的直接原因是：桃子沟煤业有限公司违法违规组织生产的 3111 采煤工作面 6 支巷采煤作业点区域处于无风微风状态，瓦斯积聚达到爆炸浓度；放炮后，残药燃烧，引爆积聚瓦斯。

造成事故的间接原因包括：

(1) 桃子沟煤业有限公司违反《中华人民共和国安全生产法》第十六条的规定，非法组织生产，蓄意逃避监管。发生事故的 3111 采煤工作面不属于矿井技改扩建设计开采范围；不属于批准的矿井扩建工程联合试运行工作面；不属于泸县安全监管局核准的采煤工作面。为逃避监管，该矿采用“两本账”“两张图”，不发放作业人员定位系统识别卡，不安设安全监控系统，躲避检查；采取提前封闭、设置栅栏等手段掩盖工作面生产作业迹象。

(2) 3111 采煤工作面通风管理混乱。3111 采煤工作面部署采用明令淘汰、禁止的多支巷非正规采煤方法，通风系统不合理，通风设施不可靠。一是工作面采用多支巷前进式开采，导致各作业点为大串联通风。二是各支巷多点采煤同时平行作业，放炮后煤炭堆积，造成通风断面减小，风量不稳定。三是控风设施不可靠，3111工作面中间运输巷为单道风门，且下面有刮板输送机通过。四是各支巷无控风设施，20条支巷均为角联通风；采煤工作面作业点推进度不一致，造成无风微风。

（3）现场管理混乱。瓦斯管理不到位。3111采煤工作面配备2个瓦斯检验工，不足以满足22个作业点瓦斯检查需要。安全监控缺失，未设置安全监控系统及相关传感器。现场生产组织混乱。工作面采高0.3 m，各支巷采煤作业点单独计量计价，采煤作业点推进度不一致；巷道断面小且不规则，无支护，充填不及时。

（4）职工培训不到位。部分职工安全意识淡薄，部分作业人员自救器悬挂在支巷外，未随身携带；未组织工人开展灾害应急演练，部分工人不会使用自救器，发生瓦斯事故，部分工人向回风巷撤离。

4. 事故教训与防范措施

（1）严格落实煤矿安全生产主体责任。要合理采掘部署，坚决淘汰多支巷前进式、巷柱式等落后采煤方法，杜绝大串联、角联通风和扩散通风以及无风、微风和循环风作业。要严格瓦斯管理，配足瓦斯检验工，完善矿井安全监控系统及相关传感器，以及人员定位系统，保证正常运行。要加强井下火工产品管理，严格执行煤矿火工产品领退、保管等制度和井下爆破作业规定，严格执行“一炮三检”和“三人联锁”放炮制度。

（2）要合理劳动组织，认真执行入井检身制度和出入井人员清点制度，严格现场管理，提高劳动工效，减少作业人员。要严格技术管理，禁止在未经批准区域作业，开采极薄煤层的采煤工作面净高不得低于0.6 m，技术资料必须反映矿井实际，严禁弄虚作假。要强化职工培训，教会工人按规定熟练使用自救器，开展应急救援演练，熟悉避灾路线。

（3）全面提升煤矿办矿水平。要通过加强瓦斯防治能力评估、兼并重组和淘汰落后产能等方面工作，切实提高煤矿办矿水平，提升煤矿安全生产保障能力。支持和鼓励安全管理水平高的大型煤矿企业兼并重组小煤矿，促进地方经济和企业安全发展。

（4）切实加强煤矿安全监管监察和煤炭行业管理。要健全完善安全监管、行业管理和执法体系，监督煤矿严格在批准的煤层、开采范围、开采方案和工作面进行采掘作业。认真核实批准头面的实际进尺、火工品使用量和煤炭产量，严格按照矿井实际生产能力和工程进度审批火工品数量和品种，杜绝在批准区域外非法使用火工品。

三、司马冲煤矿未检瓦斯违规放炮导致的重大瓦斯爆炸事故

2013年6月2日19时50分，湖南省邵阳市邵东县司马冲煤矿发生重大瓦斯爆炸事故，造成10人死亡、3人重伤、6人轻伤，直接经济损失737.1万元人民币。

1. 事故矿井概况

（1）矿井概况。司马冲煤矿位于邵东县周官桥乡境内，1992年建井，1993年投产，设计生产能力10 kt/年。2008年批准进行技术改造，设计生产能力60 kt/年，2010年10月完成技改工作。该矿法定代表人、矿长周××，总经理赵××，常务副矿长梁××，没有配备其他安全生产管理人员。

该矿于2013年3月7日与李××签订了“煤矿生产承包管理合同”，从2013年3月

9日开始承包，期限为3年，在合同中约定：每吨原煤360元、每米岩巷掘进900元发包，全权委托乙方（李××）统一进行安全生产管理，自聘安全生产管理人员。煤矿发包后，总经理赵××全面负责煤矿的管理工作，常务副矿长梁××代表煤矿管理井下。承包人李××，聘请尹××担任生产副矿长（负责井下管理工作），下设3名跟班副矿长和3名带班副矿长。经调查认定，跟班副矿长和带班副矿长实为安全员（以下称安全员），负责当班安全检查和瓦斯检查，不属于《煤矿领导带班下井及安全监督检查规定》中的煤矿领导。

（2）矿井煤层赋存及开采情况。矿井开采两市塘矿区龙潭组煤系（含煤3层，其中Ⅱ煤层可采，Ⅰ煤层局部可采），地质构造中等偏复杂；相对瓦斯涌出量15.53 m^3/t，绝对涌出量1.24 m^3/min，为高瓦斯矿井；开采煤层容易自燃，煤尘有爆炸危险。

矿井采用立井—斜井混合开拓，有主井（立井，井口标高＋316.713 m)、风井（井口标高＋291.51 m）两个井筒。井下有两个生产采区（分两翼布置），其中，11采区，在＋175 m布置2个采煤工作面和4个掘进工作面；13采区，在＋168 m，布置1个采煤工作面和1个掘进工作面。

瓦斯爆炸发生在13采区的回采工作面，该工作面采用巷道式采煤，自然垮落法管理顶板。

（3）通风与瓦斯管理。矿井采用边界式通风系统，机械抽出式通风方法。风井安装2台同型号（YBF56－Ⅱ－6－№11型）的轴流式主要通风机。矿井从立井进风，新鲜风流经＋20 m井底车场、主石门和轨道上山，分别向11、13采区供风，两个采区的乏风独自汇入总回风巷。矿井总进风量848 m^3/min。事故发生在13采区，13采区进风量300 m^3/min。

该矿井下由每班的安全员（经查本班安全员均未取得瓦斯检查员资格证）检查瓦斯，2013年5月17日后，瓦斯日报表上没有13采区＋168 m区域各作业头面的瓦斯检查数据，也没有矿长和技术负责人审查签字。

该矿装备一套安全监控系统（KJ－92型），有甲烷传感器10个，其中13采区只安装了1个，装在＋168 m运输石门。

（4）事故煤层回采工作面情况。事故发生在13采区＋168 m Ⅰ煤层回采工作面。2012年12月，从＋168 m运输石门见煤处向北沿Ⅰ煤掘平巷，掘进65 m遇构造带，停止掘进；后退25 m，沿煤掘上山（煤层倾角60°～80°，因煤层倾角大，俗称“天眼”）7 m，煤层尖灭；再从天眼顶部开门向北探掘45 m，遇同一构造带后停掘。从5月16日开始，采用巷道式采煤法回采该块煤炭资源。

该回采工作面，采用风煤钻打眼，爆破落煤，木棚支护。由安装在＋162 m平巷（进风巷）的1台5.5 kW局部通风机供风，其乏风经13采区轨道下山，汇入＋100 m总回风巷，经风井排出。事故当班，放炮地点位于该工作面的回风流中，距工作面回煤天眼20 m。

2. 事故经过及救援情况

2013年6月2日中班（16时至24时），全矿39人（均未配发、未携带自救器）下井，其中，11采区24人，在2个采煤工作面、4个掘进工作面作业；13采区5人，在

＋168 m Ⅰ煤回采工作面 3 人、Ⅱ煤掘进工作面 2 人；8 名辅助作业人员在＋100 m、＋20 m；2 名安全员下井带班。

19 时 50 分，＋168 m Ⅰ煤回采工作面放炮时引发瓦斯爆炸，造成此工作面作业的 3 人死亡。发现瓦斯爆炸后，在 13 采区＋168 m Ⅱ煤掘进工作面作业的 2 人迅速撤离，撤至＋168 m 运输巷时中毒死亡；在 11 采区作业的人员中，有 5 人撤至＋100 m 石门与＋100 m 总回风巷交叉点时（此处在瓦斯爆炸后发生垮塌）中毒死亡。

事故发生后，煤矿迅速组织自救并向有关部门报告。各级政府和有关部门接到事故报告后，立即启动了应急救援预案，并派人赴现场救援。邵东县政府在事故现场成立了救援指挥部，紧急调集省矿山救援邵阳基地和牛马司矿山救护队下井救援。至 6 月 3 日 3 时 30 分，先后找到 10 名遇难者。至 6 月 3 日 11 时 27 分，10 名遇难者全部升井，受伤人员送往医院救治，事故现场救援工作结束。本次事故造成 10 人死亡、3 人重伤、6 人轻伤。

3. 事故原因分析

造成事故的直接原因是：13 采区＋168 m Ⅰ煤回采工作面违规采用巷道式采煤，局部通风机供风，风量不足，引起瓦斯积聚并达到爆炸浓度。在未检查瓦斯的情况下违规放炮，因发爆器接线柱产生电弧引起瓦斯爆炸，造成人员伤亡。

造成事故的间接原因包括：

（1）司马冲煤矿非法违法组织生产。该矿在采矿许可证和煤炭生产许可证过期后，不执行监管部门指令，非法违法组织生产。调查发现，该矿从 2013 年 3 月份开始每月安排了生产计划，2013 年以来实际累计生产原煤 4 315.8 t。

（2）司马冲煤矿违法发包且以包代管。2013 年 3 月 9 日，违法将井下生产承包给没有取得煤矿安全生产管理相关资质的李××，并以包代管，在签订的“煤矿生产承包管理合同”中违法全权委托李××统一进行安全生产管理。承包人李××又将各采掘头面分包，以包代管。

（3）司马冲煤矿安全生产管理混乱。一是违反《煤矿领导带班下井及安全监督检查规定》，违规安排未经培训、不具备下井带班要求的安全员作为矿领导下井带班。二是违反《煤矿安全规程》规定，存在以下问题：下井人员没有配发、没有随身携带自救器；事故工作面没有安装甲烷传感器，安全监控系统在 2013 年 5 月 31 日后停止运行；安排没有取得瓦斯检查员资质证的人员检查瓦斯，从 2013 年 5 月 17 日以后，瓦斯日报表上没有 13 采区＋168 m 区域的瓦斯检查记录，也没有矿长和技术负责人审查签字；放炮作业没有执行“一炮三检”和“三人联锁放炮”制度，且违规安排没有取得爆破资质的大工放炮。

（4）司马冲煤矿通风系统不完善，技术管理不到位。该矿违反《煤矿安全规程》规定，13 采区没有专用回风巷，利用运输巷回风；事故工作面没有编制施工组织设计、作业规程；违规采用巷道式采煤，回采工作面用局部通风机送风，回采工作面无两个安全出口。

（5）司马冲煤矿安全管理机构不健全，安全教育培训不到位。该矿违反《煤矿安全规程》，没有设置安全生产管理机构，没有配齐适应工作需要的安全生产管理人员。安全教育培训不到位，安排未取得操作资格证的人员从事瓦斯检查员、爆破工等特种作业，未按邵东县煤炭局的要求进行安全培训，事故当班下井 39 人中有 22 人、死亡的 10 人中有 7 人未经安全培训。

(6) 安全监管不到位。邵东县煤炭局对司马冲煤矿作出的停产整顿决定督促落实不到位；安全检查不认真、不仔细，没有及时发现和查处煤矿存在的重大安全隐患；在司马冲煤矿复工验收未经县领导批准同意前，2013 年 3 月 25 日即同意批供炸药 720 kg，雷管 2 000 发用于整改，且对批供火工品的使用缺乏有效监管。

4. 事故教训与防范措施

(1) 以贯彻落实《煤矿矿长保护矿工生命安全七条规定》为重点，深入排查治理煤矿安全生产隐患。重点排查是否存在无证照或者证照失效非法生产、巷道式采煤、通风系统不可靠、监控系统失效、瓦斯超限作业和无矿领导下井带班、员工培训不到位、无证上岗、违章指挥等违反《煤矿矿长保护矿工生命安全七条规定》的行为。督促煤矿企业健全安全管理机构、完善安全管理制度，下井人员坚持随身携带自救器，井下放炮作业严格执行“一炮三检”和“三人联锁放炮”制度，采煤和煤巷掘进严禁在回风流中放炮。对《煤矿矿长保护矿工生命安全七条规定》不落实、存在重大安全隐患的，必须责令其停产整改，依法给予行政处罚，问题严重且拒不整改的，坚决关闭取缔。

(2) 强化煤矿火工品监管，建立联合审批监管制度。对证照不全和停产整顿矿井，煤矿安全监管部门应及时书面通知公安部门限批或停批火工品；煤矿安全监管部门和公安部门要建立煤矿火工品联合审批制度，煤炭管理部门根据煤矿整改工程量和整改进度核定火工品供应量，公安部门依据煤炭管理部门审核结果限批或停批火工品；煤矿安全监管部门和乡镇要及时对火工品井下实际使用情况进行监督检查。发现借整改之名，将火工品用于非法违法生产的，必须通知公安部门收缴、停批火工品并依法严惩。

(3) 强化事故警示教育，切实提高防范事故意识。邵东县人民政府，以及监管部门、煤矿企业要建立健全事故警示教育制度，定期开展警示教育活动，并将事故警示教育纳入煤矿企业安全管理日常工作。邵东县人民政府要组织煤矿企业对照此次事故暴露出的问题进行排查治理，严查事故隐患，防范同类事故的发生。

(4) 强化煤矿全员培训工作，提高应急处置能力。邵东县人民政府要组织开展煤矿管理人员、特种作业人员持证上岗情况专项检查，督促煤矿企业做好全员培训工作，加强新职工培训、老职工复训，切实提高职工安全意识和操作技能，做到应知应会，严禁未经培训的职工下井，杜绝违章作业。要督促煤矿完善“安全避险六大系统”建设，加强应急管理，制定应急预案，并依法组织演练，切实提高职工自救、互救能力，提高事故防范和应急处置能力。

四、大山煤矿无风微风作业导致瓦斯积聚引发爆炸事故

2013 年 5 月 10 日 19 时 6 分，贵州省安顺市平坝县大山煤矿（以下简称大山煤矿）在越界非法盗采的马四巷采点发生重大瓦斯爆炸事故，造成 12 人死亡，2 人受伤，直接经济损失 1 462.82 万元人民币。

1. 事故矿井概况

(1) 矿井及公司简况。大山煤矿属私营独资企业，为设计生产能力 15 万 t/年、证

(照)齐全的生产矿井；该矿原为6万t/年的生产矿井，2009年开采方案设计、安全设施设计得到批复同意后，进行15万t/年独立技改。设计采用斜井开拓、3条井筒，中央并列抽出式通风。

该矿为高瓦斯矿井，相对瓦斯涌出量为33.47 m^3/t，绝对瓦斯涌出量为10.57 m^3/min；M8、M9煤层均属Ⅲ类不易自燃煤层，煤尘无爆炸危险性；M8煤层在+1 306 m、M9煤层在+1 314 m标高以上不具有突出危险性，M12、M14煤层未鉴定。

2012年12月，该矿技改建设项目完成后通过相关部门验收，批准其在一采区范围内组织生产，首采工作面为M8煤层的1181炮采工作面。2013年4月上旬，1181采煤工作面回采结束，事故发生时，在矿界范围内M8煤层布置有1182运输巷、回风巷两个掘进工作面。

2011年，大山煤矿整合在安顺盘龙树集团投资有限公司（以下简称盘龙树公司）名下。

（2）盘龙树公司情况。盘龙树公司成立于2010年10月，下属有商贸投资、矿山技术咨询、煤炭经营3家分公司及16个煤矿；所属煤矿设计总规模210万t/年，其中，盘龙树等9个煤矿为全资所有，1个煤矿控股50%，大山等6个煤矿正处于整合重组过程中；公司设置有通防部、机电部、生产技术部、安全监管部、总工室、综合办公室等业务部室对所属矿进行监管。

（3）越界非法生产及事故点基本情况。2009年5月起，大山煤矿在矿界内M8煤层范围内进行技改建设的同时，利用延伸至M9煤层的主井，越界进入相邻国有黄家庄煤矿井田内M9煤层，在越界区域布置600 m皮带运输巷和回风巷与合法系统联通；同时利用技改前风井（技改后已废弃）作为人员、马匹进出通道兼进风井，于2012年在非法生产区域构成简易通风系统；在风量不足、不具备基本安全生产条件的情况下越界非法生产。据统计，从2012年至事故发生，该区域非法出煤18.7万t。

大山煤矿为逃避监管，在一采区1314联络巷与非法生产区域的600 m皮带运输巷相连的煤仓绕道中，为设置临时密闭准备了相应材料，并将动力电缆埋入地下进入非法区域。平时打开密闭组织生产，在有关部门检查时迅速将非法生产区域封闭，待检查人员离开后又启封密闭，恢复非法生产。非法生产区域布置的巷道、作业点均未标注在大山煤矿采掘工程平面图等图件上；采掘作业点均未编制作业规程、安全技术措施等。入井检身采取合法区域人员和非法区域人员“两本账”的方式。对非法区域生产系统未进行测风，未安设安全监测监控系统、人员定位系统，也未进行瓦斯抽采。巷道支护采用零星木点柱，绝大多数地段未支护。

事故发生时，非法生产区域内布置有1193采煤工作面，2个掘进工作面（事故时停工）及4个巷采点（矿方命名为马一、马二、马三和马四）。采煤工作面采用倾斜长壁后退式采煤，单体液压支柱支护，爆破落煤。

发生事故的巷采点区域采用煤电钻打眼、爆破落煤，宽度6～8 m，高度平均1.6 m（煤层厚度1.6 m），零星木点柱支护；分早晚两班作业，未配备特种作业人员，瓦检员、安全员、爆破工均由当班各作业点负责人兼任。采出的煤炭用马车转运到溜子道刮板输送机，再通过皮带进入一采区煤仓。4个巷采点、2个掘进面分别使用3台2×7.5 kW

局部通风机，2 台 2×5.5 kW 局部通风机，1 台 5.5 kW 局部通风机供风。

2. 事故经过及救援情况

（1）事故经过。2013 年 5 月 10 日晚班，煤矿未组织召开班前会，16 时至 18 时，共 60 名人员陆续入井，其中 M8 煤层 1182 运输巷、回风巷掘进 8 人，非法区域 52 人（1193 采面 22 人、巷采点 30 人）。当班 M8 煤层掘进工作面由赵××负责；非法生产区域带班领导是安全负责人张××，1193 采面由李××负责，巷采点分别由包工头晏××、陈×负责。18 时许，孙××入井，换张××出井吃饭，并负责对巷采点马车转运的煤量进行计量。

巷采作业区域由晏××带领 14 人到马一、马二巷采点作业，陈×带领 14 人到马三、马四巷采点作业。18 时 30 分，马三巷采点准备放炮，晏××将马一、马二巷采点人员撤至安设的局部通风机处，马三巷采点人员撤至马四巷采点口处，马四巷采点未撤出人员。18 时 40 分马三巷采点放炮。19 时 6 分，马四巷采点的作业人员试煤电钻时发生瓦斯爆炸，造成马三、马四巷采点 10 人当场死亡，4 人受伤（其中 2 人在医院抢救无效死亡）。在外面躲炮的晏××听到马四巷采点有响声且有震动，感觉可能发生事故，便带领工人沿进风巷道撤出。孙××在马车转运煤场处感觉到里面有震动，就向外跑，到达 380 m 皮带机头处打电话告诉主井口的皮带司机周××，周××立即报告了生产矿长秦×。其余在非法区域作业的 38 人安全升井。

（2）事故救援情况。事故发生后，生产矿长秦×立即带人入井组织救援，在煤炭转载点处往里 50 m 处，检查瓦斯浓度 5.2%，秦×组织人将损坏的局部通风机移开，恢复一台局部通风机运转供风、排出事故地点瓦斯，随即进入事故区域救援；在马四巷采点区域沿途发现了 4 名伤者和 7 名遇难人员；在马四巷采点迎头 10 余米处，检查瓦斯浓度超过 10%，并看见迎头还有 3 名遇难人员；由于瓦斯浓度高未进入，于是组织人员将 4 名伤者救助出井，送往医院治疗。

接事故报告后，省、市、县三级政府及相关部门人员立即赶赴现场，组织两个小队分别对事故矿井的 M8、M9 煤层的作业点进行侦察，在马四巷采区域发现 10 名遇难人员、5 匹死马和 1 匹活马。11 日 3 时 25 分侦察结束返回地面向指挥部汇报。11 日 3 时 40 分，按照指挥部指令由安顺救护队、林东救护大队、安顺华荣救护队入井进行联合救援，于 11 日 6 时 23 分将 10 名遇难人员全部搬运出井，抢险工作结束。

3. 事故原因分析

造成事故的直接原因是：非法越界开采；通风系统混乱，风量严重不足，无风微风作业，造成事故地点瓦斯积聚，煤电钻失爆产生火花引爆积聚瓦斯导致事故发生。

造成事故的间接原因包括：

（1）大山煤矿无视国家法律法规，越界非法组织生产。长期利用合法系统一边技改，一边超出矿界、掠夺式地非法盗采国家煤炭资源。

（2）无视矿工生命安全，一面签订保护矿工生命安全承诺书，一面指挥工人在不具备基本安全条件的区域冒险作业。

（3）逃避监管、拒不执行监管指令。拒不执行县安监局 4 月 15 日的停止非法生产监管指令，采取设置临时密闭、深埋动力电缆、相关矿用图件不标注及工人入井“两本账”等手段来逃避监管，违反规定在非法区域组织生产至事故发生。

（4）安全管理机构不健全，安全管理混乱。未按规定配齐安全管理人员及特种作业人员，任用无资质人员负责全矿的安全生产管理工作，违反相关规定。

（5）非法生产系统不具备基本安全生产条件。无设计、无规程，无正规通风设施，未安设安全监测监控系统、人员定位系统及瓦斯抽采系统等基本安全设施。

（6）瞒报事故。事故发生后，煤矿未按规定向政府及有关部门报告，蓄意瞒报，盲目自行组织救援。

4. 事故教训与防范措施

（1）深入开展保护煤矿矿工生命安全特别行动。要以“保护矿工生命，矿长守规尽责”为主题，深入宣传贯彻落实《煤矿矿长保护矿工生命安全七条规定》，全面深入开展本地区保护煤矿矿工生命安全特别行动，组织相关部门开展专项督察检查，确保实现“铁规定、钢执行、全覆盖、真落实、见实效”总体要求，确保保护广大矿工兄弟生命安全。

（2）严格落实煤矿企业安全生产主体责任，依法办矿。煤矿企业要认真吸取教训，健全完善严格的安全生产规章制度，严格落实《煤矿矿长保护矿工生命安全七条规定》（国家安全监管总局令第58号）和瓦斯治理“十条禁令”，做到井巷布局和采掘部署合理，通风系统完善可靠，采用正规采煤方法，减少作业头面，图实相符；要树立依法办矿的理念，依法建设和生产。

（3）严厉打击非法违法生产建设行为。针对该起事故中暴露出来存在的长期越界盗采的情况，要加强联合执法，形成监管合力，对发现存在超层越界行为的矿井，要依法进行严厉查处，其有关人员涉嫌构成刑事犯罪的，要及时依法移交司法机关处理。

（4）严格执行驻矿安监员监督制度。要切实加强本地区驻矿安监员队伍建设，各级安全监管部门要切实加强对驻矿安监员队伍的统一管理。要按照确保一矿至少有一人驻矿的基本要求，配备具有煤矿安全业务知识和能力的驻矿安监员，做到明白人管矿、明白人管安全，确保驻矿安全监管职责履行到位，防止安全监管失效。

第二节 煤矿冒顶典型事故分析

矿山冒顶事故又称之为顶板事故，是指由地压引起巷道和采场的顶板垮落引发的事故。在煤矿井下生产过程中的五大自然灾害中，冒顶事故所占的比重最大。世界主要产煤国家的统计资料表明，冒顶事故占井下事故总数的50%以上。煤矿井下冒顶事故频繁，危害十分严重，一是威胁井下人员生命安全，二是冒顶能压垮工作面，造成全工作面停产，影响生产作业。从发生冒顶事故的原因分析，有的属于对客观事物的认识不足，而较多的则是现场管理不善所造成的。

一、柏林矿业公司井下作业人员空顶作业引发的冒顶事故

2000年8月3日，四川达竹柏林矿业有限公司0425掘进工作面，由于作业人员没

有进行敲帮问顶，又没有恢复前探梁，导致空顶作业结果发生冒顶事故，造成 1 人死亡、1 人受伤。

1. 事故经过

8 月 2 日晚 22 时 30 分，该煤矿当班工长尹××组织召开了班前会，布置了当班工作任务，23 时入井。8 月 3 日 3 时 40 分左右，尹××班的职工彭×推一个车走在前面，伍××、何××二人推 3 个车走在后面，先后进入碛头准备装运道心的工程煤。伍××、彭×进入碛头后，由于麻痹大意，没有进行敲帮问顶，又没有恢复前探梁，导致空顶作业。就在伍××、彭×刚刚开始作业，这时顶板突然冒落一块巨大的矸石，将伍××、彭×压住。不远处的何××，听到碛头方向"嘭"的一声，接着看见一股尘雾喷出，意识到"出事了"，于是呼喊救人。瓦检员陈××到碛头察看情况后，立即组织工作面 5 名职工进行抢救，将石头搬开，把伍××和彭×救出，但是伍××终因伤势过重不幸死亡。

2. 事故原因分析

造成这起事故的直接原因，是现场作业人员没有认真进行敲帮问顶和正确使用前探梁（放炮后没有及时向前移前探梁），在没有处理事故隐患的情况下盲目进入碛头冒险作业。

造成这起事故的间接原因，一是队级管理人员贯彻执行作业规程不力，对放炮前回缩前探梁等习惯性违章熟视无睹；二是对人员要求不严格，安全教育培训不到位。

3. 事故教训与防范措施

（1）全矿停产整顿，整改现场安全，组织职工认真深入学习作业规程和操作规程。

（2）加强工程质量和顶板管理，严格执行关于割煤机过顶板破碎带的安全技术措施。

（3）加强安全教育培训，提高职工的安全意识和操作技能。严格按要求组织正规循环作业，严禁冒险作业。

（4）切实落实好各级安全生产责任制，加大安全执法力度，狠刹"三违"，努力减少"三违"职工人数。

二、永顺煤矿人员清渣碰撞巷道支架造成漏垮型冒顶事故

2003 年 6 月 14 日 16 时 35 分，河北省张家口市下花园区永顺煤矿 515 水平一平巷掘进工作面发生一起顶板重大责任事故，死亡 4 人，直接经济损失 31 万元人民币。

1. 事故矿井概况

张家口市下花园区永顺煤矿 1989 年建井，1997 年由张×出资经营至今；1998 年张×在本矿井田范围内新建现在的主、副井。2002 年通过了省、市煤矿安全专项整顿验收，2002 年分别领取了采矿许可证、煤炭生产许可证、矿长资格证及营业执照，采矿许可证、煤炭生产许可证的有效期是到 2003 年的 4 月份，事故发生时正在办理延续手续。矿长张×，无有效矿长资格证。崔××持有永顺煤矿矿长资格证书，不是该矿职工，2002 年 7 月替张×参加培训并领取了矿长资格证书。另外该矿主管安全、生产、技术的副矿长杜×，未经培训。全矿 25 人，其中管理人员 8 人，职工 17 人。

2. 事故经过及救援情况

永顺煤矿因副斜井 60 m 处和主斜井 515 水平进风巷距井底车场 20 m 处塌冒严重，造成无法行人，通风困难。2003 年 2 月，该矿先从副井 45 m 处封闭了塌冒的井筒，并在 35 m 处用一联络巷与主井联通。随后计划从主井井底车场落平点向前 4 m 处掘一平巷绕开塌冒区，与副井沟通后再修复副井。

6 月 9 日开始安排 515 水平一平巷掘进，到 6 月 13 日早班共掘进了 1.5 m 岩巷。

6 月 13 日上午，张家口煤矿安全监察办事处下花园监察站在对该矿井下监察时，发现正在施工的一平巷口处温度高达 30 多度，且该掘进工作面没有作业规程，当场下达了停止作业、撤出作业人员指令，同时责令编制作业规程、对存在的隐患进行排除，经监察站验收后方可施工。

6 月 13 日夜班，在没有经监察站检查同意的情况下，矿长张×继续安排作业，掘进约 1 m，并且进入老空区。14 日六点班又向前掘进一段距离，此时已进入老空区约 2 m，张×与杜×商量决定下午两点班对这 2 m 巷道砌碹。14 日下午 2 时 10 分杜×、郑×、曹××、谷××4 人下井作业。16 时 35 分，张×看到副井口喷出一股灰尘，就组织人员从主井下井，查看井下发生了什么事情。下井人员走到主副井联络巷发现下边温度高、尘雾大，就上井汇报。

张×得知情况后，马上找附近国有地方兴隆山矿救护队（辅助救护队）抢救，约 17 时 20 分，兴隆山矿救护队下井查看，发现井下温度高，什么也看不见。矿长张×向区煤炭公司、张家口煤矿安全监察办事处下花园站报告事故，市区有关部门接到报告后，先后赶到事故矿井，救护队晚 7 时下井侦察情况。事故抢救小组依据救护队提供的情况，制定了抢救方案，于 15 日凌晨 2 时 25 分，将井下 4 人全部救出，经下花园区医院诊断窒息死亡。

3. 事故原因分析

造成事故的直接原因是：该矿 515 水平一平巷掘进进入老空区的巷道，揭露旧火区后，温度迅速升高，使本来稳定性极差的巷道顶板更加松散，作业人员在清渣时碰撞巷道支架造成漏垮型冒顶，上部高温灰粉倾泻而下，导致现场 4 名作业人员被堵而窒息死亡。

造成事故的间接原因包括：

(1) 矿井技术管理存在重大漏洞，没有技术人员，对井田范围内的老空区和火区情况不清，未按《煤矿安全规程》规定管理火区，无系统改造设计，未编制作业规程。

(2) 未对职工进行安全培训，职工安全技术素质差、自主保安能力低；主管安全、生产、技术兼代班长的副矿长没有经过培训，技术素质差。

(3) 矿井安全管理机构不健全，管理力量薄弱，安全生产责任制和安全规章制度不健全，无矿井防灭火制度和措施。

(4) 区煤炭工业公司对该矿存在的问题监督管理不力。

4. 事故教训与防范措施

(1) 事故煤矿要吸取事故教训，认真查找在煤矿安全生产管理中存在的问题。要认真深化煤矿安全整治，严格落实各级安全生产责任制，严格管理，进一步加强对煤矿安全生产工作的领导和管理，采取有效措施，切实解决煤矿安全生产中存在的重大事故隐患，防止和杜绝煤矿生产安全事故。

(2) 对矿井生产系统不完善，管理机构不健全等方面达不到《煤矿安全生产基本条件规定》和省有关深化煤矿安全专项整治要求的矿井一律停产整顿，限期达标，逾期未能达标的，应列入关闭范围，立即予以关闭，并确保关闭到位。

(3) 煤矿安全专项整治工作要把“一通三防”作为重点，进一步完善、提高矿井“一通三防”的管理工作，健全组织机构，认真落实《煤矿安全规程》有关规定，保证矿井通风系统合理、通风设施可靠。进一步建立健全煤矿安全生产责任制，完善安全管理制度；加强对煤矿职工安全教育培训工作，提高职工安全技术素质，增强职工自我保安意识，杜绝违章指挥、违章作业。

三、东庞煤矿未按作业规程加打锚索导致的重大顶板事故

2004 年 9 月 21 日 11 时左右，河北省东庞煤矿补南二集中皮带巷迎头发生一起重大顶板责任事故，3 人死亡，直接经济损失 21.6 万元人民币。

1. 事故矿井概况

东庞煤矿始建于 1977 年 2 月，1983 年 12 月 26 日投产。矿井地质储量 52 914.9 万 t，可采储量 10 140.4 万 t，设计生产能力 180 万 t/年，核定生产能力为 240 万 t/年。采煤方法为走向长壁采煤法，采煤工艺为综采。通风方式为两对角抽出式。

2. 事故经过及救援情况

2004 年 9 月 21 日早班，东庞矿机掘一队跟班人员（技术主管）张××、班长王××带领全班人员，李××、郭××、刘××、王××、曹××、谭××、张××共 9 人在迎头正常掘进。王××、谭××、王××、刘××四人负责打顶锚杆，李××、张××二人负责打帮锚杆，郭××、曹××二人负责接溜槽。

掘进机割完第二茬后，王××、谭××二人在上帮打顶锚杆，王××、刘××二人在下帮打顶锚杆，当打完中间两根锚杆时，正在掘进机油箱处准备支护材料的李××看到掘进头里面有人向外跑，随即拉张××往外跑，跑出五六步后听到“哗”的声响，见顶板垮落下来，碎碴埋住王××、谭××的腿部，李××、张××把王、谭二人救出。巷道里面不见人也不见灯光，才知张××、刘××、王××三人被埋。曹××11 时 8 分向区做了汇报。

矿调度室接到井下报告后，立即命令东庞矿救护队实施救援，救护队 11 时 40 分到达事故现场。21 日 12 时 50 分救出第一名遇险人员，13 时 30 分救出第二名遇险人员，至 13 时 40 分 3 名遇险者全部救出，抢救工作结束，3 名遇险人员经医生抢救无效死亡。

3. 事故原因分析

造成事故的直接原因是：锚网支护巷道掘进中，顶板遇到因节理切割形成的顺巷方向的楔状岩块，因顶锚杆未能有效地将岩块与围岩锚固成一个整体，在掘进形成自由面后，随着岩块下部揭露面积越来越大，在重力作用下，岩块与围岩断裂，连同锚杆一起冒落。

造成事故的间接原因包括：现场违章作业，现场人员错误地认为顶板较好，迎头

20 m 巷道未按作业规程规定加打锚索；区队领导安全意识淡薄，忽视安全管理，违章指挥；现场技术主管现场不能及时发现问题，也不按作业规程作业，矿技术部门对现场技术管理督促指导不够，对顶板岩性变化判断失误；调度室、安检科等职能科室落实业务保安责任制不到位，管理有漏洞；矿领导安全思想麻痹，对职工安全教育力度不够，没有处理好安全与生产、安全与效益的关系。

4. 事故教训与防范措施

（1）要认真吸取本次事故教训，举一反三，查找工作的不足，克服麻痹思想，落实各级领导安全生产责任制，坚持安全第一，正确处理好安全与生产、安全与效益的关系。

（2）强化现场安全管理，及时发现和处理事故隐患，落实各项管理制度，严格按章办事，加强现场动态安全检查。

（3）强化现场技术管理，积极探索采用先进的技术手段搞好地质预测预报工作，克服麻痹思想，地质条件发生变化时，要及时发现问题，采取相应的技术安全措施。

（4）加强职工培训，提高职工队伍技术素质和安全生产意识，培养发现和处理重大隐患的能力，严格遵守操作规程和煤矿安全生产方面的规章制度，杜绝违章行为。

第三节　煤矿透水典型事故分析

煤矿透水事故是指矿井在建设和生产过程中，地面水和地下水通过裂隙、断层、塌陷区等各种通道涌入矿井，当矿井涌水超过正常排水能力时，就造成矿井水灾，也称为煤矿水害事故。透水事故是煤矿生产中发生较为频繁的重大灾害事故，特别是近几年来，我国煤矿突水事故有增无减，严重威胁着广大矿工的生命安全。

一、恒鑫源煤矿采空区大量积水溃入矿井重大水害事故

2010 年 7 月 31 日 13 点 30 分，黑龙江省鸡西煤业恒鑫源煤矿发生透水事故，死亡 24 人，直接经济损失 1 464 万元人民币。

1. 事故矿井概况

鸡西煤业恒鑫源煤矿建于 1997 年，2005 年更名为鸡西煤业恒鑫源煤矿，属私营企业，法人代表李××。矿井设计生产能力 6 万 t/年，2006 年核定生产能力为 6 万 t/年。2008 年鉴定为低瓦斯矿井。矿井开采煤层为城子河含煤组 1 号，2 号，3 号煤层。煤层倾角 16°～18°，煤层厚度 1～1.2 m，剩余储量 26 万 t。

该矿井为片盘斜井开拓，主副井布置在井田中央，二段提升。一段井底标高－25.2 m。二段井底最低标高－100 m。分设 3 号右侧二段、3 号左侧二段、2 号左侧二段，共三个二段。按照恒山区煤炭局收集整理的恒鑫源煤矿采掘工程平面图对照，恒鑫源煤矿 3 号煤层左二段和 2 号煤层，二段均属越界开采。其中，3 号煤层左二段进入原鸡西矿务局恒山矿遗留旧巷和采空区下部。

该矿井采用中央并列抽出式通风，地面安设两台主（备）扇。总入风量 1 200 m^3/min，

总排风量 1 280 m^3/min。矿井安装了 KJ19N 型安全监控系统，地面建有 200 m^3 的静压水池。

矿井水文地质条件简单，井田西南侧为黄泥河，属季节性河流，矿井含水层主要为断层和风化裂隙带。矿井采用二段排水，一段水泵硐室设在井下－21.7 m 标高处，安设 2 台 D155—67×5 型水泵，两趟 6 寸排水管路，将水排至地面；二段水泵设在井下－62 m 标高处，安设两台 80 D—30 水泵，铺设 3 寸钢管，将水排至一段水仓。

该矿井采用两段提升，地面安设 JTP1.6—155 kW 绞车提升，提升距离 960 m；二段使用 JT1.0—45 kW 型绞车提升，提升距离 300 m。

矿井采用双电源供电，电压为 10 kV。地面安设 4 台变压器，其中，两台为地面供电，两台向井下供电。

该矿采矿许可证于 2010 年 4 月 20 日刚办完延续，安全生产许可证、煤炭生产许可证、工商营业执照均已过期。经矿方申请，鸡西市、区两级煤炭主管部门同意其回收回撤，定于 2010 年 11 月末予以关闭。

2. 事故经过及救援情况

（1）事故经过。2010 年 7 月 31 日白班，当班出勤 26 人，7 时 30 分，生产矿长刘××主持召开班前会，布置在四个工作面作业，分别是：3 号层右二段左四上山采煤；2 号层左二段右五掘进采煤；3 号层左二段左二上山采煤；3 号层左二段右三掘进拉底。会后，刘××和带班井长徐××等与工人一同入井，刘××在巡视完工作面后，于 12 时 10 分升井。带班井长徐××入井后，对井下 4 个作业地点巡查了一遍，没有发现异常情况。第二遍巡查完 3 号层左部工作地点后，准备到 3 号层右部工作地点查看。大约 13 时 30 分左右，徐××在左十六平巷往右部走，忽然听到有异常响声并有疾风扑面，看到水流很急涌过来，已来不及通知其他人撤离，拼命跑出来，升井后向生产矿长刘××报告。刘××接到报告后，于 13 时 45 分从主井入井核实情况。14 时 30 分升井。14 时技术矿长辛××从副井入井核实情况，15 时 20 分升井，发现水已淹至 14 片，于是向矿长李××报告。16 时 30 分，该矿赵××打电话向区煤监分局报告，区煤监分局领导接到事故报告后一边逐级上报区政府领导一边赶往事故矿井，启动应急预案，组织抢救。区煤监分局领导将事故情况核实后，报告给市政府及有关部门。

（2）事故救援情况。事故发生后，鸡西市委、市政府和恒山区委、区政府的主要领导于第一时间赶到现场，成立了由市政府市长朱××任总指挥的抢险指挥部，全力开展抢险救灾工作。2010 年 7 月 31 日下午 6 时，鸡西救护队入井勘察，主井水位标高为＋87 m。随着陆续排水，水位仍持续上涨，至 8 月 5 日 6 时，水位上涨至标高＋156.3 m，距井口门为 336 m。

根据事故现场实际情况，抢险救灾指挥部制订了抢险救援排水方案：一是由龙煤集团鸡西分公司负责，在主井铺设 3 趟排水管路，安装 5 台电潜泵进行排水；二是由沈煤集团鸡西盛隆公司负责，在副井铺设 4 趟管路，安设 4 台电潜泵进行排水；三是调集大庆石油钻井队、双鸭山勘探公司钻井队在地面施工钻孔，安设水泵进行排水。

5 日 11 时 30 分，按指挥部要求，主、副井及 2 号钻孔 10 台水泵，开始满负荷排水，每小时排水能力达 770 m^3，日排水量达 16 000～17 000 m^3，水位开始缓慢下降。

至12日6时，总排水量为144 935 m³，主井水位标高下降至＋154.29 m，比8月5日6时最大标高＋156.3 m下降了2.01 m。

经水文地质专家组测算，矿井淹没区内，静态水量最小1 283万m³，最大1 480万m³，动态补给量最小2 000 m³/日，最大16 000 m³/日。按现有排水能力计算，水位降到二段绞车硐室需排571天，降到二段井底需排839天。为此，排水救援工作于8月25日停止进行。

3. 事故原因分析

造成事故的直接原因是：3号煤层左二段左一片回采工作面已开采到鸡西矿务局恒山矿（该矿已报废）采空区下部，左一片长壁后退回采后，顶板发生垮落，通过上覆岩层产生的裂隙和断层破碎带与恒山矿采空区连通，采空区积水缓慢涌入恒鑫源煤矿3号层左二段左一片采空区，上覆围岩经过长时间冲刷，岩性发生变化，受采动影响围岩承压能力失衡，在鸡西矿务局恒山矿采空区积水的高压作用下，压垮与采空区之间的岩柱，采空区大量积水溃入矿井，造成事故。

造成事故的间接原因包括：

（1）恒鑫源煤矿违法越界盗采矿产资源，安全管理混乱，违法、违规冒险蛮干。一是该矿自2006年起，以探煤扩储为由，越界盗采矿产资源，违规开采保护煤柱，明知开采已经临近报废的老矿井积水区，仍利用回收回撤期间，疯狂盗采与采空区相透。二是忽视水害危险，违章冒险蛮干。该矿此处曾于2009年8月发生水淹事故，但该矿不吸取事故教训，不采取防治水措施，滥采乱掘，冒险作业。三是该矿精心设计制造活动密闭，在活动闭前设置铁栅栏上锁，在栅栏内堆放坑木、风筒等材料，以材料库作为掩护，同时，从地面到井下分工明确，建立了预防干扰安全监管人员检查的通信、造假网络，欺骗、阻挠监管人员的检查。

（2）鸡西市、恒山区煤矿安全监督管理部门监督管理不到位。一是安全监管、行管部门对煤矿回收、回撤方案批准后，检查、管理不到位。二是恒山区安全监督管理局二分局煤矿安全监管、行管人员监督检查工作不认真，应该发现而没有发现该矿利用隐蔽工程超层越界非法开采问题。

（3）恒山区国土资源局管理部门在为事故矿井办理采矿许可证延续初审及年检工作中，审查把关不严，没有认真核查该矿储量变化情况，违规同意上报延续意见，致使该矿越界违法盗采资源问题没有被及时发现和制止。

4. 事故教训与防范措施

（1）鸡西市（区、县）政府部门、煤矿企业，要认真吸取这起水害事故教训，以此事故为例，加强对地方煤矿法人、矿长和安全管理人员守法意识的教育，消除各种违法违规生产行为，加强安全管理和水害防治工作力度，采取切实措施，防止类似事故发生。

（2）鸡西市煤矿企业要强化安全主体责任落实工作，加强水害防治工作的管理。对有水患、疑似水患或在水患区域内的矿井，必须建立专职探放水队伍，配备专业技术人员，切实将“有疑必探、先探后掘、先治后采”的防治水原则落实牢靠。

（3）鸡西市（区、县）政府监管部门要针对这起事故中暴露的问题认真研究制定办法和措施。要针对超层越界开采、设置假密闭掩护非法开采导致事故的问题，加大监管力度。要细化重点区域、重点部位的监督管理措施，彻底清查、取缔隐蔽工程。严厉惩处利用隐蔽工程非法生产的矿井。今后再出现越界造假违法生产导致事故的矿井，严厉追究政府领导责任。

(4) 鸡西市各级国土资源管理部门，要切实加强资源管理工作。在采矿许可证延续和储量动态监测中严格把关，要按规定加强对采矿权人履行法定义务情况的各项内容的核查，及时发现和查处违法违规越界盗采煤炭资源和保护煤柱行为，确保煤炭资源的合理开发和利用。

二、下海子煤矿放炮贯通采空区积水导致重大水害事故

2014 年 4 月 7 日 4 时 50 分，云南曲靖市麒麟区黎明实业有限公司下海子煤矿（以下简称下海子煤矿）发生一起重大水害事故，造成 21 人死亡、1 人下落不明，直接经济损失 6 689 万元人民币。

1. 事故矿井概况

(1) 矿井基本情况。下海子煤矿位于麒麟区东山镇境内，始建于 1989 年 1 月，为集体企业，生产能力 3 万 t/年。2001 年改制为私营企业，法定代表人黎××。2005 年 12 月开工建设，由于国家煤炭产业政策的变化，2007 年初停止建设，手续补齐后 2010 年 1 月再次恢复建设。2013 年 4 月 2 日，曲靖市煤炭工业局组织了建设项目竣工总体验收。2013 年 5 月 8 日，云南省工业和信息化委员会对项目竣工验收进行了批复。目前，该矿生产能力为 6 万 t/年，证照齐全有效。

2004 年 11 月，注册成立曲靖市麒麟区黎明实业有限公司下海子煤矿，煤矿配备矿长 1 名，安全副矿长、技术副矿长、机电副矿长、技术负责人各 1 名，生产副矿长 3 名，下设技术科、财务科、生产调度室。

(2) 事故地点情况。事故发生地点为一采区 2401 补巷掘进工作面，透水点标高为 +1 882 m。2013 年 6 月，下海子煤矿决定开采 C24 煤层，8 月开始布置 C24 运输上山和回风上山，2014 年 3 月形成 2401 壁式采煤工作面。为了回收工作面附近的煤柱，又布置 2401 补巷掘进工作面、2401 运输巷掘进工作面和 2401 残采工作面。2401 补巷掘进工作面掘进 79 m 时，发生透水事故。该工作面为木棚支护，上宽 1.8 m、下宽 2.6 m、高 2.2 m，没有安设瓦斯监测监控系统和人员定位系统。自巷道施工以来，一直没有进行探放水作业。

(3) 矿井 C24 煤越界违法开采情况。2013 年 6 月下海子煤矿决定开采相邻的陆东煤矿三号井 C24 煤层保安煤柱，2013 年 8 月煤矿开始组织施工，2014 年 3 月形成 2401 壁式采煤工作面。事故调查期间，经国土资源部门核对，C24 煤层生产系统绝大部分巷道位于陆东煤矿三号井井田范围内，越界巷道共 1 128 m，违法生产原煤 8 606.2 t。

为了逃避政府及有关部门的监管，下海子煤矿交代矿上所有人员隐瞒 C24 煤层生产情况；制作真假，两套图纸；在越界开采区域不安设甲烷传感器和人员定位读卡分站；各种报表资料不出现 C24 煤层有关情况；煤炭出井后立即装车运走。上级安全检查、验收时，安排人员提前在通往 C24 煤层主要巷道口设置栅栏、打密闭。隐瞒情节极其

恶劣。

（4）煤矿探放水工作开展情况。该矿未设立专门的防治水机构，未成立专门的探放水队伍，只是配备了2台ZDY－620型坑道钻机作施工探水。一采区探放水主要由机电副矿长张××带领电工杨××负责实施，具体探放地点由矿长决定，C24煤层区域探放水工作开展极不正常。自进入C24煤层以来，只在运输下山探过一次，没有任何记录。事故地点及C24煤层其他区域的掘进工作面均没有进行探放水。

（5）节后复产验收情况。2014年春节收假以后，下海子煤矿2月17日提出复产验收申请，2月19日高家村煤管所组织人员验收，并上报审批。3月27日，麒麟区政府分管领导及主要领导签批同意恢复生产。经调查，2月5日下海子煤矿节后上班，2月8—9日组织职工培训，2月10日开始检修巷道和安装皮带，2月13日恢复掘进作业。2月20日，曲靖市公安局麒麟分局开始向下海子煤矿供应民用爆炸物品，2月21日下海子煤矿购进炸药480 kg，雷管1 200发，2月22日井下开始使用炸药、雷管，到3月26日共计使用炸药2 592 kg，雷管6 237发。

2. 事故经过及救援情况

（1）事故经过。2014年4月7日2：00—8：00班，当班出勤26人，带班副矿长1人，电工1人，运输上山上部推车工3人，下部皮带机尾1人，C24煤层2401残采工作面10人，2401运输巷掘进工作面5人，2401补巷掘进工作面5人。1时20分，带班副矿长杨××召开班前会，进行工作安排。1时40分，班长王××带领工人相继入井作业。1时50分，带班副矿长杨××由风井入井，现场检查后于3时左右升井。推车工殷××、殷×、汤××在地面装料后2时左右入井。4时30分左右，殷××、殷×、汤××在＋1 914 m水平溜煤眼处听到下面第一次放炮声，陆续听到第二声、第三声炮响。4：50分左右突然听到下面巷道传来“轰轰”的声响，三人立即用电话向皮带机尾联系，机尾电话无人接听。于是由殷×去机尾查看情况。殷×还未到机尾便看到水已经淹满下部巷道。返回后，三人由殷×打电话到绞车房报告情况，接电话的是杨××（杨××3：00升井后在绞车房烤火）。杨××接到，井下透水报告，立即打电话报告矿长，但矿长陈××未接电话。于是，杨××去检身房查看出井人员名单，随后去找机电副矿长张××组织下井救人。殷××等3人升井后，5时30分到矿长家里报告情况。5时40分，陈××下井查看，发现水已经从皮带机尾淹上来20多m。出井后，6时2分向高家村煤管所报告事故。

（2）救援情况。接到事故报告后，高家村煤管所所长韩××带领人员立即赶赴事故现场，同时向麒麟区煤炭局上报事故情况。全力投入事故抢险救援，至4月18日，找到21名遇难人员，1人失踪，救援指挥部仍组织力量对1名失踪人员进行搜寻。截至4月28日，此次事故共造成21人死亡，1人下落不明。

3. 事故原因分析

造成事故的直接原因是：下海子煤矿非法越界开采陆东煤矿三号井保安煤柱，掘进工作面不进行探放水作业，冒险蛮干，放炮贯通采空区积水，诱发透水，造成事故。

造成事故的间接原因包括：

（1）下海子煤矿安全主体责任不落实，越界开采，违法组织生产，不执行探放水措施，安全管理混乱。一是非法越界组织生产，蓄意逃避监管。发生事故的2401补巷掘进工作面位于陆东煤矿三号井井田范围内，非法越界组织生产原煤8 606.2 t。为了逃避政府监管，该矿采用统一口径、真假两套图、事故区域不安设甲烷传感器和人员定位读卡分站、不填报表、提前打密闭等手段掩盖违法生产行为。二是节后违规组织生产。该矿2月19日进行节后复产验收，3月27日区人民政府领导签批同意复产验收意见，在报批期间（2月20日—3月26日），该矿违规组织生产煤炭5 100 t。三是安全管理混乱。未设置专门安全管理机构，井下随意布置采掘工作面，事故发生前井下共布置5个掘进工作面，其中事故区域布置3个掘进工作面同时作业。事故区域掘进工作面不编制作业规程，爆破距离不符合《煤矿安全规程》规定，爆破时未撤出邻近巷道的作业人员。劳动组织管理混乱，班长自行招录井下作业人员，随意安排作业，事故当班带班领导提前升井。部分矿领导下井不签字、不检身。一些从业人员未经培训入井作业，部分特种作业人员无证上岗。四是防治水措施不落实。该矿C24煤层补巷掘进工作面未执行“预测预报、有疑必探、先探后掘、先治后采”的探放水规定，探放水措施不落实，冒险蛮干。

(2) 在煤矿安全监管工作中，政府相关职能部门工作落实不到位。一是麒麟区煤炭工业局及高家村煤管所，对辖区内煤矿的安全生产监督管理工作不到位，技术管理工作不扎实，对矿井探放水制度规定的落实及隐患排查工作不到位；组织开展“打非治违”工作不力，对煤矿长期存在的超层越界开采行为失察；对下海子煤矿复产验收、二级标准化矿井审核把关不严；对安全检查组、挂矿安全员和驻矿监督员的履职行为督促检查不到位。二是麒麟区安全生产监督管理局（麒麟区安全生产委员会办公室），履行安全生产综合监管职责不到位，未有效协调、监督煤矿安全生产工作，未积极采取有效措施加强对辖区煤矿安全生产的综合监管。

4. 事故教训与防范措施

(1) 切实做好煤矿隐蔽致灾因素普查和矿井防治水工作。地方各级人民政府和煤矿企业要深刻吸取教训，强化防治措施，切实做好煤矿水患隐蔽治灾因素普查和井下防治水工作。要结合，雨季“三防”工作重点开展水害普查治理，尤其要查清资源整合、矿界重叠、受地面水威胁、省属煤矿周边矿以及小煤矿比较集中的矿区煤矿的水体情况，对每个煤矿的老空区积水划定警戒线和禁采线，彻底查清隐蔽致灾因素。煤矿井下作业要坚持探放水规定，探放水措施不落实的要责令停产整顿。要坚决打击和严厉查处擅自开采保安煤柱等违法行为。

(2) 切实落实煤矿安全生产主体责任。要针对这起事故暴露出的安全管理混乱、劳动组织混乱、技术管理缺失等问题，督促煤矿企业严格落实《煤矿矿长保护矿工生命安全七条规定》和煤矿安全七项攻坚举措。

(3) 督促企业规范化管理，一是加强劳动组织管理，严格执行入井人员检身、出入井人员登记制度，执行煤矿领导及管理人员下井带班制度，依法签订劳动合同，落实全员安全培训，从业人员必须经培训合格后方可上岗工作；二是加强技术管理，采掘布置合理，回采工作面采用正规壁式采煤方法，坚决淘汰巷道式采煤，配齐采矿、通风、机电及地质测量等专业技术人员，煤矿图纸技术资料必须反映矿井实际，严禁弄虚作假；

三是煤矿水文地质不清的，煤矿掘进作业必须严格执行探放水规定；四是完善矿井安全监控系统，以及人员定位系统，保证正常运行；五是加强井下火工产品管理，严格执行煤矿火工产品领退、保管等制度和井下爆破作业规定，严格执行“一炮三检”和“三人联锁”放炮制度；六是煤矿要经常组织隐患排查整治，隐患要梳理、建档、造册、上报。

（4）切实加强煤矿“打非治违”。下海子煤矿越界违法违规组织生产问题，不是个案，应引起地方各级人民政府和有关部门的高度重视。要结合煤矿停产整顿，认真组织开展“打击煤矿超层越界开采”专项整治行动，重点打击超层越界开采的矿井、违法违规生产的矿井、边建设边生产的矿井、未经复产验收擅自恢复生产的矿井和私挖滥采等。各有关部门要切实加强矿产资源管理，严格采矿许可证审核和年检；要严格火工物品审批程序，严格把关，对于煤矿不按程序申请的，坚决不予审批。

（5）切实做好煤矿“雨季三防”工作。要督促煤矿企业切实加强“雨季三防”管理工作，加强地面防洪工作，必须按要求制定针对性强的“雨季三防”工作方案，雨季前必须对防治水工作进行全面检查，应组织抢险队伍、储备足够的防洪抢险物资。要认真贯彻落实《煤矿防治水规定》，切实加强水文地质基础工作，完善水文地质资料，尤其要查清资源整合、矿界重叠、地面水库威胁、省属煤矿周边以及小煤矿比较集中的矿区的周围老窑、采空区及含水构造情况，要坚持“预测预报，有疑必探、先探后掘，先治后采”的水害防治原则，切实加强井下探放水工作，防治水害事故的发生。

三、正升煤业公司井下掘进煤壁不能承受积水压力水害事故

2013 年 9 月 28 日 3 时许，山西汾西正升煤业有限责任公司（以下简称正升煤业公司）东翼回风大巷掘进工作面发生一起重大透水事故，造成 10 人死亡，直接经济损失 1 756 万元人民币。

1. 事故矿井概况

（1）山西焦煤汾西矿业（集团）有限责任公司概况。山西焦煤汾西矿业（集团）有限责任公司（以下简称汾西矿业）隶属于山西焦煤，其前身为汾西矿务局，成立于 1956 年 1 月，2001 年 10 月加盟山西焦煤集团有限责任公司，2005 年 12 月重组为山西焦煤汾西矿业（集团）有限责任公司。公司资产总额 461 亿元人民币，职工 44 855 人。汾西矿业共有 65 个生产建设经营单位，公司本部设有地质测量处、安监局、基建处等 38 个职能处室。下属煤矿 36 座，其中资源整合煤矿 26 座。36 座煤矿中有 10 座生产矿井，16 座基建矿井，10 座停建、缓建矿井。

（2）山西汾西正升煤业有限责任公司概况。正升煤业公司位于吕梁汾阳市，建设矿井，国有控股企业，汾西矿业占 51%股份，山西金晖煤焦化工有限公司占 49%股份，属瓦斯矿井。2009 年 9 月重组整合山西汾西正升煤业有限责任公司，批准生产能力90 万t/年，整合后井田面积 8.357 2 km^2，开采 2～11 号煤层，由汾西矿业开发建设。

（3）事故区域概况。事故发生在东翼回风大巷，该巷道布置在 9＋10＋11 号煤层中，于 2011 年 11 月开始施工，起始于轨道下山末端，设计长度 747 m，事故发生时已掘进 642 m，锚索、锚杆、喷浆联合支护，为机轨合一巷，左侧铺设皮带，右侧铺设轨

道。该巷道施工初期采用炮掘作业方式，事发前采用综掘机作业。

该矿为整合矿井，井田范围内过去小煤窑开采严重，大小井筒有59个，井田西部有40余处历史以来采挖的小窑口，根据《山西汾西正升煤业有限责任公司兼并重组整合矿井地质报告》，事故区域上部2号煤已采空，3号、4号煤部分采空，事故区域东部、西部9+10+11号煤已采空。

2. 事故经过及救援情况

(1) 事故经过。2013年9月27日23时许，兖矿新陆公司综掘队队长吴××、带班长谢××（事故中死亡）组织零点班在东翼回风大巷作业的工人召开班前会，对当班工作进行安排。23时30分，工人开始陆续入井。28日零时左右，东翼回风大巷作业人员到达工作面，司机胡××（事故中死亡）启动综掘机开始割煤，推进0.8 m进尺后，停止割煤，工人开始打顶锚杆。就在工人打锚杆的过程中，正在掘进机机尾处清理浮煤的朱××、张××（二人生还）发现锚杆钻孔有水冒出，水量较大且发臭、发红。过了20多分钟，钻孔出水变小了，带班长谢××安排司机重新启动综掘机，综掘机在巷道底部割了一刀没有异常，然后在中部继续截割，这时，张××看到工作面迎头顶部有大块煤掉落，同时听到一声闷响，一股水突然涌出，透水事故发生，当时时间为28日3时许。

事故发生时，井下共有42人，其中东翼回风大巷20人，通风行人巷9人，另有13人为信号工、排水工、皮带司机等，事故发生后30人安全升井，12人被困井下。

28日凌晨3时10分，施工单位向矿调度室报告东翼回风大巷透水。3时15分，汾西矿业接到正升煤业公司的事故报告，随即按规定逐级向上级有关部门进行了报告。

事发当班正升煤业公司跟班矿领导为行政副矿长何××，事发时在主斜井工作面。兖矿新陆公司正升项目部当班没有领导带班下井。

(2) 抢险救援情况。事故发生后，山西焦煤、汾西矿业两级集团公司领导立即赶赴现场，成立抢险救援指挥部，设立抢险救援、技术、物资保障、资料、后勤、医疗救护、宣传报道、公安保卫、善后处理、综合协调十个工作小组，迅速展开抢险救援工作。抢险救援指挥部根据事故现场实际情况，确定了井下排水、地面打钻、井下打钻及井下小断面掘巷三套抢险救援方案，三套方案同时实施、同步推进。抢险过程中，针对随时出现的新情况、新问题及时调整抢险救援方案，科学施救，确保了抢险救援工作的顺利推进。经过10个昼夜的艰苦奋战，抢险人员于10月8日12时30分找到最后一名遇难人员，抢险救援工作结束。12名被困人员中，2人成功获救，10人遇难。

3. 事故原因分析

造成事故的直接原因是：该矿东翼回风大巷掘进过程中未严格执行《煤矿防治水规定》，在超过允许掘进距离的情况下继续掘进，导致煤壁不能承受小煤窑采空区积水压力，造成煤壁坍塌发生透水。

造成事故的间接原因包括：

(1) 职工安全意识淡薄，水害辨识、防治能力差。事发前支护工在打锚杆时钻孔已出现较大水流，且水发臭、发红，现场作业人员在出现透水征兆的情况下未引起足够重视，及时采取停止施工、撤出人员等有效措施，而是在水流变小后启动综掘机继续掘进。

（2）未严格执[illegible]《煤矿防治水规定》。矿井防治水机构不健全，防治水专业技术人员配备不足；[illegible]巷道地质构造发生变化后，未及时调整探放水设计；东翼回风大巷的掘进和探[illegible]作均由施工方负责，违反“探、掘主体分离”的防治水规定；探放水工作从设[illegible]层层打折扣，探放水现场验收制度不落实；未严格执行《山西汾西正升煤业[illegible]公司东翼回风大巷探放水设计》，将原设计方案双排 6 个钻孔改为单排 3 个[illegible]事发前最后一次探水钻孔长度为 49.75 m，而实际掘进距离 49.5 m，严[illegible]老空积水最小超前水平钻距不得小于 30 m”的规定。

（3）建设项目管理混乱。建设单位项目管理机构不健全，“六长”配备不全，[illegible]水副总工程师；矿井建设未按重新批准的开工报告实施，违规使用措施井提[illegible]建设、施工、监理各方职责不明，相互扯皮；监理合同未明确对东翼回风大巷[illegible]东翼回风大巷形成监理盲区；施工单位出借资质，施工队伍变更频繁；事发巷[illegible]建设未经招标，未与施工方签订合同。

（4）执法不严，监管不力。“五人小组”“挂牌责任制”“包保责任制”流于形式，未真正发挥监管作用；汾西矿业、山西焦煤今年以来虽多次对该矿进行检查，但对发现的问题、存在的安全隐患督促整改不力；省煤炭厅基建局在 2013 年 8 月对该矿督察时，对该矿利用措施井违规提升出煤查处不力。

4. 事故教训与防范措施

（1）要深刻吸取事故教训，认真落实安全生产主体责任，牢固树立“以人为本、安全第一、生命至上”的安全发展理念。结合实际认真分析研究安全管理中存在的不足和漏洞，理顺管理机制，健全管理制度，严格落实各级责任，配齐安全生产管理人员，强化安全生产“挂牌责任制”和安全监管“五人小组”等制度的落实，夯实安全生产基础。

（2）加强煤矿防治水基础工作，严格落实《煤矿防治水规定》。煤矿企业要建立健全防治水机构，配齐防治水专业技术人员，坚持“预测预报、有疑必探、先探后掘、先治后采”的防治水原则，认真落实“防、堵、疏、排、截”综合治理措施，探明井田内及周边老窑区、废弃旧巷道的分布及积水范围、积水量等水文地质情况，准确掌握矿井水患情况，严禁地质情况不清、水文地质条件不明、相邻矿井资料不详的煤矿企业组织生产和建设。当采掘活动接近老空水等灾害影响范围时，要及时采取有效措施，消除安全隐患。要进一步强化探放水管理，制定并认真落实矿井探放水制度，严格执行“探、掘分离”的防治水规定和批准的探放水设计，杜绝探放水工作的随意性，当水文地质条件发生变化时，要及时调整完善探放水设计。出现透水征兆时，要果断采取停止作业、撤出人员等措施，严禁冒险作业。

（3）进一步加强煤矿基本建设项目的管理。建设单位要认真落实安全责任，严格落实建设项目招投标各项管理规定，杜绝使用施工队伍的随意性，对建设项目施工期间的各相关单位要进行统一协调管理，严格落实建设、施工、监理各方责任，明确各方职责，杜绝相互推诿、扯皮。要严格按照批准的施工组织设计进行施工作业，强化施工现场管理。对外委工程要全过程进行动态跟踪监管，切实加强施工队伍的劳动组织、用工管理，严禁层层转包，杜绝以包代管。

（4）加大安全监督检查和隐患排查治理力度，认真落实"五人小 "挂牌责任制" 等各项制度。各级监管部门要以高度的责任感和使命感，认真履行安 职责，切实发挥监管作用，强化对防治水工作的监督检查，加大对煤矿建设项目的 严格执法、有效执法。煤矿企业要认真贯彻落实《煤矿矿长保护矿工生命安全 严格落实隐患排查制度，深入排查治理各类安全隐患，堵塞安全漏洞。

（5）进一步加大安全培训教育力度，提升员工素质和安全防范意识，提高 害辨识及灾害防治和应急处理能力。要结合矿井实际灾害情况，有针对性地开展 训教育，使职工对矿井的灾害情况做到心中有数，未经培训合格不得上岗作业，安 理人员和特种作业人员必须持证上岗。

第四节　矿井火灾典型事故分析

矿井火灾又叫矿内火灾或者井下火灾，是指发生在煤矿井下巷道、工作面、硐室、采空区等地点的火灾。矿井火灾按引起的热源不同，可以分为内因火灾和外因火灾两类。其中，外因火灾的特点是发生突然，来势凶猛，且发生的时间与地点往往出乎人们的意料。因而会造成人们因惊慌失措而酿成恶性事故。同时，火灾能产生大量的有毒有害气体，造成人员中毒。同时煤炭燃烧还会产生有毒有害气体，这些气体会随风流在井下扩散，有时会波及很大的范围甚至全矿井，从而造成大量人员中毒伤亡。据国内外资料统计，在矿井火灾事故中95%以上的遇难人员是死于有毒气体中毒。

一、南山公司一井见煤段长期氧化自然发火导致的火灾事故

2001年5月7日23时45分，黑龙江省鹤岗矿务局多种经营总公司南山公司一井发生一起特大火灾事故，造成54人死亡，直接经济损失660.2万元人民币。

1. 事故矿井概况

鹤岗矿务局南山公司一井位于该局南山矿井田范围内，为集体所有制企业，经营方式为个人承包。矿井开拓方式为斜井开拓，老井始建于1990年9月，1991年9月投产，新井建于1998年2月，1998年12月投产，1999年底两井贯通，生产能力为6万t/年。现有职工335人，2000年实际产量6.1万t。矿井可采储量71万t，可采煤层有3号、7号、8号、9号煤层，厚度3～5 m，煤层倾角15°～25°，煤种为气煤。矿井属低沼气矿井，煤尘具有爆炸性，煤层自然发火期为6～12个月。矿井通风方式为两翼对角压入式，总入风量为2 490 m^3/min；总回风量为2 480 m^3/min。该井为巷道非正规采煤方法，共有采掘工作面7个。

2. 事故经过及救援情况

5月8日0时，当班副井长曹××从老主井入井，0时10分，走到主井车场时发现有烟，意识到井下着火，迅速带领在附近的18名工人从老副井升井，并立即向矿调度做了汇报。当时井下共有87人，其中有33人陆续升井，其他54人下落不明。

事故发生后，鹤岗矿务局成立了抢险救灾指挥部，积极组织抢救。1时50分，鹤岗

矿务局救护大队入井进行探查，在＋132 m 标高平巷入风段距新副井井底 20 m 处发现明火，着火点处有 4 架木棚剧烈燃烧，巷道底板有 1 m 多高燃烧的堆积物，火势迅猛，救灾人员无法通过，只得由原路返回升井。为防止火灾气体继续蔓延，指挥部决定在新副井采取反风措施，又先后 5 次派救护队入井探查，在井下发现 10 名遇难人员，由于火势大、温度高，连续发生爆炸，救护队探查几次受阻。

5 月 8 日 15 时 18 分开始，组织救护队员携带灭火器和铺设水管直接灭火。共出动人员 621 人次，铺设水管总长度 3 710 m，使用灭火器 385 台，总计灭火 6 处，长度 363 m，探查巷道 3 916 m，找到 10 名遇难者并将尸体运至地面。5 月 14 日 19 时 10 分，在直接灭火过程中，井下先后发生两次爆炸。当日 21 时 18 分，新副井主扇由于连续在高温状态下运行，电动机烧毁，井口温度、沼气和 CO 浓度急剧升高，井下遇险人员已无生还可能。因井下火势难以控制，且连续发生爆炸，严重威胁救灾人员安全，5 月 15 日，有关领导和专家与抢险救灾指挥部共同研究制定了“封闭井口，控制火势，打钻充填灭火”的灭火方案。

3. 事故地点

经抢险探查和分析，认定事故发生地点在井下＋132 m 标高平巷入风段 38 号密闭前交叉口至距新副井井底 20 m 之间。

4. 事故直接原因

由于井下＋132 m 标高平巷入风段 38 号密闭内火区长期漏风，造成火区范围扩大，加之此平巷见煤段长期处于氧化状态，致使＋132 m 标高平巷入风段见煤处煤炭自然发火，并引燃巷道木支架发生火灾。

5. 事故的主要原因

（1）矿井“一通三防”工作不落实，疏于对防灭火的管理。井下＋132 m 标高平巷 38 号密闭内火区长期漏风，平巷见煤段长期处于氧化状态，没有采取及时有效的防自然发火的措施，致使平巷内煤层自然发火，并引发矿井火灾。

（2）矿务局安全生产责任制不落实。原煤炭工业部和原国家煤炭工业局明确规定，矿办小井安全生产必须纳入大矿统一管理，矿务局长是矿办小井安全生产的第一责任者，但该矿务局在矿办小井的安全管理上没有明确各级干部和业务处室职责分工，对矿办小井的安全管理失控。

（3）矿务局多种经营总公司对矿办小井安全管理降低标准，以包代管，将小井转包给个人，致使该小井违章生产，在被责令停产整顿后又擅自开工，埋下了事故隐患。

（4）矿井不具备安全生产基本条件。采用非正规采煤方法，采区通风系统不合理；火区密闭不严，导致长期漏风；工作面单出口，发生事故时人员无法安全撤出；矿井无备用主扇，单回路供电，未铺设完整的灌浆灭火供水管路，工人未携带自救器。

6. 事故教训与防范措施

（1）坚决关闭国有煤矿矿办小井。按照国务院关于立即关闭国有煤矿矿办小井的要求，制定矿办小井的关闭计划，实施关闭。

（2）落实各级领导干部的安全生产责任制。加强责任制执行情况的考核，实行责任追究和安全一票否决制，以促使各级领导干部切实履行好安全生产的职责。

（3）建立和完善企业安全生产自我约束机制，加强安全生产管理。企业在经营机制转换过程中，要充分发挥各部门的作用，建立起切实有效的安全生产工作机制，加强内部的安全管理，及时查隐患，堵漏洞，抓整改，保安全。

（4）加强法律、法规的宣传教育，严肃查处违规、违章行为。

（5）推进技术进步，采用新技术、新方法、新材料、新装备，提高矿井的技术水平和防灾抗灾能力。

二、祥和北岭煤矿电缆着火引燃笆片和木棚导致的火灾事故

2003 年 12 月 26 日 7 时 10 分，河北省武安市祥和北岭煤矿副井三平巷发生一起特大火灾责任事故，26 人死亡，直接经济损失 210 万元人民币。

1. 事故矿井概况

武安市祥和北岭煤矿位于上团城乡高村村北约 1 km 处。原为高村第一煤矿，1982 年投产。1993 年，杨××等人出资在高村第一煤矿井田南面建现主井，并于 1997 年承包高村第一矿，改造形成现生产系统。2002 年重新核发四证，更名为武安市祥和北岭煤矿。采矿许可证、煤炭生产许可证、营业执照齐全。经济性质为集体所有制，该矿法定代表人、矿长杨××，持有矿长资格证。主井、副井、风井分别由杨××、杨×、陈××独立生产经营核算，杨×是副井经营管理者，主抓全面工作。该矿名为一个矿井，实为"一证多家经营"，主井、副井、风井都有各自的生产、提升、供电系统。

2. 事故经过及救援情况

2003 年 12 月 25 日 8 时至 12 月 26 日 8 时，该矿副井安全生产负责人杨延×值班。12 月 26 日 4 时左右，井下作业人员 37 人。12 月 26 日 7 时左右，兰××和郑××推重罐到三平巷三岔口时，看见小绞车和空压机附近电缆着火冒烟。兰××和郑××立即到四平巷找到电工陈××报告情况，通知了在四、五平巷的作业人员，兰、郑和代××、宋×、宋××从三平巷一起出来时，木棚已燃烧起来，5 个人从火区冲了过去，进入上风侧。此前，在上风侧岩巷掘进头作业的谢××、高××二人发现空压机向北三、四架木棚子已经起火，在无法灭火的情况下，他们 7 人相继从主井升井脱险。三平巷着火后，火烟向一、二平巷扩散，李××、杨超×、蒋××、宋真×4 人闻到火烟味后，打电话报告井上，并先后由副井升井。至此，在井下上部巷道作业的 11 名矿工脱离危险。四平巷以里作业的 26 名矿工被困井下。

井口把钩工接到井下电话报告后，向副井安全负责人杨延×汇报，杨延×安排杨金×下井察看情况。杨金×从副井下井，到一下山发现烟雾太大无法继续向里而返回升井。随后，杨×、杨延×召集工人（共计 70 多名）从主井入井赶到火灾现场进行灭火，因木支架烧毁造成巷道冒顶，主井侧的火熄灭后向里抢救人员受阻。

10 时 5 分，该矿无力自救，向邯郸市煤炭局救护队求救。10 时 45 分，救护队赶到现场实施抢救。11 时 31 分，武安市政府接到上团城乡报告后，市政府及有关部门领导赶赴现场，根据救护队员在井下勘查的情况，与赶到事故现场的上级有关部门领导共同研究，决定采取从风井压风、主井抽风的反风措施，14 时 30 分救护队从风井入井到达事故地点，在副井二下山及起火点以里 200 多 m 的巷道中，相继发现被困井下的 26 人

已全部遇难。27日凌晨1时30分，遇难人员尸体全部抢运升井，抢救工作结束。

3. 事故直接原因

调查组综合分析认定，三平巷三岔口南小绞车和空压机附近的非阻燃电缆因2003年10月份冒顶砸压受损绝缘性能降低，在继续使用中发生短路，井下低压供电系统没有使用漏继电器且各级过流保护装置均不能动作，未能及时切断短路线路电源，导致电缆着火引燃笆片和木棚，致井下人员缺氧性窒息死亡。

4. 事故间接原因

（1）机电设备管理混乱。该矿违反《煤矿安全规程》的有关规定，井下使用没有取得煤安标志的非阻燃电缆，井下使用的空压机、开关、接触器是没有取得煤安标志的非防爆机电设备，在用防爆设备失爆严重，机电设备保护装置不全或保护装置不起作用，多处明电照明、明刀闸、明接头、“鸡爪子”“羊尾巴”，为这次事故埋下重大隐患。

（2）该矿没有井下消防（防尘供水）管路系统，机电设备硐室没有灭火器材，主要运输巷、机电设备硐室都是可燃性材料支护，局部着火后不能及时扑灭，是导致火灾事故扩大的主要因素。

（3）事故发生后，没有及时将事故情况上报有关部门，没有及时请专业救护队进行抢险救灾，延误了抢险救灾时间。

（4）矿井生产管理混乱。该矿“一证多家经营”，三个井口三人分别承包，生产组织各自为政，矿井安全管理机构形同虚设，职责不明。副井违规出煤，越界开采，通风系统不完善，降低了矿井的抗灾能力。

（5）各级安全生产责任制和安全生产规章制度不落实。没有机电设备管理制度，没有符合实际的井上、井下配电系统图和井下电气设备布置图，对市煤炭局和乡矿管办提出的矿井存在的严重问题不及时整改，直致事故发生。

（6）安全教育培训不够，职工素质低。井下电工、瓦斯员无证上岗，井下大部分工人未进行安全培训，没有救灾、避灾知识，没有随身携带自救器。

5. 事故教训与防范措施

（1）切实加强煤矿安全管理，深化煤矿安全生产专项整治工作。要督促煤矿建立健全符合矿井实际的各级安全生产责任制和各项安全生产规章制度和操作规程。健全矿井安全管理机构。坚决取缔“一证多家经营”，严禁副井违规出煤，严禁越界开采。

（2）加强煤矿机电设备的管理。井下严禁使用没有煤安标志的非阻燃电缆和非防爆机电设备，加强在用设备的管理和维护，建立健全并落实各项管理制度，保持机电设备的各种保护装置完好有效。

（3）加强煤矿防灭火工作。建立井下消防管路系统，消防重点部位要配齐灭火器材。

（4）加强职工安全教育培训提高职工自主保安意识和自救能力。制定并实施好矿井生产安全事故应急救援预案，切实提高安全生产条件和矿井防灾和抗灾能力。

（5）加大煤矿安全监管力度。要严格对照《煤矿安全生产基本条件规定》，对全市所有煤矿逐个进行再评估审核，凡有一项没有达到条件的，不得批准恢复生产。对批准恢复生产矿井，要加强对煤矿事故隐患整改的监督检查和跟踪管理，对存在重大事故隐患未及时整改的，坚决予以停产整顿。

三、艾家沟矿业公司空压机着火蔓延造成的重大火灾事故

2013 年 2 月 28 日 19 时 43 分，河北省冀中能源张矿集团怀来艾家沟矿业有限公司（以下简称艾家沟矿业公司）井下发生一起重大火灾事故，造成 13 人死亡，直接经济损失 1 425.08 万元人民币。

1. 事故矿井概况

（1）矿井基本情况。艾家沟矿业公司位于怀来县新保安镇，前身为怀来县艾家沟煤矿，属新保安镇镇办集体企业，1978 年建井，1986 年投产，生产能力 6 万 t/年。2011 年 6 月张矿集团与怀来县新保安镇政府签订煤矿接管协议，由张矿集团控股 51%，新保安镇政府持股 49%，组建成现在的冀中能源张矿集团怀来艾家沟矿业有限公司，拟经过整合技改，生产能力由 6 万 t/年提高到 15 万 t/年。

（2）矿井自然开采条件和主要系统。该矿井田煤系地层属中生界下侏罗系下花园统下部煤层，含可采煤层 2 层，层间距平均 20 m，煤层厚度 1.5～3.1 m，煤层倾角 50°～80°，顶底板岩性均为中细砂岩，中等稳定，煤种为低灰特低硫贫煤。矿井地质构造条件为中等偏复杂，水文地质条件简单。矿井属高瓦斯矿井，煤尘具有爆炸性，煤的自燃倾向性为三类不易自燃。

矿井采用斜井开拓，主井斜长 554 m，坡度 22°，副井斜长 445 m，坡度 24°，风井斜长 445 m，坡度 23°，均为梯形木支护。主、副井均安装 JT 1200/1000 单滚筒缠绕式绞车，用于混合提升、行人和进风，风井兼做安全出口。井下单水平分区布置，石门揭煤，小区段煤层平巷回采，立眼上下人员、溜煤。井下运输大巷、石门铺设 15kg/m 轨道，人工推车或调度绞车运输。

矿井采用中央并列抽出式通风，主、副井进风，风井回风。风井安设 2 台 4－72－11№10C 离心式通风机，1 台运转，1 台备用。事故前，矿井总进风量 846.79 m^3/min、总回风量 851.81 m^3/min，负压 709 Pa。

矿井采用一级排水系统，在主井 750 水平井底车场安设 2 台 D12－25×7 水泵，电机功率 37 kW，一台工作，一台备用，地面有 1 台同型号检修水泵，主、副水仓总容量 60 m^3，主井敷设 2 趟直径 64 mm 排水管路至地面。副井井底安设 2 台潜水泵，将北采区积水经副井筒排至地面。

矿井采用双回路供电，6 kV 电源来自怀来矿业有限公司 35/6 kV 变电站。

矿井 750 水平安设 1 台无煤安标志的空气压缩机，型号为 W－3/5（该设备购置安设于 2008 年之前，张矿集团接管后，艾家沟矿业公司计划矿井批准技改时，将该设备与其他淘汰设备一起进行更换）。

（3）事故地点情况。事故前，井下布置有 750 水平南采区、750 水平北采区共两个采区，北采区处于封闭状态。井筒及石门大部分为裸巷，局部为梯形木棚支护，煤层巷道采用梯形木棚支护、窑柴背帮背顶，立眼为井字形木垛支护。

事故发生时，井下有 2 个维修作业地点，分别是主井 750 水平南采区 750 代巷 1 号密闭和 760 区段巷 2 号密闭，在两密闭处共有 13 名作业人员维修作业。

2. 事故经过及救援情况

（1）事故经过。2013 年 2 月 28 日 7 时，井口副主任汤××、瓦斯员王××两人下井巡查，发现主井 750 水平南采区 750 代巷 1 号密闭和 760 区段巷 2 号密闭压裂损坏漏风。约 12 时两人上井后，汤宪义向总经理李××汇报了情况。李××与总工程师王×商量后，准备维修损坏的两处密闭。李××电话通知井口副主任陈×，要求陈×打电话通知附近村的矿工到矿，安排王×制定技术措施。14 时 30 分，陈×、陈志×、王玉×、陈××、杨××、胡××、许×、师××、师×、武××、李××、牛××和王怀×13 名工人到矿，李××和王×布置工作后，王×制定并贯彻了《矿井密闭维修安全技术措施》。约 15 时，陈×等 13 名工人从主井入井，进行维修密闭作业。约 20 时，主通风机司机发现风机扩散器出口冒出黑烟，立即向李×汇报。

（2）事故救援经过。李×听完主通风机司机汇报后，立即赶到主通风机房查看情况，然后派人到附近的怀来矿业有限公司请求支援。约 20 时 20 分，王×和渠××带领 6 名怀来矿业有限公司兼职救护队员从主井入井，经 750 水平井底车场、750 水平运输石门、750 水平运输大巷，进入 750 水平南采区运输石门，看见空气压缩机着火，冒着黑烟。王×和渠××先走到距空气压缩机约 5 m 的地方用灭火器直接灭火，接着兼职救护队员准备继续用灭火器灭火，这时里面巷道不断冒落，热浪涌出，巷道顶部发热掉渣，距空气压缩机 5～6 m 处，巷顶温度达 70℃，一氧化碳检测仪报警（浓度 $1\,960\times10^{-6}$），已经不具备用灭火器直接灭火的条件。渠××到井底车场配电室切断大巷以里电源，又到 1 号水窝附近开关处拆开空气压缩机及以里供电电缆，再到井底车场配电室向 1 号水窝潜水泵送电。此时，兼职救护队员已经把灭火软管与潜水泵排水管连接上，渠××启动潜水泵，由于灭火软管死折多，水压把水管接头崩开，加之 1 号水窝水源有限，用水直接灭火无望。王×在井底 750 水平车场打电话向李××汇报情况。李××当即让井下人员撤离，准备反风，接着向张矿集团调度室汇报情况，征得领导同意后，约 21 时 11 分，开始进行反风。

21 时 10 分许，冀中能源张家口矿业集团有限公司救护大队赶到。21 时 30 分，救护队员从风井入井，开始搜救工作，当救护队员从 760 区段巷通过 750760 上山风门，到达 750 变平段时发现 3 名遇难人员。之后，在 750 水平南采区运输巷与 750～760 上山变平段交叉口左右 15 m 范围内又发现 8 名遇难人员。3 月 2 日 11 时，在 750 水平南采区运输巷溜煤眼底发现 1 名遇难人员。在发现 12 名遇难人员的同时发现 12 台自救器，自救器均已打开，口具、鼻夹已脱落，没有过火痕迹。在对井下进行了 5 轮搜索后，失踪的 1 名人员仍未找到。当时火情观测及瓦斯涌出情况是：接近火区一氧化碳浓度在 $5\,000\times10^{-6}$ 以上，总回风道甲烷浓度 0.82%以上。经抢险救援指挥部研究、判断失踪人员在火区内，已无生还可能，在征得失踪人员家属同意后，3 月 5 日决定采取地面封闭灭火措施。即在现有的主、副、风井井口以下 15 m 处选择合适位置施工密闭，从主井 1 号密闭实行注液态二氧化碳灭火方案。

由于封闭区内氧气指标一直达不到火区启封条件要求，甲烷浓度超标，经专家论证，不具备启封条件。为避免次生事故发生，并加快事故调查进度，经研究决定事故调查期间不再下井进行事故现场勘察。

3. 事故原因分析

造成事故的直接原因，是维修密闭作业时使用的无煤安标志的空气压缩机着火，引燃附近区域巷道木支护，产生大量有毒、有害气体，造成下风侧 13 名工人一氧化碳中毒死亡。

造成事故的间接原因包括：

（1）艾家沟矿业公司安全主体责任落实不到位。该矿违反省政府、冀中能源集团关于整合重组煤矿通风、排水、维修等规定，在发现井下密闭压裂存在安全隐患的情况下，未按要求和程序将维修方案上报集团公司和张家口市政府批准，擅自组织人员下井维修作业；盲目处理隐患，没有采取严密的安全技术措施，超过规定人数组织 13 人下井；在排除安全隐患时，使用无煤安标志的空气压缩机；井下巷道采用木支护，且使用窑柴背帮背顶，为火灾事故埋下了重大隐患；煤矿消防管路系统不健全；安全培训不到位。

（2）张矿集团对艾家沟矿业公司长期存在的重大安全隐患未能及时排查、管控和处置。省政府关于对整合重组矿井通风排水、维修等文件要求下发后，张矿集团对贯彻落实情况督察管理不力，未能及时发现艾家沟矿业公司违规维修和使用禁用设备的行为；对整合后小煤矿存在的安全隐患未进行认真排查，对整合煤矿技改前长期存在安全隐患排查不彻底，整改和管控不力。

4. 事故教训与防范措施

（1）国有企业要加强对接管后整合重组煤矿的管理。严禁违规擅自组织人员、超过规定人数下井作业。整合煤矿经上级批准维修时，必须根据井下实际情况制定有针对性和可操作性的安全技术措施，严禁盲目处理隐患。

（2）加强井下机电设备的使用管理和检查。要开展一次井下机电设备安全情况的大检查，对排查出的非矿用、明令淘汰、不符合规定的机电设备，要按要求限期进行更换。纳入煤矿矿用安全标志管理的设备无煤安标志，严禁入井使用。

（3）整合重组矿井要按照有关法律法规、规程要求，完善生产系统和安全条件，完善井下“六大系统”，对不符合国家、省政府有关煤矿安全生产法律法规、有关规定的木支护和淘汰、禁用设备等违法违规问题，要严格按照有关规定，制定严密的安全技术措施，从井上到井下，由里向外进行全面整改，坚决消除事故隐患。要加大对煤矿全员培训力度，“三岗”人员必须经考核合格，持证上岗。

（4）要认真做好对整合重组煤矿的安全监管工作，各级政府及有关部门要明确职责定位，强化部门职能，加大对整合重组煤矿的安全监管力度，严格执行上级政府和有关部门关于安全生产工作的安排部署，严厉打击各类非法违法行为，坚决制止和纠正违规违章行为，切实履行好地方政府安全监管责任。

第五节　煤矿作业人中毒窒息典型伤亡事故分析

我国大多数煤矿为地下开采，煤矿井下空气稀薄，氧含量低，不适宜人的生存。同时，在煤矿生产过程中，还会有许多有毒有害气体产生，这些气体不仅会使井下空气中的氧含量降低，易造成人的窒息和中毒，而且这些气体中的大多数气体还具有爆炸性。因此，煤矿生产人员在井下作业时，当进入井下没有通风的上山、下山或独头煤岩巷、废弃巷道、老窑、采空区时，由于严重缺氧，积聚有毒有害气体，就可能发生缺氧中毒窒息事故。此外，瓦斯爆炸、煤尘爆炸、矿井爆破等，都将产生大量一氧化碳，从而造成人员中毒窒息伤亡。

一、大吉口煤矿人员私自拆除密闭毒气逸出导致的中毒事故

2004 年 10 月 24 日午 15 时 30 分，河北省平泉县大吉口煤矿主斜井第一片盘车场附近发生一起重大瓦斯中毒责任事故，死亡 3 人，伤 5 人，直接经济损失 30 万元人民币。

1. 事故矿井概况

大吉口煤矿位于平泉县党坝镇围场沟村，隶属于党坝镇，因现任矿长（原承包人）魏××无力经营，2003 年 11 月 2 日由大吉口村村民付×承包经营，承包期为三年。发生事故时股东为魏××、付×、张××及付××四人，其中魏××为法人代表、矿长，付×为副矿长。自 2004 年 3 月份该矿为控制井下老塘火区蔓延，在主进回风巷之间打了五个密闭，原通风系统遭到破坏。制定了通风系统改造方案报镇政府及有关部门。县矿山企业改制办公室以（2004）4 号文批复后，进行施工。该矿进行通风系统改造，到事故发生时尚未形成新的通风系统。

2. 事故经过及救援情况

10 月 24 日 13 时，大吉口煤矿矿长魏××安排坑长任××带领掘进工李××、陈××、吴××、韩×、陈×五人去主斜井下部平巷维修巷道。下井前半小时启动安装在主斜井井口外的 2.0 kW 局扇为井下供风。40 多分钟后任××等 6 人到达距井口 150 m 平巷处进行维修。工作约两小时后，从副井新调整过来的李××、陈××、吴××3 人均感到头痛，经任××同意后上井休息，3 人由工作地点往井上走。任××、韩×、陈×3 人又工作了大约 40 分钟后开始升井，走到主斜井底往上 10 多米时，任××也感到头疼、全身没劲，撕开风筒吹风；让陈×上井喊人。陈×行至＋493 水平溜煤口附近时，依次发现李××、陈××、吴××3 人趴在地上。陈×到达地面后，向矿长魏××报告了井下人员中毒情况。魏××听说井下有人中毒后立即组织人员下井进行抢救，在下到距井口 20 m 处见到吴××趴在地上，便让随后赶到的赵××将吴××背到井上。往下走了几米见到陈××趴在地上，将风筒撕开对着他吹风；往下走了六七米远，李××趴在地上，也将风筒撕开对着他吹风。看到任××和韩×在李××以下三四米处，两人没有中毒迹象。魏××知道井下没人了，转身背起李××往井上走，走了几步觉得呼吸困难，撕开风筒呼吸了一会儿新鲜空气后，自己爬到井上。随后赶来的其他人员将尚在井下的李××、任××及韩×等人救到了井上。医生到现场后立即展开急救，当时检查发现吴××等 5 人中毒严重，其中吴××、陈××、李××3 人已瞳孔放大、没有脉搏，进行心脏按压、注射呼吸兴奋剂等药品，抢救约 15 min 后见无生还希望便开始抢救其他人。经奋力抢救，魏××、任××、韩×、赵××、陈×5 人脱离危险，吴××、陈××、李××3 人经抢救无效死亡。

3. 事故的直接原因

在矿井通风系统遭到火区破坏、主副井分别采取压入式通风后，私自将副井侧一号密闭拆除，造成火区内一氧化碳在主井+493附近大量溢出并积聚，致使施工人员中毒死亡。

4. 事故的间接原因

(1) 矿井未经任何审批也未采取任何安全技术措施擅自启封密闭，在不具备安全生产条件的情况下私自组织井下作业。

(2) 安全管理机构不健全，管理人员职责分工不明确，事故发生前无专职技术负责人，一名取得资格证书的副矿长离职后未及时安排其他人员培训取证。

(3) 安全管理制度虚设，落实不到位，主扇、局扇擅自停开无人管理，未认真落实“巡回检查制度”，没有定期检查火区密闭及有害气体情况，没有及时制止下井职工未按要求佩戴自救器的违章行为，导致井下发生中毒现象后无法自救。

5. 事故教训与防范措施

(1) 严格按《安全生产法》《煤矿安全规程》等有关法律法规的要求，强化对矿长及从业人员的安全、法律知识培训，提高其安全业务技能和安全法律知识。

(2) 对平泉县全县乡镇煤矿进行全面的停产整顿，经县有关部门验收合格后方可复工。

(3) 加强乡镇政府煤矿安全管理队伍建设，充实专业技术人员，加大对煤矿的安全生产管理力度。

(4) 加大对全县煤矿的监督检查力度，对存在重大隐患的矿井，要采取果断措施，实施停产、关闭。

二、聚鑫湾煤炭公司顶板垮落有害气体压入巷道中毒事故

2003年3月5日1时30分，河北省聚鑫湾煤炭开采有限公司小立井区发生一氧化碳中毒事故，死亡16人，直接经济损失178.2万元人民币。

1. 事故矿井概况

该矿原名韩湾煤矿，位于蔚县白草村乡韩家湾村南，1994年11月开工建设，1995年投产。2002年10月重新核发“四证”时更名为蔚县聚鑫湾煤炭开采有限公司。持有采矿许可证煤炭生产许可证，具有企业法人营业执照。2002年7月，矿长刘××安排办公室主任宋×顶替其参加矿长培训，宋×培训合格取得了煤矿矿长资格证书（证号0180153），实际负责聚鑫湾公司全面工作的刘××没有有效的煤矿矿长资格证书。2002年10月，聚鑫湾公司通过了河北省乡镇煤矿安全生产专项整顿逐级验收，取得了复工通知书。

蔚县煤炭生产安全监督局负责煤矿安全生产监督管理工作。白草村乡政府企管会（煤管站）负责煤矿安全生产管理工作。聚鑫湾公司没有安全管理机构和“一通三防”管理机构，全矿只有1名瓦斯员，没有安全员。

2. 事故经过与救援情况

2002年11月份，瓦斯员董××发现小立井南大巷采空区里往外冒烟，有煤油味，

检测一氧化碳浓度一次是0.007%，一次是0.008%，向矿长进行了汇报。矿长安排本矿工人将与火区相通的四五处巷道用矸石堆堵黄泥抹面进行了封闭。2003年春节全矿放假。2月16日开工，直到事故发生，井下主要工作是进行巷道维修。平时主扇时开时停，事故当班主扇没有开，自然通风。

3月4日晚10时班共安排22人井下作业，当班瓦斯员董××，带班长胡××、胡×和19名工人，主要工作是维修东大巷。

3月5日1时30分，瓦斯员董××在东井检查瓦斯后从斜井上井，当走到距井口200 m（距小立井联络巷口下10～20 m的地方），感觉头晕，立即戴上自救器，检测一氧化碳浓度为0.1%。董上井后，向矿长刘××进行了汇报。刘××、董××和生产矿长戴××等相继从斜井下去，向下行走中感到头晕，被后面的人搀扶上井。这时，刘××才一方面让戴××找人从西立井下去，通知在东大巷的工人赶快从西立井升井；另一方面，与曾在该矿工作过的李家洼煤矿李××电话联系，找人帮助抢救。戴××按刘××要求派工人黄××从西立井下去，见到了在东大巷作业的胡××、胡×、吴××、李×、杨××和胡×，告诉他们斜井出现了有毒气体，让胡×去通知里面的人赶紧撤出，黄和5名工人从立井升井，安全脱险。李××接刘××电话后，立即叫醒曾做过救护工作的杨×。3时30分左右，李、杨赶到事故矿井，随后又把李家洼煤矿罗×接到矿上，带来2台氧气呼吸器和检测仪器，矿上又找了一个会使用氧气呼吸器的人，3人一起下井救人。在距井口70～90 m的地方，发现8名工人倒在底板上，用矿灯向井口发信号，井上放下矿车将8人分8次装上矿车升井。随后，在距井口120～130 m的地方，又发现6名工人倒地，他们分3次将6人装上矿车升井。走到距井口170～180 m的地方又发现了2人，随后将2人抬上矿车升井，至此从斜井内共救出16人。3月5日12时左右，抢救工作结束。

3. 事故直接原因

矿井存在自然发火隐患，小立井采空区因煤炭自燃产生并积聚了大量一氧化碳等有毒有害气体，因顶板大面积垮落，密闭质量差，将采空区内积聚的一氧化碳等有害气体压入巷道，井下工人从斜井上井时经过此处，导致一氧化碳中毒死亡。

4. 事故间接原因

（1）该矿违反《煤矿安全规程》的有关规定，未采取任何防止煤炭自燃的措施，发现采空区内煤炭自燃后，虽打了几道密闭，但密闭质量差，不能对采空区有效封闭；未按规定对火区进行有效管理，没有定期测定和分析防火墙内的气体成分和空气温度，对火区内的异常情况未能及时发现，未采取有效措施处理，为这次事故埋下重大隐患。

（2）该矿长期采用非正规采煤方法，致使采空区丢煤较多，采空区难以塌严冒实；以掘代采，巷道杂乱，造成采空区封闭难度大，为采空区内煤炭自燃创造了条件，也为火区内气体压力增加时向作业空间涌出提供了通道。

（3）该矿没有安全管理机构和“一通三防”管理机构，通风瓦斯管理混乱，矿井主扇时开时停，致使风流极不稳定，风量严重不足，事故发生时由于主扇未开，一氧化碳涌入斜井筒后不能及时稀释、排出矿井；瓦斯检查不到位；各项管理制度和各工种操作规程只是挂在墙上，不向工人贯彻，形同虚设；安全生产责任制不落实，对乡煤管站

2月20日检查时提出的矿井存在的严重问题，直到事故发生仍没有解决。

(4) 职工素质低。春节后招聘的新工人未进行安全培训考核，没有避灾方面的知识，遇难人员没有随身携带自救器，大部分井下工人不会使用自救器，没有自救、相互救助能力；矿长未经依法培训取得矿长资格证；全矿没有一名专业技术人员，安全技术力量薄弱。

(5) 事故发生后，矿长没有及时将事故情况上报有关部门，没有及时召请专业救护队进行抢险救灾，自救力量不足，措施不力，延误了抢险救灾时间。

5. 事故教训与防范措施

(1) 煤炭生产许可证没有批准小立井区域13号煤层开采，聚鑫湾公司必须彻底封闭小立井区域。在县煤炭生产安全监督局的组织下，对井下火区进行灭火后，由救护队对所有与小立井区域联通的巷道进行封闭，封闭墙质量要达到规程要求，聚鑫湾公司要定期检测分析封闭墙内外有害气体和空气温度的变化，发现异常情况要按规程规定及时采取措施。

(2) 改进采煤方法，制定防灭火制度和措施，并落实到人。

(3) 聘请具有法定资质的矿长和有专业知识的人员负责矿井全面工作和安全技术工作，建立安全管理机构和“一通三防”机构，充实瓦斯检查员和安全检查员；建立健全并认真落实各级、各类人员安全生产责任制和各项安全管理制度。

(4) 认真开展全员安全教育培训，提高自主保安和相互保安能力，特种作业人员要经有资质的培训机构进行专门培训，取得操作资格证书后，方可上岗。

(5) 相关管理部门要认真贯彻落实煤矿安全法律法规和上级的有关规定，对井下存在火区的煤矿，必须首先停止生产，采取措施进行灭火，火区没有熄灭前，井下不得安排与灭火工作无关的其他作业；对小煤矿从业人员进行强制性安全培训，督促小煤矿按要求补充编制“安全专篇”，并确保按审批通过的“安全专篇”进行整改；严格落实安全生产责任制，加强监管队伍建设，提高监管人员素质，要改进作风，深入一线，深入井下，关口前移，督促企业解决安全生产中存在的重大事故隐患，促进煤矿安全生产。

三、永盛煤矿矿井停风造成井下一氧化碳积聚人员中毒事故

2013年1月29日10时33分，黑龙江省牡丹江市东宁县永盛煤矿发生一起一氧化碳中毒事故，造成12人死亡（其中，煤矿企业施救人员死亡9人），8人受伤，直接经济损失1 149万元人民币。

1. 事故矿井概况

(1) 矿井基本情况。东宁县永盛煤矿位于黑龙江省牡丹江市东宁县老黑山镇下碱村东2.6 km，矿井开采煤层为8号层，煤种为长焰煤，矿区面积1.442 9 km^2。矿井设计生产能力为6万t/年，核定生产能力5万t/年，矿井剩余储量112万t，为私营企业。2011年鉴定为瓦斯矿井，煤层自燃发火倾向性为不易自燃煤层。

该矿井为片盘斜井开拓，主井斜长120 m，坡度20°，副井斜长110 m，坡度22°，斜井串车提升。矿井采用中央并列抽出式通风，矿井总入风量760 m^3/min，总排风量830 m^3/min。矿井双电源供电，主电源为来自老黑山变电所，10 kV高压经地面变压器

变压向井上下供电，备用电源为两台柴油发电机组。矿井水文地质类型为简单，正常涌水量 0.5 m^3/h，最大涌水量 1.0 m^3/h。井下右零路设有主、副水仓，容量为 80 m^3，采用一段集中排水，主排水泵采用 3B－57 水泵 3 台。地面静压水池容量 200 m^3，设 GRF-30 型暖风炉，矿井安全监控系统为 KJ－76N 型，人员定位系统为 KJ—320 型，有压风自救、供水施救、通信联络系统。

（2）煤矿历史沿革。东宁县永盛煤矿 1986 年建井并投产。2002 年，该矿受地质构造影响，建设接续矿井。2004 年 3 月，接续矿井建成。该矿井主要管理人员“人、证、岗”不符，备案登记（持证）：矿长李××、生产矿长柴××（挂名）、技术矿长柳××（挂名）、安全矿长朴××（挂名）、机电矿长张××。实际情况是：矿长、生产矿长赵××（无证），安全矿长李××，技术矿长张×（无证），机电矿长张××。

（3）事故发生地点情况。事故发生地点为左二路和左三路平巷。该矿井经煤炭管理部门批复《作业规程》的作业地点为左五路采煤和左六路掘进工作面。矿井停产前，矿方擅自打开左二、左三密闭恢复掘进，计划穿过 F1 断层开采当年老井留下残余煤田。停产时，左二路已掘进 1 280 m，进入老井区域内，左三路已掘进 1 150 m，部分条块已进行了回采。

2. 事故经过及救援情况

（1）事故经过。2013 年 1 月 29 日，当日为农历腊月十八，是东宁县煤矿企业民俗祭井日。当日 8 时 58 分，永盛煤矿投资人殷××、高×带领本矿主要管理人员和部分工人拜祭井口，拜祭结束后，殷××、高×及部分煤矿管理人员在矿办公室等待吃饭，机电矿长张××安排主扇工李×、登钩工田××、技术矿长（挂名）柳××入井抽水。

9 时 30 左右，李×等 3 人启动主扇后入井（该井于 1 月 27 日放假时便关停主扇）。10 时 30 分左右，3 名工人行至左二路时，2 人中毒晕倒，李×（当时中毒较轻）从井下打电话求救。

（2）事故救援情况。接到求救电话后，矿长赵××安排技术矿长张×、机电矿长张××、采煤班长马××、常××入井救援。11 点多，矿监控室接到井下电话，再次请求救援，赵××又安排地面工人马×、采掘工韩××、后勤矿长陈××、铲车司机刘××、把钩工纪××等人入井救援，同时给住在矿家属区的工人打电话并安排人员去邻近矿井找人来帮忙救援，随后赵××带领安全矿长（挂名）朴××入井。12 时 30 分左右，该矿顾问李广×在矿翻车房接到井下赵××电话，说赶紧找救护队，里面进不去人，进去的人都趴下了。李广×立即给县煤炭局救护队副队长刘×（当时刘×同县煤炭局副局长王×在一起）打电话请求救援，井下遇险人员数量不清。刘×要求谁也别再下井了，他马上就过去。12 时 50 分左右，王×和刘×赶到永盛煤矿，了解情况并向县煤炭局局长宋×报告后入井。企业自救期间，永盛煤矿及附近东隆煤矿人员相继赶来并入井，前后共有 20 人入井参加救援，其中有 5 人误入左三路巷道。

13 时 30 分，县政府副县长张富×接到宋×报告后，立即赶赴现场，成立了救援领导小组，紧急调动县煤炭局救护队 30 人赶赴现场施救，同时组织周边煤矿留守矿工 50 人协助救援。

21 时 40 分，牡丹江市政府接到东宁县事故报告后，周××副市长带领安监局、煤炭局相关人员连夜赶赴现场，指挥救援。截至1月30日1时，已有12人升井，经抢救5人脱离生命危险，7人经抢救无效死亡，尚有8人被困井下。于是请求沈煤集团鸡西盛隆公司救护队和龙煤集团鸡西救护大队给予支援。

2013年1月30日9时05分，沈煤集团鸡西盛隆公司救护队鸡东中队首先到达事故矿井。经救援，13时15分升井6人，3人生命体征稳定，3人遇难。15时30分又有2名遇难人员升井，抢险救援结束。这起事故共12人遇难，8人受伤。

3. 事故原因分析

造成事故的直接原因是：报废矿井火区（一良煤矿）一氧化碳通过裂隙渗入永盛煤矿8号下煤层左二平巷第四片盘；由于矿井停风，造成井下一氧化碳积聚，作业人员进入左二平巷排水，导致一氧化碳中毒事故发生。

造成事故的间接原因包括：

（1）煤矿企业违反有关安全法律法规。一是矿井停产期间，不执行省政府要求的“六不停”规定，随意停风。二是矿井采取伪装手段砌筑密闭，躲避监管部门执法检查，私开工作面。三是矿井周边有火区隐患，没有制定有效防范措施。

（2）煤矿应对事故抢险救援措施不力。事故发生后，煤矿未按《生产安全事故报告和调查处理条例》要求及时上报事故，延误了最佳救援时机；煤矿企业有关人员在无防护措施的情况下，盲目组织施救，导致事故伤亡扩大。

（3）该矿违反《煤矿矿长保护矿工生命安全七条规定》，煤矿安全管理人员“人、证、岗”不符，实际管理人员无证，职工安全培训、教育不到位。

（4）煤矿主要管理人员安全意识淡薄，今年未开展事故灾害应急演练，职工应急救援常识缺失，不能有效实施自救与互救。

（5）东宁县煤矿监管部门监管力量薄弱，安全监管不到位。一是对辖区煤矿的日常监管都是由县和安救护队人员兼职负责；二是驻矿安监员不严格履行工作职责，对该矿违规打开密闭，私开工作面制止不力；三是在日常监管中没有督促永盛煤矿针对矿井周边火区采取防范措施；四是未发现该矿存在的管理人员“人、证、岗”不符、私开工作面、矿工入井不随身携带自救器、不检查有害气体等问题；五是东宁县煤管局监控中心对永盛煤矿监控系统一氧化碳报警与联网中断问题，没有采取有效措施切实解决。

（6）牡丹江市煤矿监管部门未认真履行2012年监察计划，对永盛煤矿监管缺失，未能发现该矿管理人员“人、证、岗”不符、私开工作面、矿工入井不随身携带自救器、不检查有害气体等问题；市煤矿安全监控中心对永盛煤矿监控系统一氧化碳报警与联网中断问题，没有采取有效措施加以解决。

4. 事故教训与防范措施

（1）企业要切实落实安全生产的主体责任，加强煤矿安全基础管理。要把“一通三防”作为煤矿安全的重中之重，强化矿井通风管理，确保通风系统可靠，严禁无风、微风、循环风冒险作业。加强煤矿火区的治理，严禁在火区周围进行采掘活动。停产矿井必须做到停工不停风。入井工人必须随身携带自救器。

（2）各级煤矿安全管理部门及有关职能部门要加大监管力度，扎实开展“打非治违”专项行动，加强对企业现场的监督检查，严厉打击煤矿非法、违法组织生产行为，督导企业依法依规组织生产，及时发现和整改安全隐患，切实保护矿工生命安全。要针对事故中暴露出煤矿非法生产问题，制定针对性措施和办法，特别要加强对超层越界、隐蔽工程的专项检查和开工验收管理工作。要按部门职能各司其职，各负其责，形成合力，严厉打击煤矿超层越界，盗采资源的违法行为。

（3）要加强应急救援队伍建设。针对救护队伍技术力量不强，设备落后，经验不足，未进行针对性的救助演练等问题，要加强队伍建设，配齐充实专业人员，配备专业装备，加强日常训练、演练，提高抢险救灾能力。

（4）加强职工安全培训教育。要进一步加强职工的安全教育培训工作，全面提高职工的自主保安意识和安全责任意识，提高管理队伍的素质，杜绝“三违”现象。